Backcountry
Skiing
100
Mountains

RSSA

山スキー百山

スキーアルピニズム研究会

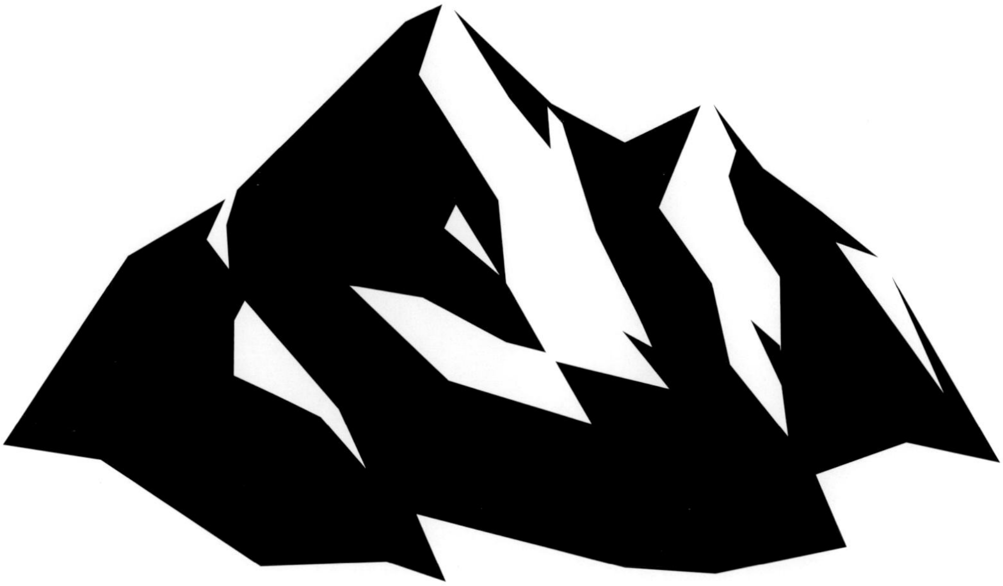

三方崩山北峰シッタカ谷　スキーヤー／梅次靖弘　写真／松岡祥子

笠ヶ岳七ノ沢　スキーヤー／三浦大介　写真／松岡祥子

大崩山　スキーヤー／三浦大介　写真／松岡祥子

立山・龍王岳周辺　スキーヤー／Mathias Bouee　写真／松岡祥子

三岩岳下大戸沢　スキーヤー／RSSA会員　写真／鷹觜健次

はじめに

Introduction

本書はスキーアルピニズム研究会(RSSA)の会員ならびに、その仲間が登り・滑った活動記録を基にしたガイドブックです。「百山」の名を付けて活動を編むのは、この本で3度目となります。

1　1998年「オリジナルの百山」
　会の創立25年 年報『ベルクシーロイファー』24・25号に掲載
2　2013年「山スキー百山とその後の15年」
　会の創立40年 年報『ベルクシーロイファー』39・40号に掲載
3　2015年「山スキー百山」

年報に掲載した2つの百山を作成した当時の山岳雑誌の記事、ガイド本と、『ベルクシーロイファー』の記録を思い出しながら、本書のコンセプトを説明します。

「オリジナルの百山」

山スキーの記録をほとんど見ない山がたくさんありました。会では、集まって、あるいは個人で地域研究的に滑降ルートを探していました。活動の集大成が「オリジナルの百山」です。

越後駒ヶ岳周辺、平標山・仙ノ倉山の周辺、南アルプス北部、頸城、早池峰山、笠ヶ岳(岐阜県)、乙妻山周辺などがその例です。これらのルートの中には、今では多くの人に知られる一般ルートになっているものもあります。また、劔岳周辺、穂高岳周辺などで積極的にルンゼを滑り始めたのはこのころでした。

「その後の15年」

オリジナルの百山から15年がたち、記録の見られない山は減ってきました。新たな方向としては、厳冬期のパウダー滑降、ロングツアー、ルンゼ滑降が盛んになりました。例を以下に示します。

●厳冬期のパウダー滑降
岩木山、平標山・仙ノ倉山周辺、黒姫山、小日向山、飛騨の山々など
●ロングツアー
沢をつなぐ北アルプスの連続滑降、南アルプス、黒部横断、奥利根横断など
●ルンゼ滑降
劔岳、唐松岳、穂高岳、白馬岳、鹿島槍岳など

この時期の活動は道具(スキー、ビンディング、セーフティ)の変化にも支えられています。太くなった板が生む新雪の推進力、超軽量アルペンビンディングTLT、テレマークの歩行モード付きビンディング、さらにデジタル式のアバランチビーコンとヘルメット。今では普通ですが、15年前には見られませんでした。

「山スキー百山」

厳冬期のパウダー滑降、ロングツアー、ルンゼ滑降、それぞれが魅力的な活動です。他のガイドブックではあまり紹介されないこれらの活動を、積極的に紹介しました。すべての山とルートに正確な地形図を収録したので、山行計画を練るのに役立ててください。

本書は「百山」であり、「百名山」ではありません。ページの都合で載せられなかった山がたくさんあります。我々が滑っていない魅力的な山が全国にあるはずです。また、今は滑降の対象でなくとも、将来、道具の進化により新たな活動の対象になる山(ルート)が生まれるかもしれません。

本書が、読者のみなさんにとっての「百山」実現の一助になればと願っています。

スキーアルピニズム研究会

編集担当　田宮公成

目次

Page
Page
Page

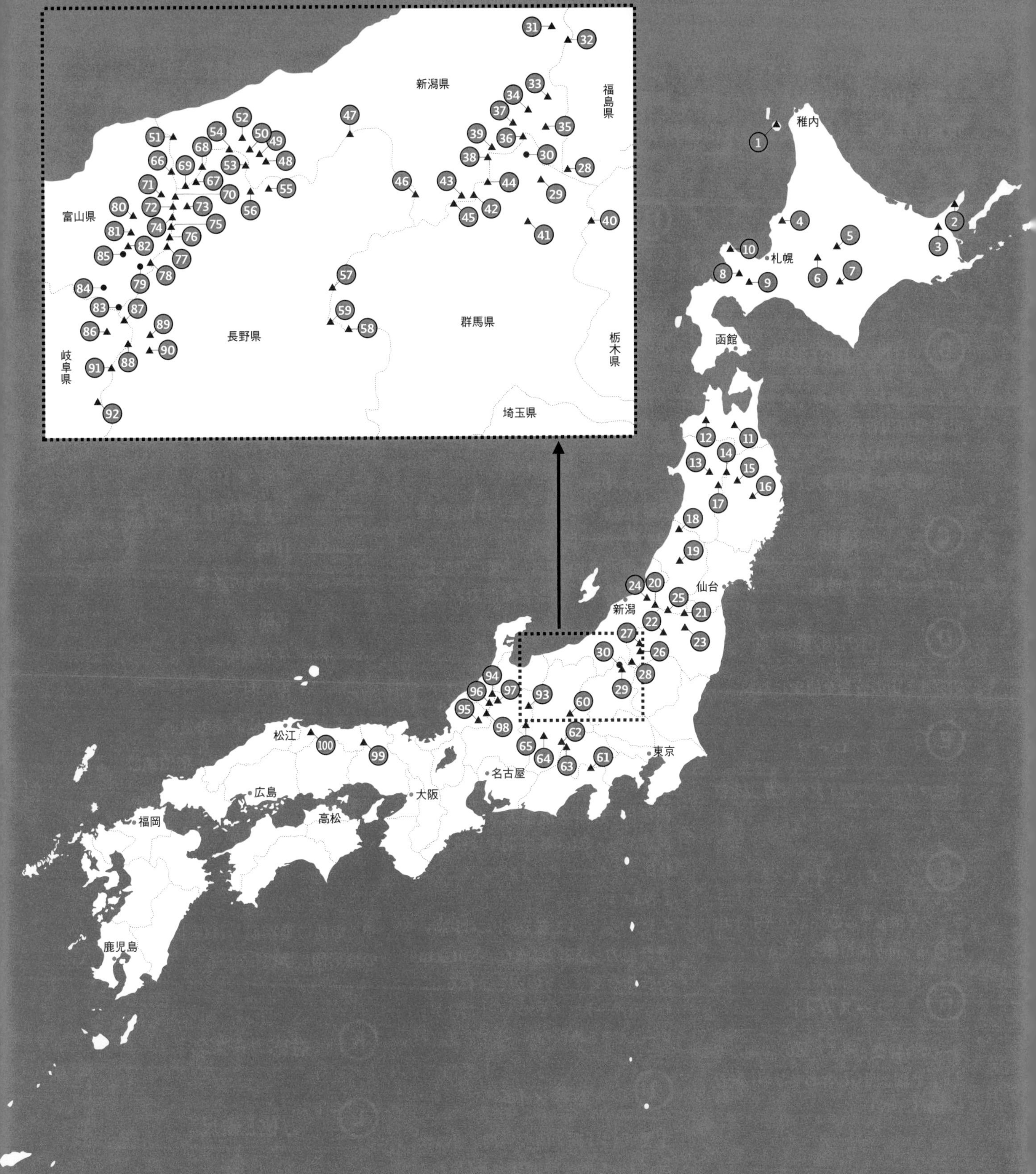

百山のインデックスマップ

本書の使い方

本書で紹介するルートは、ゲレンデ内を不自由なく滑るスキーの技術と、雪山登山の基本技術を保有する人を対象にしたものです。なかにはエキスパートだけがトレースできる特別なルートも含まれます。

雪や山の状況は毎年変わります。本書に紹介する情報だけでなく、積雪量や雪質、雪崩のリスクなどの現地情報や、気象庁発表の火山情報などを参考に、適切な判断をして安全な山スキーを楽しんでください。

Ⓐ 番号

北から南へ、百山を順にナンバリング。

Ⓑ 日数／山行形態

紹介コースを滑るために必要な日数。定着型の山行はベースキャンプ、縦走型の山行はスキーツアー、長期にわたる縦走は長期縦走と表記。

Ⓒ 適期

山スキーに適した時期。

Ⓓ 山の概要

紹介する山の特徴を簡潔に解説。

Ⓔ アプローチ

主にマイカーでのアクセス方法を紹介。

Ⓕ アドバイス

コースを滑るための注意点や、下山後の立ち寄り湯情報などを紹介。

Ⓖ コースガイド

コースの特徴と滑るための詳細なガイド。地図と照らし合わせながら読むと理解しやすい。

Ⓗ グレード

★☆☆初級
ゲレンデなどをベースにする半日程度の日帰りルート
ルートファインディングが簡単か、入山者が多くトレースが残っている確率が高い

★★☆中級
日帰りロングルートあるいは1泊程度のツアールート
入山者のトレースがあてにできず、ルートファインディングの能力が求められる

★★★上級
滑降に高い技術を要する日帰りルート、あるいは2泊以上のツアールート

山スキーを取り巻く状況は季節、天候などの自然状況で大きく変わる。同じルートでも、厳冬期では残雪期に比べてグレードがワンランク上がると考えていい。
なお、★★★（上級）の中には、高い滑降能力と登攀力、また、冬山登山の技術を要するものが含まれる。これらのルートはエキスパートだけがトレースできる特別なルートである。

Ⓘ 参考タイム

主要ポイント間の所要時間。雪の状況によって所要時間は大きく変わるので、あくまで目安として考え、ゆとりのある計画を立てること。

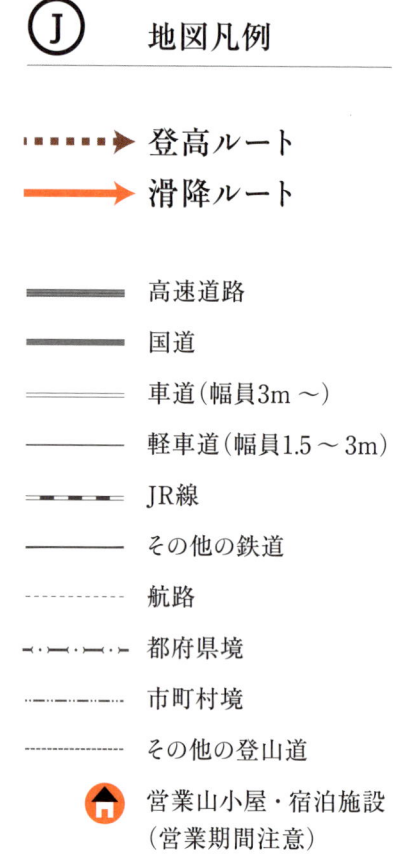

Ⓙ 地図凡例

登高ルート
滑降ルート

高速道路
国道
車道（幅員3m ～）
軽車道（幅員1.5 ～ 3m）
JR線
その他の鉄道
航路
都府県境
市町村境
その他の登山道
営業山小屋・宿泊施設（営業期間注意）
避難小屋・無人山小屋
キャンプ地

※その他の地図記号は国土地理院の地形図に準拠している。

Ⓚ 対応コース名

Ⓛ 方位と縮尺

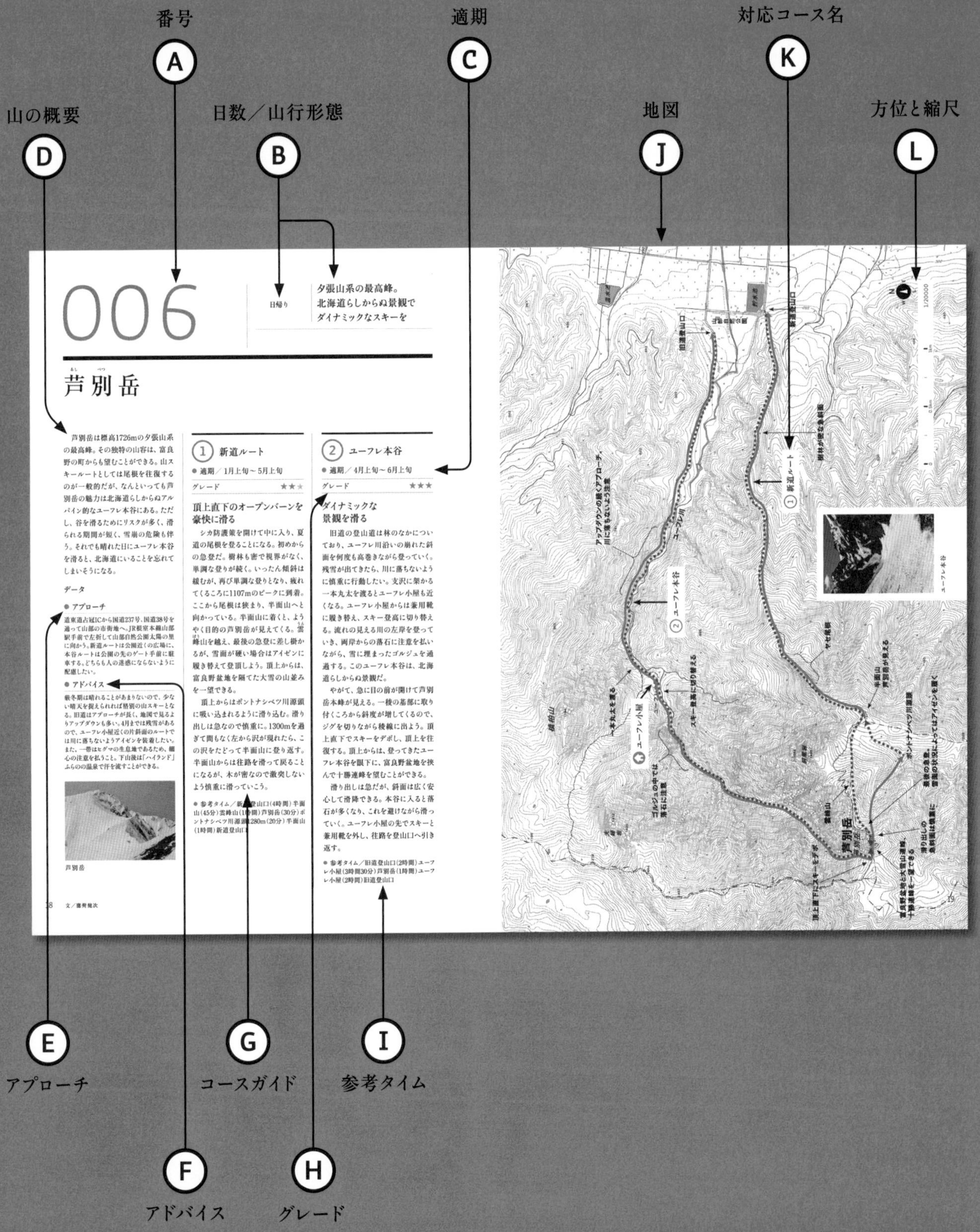

006

日帰り

夕張山系の最高峰。
北海道らしからぬ景観で
ダイナミックなスキーを

芦《あし》別《べつ》岳

芦別岳は標高1726mの夕張山系の最高峰。その独特の山容は、富良野の町からも望むことができる。山スキールートとしては尾根を往復するのが一般的だが、なんといっても芦別岳の魅力は北海道らしからぬアルパイン的なユーフレ本谷にある。ただし、谷を滑るためにリスクが多く、滑られる期間が短く、雪崩の危険も伴う。それでも晴れた日にユーフレ本谷を滑ると、北海道にいることを忘れてしまいそうになる。

データ

● アプローチ

道東道占冠ICから国道237号、国道38号を通って山部の市街地へ。JR根室本線山部駅手前で左折して山部自然公園太陽の里に向かう。新道ルートは公園近くの広場に、本谷ルートは公園の先のゲート手前に駐車する。どちらも人の迷惑にならないように配慮したい。

● アドバイス

厳冬期は晴れることがあまりないので、少ない晴天を捉えられれば格別の山スキーとなる。旧道はアプローチが長く、地図で見るよりアップダウンも多い。4月までは残雪があるので、ユーフレ小屋近くの片斜面のルートでは川に落ちないようアイゼンを装着したい。また、一帯はヒグマの生息地であるため、細心の注意を払うこと。下山後は「ハイランド」ふらのの温泉で汗を流すことができる。

芦別岳

① 新道ルート

● 適期／1月上旬～5月上旬

グレード ★★★

頂上直下のオープンバーンを豪快に滑る

シカ防護策を開けて中に入り、夏道の尾根を登ることになる。初めからの急登だ。樹林も密で視界がなく、単調な登りが続く。いったん傾斜は緩むが、再び単調な登りとなり、疲れてくるころに1107mのピークに到着。ここから尾根は狭まり、半面山へと向かっている。半面山に着くと、ようやく目的の芦別岳が見えてくる。雲《うん》峰《ぼう》山を越え、最後の急登に差し掛かるが、雪面が硬い場合はアイゼンに履き替えて登頂しよう。頂上からは、富良野盆地を隔てた大雪の山並みを一望できる。

頂上からはポントナシベツ川源頭に吸い込まれるように滑り込む。滑り出しは急なので慎重に。1300mを過ぎて間もなく左から沢が現れたら、この沢をたどって半面山に登り返す。半面山からは往路を滑って戻ることになるが、木が密なので激突しないよう慎重に滑っていこう。

● 参考タイム／新道登山口(4時間)半面山(45分)雲峰山(1時間)芦別岳(30分)ポントナシベツ川源頭1280m(20分)半面山(1時間)新道登山口

② ユーフレ本谷

● 適期／4月上旬～6月上旬

グレード ★★★

ダイナミックな景観を滑る

旧道の登山道は林のなかについており、ユーフレ川沿いの崩れた斜面を何度も高巻きながら登っていく。残雪が出てきたら、川に落ちないように慎重に行動したい。支沢に架かる一本丸太を渡るとユーフレ小屋も近くなる。ユーフレ小屋からは兼用靴に履き替え、スキー登高に切り替える。流れの見える川の左岸を登っていき、両岸からの落石に注意を払いながら、雪に埋まったゴルジュを通過する。このユーフレ本谷は、北海道らしからぬ景観だ。

やがて、急に目の前が開けて芦別岳本峰が見える。一稜の基部に取り付くころから斜度が増してくるので、ジグを切りながら稜線に出よう。頂上直下でスキーをデポし、頂上を往復する。頂上からは、登ってきたユーフレ本谷を眼下に、富良野盆地を挟んで十勝連峰を望むことができる。

滑り出しは急だが、斜面は広く安心して滑降できる。本谷に入ると落石が多くなり、これを避けながら滑っていく。ユーフレ小屋の先でスキーと兼用靴を外し、往路を登山口へ引き返す。

● 参考タイム／旧道登山口(2時間)ユーフレ小屋(3時間30分)芦別岳(1時間)ユーフレ小屋(2時間)旧道登山口

Backcountry
Skiing
100
Mountains

RSSA

Chapter

北海道

001

日帰り

北の海からそびえる
最北の名山。海岸線まで
豪快な滑降が味わえる

● 適期／4月中旬～5月初旬

利《り》尻《しり》山

利尻山は山好きの誰もが憧れる最北の百名山であるが、山スキーにも豪快な斜面を提供してくれる。稚内からのフェリーが近づくにつれ、誰もがその姿に圧倒されるだろう。

コースは北側の鴛泊《おしどまり》から利尻北麓野営場を経て北峰頂上(1719m)を往復するか、北東側の豊漁沢川《ほうりょうざわ》を豪快に海岸線近くまで滑降するものになる。このほかにも滑れる斜面はたくさんあるが、頂上付近から麓まで抜けるとなると、なかなか難しい。西面にも滑れるラインはいくつかあるものの、島の西側は裾野が広く、海岸道路まで出るのは大変だろう。そのほかの斜面は、いずれも上部から滑り込むのは困難である。ベストシーズンは4月中旬からゴールデンウィークごろまで。

データ

● アプローチ

稚内港から鴛泊港までハートランドフェリーで1時間40分。鴛泊港から利尻北麓野営場まで約3km、タクシー約10分。雄忠志内(おちゅうしない)から北麓野営場まで約9.7km、タクシー約30分。

● アドバイス

北峰頂上からの滑降は雪質を見て慎重に。利尻北麓野営場の北2kmに利尻富士温泉がある。

船から見た利尻山。手前の尾根の向こうが豊漁沢川

① 北麓野営場から頂上往復

グレード ★★★

標高差1510m、1255mピーク往復でも充分に楽しい

利尻北麓野営場をスタート。夏道の鴛泊コースより右手の沢を登る。振り返れば礼文島が巨大な生き物のように海に浮かんでいる。600m付近で沢は二俣に分かれる。左俣のほうが広く、シールで登れるが、最後は軽いヤブこぎになって長官山に出る。右俣は上部で広がり、傾斜が急になる。滑降には右俣のほうが向いている。900m付近でアイゼン登高に切り替え、1255mピークへ。その先に避難小屋(利尻岳山小屋)があり、天気の悪いときは待機できる。小屋からは稜線の左側をシールで行くことも可能だが、1400m付近からはアイゼン登高になる。1719mの北峰にスキーをデポ、せっかくだから最高点の南峰1721mも踏んでおきたい。往復約30分である。

北峰に戻り滑降開始。滑り出しの滑落は許されないので慎重に。1350m付近で傾斜が緩くなり、ほっとひと息。1255mピークから登った沢に滑り込む。西斜面なので時間が遅くなってもクラストせず、快適な滑降が楽しめる。野営場まではあっという間。

● 参考タイム／利尻北麓野営場(4時間30分)避難小屋(1時間40分)北峰(1時間30分)利尻北麓野営場

② 豊漁沢川滑降

グレード ★★★

海岸線まで標高差1700mの豪快な滑降ルート

北峰までは前項と同じ。避難小屋付近まで前項と同じ斜面を滑り、右に向きを変えて豊漁沢川に滑り込むこともできるし、北峰から真北へダイレクトに滑ることもできる。頂上から滑る場合は、東に寄りすぎて隣の沢に入らないよう注意したい。豊漁沢川は1100m付近から沢形がはっきりして両岸も切り立ってくるが、ブロック雪崩の心配はなく、滝も完全に埋まっている。ただし北東面なので、雪質はクラストしてあまりよくない。400mあたりから右岸の台地に上がり、疎林のなかを行くと、表面が軟らかくなって滑りやすくなる。ササが濃くなった林のなかを、雪を拾いながらしつこく滑り、最後は堰堤を右からパスして標高20mで滑降終了となる。

なお、頂上まで登ってから豊漁沢川を滑ると、どうしても滑り出す時間が遅くなり、雪がクラストしてしまう。滑りを楽しむなら、頂上は別の日に踏んでおいて、1255mピークから豊漁沢川へ滑り込むのがよい。

● 参考タイム／利尻北麓野営場(4時間30分)避難小屋(1時間40分)北峰(2時間)雄忠志内

文／牧野総治郎

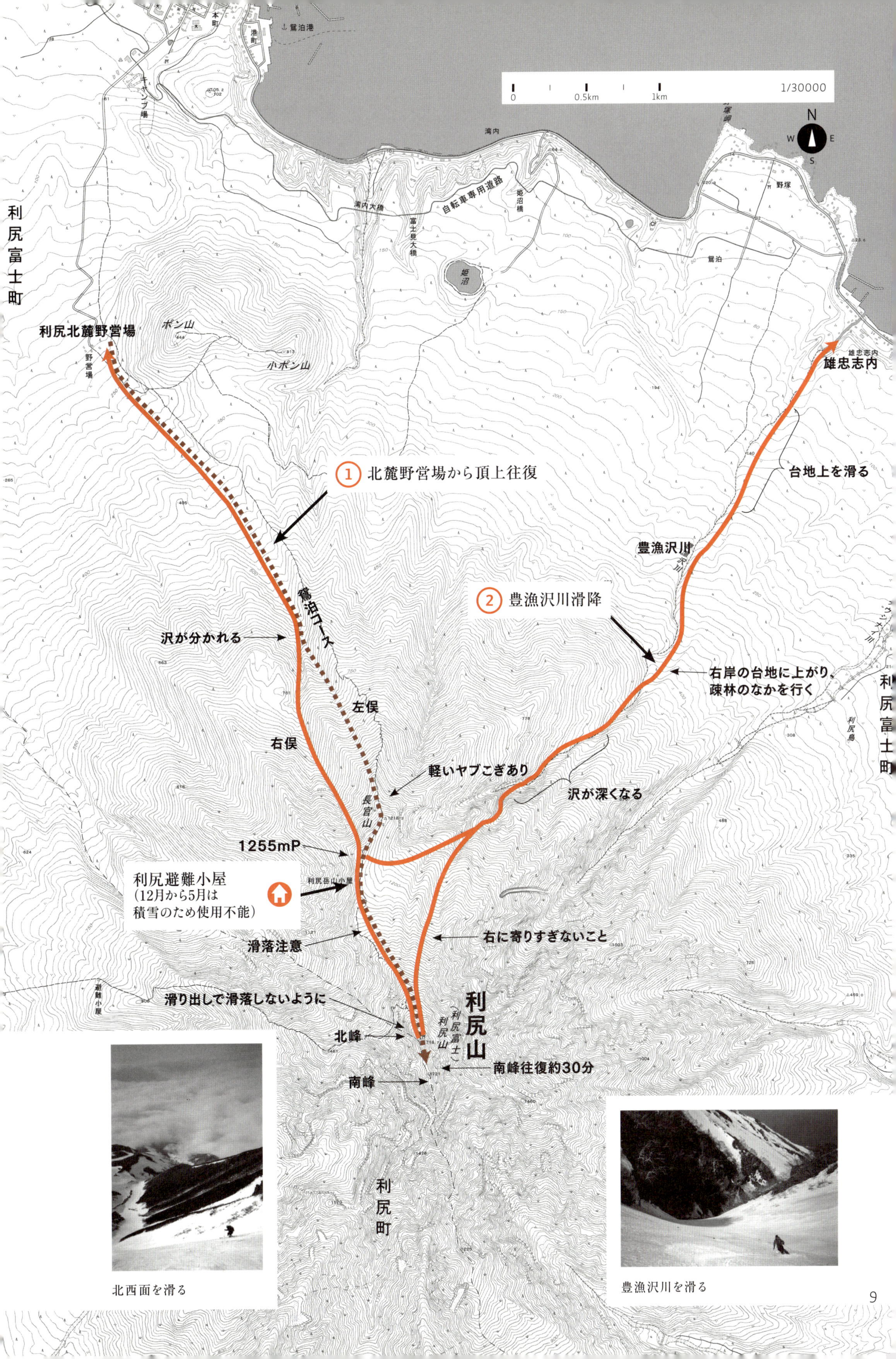

北西面を滑る

豊漁沢川を滑る

002

日帰り

知床半島の最高峰から
日本海、オホーツク海へと
滑り降り、麓の温泉を満喫

● 適期／4月上旬〜5月中旬

羅《ら》臼《うす》岳

アイヌ語で「地の果て」を意味する知床は、北海道の東端に位置し、半島基部の斜里岳、海別岳、半島中央の羅臼岳、半島に沿って連なるサシルイ岳、硫黄山、知床岳と、どの山も山スキーに適している。ただし、海からいきなりそそり立つ山々の厳冬期の気候は厳しく、この時期の活動はエキスパートのみに許される。本書では、春になり、晴天率が上がって、雪が安定する時期を前提に紹介する。

知床半島の北側の起点であるウトロと、南側の起点である羅臼を結ぶ横断道路はゴールデンウィークごろに開通するが、直後は通行可能時間が10〜15時に制限されている。

データ

● アプローチ

女満別空港から国道244号経由で岩尾別温泉まで2時間。

● アドバイス

夏道の登山道は樹林が密なので、雪が安定していて雪崩の危険性が低い。登りにも沢を使ってシール登行すると楽である。山頂直下はゴールデンウィークごろでもガリガリのアイスバーンの可能性が高いのでアイゼン、クトーを携行し、滑落に注意すること。ヒグマの生息地であるため、鈴などの対策が必要である。

羅臼岳山頂直下

① 羅臼岳

グレード ★★☆

半島最高峰からの滑降

岩尾別温泉（木下小屋）から夏道に沿って進む。4月上旬ならばここからシールで進めるが、ゴールデンウィークごろだと雪がなく、しばらくスキーを担ぐ。高度を上げ、雪がつながるようになればシールで進めるが、ネマガリタケや灌木が行く手を邪魔して進みにくい。急登を越えれば眼下に知床五湖、正面に羅臼岳の大展望が待っている。この先は羅臼平まで無立木の斜面である。羅臼平から南に方向を変えて山頂をめざす。このあたりから雪が硬くなるので、必要に応じてクトーを使うか、アイゼン歩行で山頂に立つ。山頂からは国後島がすぐ近くに見え、まさに「地の果て」に来たことを実感する。

滑降は往路沿いである。羅臼平までは滑落に注意して慎重に、その先は滑落の危険が少なくなり気持ちよく滑れる。途中で往路を離れ、登山道の北側の沢を滑る。下部で雪が切れ始めたらスノーブリッジを使って右に左に移り進む。岩尾別温泉は沢の左岸にあるので、最後は左岸沿いを降りること。

● 参考タイム／岩尾別温泉（5時間）羅臼岳（1時間30分）岩尾別温泉

サシルイ岳南面

② サシルイ岳

グレード ★★☆

ふたつの海に向かって滑る

途中までは羅臼岳と同じルートを登る。樹林帯を抜けた先から西向きに、トラバース気味に進む。地図では小さく出ている沢が意外に深いので、場所を探して渡る必要がある。沢を渡ってから先は、山頂めざして一直線に登る。山頂直下は雪付きが悪いかもしれない。サシルイ岳からは羅臼側の斜面を滑って登り返す。正面はオホーツク海、海に向かっての滑降である。羅臼側にも車を用意しておけば、海岸線まで滑れるかもしれない。

斜度が落ちた所で、滑りをやめ、登り返す。山頂から往路沿いに滑り、途中からは羅臼岳ルートと同様に沢沿いに小屋まで滑る。一日で2本滑れば、達成感がぐっと上がるだろう。

● 参考タイム／岩尾別温泉（5時間）サシルイ岳（30分）東斜面滑降（1時間）サシルイ岳（1時間30分）岩尾別温泉

文／田宮公成

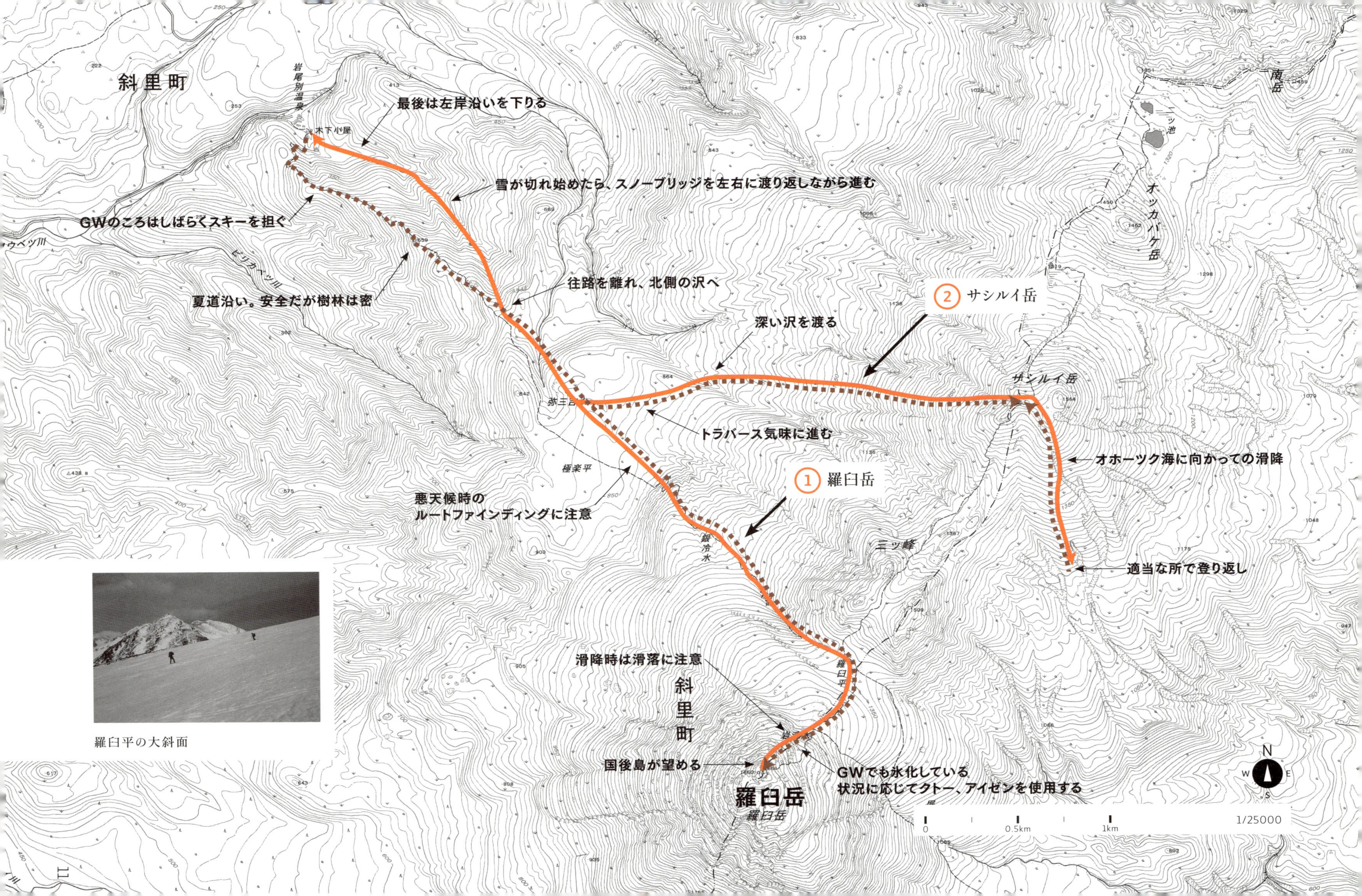

斜里町
岩尾別温泉
木下小屋
最後は左岸沿いを下りる
雪が切れ始めたら、スノーブリッジを左右に渡り返しながら進む
GWのころはしばらくスキーを担ぐ
ピリカベツ川
往路を離れ、北側の沢へ
夏道沿い。安全だが樹林は密
2 サシルイ岳
深い沢を渡る
サシルイ岳
弥三吉水
トラバース気味に進む
極楽平
オホーツク海に向かっての滑降
1 羅臼岳
悪天候時の
ルートファインディングに注意
銀冷水
三ッ峰
適当な所で登り返し
滑降時は滑落に注意
斜
里
町
羅臼平
国後島が望める
GWでも氷化している
状況に応じてクトー、アイゼンを使用する
羅臼岳
羅臼岳
オッカバケ岳
二ッ池
南岳
N
W
E
S
0
0.5km
1km
1/25000

羅臼平の大斜面

003

日帰り

知床半島の基部に位置する
ピラミッド型の美しい独立峰
下山後の温泉も楽しみ

● 適期／3月下旬～5月上旬

斜《しゃ》里《り》岳

知床は半島の突端に向かって羅臼岳、サシルイ岳、硫黄山、知床岳と山々が連なり、少し離れた半島の基部に海別岳と斜里岳がそびえる。斜里岳は半島の山々と阿寒山系を結ぶ位置にあり、広大な畑に囲まれた独立峰である。海からいきなりそそり立つ山、厳冬期の気候は厳しく、この時期の活動はエキスパートのみに許される。本書では、春になり、晴天率が上がって雪が安定した時期を前提に紹介する。

山スキーは、夏道沿いの清里から登るルートが古くから知られている。最近は東側の根北峠からのルートも滑られているので、ふたつのルートを紹介する。

データ

● アプローチ

女満別空港から斜里まで国道244号で1時間。そこから、清里町を経て清岳荘か根北峠。清里からのルートは夏の登山口(清岳荘)の手前、林道常盤線で除雪が終わっている。ここに駐車する。国道244号の根北峠からのルートは道路脇に駐車できる。

● アドバイス

山頂直下は急斜面なので滑落に注意。アイゼンとクトーは必携だ。ヒグマの生息地であるため、鈴などの対策が必要である。

一の沢の広い斜面

斜里岳稜線（山頂直下）

① 清里ルート

グレード ★★★

北西面の夏道を滑る

除雪の終了点からしばらく林道を進む。途中に夏の登山の起点となる清岳荘がある。この先しばらく、林道は沢と並行に続く。雪が極端に少ない状況でなければ沢沿いでも進める。左から二の沢が合わさる地点より先で夏道(新道)は尾根沿いになるが、雪が安定しているなら沢沿いの夏道(旧道)を進むほうがいい。そのまま行くと山頂の南側の鞍部に出る。ここから先、山頂までは雪がつながっていない箇所もある。

入山地点に戻る滑降ルートは、一の沢と二の沢がある。後者は山頂直下から滑り出し、少し下った先がルンゼ状になる。側壁から落ちるデブリに注意して降りると、登ってきた一の沢に合流する。この先は往路に沿って滑る。

● 参考タイム／清里林道(5時間)斜里岳(1時間30分)清里林道

② 根北峠ルート

グレード ★★★

最近滑られている東面のルート

根北峠から真西に向いて尾根を進む。東斜里岳の直下が急斜面なので板を担ぎ、ピッケルを持ち、潅木をつかみながら行く。東斜里岳から斜里岳の間はアップダウンがある。尾根が細いので滑落に注意。

山頂から尾根沿いを滑って降りるのは快適ではないので、下りは山頂から1376mの鞍部をめざしてトラバースし、ここからパンケニワナイ川沿いに滑る。雪が安定しているのであれば、登りも沢沿いとすればよい。

● 参考タイム／根北峠(4時間)東斜里岳(1.時間)斜里岳(1時間)根北峠

文／田宮公成

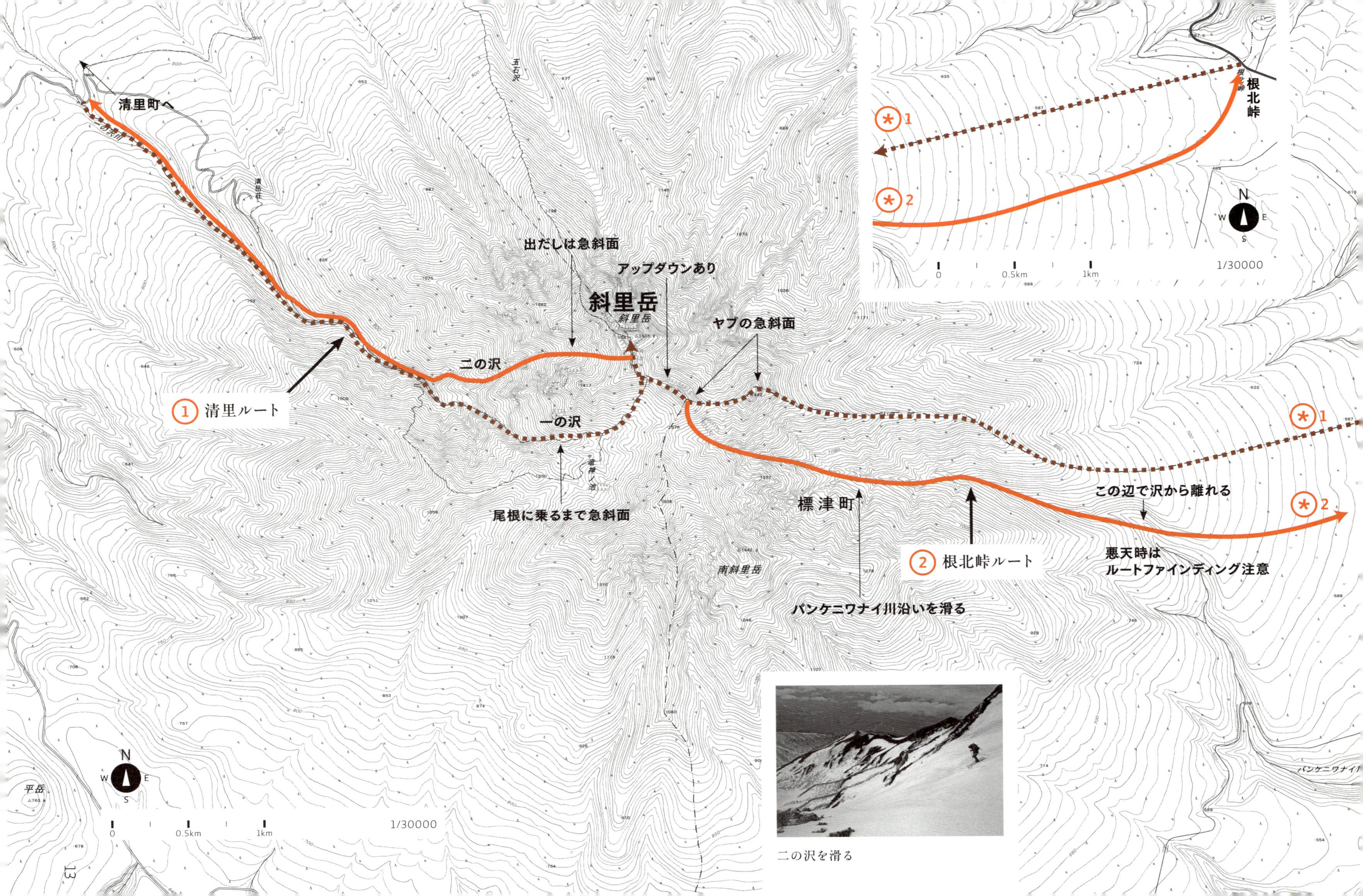
清里町へ
出だしは急斜面
アップダウンあり
斜里岳
斜里岳
ヤブの急斜面
二の沢
一の沢
① 清里ルート
尾根に乗るまで急斜面
標津町
南斜里岳
② 根北峠ルート
パンケニワナイ川沿いを滑る
この辺で沢から離れる
悪天時は
ルートファインディング注意
*1
*2
パンケニワナイ
平岳
N
W
E
S
0
0.5km
1km
1/30000
根北峠
*1
*2
N
W
E
S
0
0.5km
1km
1/30000

二の沢を滑る

004

日帰り

日本海に面した
増毛山地の主峰で
目いっぱい春を楽しむ

● 適期／4月中旬～5月下旬

暑《しょ》寒《かん》別《べつ》岳

佐上台からの暑寒別岳北尾根の景色

ドーム1075m手前

暑寒別岳は暑寒別天《て》売《うり》焼《やぎ》尻《しり》国定公園にあり、日本海に面しているため豪雪地帯である。ゴールデンウィークでも、増毛の町から見る増毛山地は、山全体が真っ白だ。残雪も多く、標高295mの暑寒荘からスキーが使える。暑寒荘は通年利用が可能な自炊小屋で、薪ストーブもあり、快適なベースとなる。北尾根を往復するのが一般的なルートである。

データ

● アプローチ

増毛町から国道231号、道道546号暑寒別公園線を南に進むと暑寒荘の駐車場。暑寒荘への道は例年4月中旬から下旬に除雪されるが、増毛町役場に確認するとよい。

● アドバイス

尾根が広く、霧が出ると位置判断が難しくなるので、GPSや赤布を用意するとよい。尾根には日本海からの強い風を遮るものがないため、防風対策をしっかりと。ヒグマ除けの鈴なども忘れずに用意しよう。

北尾根ルート

グレード ★★☆

眺めのよい長い尾根ルート

登山道は暑寒荘から橋を渡り、東の尾根に向かって上がるが、積雪期は暑寒荘から南に向かい、番号札を追って林道を行く。林道は所々ショートカットしながら登ってゆくとよい。593m佐上台の小ピークは西面を巻いて南側のコル53番札に出るとよい。このコルからほぼ夏道に沿って番号札を追いながら尾根を南に進む。1075mのドームで北東からの広い枝尾根と合流。1080m滝見台の道標を過ぎて1250mまでは緩やかな尾根が続く。1250mから最後の斜面は斜度が強くなるので直登を避け、左斜面を絡んで肩に上がり、箸別からの登山道と合流して頂上台地に出る。頂上台地は時期によって雪が途切れていることもあるが、東面を巻くと雪はつながっていて、頂上1491mまでスキーを脱がずに行ける。頂上からは左手に南暑寒別岳、正面に群《くん》別《べつ》岳、右手に浜益《はまます》岳のパノラマがすばらしい。

山頂からは日本海に向かって標高差1196mの滑りが楽しめる。途中、1450mで箸《はし》別《べつ》への尾根、1000mの北東への枝尾根の分岐で間違えないよう注意。尾根の番号札をたどり、佐上台手前53番札からは尾根を離れて斜面に入れば、林道をつなぎながら程なく暑寒荘に到着する。

● 参考タイム／暑寒荘（2時間）滝見台（2時間）暑寒別岳（1時間）暑寒荘

暑寒別岳北尾根を滑る

文／平岡耕一郎

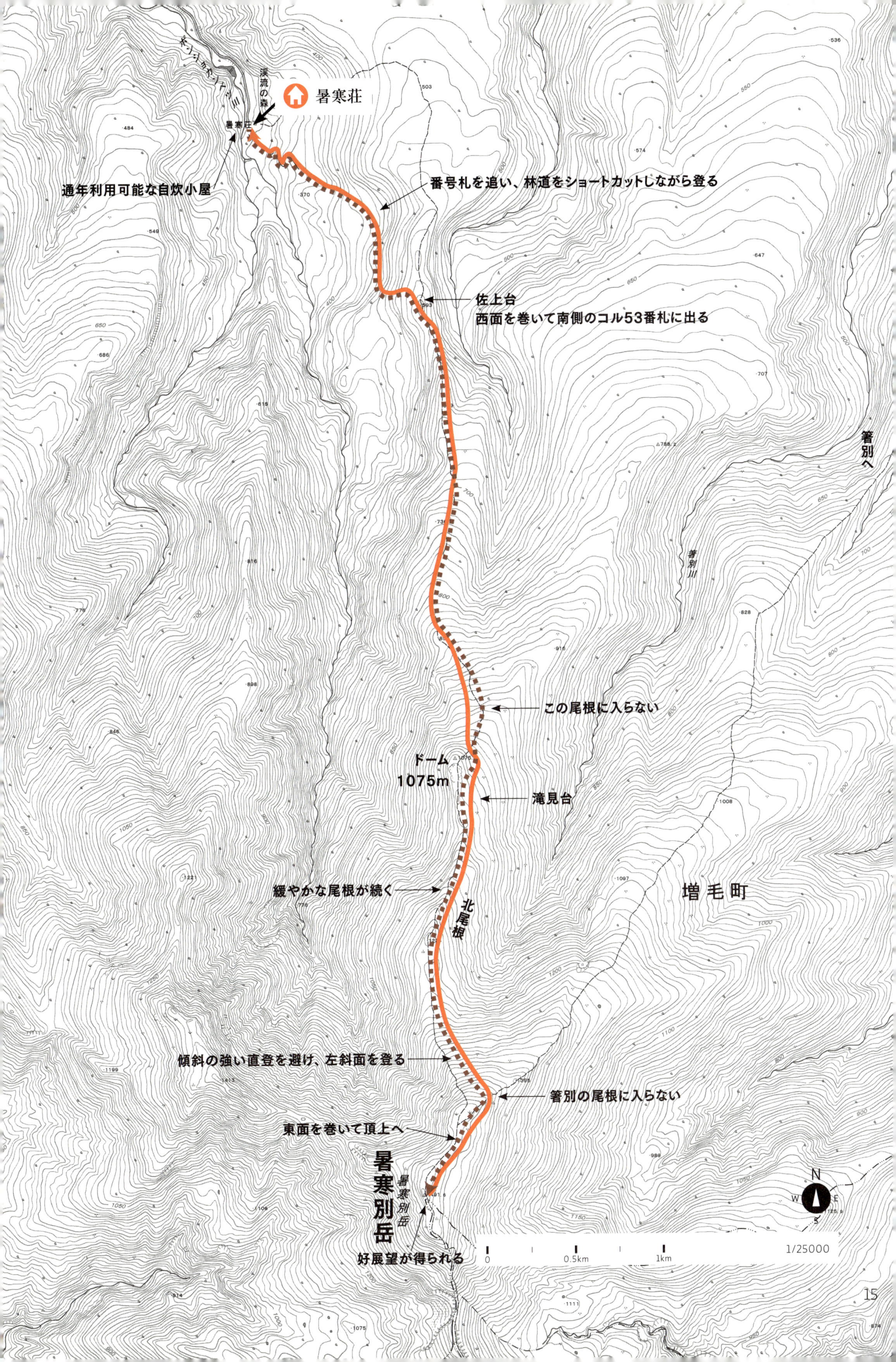

ポンショカンベツ川
渓流の森
暑寒荘
暑寒荘
通年利用可能な自炊小屋
番号札を追い、林道をショートカットしながら登る
佐上台
西面を巻いて南側のコル53番札に出る
箸別へ
箸別川
この尾根に入らない
ドーム
1075m
滝見台
緩やかな尾根が続く
北尾根
増毛町
傾斜の強い直登を避け、左斜面を登る
箸別の尾根に入らない
東面を巻いて頂上へ
暑寒別岳
暑寒別岳
好展望が得られる
N
W
E
S
0
0.5km
1km
1/25000

005

日帰り

十勝連峰
極寒の
羽毛パウダー

● 適期／1月上旬～4月下旬

富《ふ》良《ら》野《の》岳

十勝岳連峰縦走の起点としても知られる富良野岳(1912m)は、主な滑走斜面が北西を向き、針葉樹林の巨木が多いため雪質が抜群によい。ただしホコ岩(1740m)からピークまではアイゼンとピッケルが必要で、上部はスキー滑走に向かないため、ホコ岩から下部を滑走する。

一般的にジャイアント尾根からのアプローチが多いが、厳冬期は尾根上の雪が飛ばされることも多く、条件がそろわないと標高を上げられず、標高1500m以下からの滑走になることが多い。ここではジャイアント尾根からのベベルイ沢滑走を紹介する。

データ

● アプローチ

JR富良野線上富良野駅前から道道291号を十勝岳温泉方面へ約30分でバーデン上富良野。

● アドバイス

バーデン上富良野周辺の道路脇に車を置けるスペースが若干あるが、除雪作業の邪魔になるので、道路にはみ出さないように。土日は特に混雑する。バーデン上富良野のほか、周辺にはカミホロ荘など良質の温泉宿が数軒あり、日帰り入浴が可能。この周辺の温泉宿はそれぞれが個性的で、また自炊可能な施設もあるので宿泊するのもよいだろう。

ホコ岩

ベベルイ沢滑走

ジャイアント尾根からベベルイ沢

グレード ★★☆

ベベルイトップから極上パウダーへ

バーデン上富良野前のT字路から上富良野方面へ150mほど下ると左手に道路標識があり、そこから除雪の山を乗り越えると砂防ダムが見える。砂防ダムに向かって降りて、その手前のヌッカクシ富良野川を渡る。この徒渉は水量が少なく容易である。川を渡ったら正面が北尾根の末端。北尾根をしばらく尾根沿い(左手)に進み、その後、北尾根の西斜面に入ると右手にベベルイ川の沢地形が見える。緩やかに高度を上げ、標高1100～1150mくらいでベベルイ川を渡り、ジャイアント尾根に取り付く。

標高を上げていくと樹林帯は次第にまばらになり、標高1300mくらいで視界が開けてくる。尾根をどこまで登るかは時期と天候次第だが、厳冬期はたいてい風が強く、気温もかなり低いため、標高を上げられないことも多い。条件よくジャイアント尾根をホコ岩手前の台地まで行けたら、そこがベベルイトップと呼ばれるドロップポイント。付近はよく雪が飛ばされ、シュカブラのことが多い。雪の状況を見て慎重にベベルイ沢にドロップしよう。条件がそろえばこの斜面は本当にすばらしいが、寒すぎて板が走らないことも。沢のボトムに木が多くなり、狭くなってきたら滑走終了。雪がよいときは通常、ジャイアント尾根か北尾根に登り返し、ベベルイ沢に向かって数本滑走する。

下山は北尾根側を乗っ越し、三峰山沢に向かう林間(通称TGR)を滑って三峰山沢沿いに砂防ダムまで戻るか、北尾根の西側を滑って登ったルートに合流するか、いずれのルートもとれる。TGRは急斜面で木が多く、快適なラインを見つけるのが難しい。ベベルイ沢、TGRともに雪崩事故が起きているので、充分に気をつけたい。

● 参考タイム／砂防ダム(3時間) 1500m地点(1時間)ベベルイトップ(1時間)砂防ダム

 文／伊達佳美

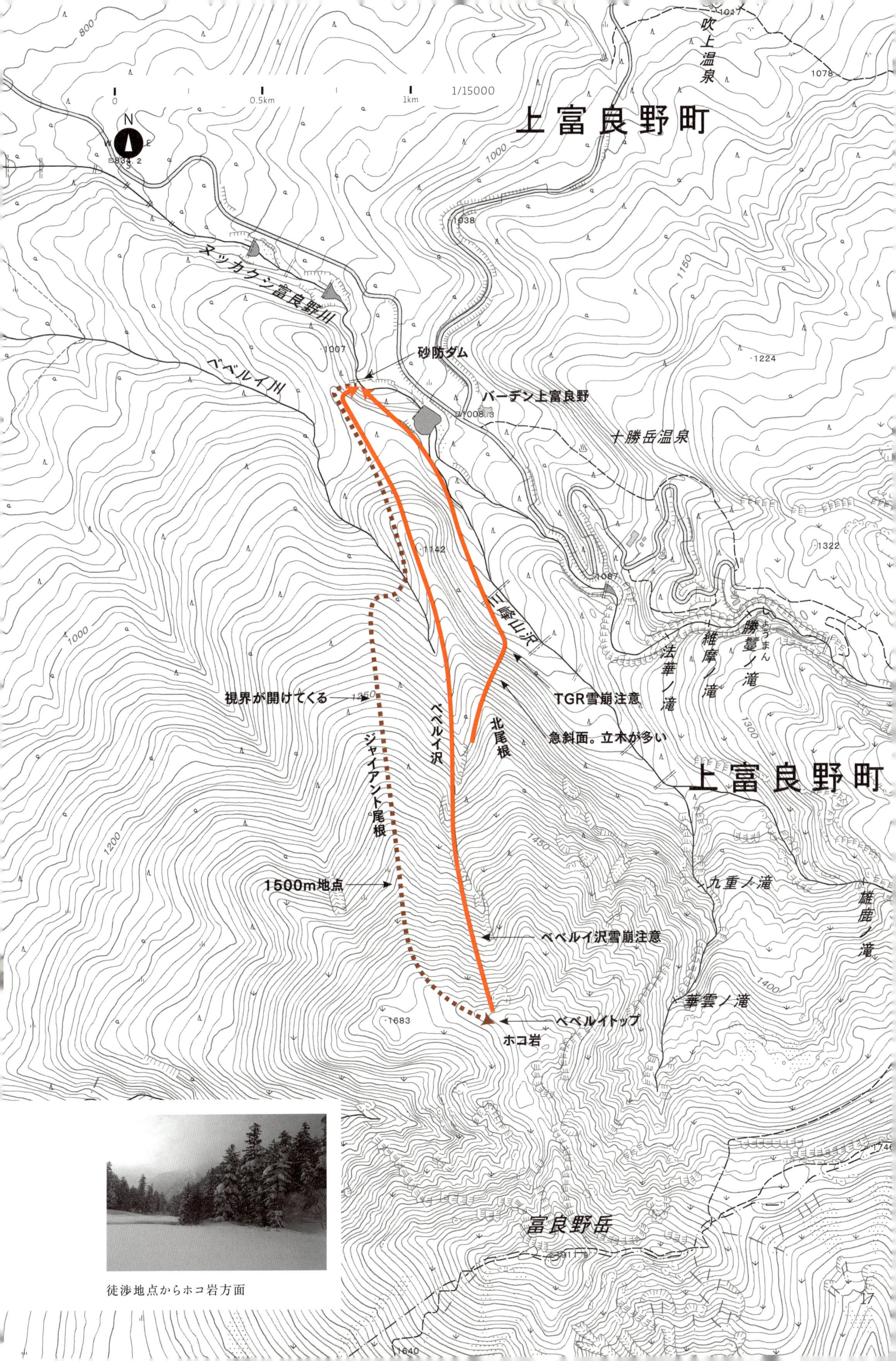

徒渉地点からホコ岩方面

006

日帰り

夕張山系の最高峰。
北海道らしからぬ景観で
ダイナミックなスキーを

芦《あし》別《べつ》岳

芦別岳は標高1726mの夕張山系の最高峰。その独特の山容は、富良野の町からも望むことができる。山スキールートとしては尾根を往復するのが一般的だが、なんといっても芦別岳の魅力は北海道らしからぬアルパイン的なユーフレ本谷にある。ただし、谷を滑るためにリスクが多く、滑られる期間が短く、雪崩の危険も伴う。それでも晴れた日にユーフレ本谷を滑ると、北海道にいることを忘れてしまいそうになる。

データ

● アプローチ

道東道占冠ICから国道237号、国道38号を通って山部の市街地へ。JR根室本線山部駅手前で左折して山部自然公園太陽の里に向かう。新道ルートは公園近くの広場に、本谷ルートは公園の先のゲート手前に駐車する。どちらも人の迷惑にならないように配慮したい。

● アドバイス

厳冬期は晴れることがあまりないので、少ない晴天を捉えられれば格別の山スキーとなる。旧道はアプローチが長く、地図で見るよりアップダウンも多い。4月までは残雪があるので、ユーフレ小屋近くの片斜面のルートでは川に落ちないようアイゼンを装着したい。また、一帯はヒグマの生息地であるため、細心の注意を払うこと。下山後は「ハイランド」ふらのの温泉で汗を流すことができる。

芦別岳

① 新道ルート

● 適期／ 1月上旬～ 5月上旬

グレード ★★★

頂上直下のオープンバーンを豪快に滑る

シカ防護策を開けて中に入り、夏道の尾根を登ることになる。初めからの急登だ。樹林も密で視界がなく、単調な登りが続く。いったん傾斜は緩むが、再び単調な登りとなり、疲れてくるころに1107mのピークに到着。ここから尾根は狭まり、半面山へと向かっている。半面山に着くと、ようやく目的の芦別岳が見えてくる。雲《うん》峰《ぼう》山を越え、最後の急登に差し掛かるが、雪面が硬い場合はアイゼンに履き替えて登頂しよう。頂上からは、富良野盆地を隔てた大雪の山並みを一望できる。

頂上からはポントナシベツ川源頭に吸い込まれるように滑り込む。滑り出しは急なので慎重に。1300mを過ぎて間もなく左から沢が現れたら、この沢をたどって半面山に登り返す。半面山からは往路を滑って戻ることになるが、木が密なので激突しないよう慎重に滑っていこう。

● 参考タイム／新道登山口(4時間)半面山(45分)雲峰山(1時間)芦別岳(30分)ポントナシベツ川源頭1280m(20分)半面山(1時間)新道登山口

② ユーフレ本谷

● 適期／ 4月上旬～ 6月上旬

グレード ★★★

ダイナミックな景観を滑る

旧道の登山道は林のなかについており、ユーフレ川沿いの崩れた斜面を何度も高巻きながら登っていく。残雪が出てきたら、川に落ちないように慎重に行動したい。支沢に架かる一本丸太を渡るとユーフレ小屋も近くなる。ユーフレ小屋からは兼用靴に履き替え、スキー登高に切り替える。流れの見える川の左岸を登っていき、両岸からの落石に注意を払いながら、雪に埋まったゴルジュを通過する。このユーフレ本谷は、北海道らしからぬ景観だ。

やがて、急に目の前が開けて芦別岳本峰が見える。一稜の基部に取り付くころから斜度が増してくるので、ジグを切りながら稜線に出よう。頂上直下でスキーをデポし、頂上を往復する。頂上からは、登ってきたユーフレ本谷を眼下に、富良野盆地を挟んで十勝連峰を望むことができる。

滑り出しは急だが、斜面は広く安心して滑降できる。本谷に入ると落石が多くなり、これを避けながら滑っていく。ユーフレ小屋の先でスキーと兼用靴を外し、往路を登山口へ引き返す。

● 参考タイム／旧道登山口(2時間)ユーフレ小屋(3時間30分)芦別岳(1時間)ユーフレ小屋(2時間)旧道登山口

文／鷹觜健次

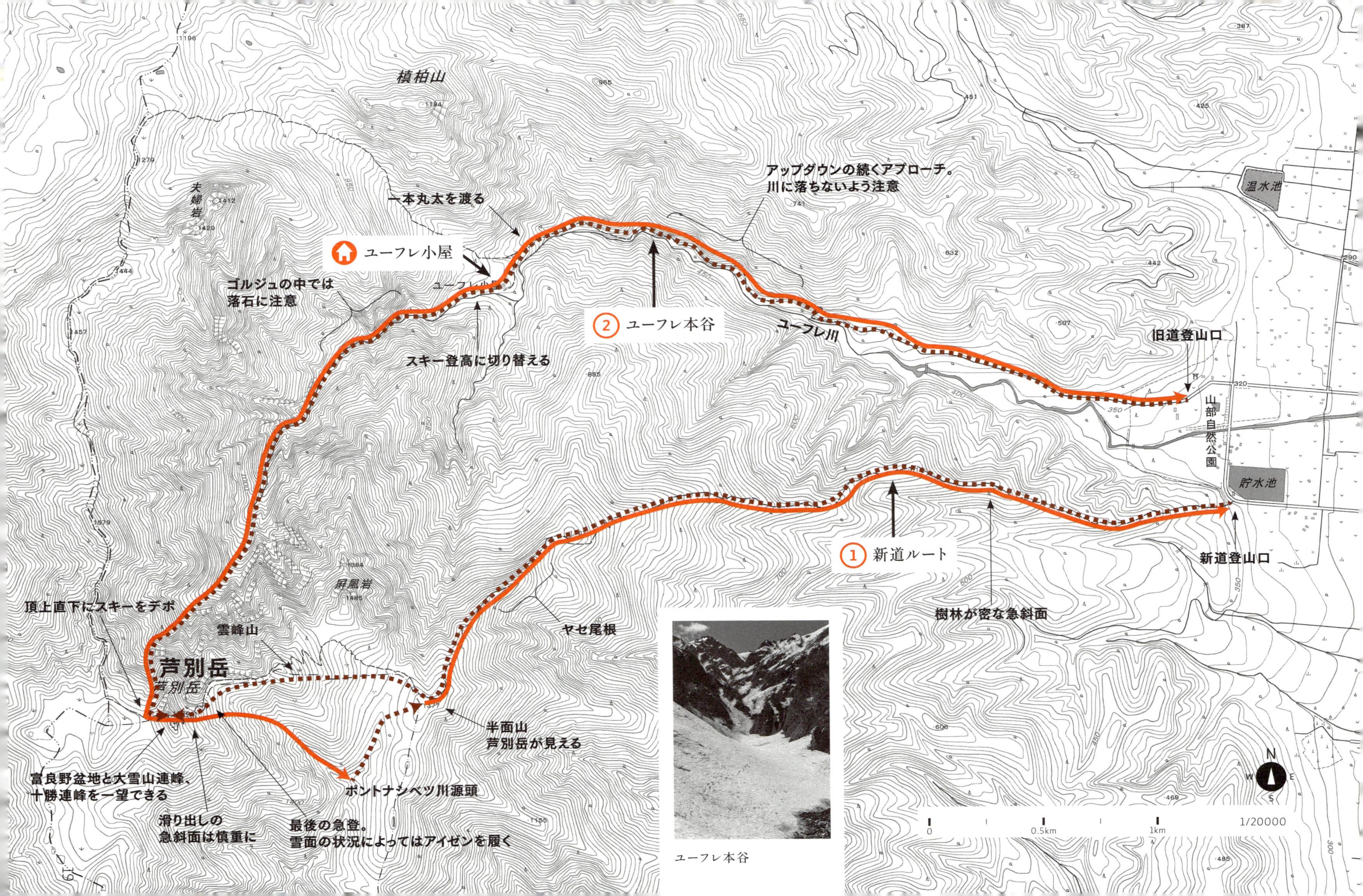
槙柏山
夫婦岩
一本丸太を渡る
アップダウンの続くアプローチ。
川に落ちないよう注意
温水池
ユーフレ小屋
ゴルジュの中では
落石に注意
② ユーフレ本谷
ユーフレ川
スキー登高に切り替える
旧道登山口
山部自然公園
貯水池
① 新道ルート
新道登山口
樹林が密な急斜面
頂上直下にスキーをデポ
雲峰山
芦別岳
屏風岩
ヤセ尾根
半面山
芦別岳が見える
ポントナシベツ川源頭
富良野盆地と大雪山連峰、
十勝連峰を一望できる
滑り出しの
急斜面は慎重に
最後の急登。
雪面の状況によってはアイゼンを履く
0
0.5km
1km
1/20000

ユーフレ本谷

007

日帰り

日高山脈の北端
日帰りで楽しめる
好展望ルート

芽《め》室《むろ》岳

芽室岳

芽室岳は、芽室岳本峰と西蜂(ペンケヌーシ岳)の総称。標高は1754m(本峰)で、日高山脈は、これより北に1700m以上の山はなく、日高山脈の北端の山として知られている。日高山脈で山スキーをするとなると、限られた山だけ。ましてや日帰りするとなれば、芽室岳となる。芽室岳本峰北面はどこを滑ってもよさそうな斜面があり、山小屋に連泊して楽しむことができる。

データ

● アプローチ

道東道十勝清水ICから国道274号、道道55号を経由して山小屋芽室岳へ。ただし山小屋までの除雪は4月下旬となり、それ以前は、手前の円山牧場の除雪終了点から6km余り歩くことになる。

● アドバイス

円山牧場から山小屋芽室岳までの除雪の状態を確認すること(清水町観光協会☎0156-62-2111)。一帯はヒグマの生息地なので要注意。芽室町には北海道遺産のモール(植物性)温泉があり、下山後に汗を流すことができる。

① 北尾根往復

● 適期／3月中旬～5月上旬

グレード ★★☆

日高山脈で日帰りスキー

山小屋芽室岳からすぐにヌプリパオマベツ川に架かる丸太橋を渡り、植林地のなかを進む。樹相が変わり、斜度も増してくると尾根が明瞭になる。1000mを超えると木もまばらになり、正面に芽室岳本峰が見えるようになるが、まだ先は長い。1450mからの急登を登りきって主稜線に出れば、一気に展望が開ける。ここから左折していったん下り、登り返して間もなく芽室岳本峰に着く。頂上からは南に日高山脈、北西に夕張岳から芦別岳、北に十勝連峰からトムラウシ山など東大雪の山並みを一望することができる。

頂上での山岳展望を楽しんだあとは滑降に移るが、主稜線上は雪も少なく、ブッシュや岩が出ていることがあるので、慎重に滑って鞍部に向かう。分岐までは階段登高でひと登りしてから北尾根滑降に入る。滑り出しは急なので要注意。左へ行かないように滑り降りること。樹林帯に入ったら、木にぶつからないよう注意しながら往路を戻る。

● 参考タイム／山小屋芽室岳(4時間)芽室岳(1時間)山小屋芽室岳

② ヌプリパオマベツ川左俣

● 適期／4月中旬～5月上旬

グレード ★★☆

北面の広大な斜面を自由に滑る

頂上までは北尾根往復ルートを参照。頂上から北側の広い斜面に滑り込む。初めはどこを滑ってもいいが、徐々に沢が明瞭になってきたら、尾根上を滑って1200m付近で右の沢に滑り込む。右岸からいくつかの沢が合流し、斜度が緩くなる730mで右俣と出合うと楽しい滑降も終了だ。650mを過ぎて堰堤が現れたら左岸に上がり、朝登ったルートに戻って小屋に戻る。

● 参考タイム／山小屋芽室岳(4時間)芽室岳(1時間)山小屋芽室岳

文／鷹觜健次

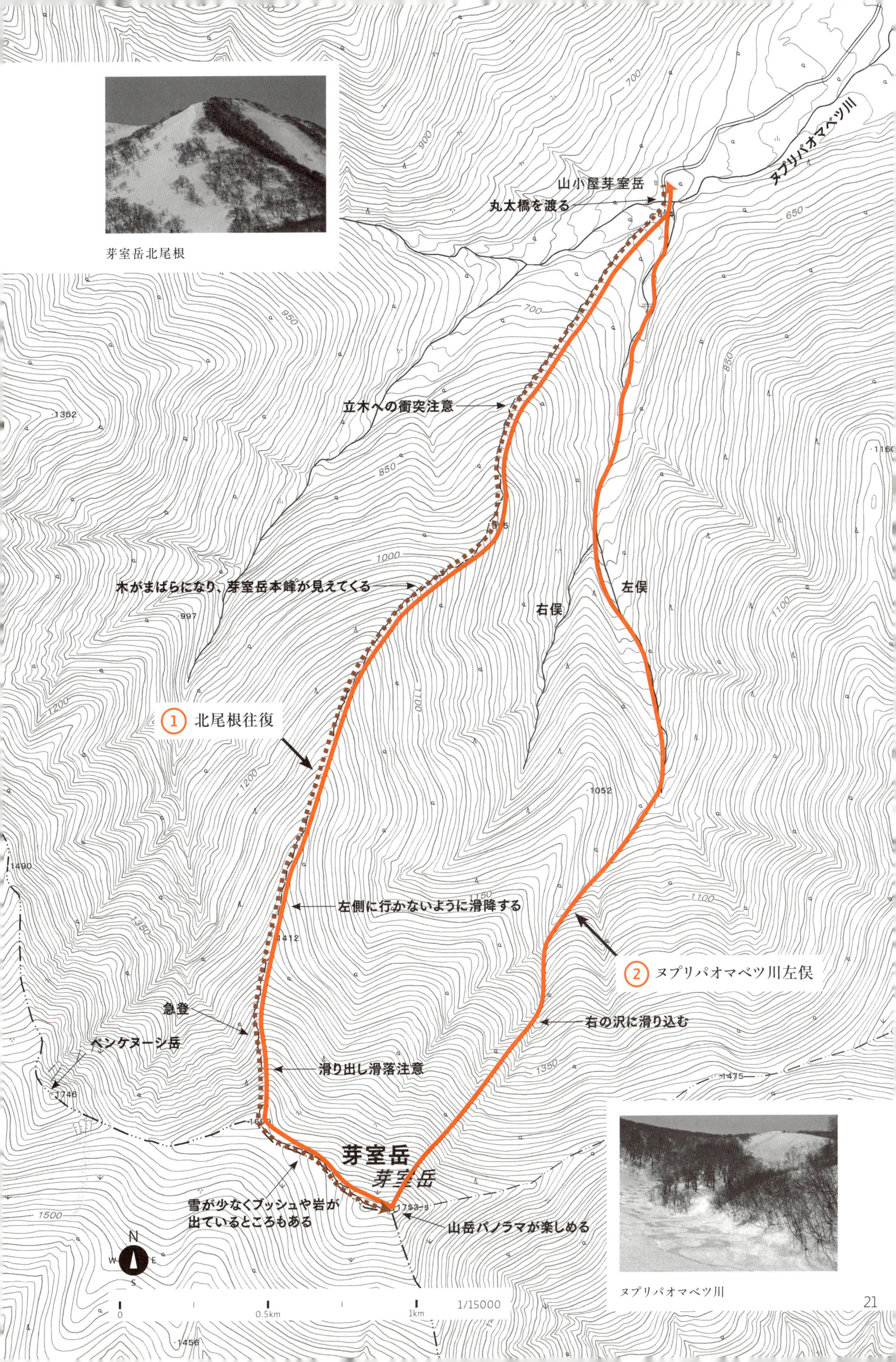

芽室岳北尾根

ヌプリパオマベツ川

008

日帰り

世界のスキーヤーの注目を浴びる北海道の一大スキーエリア

● 適期／12月下旬～5月初旬

ニセコアンヌプリ

ワイスホルンの山頂手前

ニセコ連山は北海道を代表するスキーエリアで、海外のスキーヤーにも粉雪で有名である。ニセコアンヌプリは連山の最高峰で、標高1308m。尻別川を挟んで対岸に羊蹄山がそびえ、ふたつの山を組み合わせて活動できる。ニセコ周辺にあるたくさんの温泉に滑り込むことも可能だ。

ニセコ連山は団子頭のごとくなだらかな山頂の山が多いが、アンヌプリ、イワオヌプリなどピラミダルな山もある。過去には、スキー場から飛び出すガイドのスキーツアーの客が雪崩で亡くなる事故があった。今はニセコルールとして、滑走禁止エリアを明確に定義している。また、雪崩の危険のあるときはゲレンデ外に出るゲートが閉じられている。ゲレンデから山に入る場合はルールを守ろう。

データ

● アプローチ

札幌からニセコグラン・ヒラフまでは国道230号経由で約2時間、千歳から国道276号経由で同じく2時間。新千歳空港からはスキーシーズン中、ニセコ方面に向かうバスが頻繁に出ている。

● アドバイス

ゲレンデを使う場合はニセコルールを守ること。ルールの範囲外は自己責任になる。ニセコアンヌプリの西面、北面は無立木の斜面であり、厳冬期には雪崩に注意。

① ニセコアンヌプリ西面ルート

グレード ★★★

五色温泉に滑り降りる無立木の大斜面

ニセコグラン・ヒラフのゲレンデトップから歩き始める。山頂までの標高差は100mほどなので1時間もかからずに山頂に立てる。登りの斜面はスキーシーズン中、列ができるほどである。山頂の小さい避難小屋で寒さをしのぐことができる。五色温泉までは、無立木の大斜面。五色温泉は冬季は素泊まりのみで営業しているが、バスはこの時期、運行していない。スキー場へは見返坂へ登り、尾根か沢を滑って戻ればよい。

● 参考タイム／ニセコグラン・ヒラフゲレンデトップ(30分)ニセコアンヌプリ山頂(1時間)五色温泉(30分時間)見返坂(30分)ニセコグラン・ヒラフ

② イワオヌプリ

グレード ★★★

ニセコの喧騒から離れ静かな山を滑る

五色温泉から北向きにイワオヌプリをめざす。標高差400mほどなので、登りはラッセルがひどくなければ2時間ほど、残雪期なら山頂まで1時間ちょっと。山頂からはアンヌプリの西面が一望できる。南斜面なので、厳冬期に粉雪を期待するなら、早い時間に滑る必要がある。

● 参考タイム／五色温泉(1時間30分)イワオヌプリ(1時間)五色温泉

③ ワイスホルン

グレード ★★★

なだらかな斜面の山

花園温泉を起点にホワイトアイルニセコのリフトを利用する。ゲレンデトップから山頂まで標高差100m、1時間もかからないで山頂に着く。山頂からは東向きに滑り、適当な所でゲレンデに戻る。ホワイトアイルニセコは開業準備中(2015年8月現在)、最新情報を入手すること。

● 参考タイム／ホワイトアイルニセコゲレンデトップ(1時間)ワイスホルン(1時間)ホワイトアイルニセコゲレンデ

アンヌプリから五色温泉へ

イワオヌプリから五色温泉に向かう

009

日帰り

別名「蝦夷富士」。
名前に負けない圧倒的な標高差。
厳冬期はパウダー三昧

● 適期／1月上旬～5月上旬

羊《よう》蹄《てい》山

羊蹄山北側から

蝦夷富士とも呼ばれる羊蹄山は、その名のとおり富士山のような端正な姿をしている。北海道の標高2000mは本州の3000mに匹敵するといわれるが、標高1898mの独立峰であるこの山は、厳冬期にピークまで行くことは本当に難しい。厳冬期の上部はアイゼンとピッケルが必要である。厳冬期にスキー滑走に向いているのは標高1500m以下であるが、それでも充分にオープン斜面が楽しめる。

この山の滑走ルートは多々あるが、森林限界以下でも疎林であるため、羊蹄山らしいすばらしいパウダーが楽しめる。ここでは真狩側のルートを紹介する。

データ

● アプローチ

倶知安から国道276号で京極町に入り、道道97号で喜茂別町を経由し、道道66号でニセコ町方面に向かうと右手に羊蹄山自然公園の登山口がある。

● アドバイス

登山口手前に除雪された駐車場がある。土日は混雑する。この登山口は標高400mくらいで、他のルートと比べてピークまでの標高差が最も少ない。下山後の風呂はまっかり温泉が便利である。

1. 真狩ルート
2. 神社の沢ルート
3. 墓地の沢ルート

グレード ★★★

大デルタ地帯で パウダーを満喫

真狩登山口の標識を右に見て、沢っぽい夏道らしきルートを進む。木の多い森のなかをだらだらと、標高が上がらないままましばらく進む。標高650mくらいで振り返ると少し視界が開け、標高700mくらいで右側に尾根が見えてくる。この尾根に上がっても、沢の中を進んでもどちらでもよいので、コンディションで決めよう。尾根の向こう側は神社の沢ルート。このまま標高を上げると標高1000mくらいの左手にテラスと呼ばれる台地がある。テラスの上部は雪崩事故が何度も起こっているので、滑走には注意が必要だ。右手の尾根に上がり、さらに尾根上を進んで高度を上げると、標高1100mと1200mくらいに雪庇が張り出している地点がある。そこを巻くか、尾根の向こう側に降りてさらに標高を上げる。

標高を上げられるだけ上げるが、厳冬期は標高1400mくらいでパウダーがなくなり、1500mくらいが限界のことが多い。厳冬期はパウダーがなくなった地点から滑走開始することをおすすめする。この滑走開始地点をまっすぐ降りると神社の沢ルート、山に向かって右手にトラバースしてもうひとつ右手の尾根を越えると墓地の沢ルートに入る。いずれも麓にある墓地まで滑れるが、特に神社の沢はしっかりしたルートファインディングが必要。墓地に下山する場合は下山後にタクシーを呼ぶ、車が2台あれば1台をこちらにデポする、あるいはここに車を止めて墓地から上がることも可能である。

神社の沢ルートはデルタと呼ばれる疎林が広がり、快適に滑走できる。神社の沢ルートを滑って真狩登山口に戻る場合は登ってきた尾根に早めに戻るか、気持ちよく滑走して登り返すかを選べるが、下りすぎると沢が深くなり、登り返しが大変である。尾根に戻れば、あとは登ってきた斜面を滑って下山する。滑走斜面は左右にかなり広く取れるので、選べばノートラックの林間斜面を快適に下山可能。運よくピークまで行けた場合は、標高差200mのお釜の中を滑ることができる。

● 参考タイム／真狩登山口（2時間）標高1000m（1時間）標高1300m（1時間）真狩登山口

文／伊達佳美

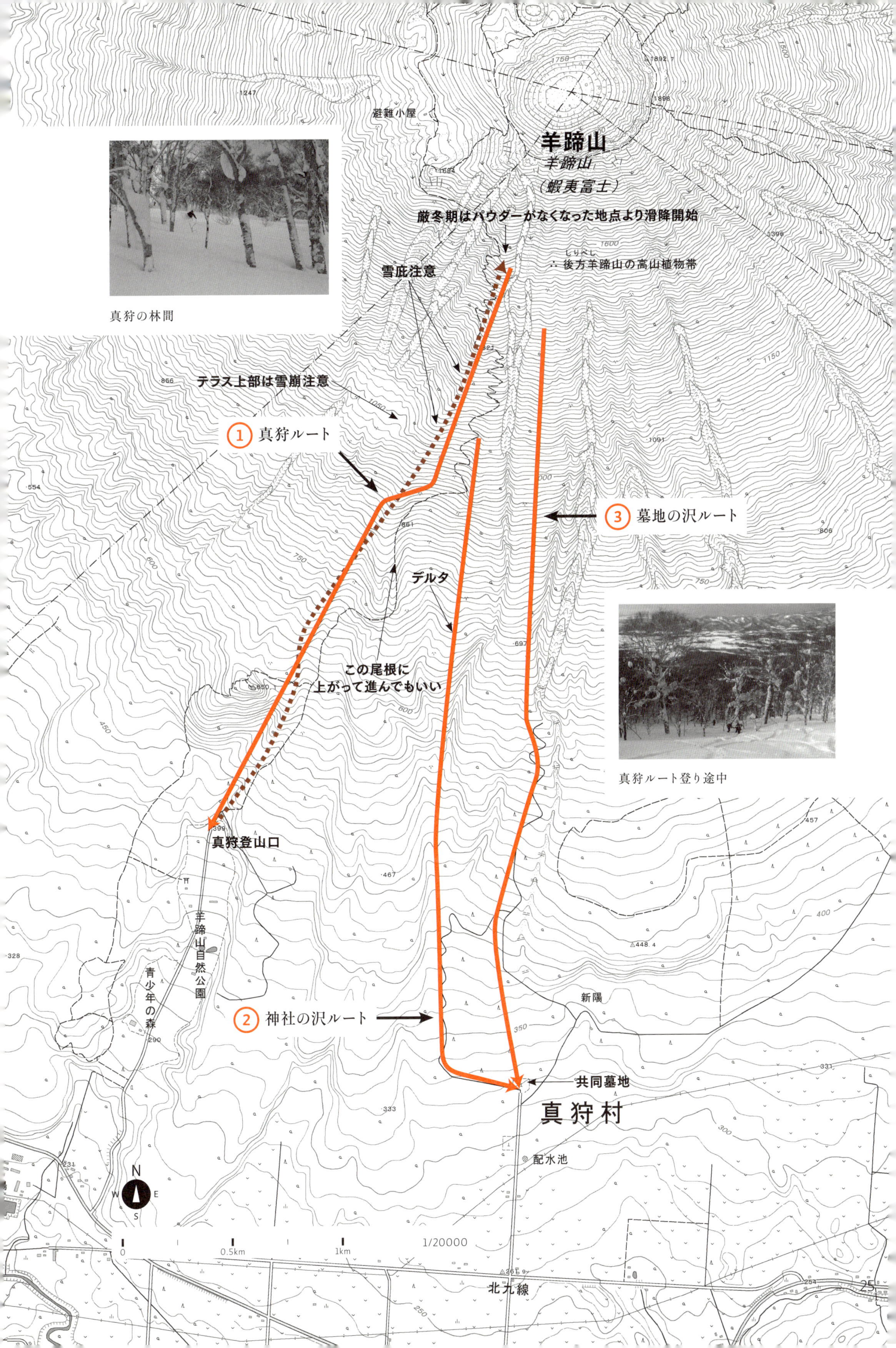

真狩の林間

真狩ルート登り途中

010

日帰り

積丹半島の最高峰。
日本海に近く、
海岸線の展望がすばらしい

● 適期／3月初旬～4月下旬

積《しゃこ》丹《たん》岳・余《よ》別《べつ》岳

積丹岳、余別岳は北海道の西部、日本海に突き出す積丹半島の、北側の海岸線近くに位置する。余別岳(1298m)が半島の最高峰で、積丹岳はその東側にある。積丹岳には海岸線に沿う国道229号から登る登山道があるが、余別岳には登山道はなく、山スキーは半島の山々を巡る有効な手段である。ただし、活動する場合は天候と雪の状態に充分に注意する必要がある。過去にはスノーモービルが雪崩に巻き込まれる事故が起きている。また、厳冬期には日本海から吹く風が強い。

データ

● アプローチ

札幌から婦美まで約90km。札幌道小樽ICで降りて国道5号で余市、国道229号で積丹町まで約2時間。古平町から積丹町婦美に入り、小林橋を渡ってすぐに左折して進むと、浄水場前が除雪終了点になっている。ここに駐車する。

● アドバイス

夏の登山口に小屋がある。移動距離が長いので、一日で余別岳を含めて計画するのならば、早立ちが必要。積丹岳までのなだらかな尾根には古いツアーの標識があるが、あてにしないほうがよい。

積丹岳への登り

積丹岳婦美の尾根から見る

① 積丹岳

グレード ★☆☆

婦美からの
夏道沿いルート
海岸線の展望が見どころ

除雪終了点からしばらく林道を進む。雪があればシールで、なければ板を担ぐ。地図で休憩所と書かれた場所に小屋がある。その先は山頂をめざして南西方向に尾根沿いを進む。971mPで向きを西に変えて山頂まで登る。途中の小ピークは巻くとよい。天気のいい日であれば、海岸線の展望がすばらしいだろう。

山頂から婦美までは登りのトレースを見失わないようにして、穏やかな尾根を滑る。

● 参考タイム／婦美(4時間)積丹岳(1時間)婦美

② 余別岳

グレード ★★☆

半島の最高峰に立つ
積丹岳からの
バリエーションルート

積丹岳から余別岳の稜線はヤセ尾根で、遅い時期だと雪が途切れ、スキー向きではない。ここでは我呂ノ沢源頭部を滑るルートを紹介する。積丹岳から南斜面を標高750mまで滑る。夏道の尾根とは違って急斜面である。ここから我呂ノ沢の左岸の尾根を余別岳まで登る。山頂からは登ってきた尾根、雪が安定しているならば沢、あるいは右岸の尾根を滑る。婦美へ戻るのに積丹岳に登り返してもいいが、しばらく平坦な地形を進み、971mPに向けて登れば、時間が節約できる。ここからは積丹岳の往復と同じ夏道沿いに滑り婦美に戻る。

● 参考タイム／積丹岳(5時間)我呂ノ沢(1時間)余別岳(30分)我呂ノ沢(1時間)971mP (30分)婦美

文／田宮公成　写真／平岡耕一郎

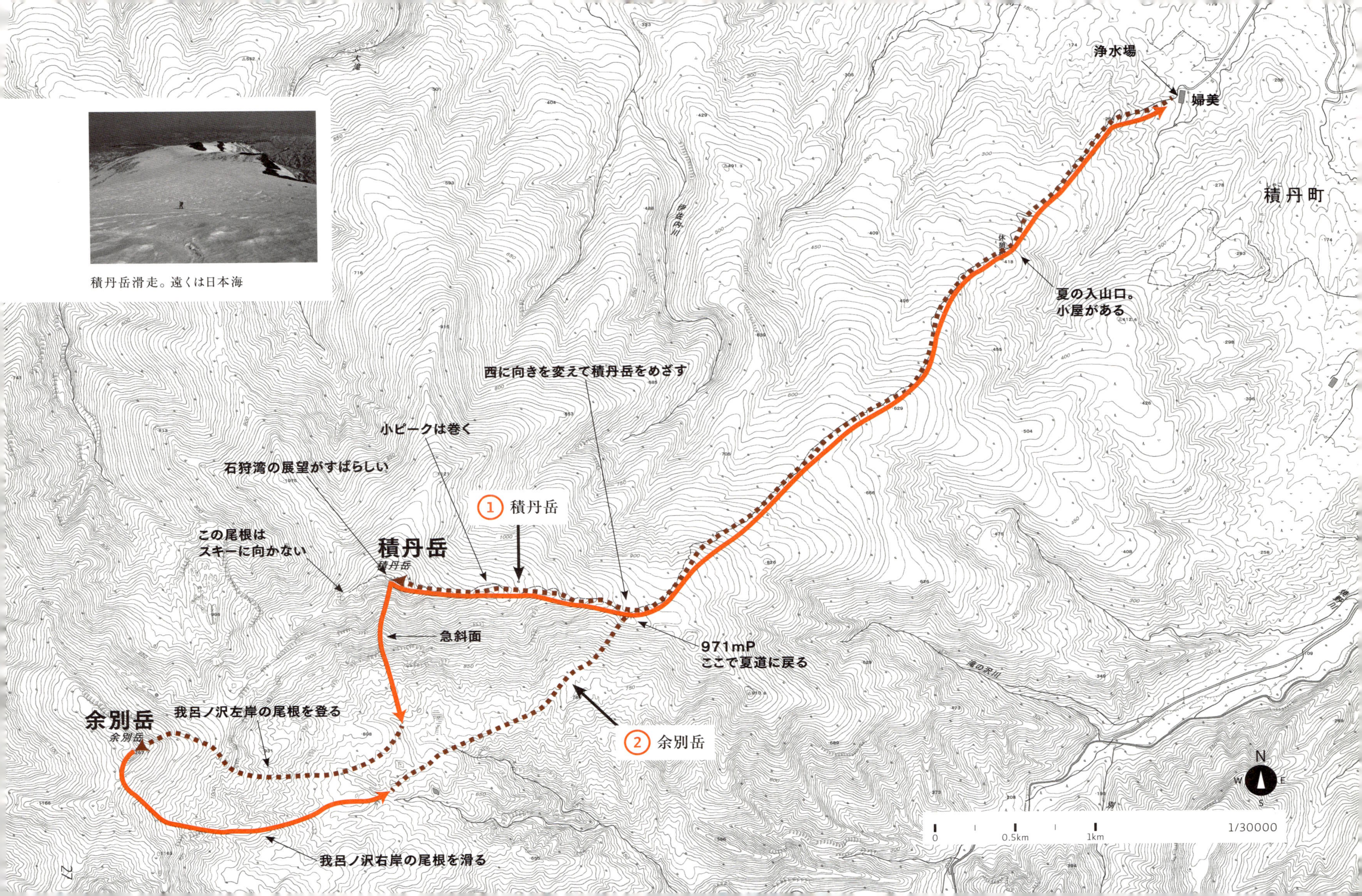

積丹町
浄水場
婦美
夏の入山口。
小屋がある
西に向きを変えて積丹岳をめざす
971mP
ここで夏道に戻る
① 積丹岳
② 余別岳
小ピークは巻く
石狩湾の展望がすばらしい
積丹岳
この尾根は
スキーに向かない
急斜面
我呂ノ沢左岸の尾根を登る
余別岳
我呂ノ沢右岸の尾根を滑る
N
0
0.5km
1km
1/30000

積丹岳滑走。遠くは日本海

Chapter

2

東北

011

日帰り

温泉を足場に、大斜面を
一日に何本も楽しめる。
厳冬期はパウダーの宝庫！

● 適期／1月下旬～5月初旬

八《はっ》甲《こう》田《だ》山

小岳（左）と高田大岳

八甲田山は奥羽山脈の北端に位置し、多くの火山からなる山域の総称である。標高は1500m程度だが、豪雪地帯にあるため、厳冬期にはパウダースノーを堪能でき、ゴールデンウィークまでスキーを楽しめる。この山域は、国道103号を挟んで、主峰の大岳や円錐形の高田大岳をはじめとする北八甲田と、櫛ヶ峯などの南八甲田に分けられる。大斜面の滑降が効率よく味わえるのは北八甲田で、春スキーの時期には、標高差600～900mのスロープを一日に何本も満喫できる。北八甲田への入山アプローチは、八甲田ロープウェーを使う。

データ

● アプローチ

仙台方面からは東北道黒石ICから国道394号、青森からは国道103号で城ヶ倉温泉、酸ヶ湯温泉方面へ向かう。いずれも1時間弱。

● アドバイス

北八甲田のスキーの特色として、厳冬期のパウダースノー滑走と、4月からゴールデンウィークにかけての週末に運行される春スキーシャトルバスを利用しての効率よい滑降が挙げられ、目的に合わせて時期を選びたい。

① 箒《ほうき》場《ば》岱《たい》ルート

グレード ★☆☆

北八甲田の最長ルート

春スキーの時期であれば、ロープウェー山頂駅から赤倉岳をめざす。田《た》茂《も》萢《やち》岳とのコルまで滑ったら、スキーを担いで山頂までひと登り。雪の状態によって、山頂を越えたところから滑り出す。無立木の大斜面を堪能できる。このルートは大岳山頂から入ることも可能。4月以降の週末であれば、帰路はシャトルバスを利用できる（運行スケジュールは要確認）。

● 参考タイム／ロープウェー山頂駅（1時間）赤倉岳（30分）箒場岱

小岳

② 銅像ルート

グレード ★☆☆

銅像茶屋に向かって滑る

ロープウェー山頂駅から前嶽南のコルをめざす。標高差100mほど滑ってからトラバース。竹竿により指示されるルートは前嶽の南を巻いていくが、雪が安定していれば前嶽の山頂から銅像茶屋に向かって直接滑ることもできる。前嶽の北面では雪崩による事故が起こっているので、雪質に気をつけよう。上部は無立木、後半は疎林のなかの滑走を楽しめる。

● 参考タイム／ロープウェー山頂駅（1時間）前嶽南のコル（30分）銅像茶屋

③ 高田大岳ルート

グレード ★★☆

美しい円錐形のピークを滑る

高田大岳は八甲田山系でもひときわ形のよい円錐形のピークで、滑走意欲をそそられる。アプローチは酸ヶ湯温泉から地獄沢を登り、仙人岱へ向かうのがよい。仙人岱からは、小岳を経て高田大岳へ向かう。高田大岳からは、南東面を谷地温泉へ滑降。上部は30度ほどの快適なオープンスロープだ。帰路を考えると、国道103号が開通する4月以降がよい。

● 参考タイム／酸ヶ湯温泉（1時間）仙人岱（1時間）小岳（1時間）高田大岳（30分）谷地温泉

文／岡田光彦

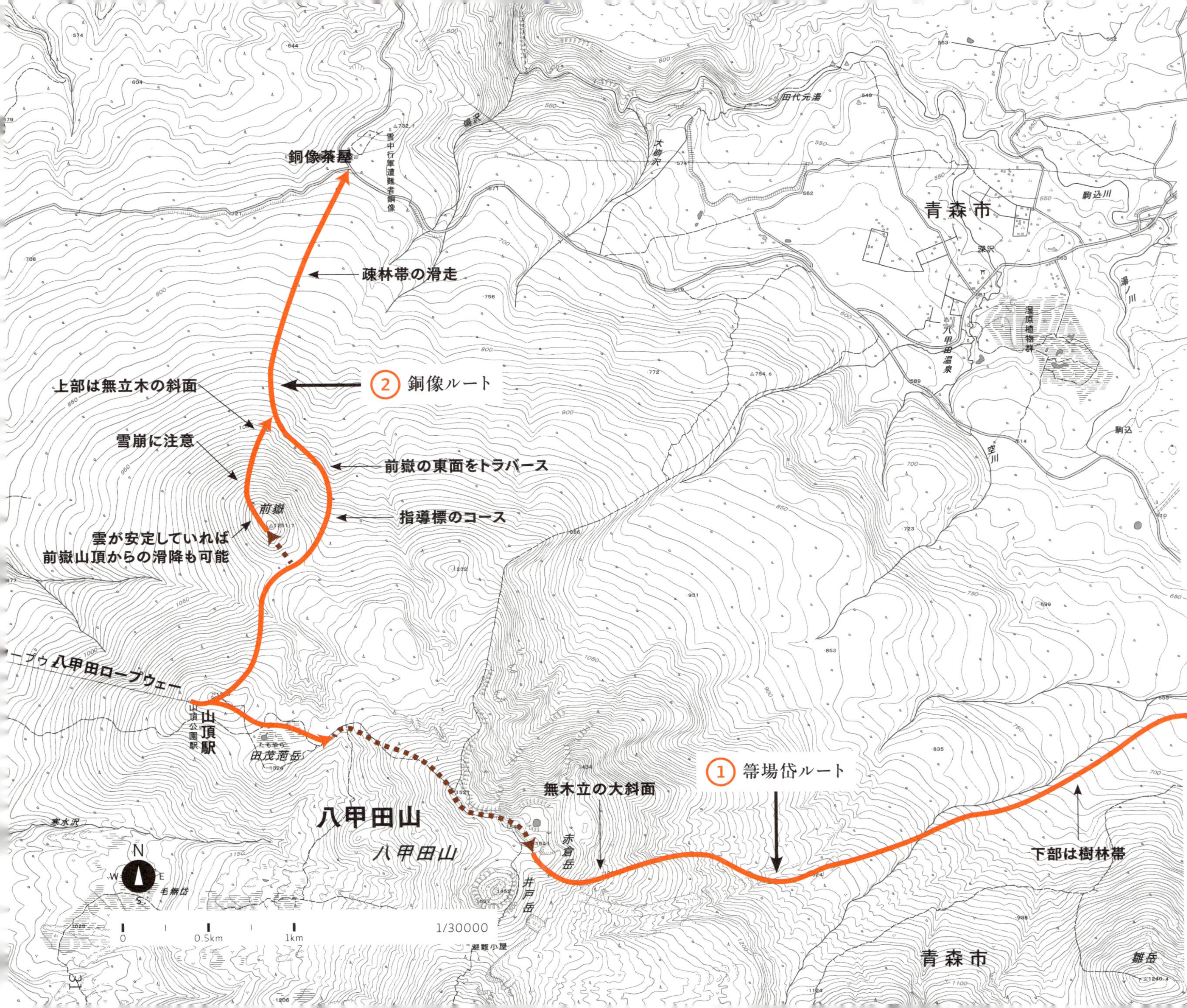

高田大岳南斜面

銅像ルート

赤倉岳

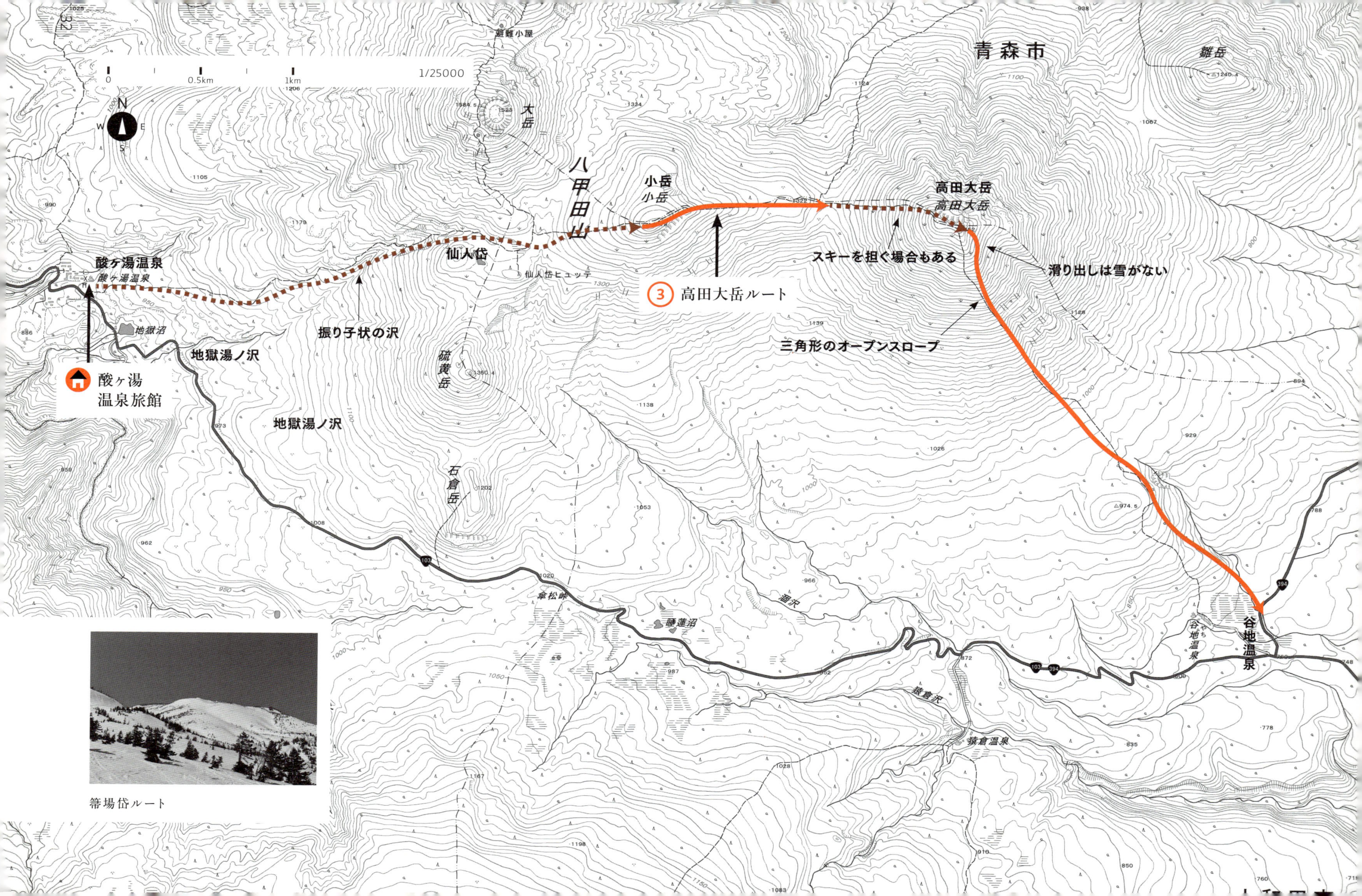

青森市
雛岳
避難小屋
大岳
八甲田山
小岳
小岳
高田大岳
高田大岳
仙人岱
仙人岱ヒュッテ
酸ヶ湯温泉
酸ヶ湯温泉
酸ヶ湯
温泉旅館
地獄沼
地獄湯ノ沢
地獄湯ノ沢
振り子状の沢
硫黄岳
石倉岳
③ 高田大岳ルート
スキーを担ぐ場合もある
滑り出しは雪がない
三角形のオープンスロープ
傘松峠
睡蓮沼
涸沢
猿倉沢
猿倉温泉
谷地《やち》温泉
谷地温泉
1/25000
0
0.5km
1km
N
W
E
S

箒場岱ルート

山スキー百山と私

藤倉《ふじくら》直次《なおじ》

1941年東京生まれ。10代より社会人山岳会に入り、岩・沢・冬山とオールラウンドに過ごす。50歳を過ぎて夫婦で山スキーに夢中になり、山スキー100山を多くの友人と滑る。

抜戸岳より穴毛谷を滑る

私が会に入会した当時は、ちょうど創立25周年で、「山スキー百山」の選定に先輩たちが大忙しの時でした。50歳を過ぎてから山スキーにのめりこんだ私と妻は、毎年雪の便りが楽しみになり、仕事をしながら年間で100日以上も山へ通って、心身ともに充実していた頃でした。

「山スキー百山」を見ると、細長い日本の北海道の果てから、鳥取県にまでわたり、名前も知らなかった山、スキーの対象になるとは思えない山までありました。すでに滑った山が20座ほどありましたが、私の目標はこれだ！と思いました。自分の技量と好みに合ったルートを調べたり、短いスキーシーズンのなかで、山ごとに異なる適期をどう組み合わせるか考えたりと、冬が来るのがなお一層待ちどおしくなりました。

なかでも北海道で滑った山々はどの山も印象深く、好天に恵まれた利尻山の頂上から青い日本海目がけた大斜面の滑降はすばらしいものでした。立っていられないほどの強風のなか、富良野岳から原始が原へとつなげたツアーは、おとぎの国へ入ったような感動でした。

また、のべ10回を超えた月山・肘折越えは広大な雪原を行く楽しい思い出と、怪我をした苦い経験が重なります。もともと山やの妻は、剱沢から小黒部谷〜大窓〜馬場島のワンデイツアーが可能ということは想定外のようでしたが、スキーは「足に生えた翼」といわれるように、そのスピーディな機動力を前に、山やの常識を改めたようです。妻はまた、雪の季節が短い西の氷ノ山に縁が無く、なんと3年通ってようやく百山目の思いを遂げることができました。

山スキーを始めて20年。大勢の仲間と一緒に、登山とはまた違ったいろいろなエリアに行って、百山それぞれの山の斜面や谷に思い出というシュプールを刻むことができました。まさに「みんな違って、みんな良い」ですね。

振り返ると、百山に自分に可能なルートを探し、季節を待ってコツコツと通ったことが、自分なりの一つの目標を達成するところに繋がって、満足と感謝の気持ちでいっぱいです。今は健康状態から思うようなスキーができずに忸怩たる思いですが、あの時「山スキー百山」に出会わなかったら、自分の山スキー人生はもっと寂しいものだったかもしれません。

その後、山スキーの道具も、技術も、情報も様変わりして、ルートもエキサイティングなものとなり、とても私が同行できるとは思えませんが、どの山もひと雪降ればすばらしい斜面ができて、まっさらなキャンバスに新たなシュプールが描ける、それが山スキーのすばらしいところですね！

シーハイル！

012

日帰り

古くから知られた青森の名峰
春スキーの山として有名だが
厳冬期にこそ真価が

● 適期／1月上旬～5月下旬

岩《いわ》木《き》山

岩木山神社からの岩木山

津軽富士の別名で知られる岩木山は、コニーデ火山特有の山容で裾野が広く、スキーに適している。津軽岩木スカイラインの開通する4月中旬以降は春スキー客でにぎわうが、厳冬期に深雪の魅力を満喫したい。入山は嶽《だけ》温泉または羽黒口から。下部はミズナラやカラマツだが、中腹に広がるブナ林はすばらしい。1000m以上で見られる霧氷や山頂付近の岩氷も見物。

データ

● アプローチ

東北道大鰐弘前ICから国道7号、県道3号を約1時間で嶽温泉。JR奥羽本線弘前駅から路線バスもある。

● アドバイス

岩木山百沢スキー場のリフトで730mまで上がれるが、営業開始時間が遅いので利用は現実的ではない。岩木山神社付近は正月には初詣客で混雑するが、一度は参拝しておきたい。

① 大沢ルート

グレード ★☆☆

山頂から滑り込む岩木山のメインコース

嶽温泉の奥から入山、羽黒口からの登山道と530m付近で合流する。やがてブナ林の登りとなり、1000mを超えると霧氷帯となり、右に鳥海山が見えてくる。八合目からは夏山リフト沿いを九合目の鳥ノ海まで登る。ここでアイゼンを着けて火口の縁を回り、鳳鳴ヒュッテへ。視界が悪ければそのまま大沢を下る。天気がよければ踏み抜きに注意して山頂に立つ。下山は社の横から東面へ。急なので雪崩には注意。大沢にルートをとる。スキー場が見えてくるので左の小尾根に移りゲレンデに出る。

● 参考タイム／嶽温泉（3時間）八合目（45分）九合目（1時間）岩木山（1時間）岩木山百沢スキー場

② 大黒沢ルート

グレード ★★☆

標高差1400mの大滑降

山頂までは大沢ルートと同様。東面を少し絡んで巌《がん》鬼《き》山との鞍部に出るのが最大のポイント。あとは広大な大黒沢の大滑降を楽しもう。400m付近で夏道通りに左岸へ渡り、弥生に出る。このルートは山越えが前提なので、天候を見定めて実施したい。

● 参考タイム／嶽温泉（3時間）八合目（45分）九合目（1時間）岩木山（30分）巌鬼山との鞍部（1時間15分）弥生

③ 鳥海山ルート

グレード ★☆☆

登り800mで1300mの滑降を楽しむ

大沢ルートで八合目に登り、鳥海山をめざしてもよい。スキー場最上部でシールを貼って緩い樹林を登ると、やがてブナ林になる。1050m付近で沢を左に渡り、焼止りヒュッテへ。左手の大斜面をひたすら登り鳥海山をめざす。下りは登りのトレースを参考に焼止りヒュッテを右に見送り、そのまま夏道の尾根を下ればゲレンデ下部のロープトウ横へ出る。さらに道を渡り岩木山神社まで下る。

● 参考タイム／リフト上部（1時間30分）焼止りヒュッテ（2時間）鳥海山（20分）焼止りヒュッテ（40分）ゲレンデ下部（10分）岩木山神社

文／田中和夫

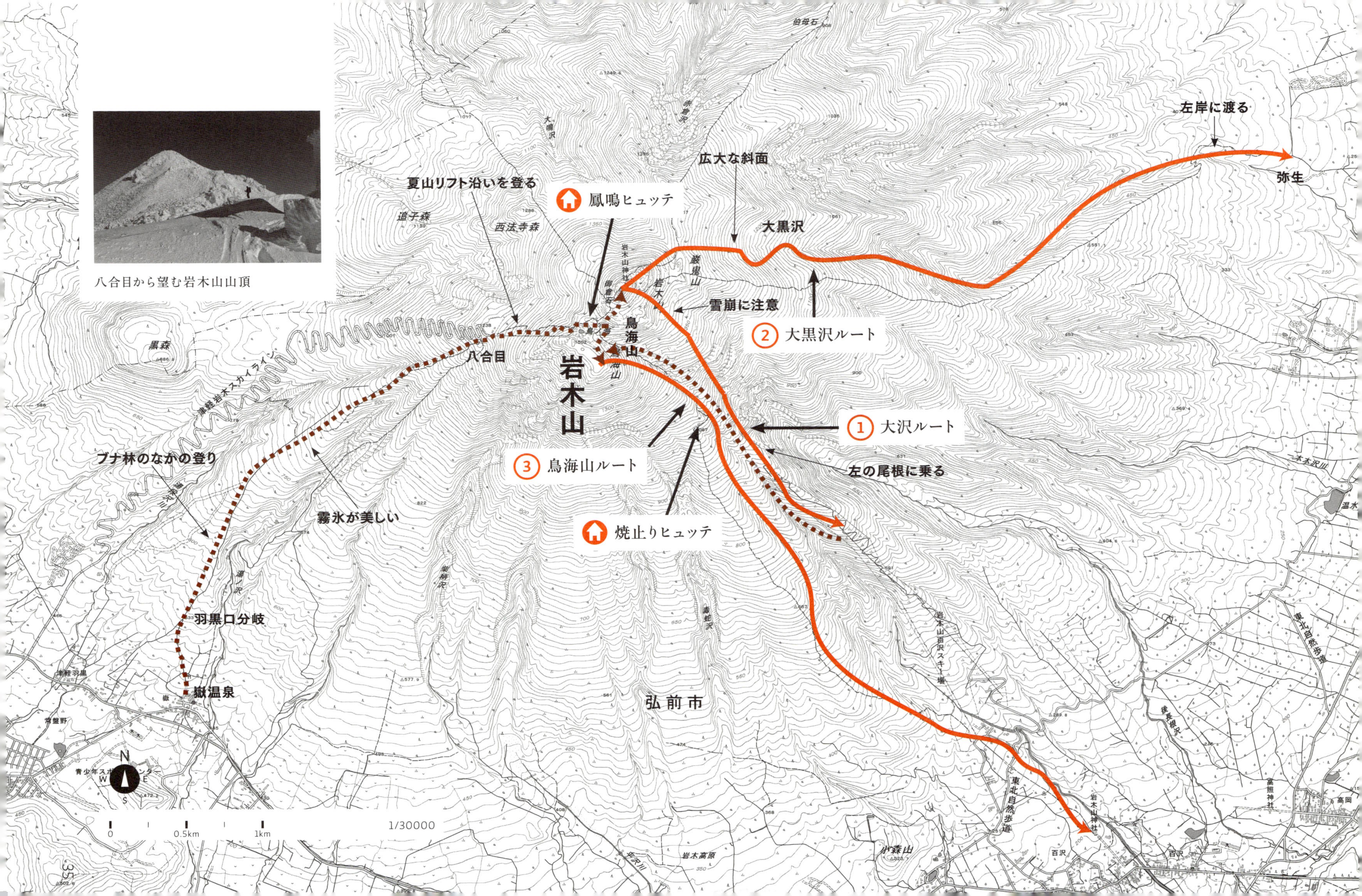

八合目から望む岩木山山頂

013

日帰り／スキーツアー

小説『邂逅の森』にも
登場する阿仁マタギの山。
ブナ林が美しい

● 適期／1～4月

森《もり》吉《よし》山

秋田県の東北部に位置する森吉山は、ブナの原生林が広がる山として密かに知られていた。しかし、ふたつのスキー場建設で話題になり、原生林も一部伐採はされたが、そのスキー場のリフトを利用して厳冬期でも比較的容易に山頂に立てるようになった。その後、ふたつのうち森吉スキー場は閉鎖され、現在は阿仁スキー場のみになっている。

山岳スキーのエリアとしては地味な山であるが、東北の山を好む者にはいい山といえるだろう。山頂近くには新旧2棟の避難小屋があり、随時利用できる。スキー場以外に滑降する場合は、交通の便を考えないと、かなりの時間的なロスとなる。

データ

● アプローチ

阿仁スキー場か旧森吉スキー場を起点とするのが一般的。東北道盛岡ICから国道46号で田沢湖または角館経由で国道105号を鷹ノ巣方面へ。荒瀬を右折し阿仁スキー場へ。

● アドバイス

ゴンドラのある阿仁スキー場は、通常は3月末で営業が終わっているため、ゲレンデを登ることになる。旧森吉スキー場から入る場合は北斜面なので、パウダー狙いによい。

夕闇の森吉山

① 阿仁スキー場ルート

グレード ★☆☆

スキー場から春の森吉山で一泊

がらんとした大駐車場に車を止め、ゲレンデをひたすら登っていく。ゴンドラ終点までの登りは結構つらいが、ここから稜線まではそう遠くない。阿仁避難小屋は東北の小屋らしく、ストーブやマットなどがそろっていて、トイレもあり、きれいで快適だ。大事に使われていることがよくわかる。ここに荷物をデポして、森吉山を往復してこよう。

頂上は風が強いときもあるが、条件がよければ広々とした景色を楽しみながら北西斜面を滑降する。あっという間に小屋へ到着。まだ日が高ければ、外で景色を見ながらのんびり過ごすといい。夜は暖かい部屋で宴会ができる。

翌日、もう一度森吉山に登り、周辺の斜面をあちこち滑ってこよう。滑降を堪能したら、避難小屋に戻り、荷物を持って下山。ゴンドラから下の雪は重く、重荷を背負っていると腿がぱんぱんになる。それでも誰もいないゲレンデはやはり滑りやすく、程なく駐車場に到着する。

● 参考タイム／1日目：阿仁ゴンドラ駐車場（3時間30分）阿仁避難小屋（30分）森吉山（15分）阿仁避難小屋
2日目：阿仁避難小屋（1時間）阿仁ゴンドラ駐車場

② ヒバクラ岳ルート

グレード ★☆☆

森吉山からヒバクラ岳を経て打当へ

阿仁避難小屋から森吉山を越え、ヒバクラ岳を経て打当《うっとう》までのツアー的ルートがある。稜線沿いにヒバクラ山を越え、1281mのピークで南に向かう尾根を滑る。登り返しもあるので、650mあたりで林道に出れば、打当川の車道まであと4kmほどだ。

● 参考タイム／阿仁避難小屋（1時間）ヒバクラ岳（1時間）1281mピーク（1時間）林道（2時間）車道

 文／北原浩平

阿仁避難小屋 BC
北西斜面を滑降する
森吉山
ヒバクラ岳
展望良好
小屋に荷物をデポして
森吉山を往復する
1281mピーク
① 阿仁スキー場ルート
② ヒバクラ岳ルート
ゲレンデをひたすら登る
阿仁スキー場
北秋田市
林道に出る
(650m)
打当へ
0
0.5km
1km
1/30000
N
S
E
W

014

スキーツアー

**裏岩手を結ぶ
小ピークの連続する
雪上ハイキング**

● 適期／4月中旬〜5月初旬 ● グレード／★★★

八《はち》幡《まん》平《たい》

網張温泉スキー場〜三ツ石山〜大深岳〜畚岳〜八幡平アスピーテライン

十和田八幡平国立公園に包含された八幡平は、秋田・岩手両県にまたがる高原状の広大な山地だ。便宜的に八幡平頂上とされている最高点から茶臼岳、大黒森にかけての核心部と、西のほうに少し離れて連なる焼山山塊と併せて八幡平と称している。本州の北部にあるだけに積雪期間が長い。

この山域は、その名のとおり平坦な高原状なので、滑降に適した顕著なピークは案外少ない。その意味で、滑降がメインの今日的なスタイルではないかもしれない。しかし一方では、ある程度の距離をそれなりの荷物を担ぎ、避難小屋をつないでいくルートは、昔の「スキーツアー」を偲ぶことができ、充実感を味わえると思う。

データ

● アプローチ

入下山口が異なるので公共交通機関を利用する。網張温泉スキー場へは東北新幹線盛岡駅からバスで60分。八幡平頂上から盛岡駅まではバスで約2時間（八幡平アスピーテラインは例年4月中旬開通）。

● アドバイス

本ルートは細かい登下降が多いので、慣れているならばクロカンのウロコ付きの用具のほうが向いているかもしれない。稜線上に点在する池や沼がルート上にある場合、状況によって通過中に割れることがある。地図上に表示があって、不自然に平面が続く場合は要注意。嶮岨（けんそ）森頂上周辺は、雪の状態によっては東側斜面の緩い部分をトラバースするのも一手である。

なだらかな八幡平を縦走

1日目

新幹線で盛岡駅を降り、バスで小岩井牧場経由、網張温泉に向かう。首都圏からであれば昼過ぎには到着。リフトを乗り継いで頂上へ。右手には岩手山、左手にはこれから向かう山々が見える。左側に少し下って登高準備を行なう。三日月形の大松倉山をプラスマイナス約100m登り下りして三ツ石山荘へ。

● 参考タイム／網張温泉スキー場（2時間）三ツ石山荘

2日目

行程が長いので朝早めに出発する。緩やかな斜面を登って大きな岩のある三ツ石山へ登る。三ツ石山を下った小《こ》畚《もっこ》山との鞍部は、夏道が現れるほどの強風の通り道である。小畚山のピークを西側から巻いて降りる（悪天候時は直登）。大深山も大きめに西側から巻いて登る。大深山荘が右手に見えてくる。この後、嶮岨森まではピークがはっきり見えてルートがわかりやすい。嶮岨森を越え諸檜岳の鞍部にかかると小さな池・沼に氷が張り、踏み抜いてはまることがある。他の場所も同様に、地図上に池・湖沼表示のある場所での一様な平面には要注意。このあと諸《もろ》檜《び》岳周辺は高原状で、悪天候時の方向は慎重に決める必要がある。

畚岳から八幡平樹海ライン、八幡平アスピーテラインを渡って陵雲荘に至る。

● 参考タイム／三ツ石山荘（3時間）大深岳（45分）大深山荘（2時間40分）諸檜岳（1時間40分）畚岳（1時間30分）陵雲荘

3日目

陵雲荘からは八幡平アスピーテラインよりバスで戻る。

陵雲荘入口

文／森野治美

八幡平樹海ライン
大深山荘
大深岳山頂は
西側を巻く
大深岳
源太ヶ岳
中倉山
上倉山
下倉山
丸森
八幡平市
八幡平
松川地熱発電所
松川温泉
湯ノ森
赤川
小畚山
小畚岳山頂は西側を巻く。
ただし悪天候時は直登する
三ツ沼
夏道が現れるほどの
強風地帯
三ツ石山
三ツ石湿原
大松倉山
三ツ石山荘
雫石町
大倉山
小松倉山
網張温泉スキー場
網張温泉
N
W
E
S
0
0.5km
1km
1/30000

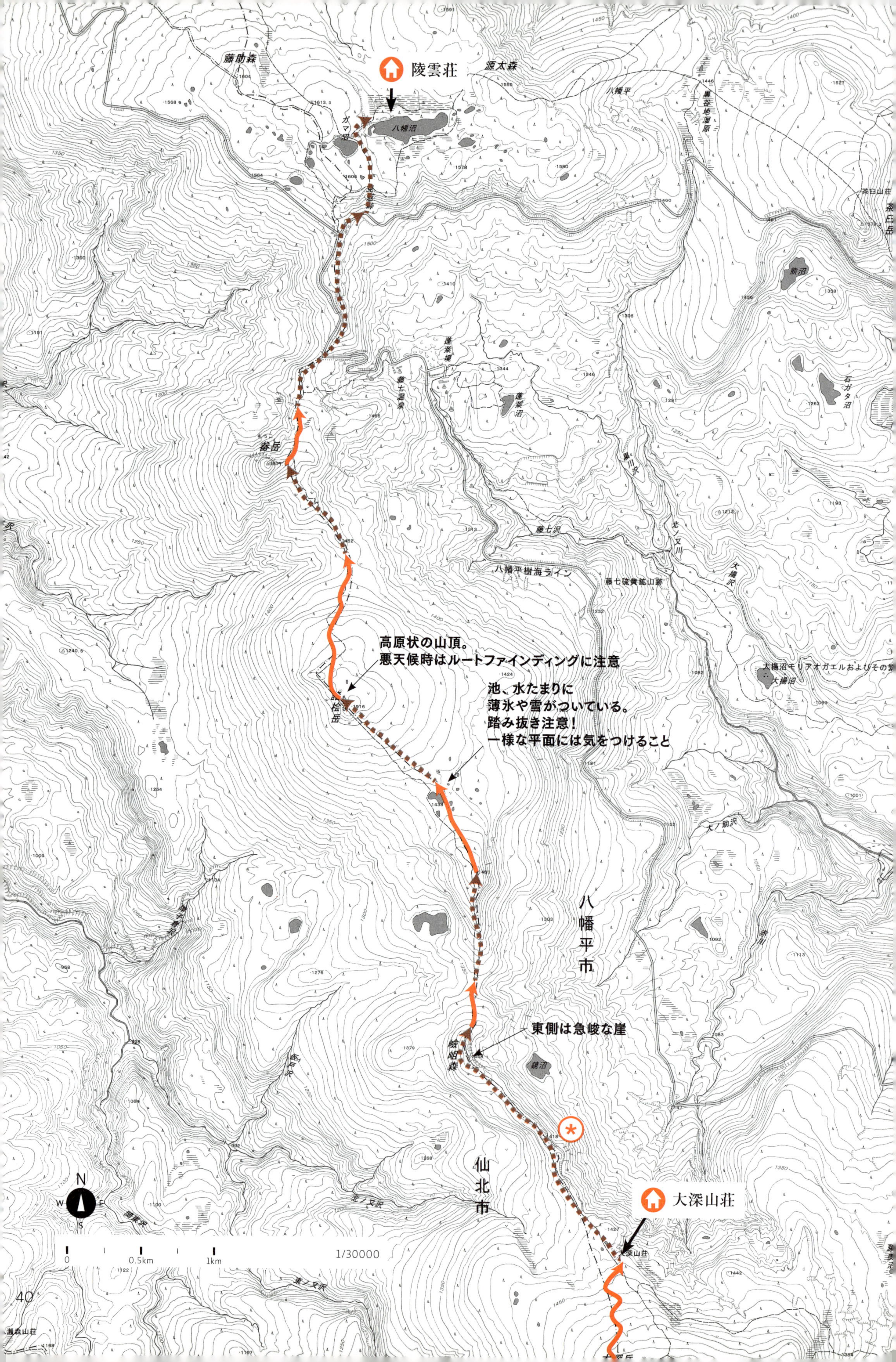

陵雲荘
藤助森
源太森
八幡平
八幡沼
ガマ沼
黒谷地湿原
茶臼山荘
熊沼
石ガタ沼
蓬莱境
藤七温泉
蓬莱沼
畚岳
黒川沢
藤七沢
北ノ又川
八幡平樹海ライン
藤七硫黄鉱山跡
大揚沼
高原状の山頂。
悪天候時はルートファインディングに注意
池、水たまりに
薄氷や雪がついている。
踏み抜き注意！
一様な平面には気をつけること
諸桧岳
大ノ助沢
八幡平市
東側は急峻な崖
嶮岨森
銭沼
仙北市
大深山荘
北ノ又沢
東ノ又沢
N
W
E
S
0
0.5km
1km
1/30000

松《まつ》岡《おか》祥《しょう》子《こ》

秋田生まれ。小・中学校ではスキー部(ノルディック)所属。2008年よりデジタル一眼レフを始め、2年続けて個展を開催している。

山スキーと写真

大好きな山岳スキーの記録でブログを始め、コンデジの連写やボケ、望遠などに物足りなさを感じ始めたころ、たまたま無謀登山中(!)にベテランガイドと思しき人物に呼び止められ(遭難予備軍に見えたらしい?)、よくよく聞いてみるとその人はガイドではなく山岳写真家の菊池哲男さんだった。世間話をひと通りしたあと、一眼レフデジカメに興味があることを言ったら、「そんなに気になるのなら、今大流行だから始めたほうがいい」の一言でカメラを買った。一方、「すぐ辞めてもいいから入会してくれ」と吉田豊さんに言われてRSSAに入り、三浦大介さんについてまわって厳冬期の北アルプスや奥深いエリアを撮るようになり、たまたまとれた休みで個展を開き、ありがたいことに雑誌に写真を掲載してもらえるようになり……。なにかに導かれているような、でもどうなるのかわからないような、そんな楽しい人生を歩んでいる。

山スキー写真は風景写真であり、スポーツ写真であり、とにかく「そこ」に行かないことには始まらず、カメラが重くても「持っていく」、面倒でも「出す」、これに尽きると思う。菊池哲男さん曰く、「自分が撮った写真は3割増しでよく見える」とのこと。自分がそれを撮るまでの苦労、ドラマ、思い入れがそうさせるのだという。なるほどそうだ。でも、時間が経って冷静に見られるようになると、撮った直後はあんなにもドキドキ心躍るような高揚感をもたらしてくれた写真が、「あれ？　こんなつまらない写真だったっけ?」と、まるで憑き物が落ちたかのような、強烈なガッカリ感をもたらすことがある。そうならないような、質の高い写真を撮るよう心がけているが、できる、できないはまた別の話のようだ。

自分は会社に通いながら週末山に入るスタイルなので、毎日山で写真を撮ることができないのが、とても悲しくさびしい。これはなんとかさせたいと常に思う。人生短いし、なにかをやり遂げようと思ったら、時間は限られていて、しかもあっという間に過ぎてしまう。

写真はフランス人の友人のMB。彼はこの写真にまったく飽きなくて、何年もPCの背景画面にしているという。自分もこれは気に入っているが、人にそう言ってもらえるとさらに嬉しい。

写真にはパワーがある。みんなにもそれを感じてもらえたら、とても嬉しい。記録であるけど作品でもある。何年眺めても飽きない、細部が語りかけてくるような、そんな写真が撮りたい。

それを追い求めて私はまた雪山に通う。

015

日帰り

北東北の南部富士。
東斜面の一枚バーンが
滑降意欲をそそる

● 適期／1～4月

岩《いわ》手《て》山

東北本線が盛岡を過ぎると、左手にひときわ高い南部富士と呼ばれる岩手山が見える、コニーデ型の美しい山で、無立木の真っ白な大斜面が上部に広がり、滑降意欲をそそられる。

滑降ルートは、焼走り、屏風尾根、鬼又沢、柳沢口など各方面から考えられるが、網張温泉スキー場から岩手山頂に立ち、焼走りを眼下に見下ろしながら大斜面を豪快に滑る醍醐味は、岩手山ならではのものだろう。

車利用の場合は、軽い荷物で網張温泉スキー場～岩手山～焼走り～大更～松川温泉～三ツ石山～網張温泉スキー場へ戻る1泊2日のコースもおすすめできる。また、八幡平、あるいは秋田駒ヶ岳から避難小屋を利用して縦走すれば、樹氷あり、大滑降ありの大満足できるロングコースとなる。

焼走りから望む岩手山

データ

● アプローチ

東北道西根ICから国道282号経由で県道焼走り線を岩手山焼走り国際交流村方面へ約20分で焼走り登山口。

● アドバイス

いずれのコースからも山頂へはアイゼンが必携となる。火山特有の斜面であるため、気象条件によって雪の状態がまったく異なることを注意しなくてはならない。

焼走りの溶岩流を振り返る

焼走りルート

グレード ★★☆

焼走りを眼下に大斜面を豪快に滑る

焼走り登山口から溶岩流を、雪を拾いながらシールで登っていく。標高差があるので無理せず、のんびりと。五合目の噴出口を過ぎると森林限界で、その上は大斜面が続いている。振り返ると巨大な溶岩流が白く広がって見える。

次第に傾斜が増し、大斜面をジグザグに切って登っていくようになる。雪が硬くなってくるので、状況に応じてアイゼンに履き替える。上部は硬い場合が多いから無理せずアイゼンでスキーを担ぐこと。外輪山の縁は岩が多く、それを乗り越えると外輪山に着く。三角点の薬師岳まではわずかで、山頂からは鳥海山や早池峰山まで望める。

外輪山の縁にスキーをデポして山頂を往復し、滑降へ。時間によっては雪面が硬くなっているので慎重に。軟らかくなれば大斜面を大パラレルターンでもウェーデルンでも自在に滑れる。下部は登りと同様に雪を拾いながら滑っていく。

● 参考タイム／焼走り登山口（3時間）五合目（3時間）山頂（2時間）焼走り登山口

文／北原浩平

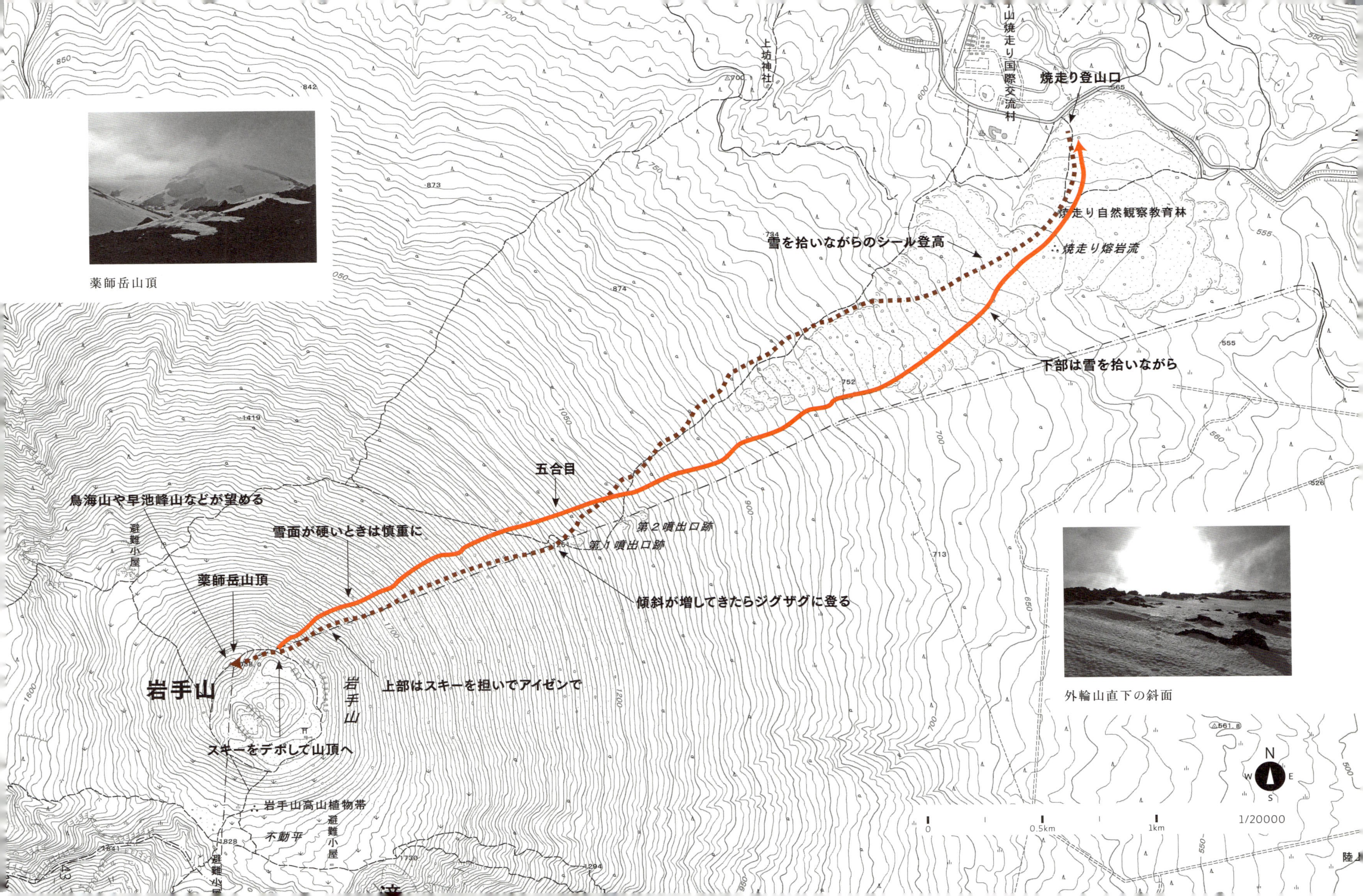

薬師岳山頂

外輪山直下の斜面

016

日帰り

山頂から滑る
変化のあるルート。
晴天日には大展望も

● 適期／2月～4月

早《はや》池《ち》峰《ね》山

アイオン沢

早池峰山は北上山地の最高峰で標高1917m、東北では比較的高い山である。森林限界はコース付近で1300～1400m、山頂付近は巨岩の多い高山の雰囲気となっている。また周囲に高い山がないため、晴天に恵まれれば大展望を得られる秀峰である。

データ

● アプローチ

岳へは花巻より県道214号を大迫方面に約40km、約1時間。門馬へは盛岡より国道106号(閉伊街道)を約40km、約1時間。

● アドバイス

日帰りで登る場合、南面の岳・コメガモリ沢コース、北面の門馬・アイオン沢コースとも標高差1350m、車道歩きを含む長い行程になる。なお、岳・コメガモリ沢コースの場合は途中に無人のうすゆき山荘があり、利用価値は高い。山頂付近は台地状の斜面となるため、ガスで視界の得られない日は目印を立てるなどしてルートを確保すること。

① 岳から コメガモリ沢コース

グレード ★★★

コメガモリ沢の急斜面滑降が楽しい

県道25号は岳より先が冬期閉鎖となり、峰南荘奥のゲートが入山地点となる。県道を約1時間半でうすゆき山荘、さらに進むと河原の坊に着く。登山口より登山道へ入りコメガモリ沢に沿って登る。頭垢《こうべごう》離《り》では登山道が左岸に見えるが、コメガモリ沢をそのまま直登する。急斜面を登りきれば稜線で、凍りついた岩を避けながら台地状の斜面を登りきれば、赤い祠の立つ早池峰山山頂である。

滑降は山頂で板を付け、コメガモリ沢のドロップポイントまではシュカブラでデコボコした山頂台地を滑る。コメガモリ沢は初め急斜面だが、パウダースノーであれば一気に滑りたくなるようなすばらしい斜面である。やがて樹林帯となって河原の坊の車道へ戻る。岳へは長い車道であるが、傾斜があるため快適に滑り降りることができる。

● 参考タイム／岳(2時間)河原の坊(3時間)早池峰山(1時間30分)河原の坊(1時間)岳

② 門馬から アイオン沢コース

グレード ★★★

広い上部斜面の滑降が楽しい

アイオン沢へ向かう早池峰林道は、除雪終点が最終民家付近になることが多いようだ。他車両の通行に配慮して車を止め、雪の積もる林道を歩き始める。長い林道歩きになるが、闇隅《やみずみ》沢を渡った先の分岐はゲートのある左へ、標高1000m付近よりアイオン沢へ入る。堰堤を避けながらしばらく登ると、石や低木が多いものの小広い斜面になる。開けた斜面を石を避けながら登り詰めれば、赤い祠の立つ山頂となる。

滑降は山頂で板を付け、アイオン沢をめざす。滑りやすい場所を選ぶようにする。やがてアイオン沢に入れば堰堤が続くようになり、林道に出る。林道の後半はあまり滑らないが、変化に満ちた一日の終わりに充実感を覚えるであろう。

● 参考タイム／門馬最終民家(3時間)アイオン沢入口(3時間)早池峰山(1時間)アイオン沢入口(1時間)門馬最終民家

文／村石 等　写真／宮野尚志、村石 等

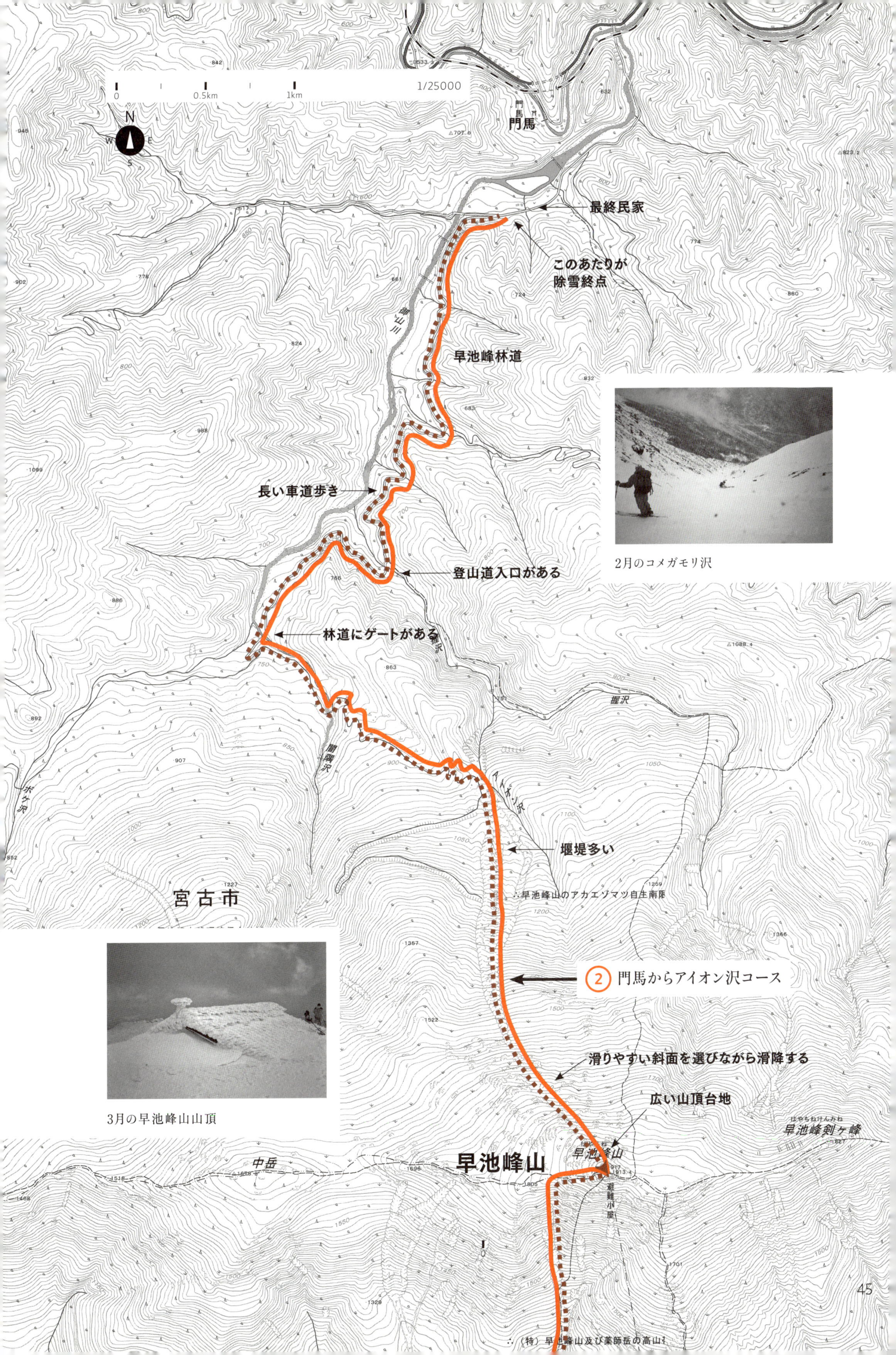

2月のコメガモリ沢

3月の早池峰山山頂

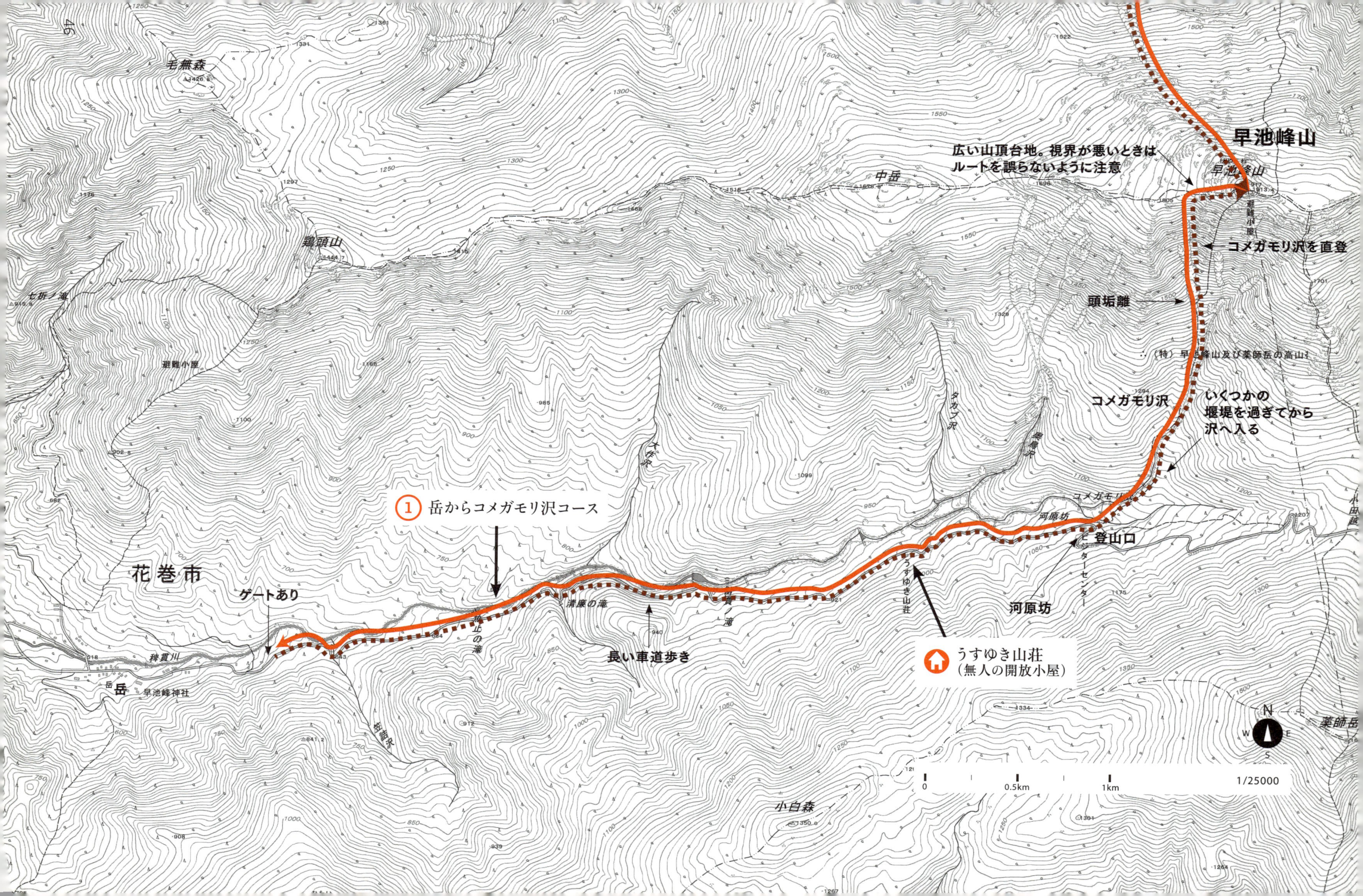
早池峰山
広い山頂台地。視界が悪いときは
ルートを誤らないように注意
コメガモリ沢を直登
頭垢離
コメガモリ沢
いくつかの
堰堤を過ぎてから
沢へ入る
登山口
河原坊
うすゆき山荘
（無人の開放小屋）
1 岳からコメガモリ沢コース
長い車道歩き
ゲートあり
花巻市
中岳
鶏頭山
毛無森
小白森
薬師岳
岳
0
0.5km
1km
1/25000

沢登りと山スキー

田宮公成《たみやこうせい》

1965年大阪生まれ。山スキー歴27年、沢登り歴15年、東京都の調布市在住。尾瀬を囲む新潟、群馬、福島の山々と東北の山々を好む。夫婦でテレマーカー。

西ゼンスキー

西ゼン沢登り

ゲレンデスキーの延長で山スキーを始めた私は、山登りの知識、経験の全てを山スキーで積み上げました。その後、無雪期にも山を歩くようになり、主に単独のテント泊縦走を楽しんでいました。この時に歩いた黒部源流、飯豊、南アルプスなどは何年後かにスキーで滑ったので、私にとって夏の縦走と山スキーの間には深い関係があります。

そんな私の無雪期の活動を変えたのが、沢登りです。スキーアルピニズム研究会の堀さんに誘われました。「三十過ぎているおじさんが、いまさら新しい事できるかな?」と、不安半分だったのですが、彼と、その仲間のサポートがあって、自分でもそれなりに沢に登れるようになりました。

山スキーもそうですが、沢登りにも学ぶ事が沢山あります。滝の登り方、泳ぎ方、たき火と沢で泊まる方法、ロープワーク、山菜や茸など……。二、三年、とにかくいろいろと覚えるのに精一杯だったのですが、余裕ができ、遡下降のルートを自分で考えられるようになってから、沢登りが自分のスキーになくてはならない存在になりました。

夏の沢、冬のスキーと年中、地形図を見るようになり、地図を見る感覚が高まりました。また、沢を遡行中に、地形を見て、ここを滑る自分を想像します。逆もありますね。雪がなくなると、ここはどんな地形なんだろうと想像します。楽しいです。こうして同じ場所での二つの活動が増えました。今はこれが自分にとっての理想的な活動のスタイルです。

沢で登って冬に滑ったルートをあげていくと、巻機山の米子沢、会越県境の中門沢、毛猛山域の未丈ヶ岳の赤芝沢、西ゼン、黒部源流と沢山あります。

写真は新潟の西ゼンの秋と春です。春の写真は転倒直後でレンズに雪が付いてます。西ゼンの場合、滑りが先で、翌年の秋に沢を遡行し、広大なスラブの上に雪が乗っている状態が理解できました。この地形、雪崩に要注意です。

017

日帰り

田沢湖を望む
景観のよい秀峰。
厳冬期はパウダーを楽しめる

● 適期／1月下旬～4月下旬

秋田駒《あきたこま》ヶ岳

男女岳への登り

秋田県の最高峰である秋田駒ヶ岳は、男女《おなめ》岳をはじめ、男岳、女岳など多くのピークからなる活火山である。スキー滑走に向いているのは男女岳で、各方向にオープンスロープが開けている。乳頭山、岩手山、森吉山などに加え、田沢湖の眺望がすばらしい。本州北部に位置しているので、厳冬期の雪質はよい。

データ

● アプローチ

東北道盛岡ICから国道46号、国道341号、県道127号経由20分でアルパこまくさ。

● アドバイス

往復コースであれば、現在は営業していない旧田沢湖高原アッスルスキー場をアプローチにとるとよい。2月から4月にかけてアルパこまくさから八合目の間で運行される雪上車を利用すると、登りは大幅に短縮できる。帰路は、乳頭温泉郷や田沢湖高原温泉郷で汗を流そう。

男女岳ルート

グレード ★★☆

すばらしい展望と軽い新雪の滑降

アルパこまくさからシールを付けて登っていけるが、旧田沢湖高原アッスルスキー場のトップまでは、コース内を登ると効率がよい。帰りの新雪滑降を楽しみに、オープンスロープの端を登っていく。スキー場のトップからは、夏の車道を所々ショートカットしながらスキーを滑らせる。晴れた日には霧氷が美しい。雪上車は、アルパこまくさから八合目まで車道を登っていく。八合目から上はオープンスロープとなる。阿弥陀池小屋をめざして小尾根にコースをとる。阿弥陀池から上の男女岳は純白の斜面が美しい。斜度30度ほどの無立木斜面なので、雪質に注意しよう。

男女岳からの下りは、往路を戻るとオープンスロープが続くが、北西方向に樹林のなかをスキー場トップまでショートカットすることも可能だ。いずれをとっても、標高差900mほどの滑降を満喫できる。

● 参考タイム／アルパこまくさ（2時間）八合目（1時間）男女岳（1時間）アルパこまくさ

岩手山をバックに

 文／岡田光彦

1/15000
0
0.5km
1km
N
W
E
S
田沢湖高原温泉
アルパこまくさ
764.7
旧田沢湖高原アッスルスキー場
スキー場跡
上沢
田沢湖生保内《おぼない》
赤倉沢
片倉沢
車道ショートカット
笹森山
2～4月は八合目まで
雪上車が利用できる
八合目小屋
沢状
樹林帯
小尾根
男女岳《おなめ》
1637.1
オープンスロープ。雪崩に注意
阿弥陀池
阿弥陀池小屋
秋田駒ヶ岳
男岳
1623
田沢湖スキー場
水沢
700
731
982
1130
1221
1414
589
833
965
984
957
794
1456
1363
600
800
900
700
1050
1100
1200
1250
1300
1500

雪上車は八合目まで

018

日帰り

標高差のあるロングコースが
何本もとれる
山スキーの名山

● 適期／3月下旬～5月

鳥《ちょう》海《かい》山

祓川からの鳥海山北面

鳥海山は、標高こそ2400mに満たないが、山頂までの登りが比較的短く、滑降終了点まで標高差の大きいコースどりができる。また、東北北部の日本海側に位置するので積雪量が多く、5月でも下まで滑降できる残雪が充分にある。さらに、円錐形のなだらかな山容なので、車のデポ地に戻る労やルートファインディングをいとわなければ、頂上からいろいろな方向にロングコースをとることも可能だ。この3つが、鳥海山の山スキーの大きな魅力といっていいだろう。

データ

● アプローチ

日本海東北道酒田みなとICから国道7号、県道58号経由約2時間で祓川。同じく酒田みなとICから国道7号、県道131号、県道58号経由約1時間で中島台レクリエーションの森。

● アドバイス

祓川への道路や鳥海ブルーラインの除雪が終わる4月下旬からがシーズン本番。それ以前の時期は、南面の湯ノ台から登ることになる。下まで長く滑れるが、車で来た場合、別途タクシーを手配するなど、車のデポ地に戻る手立てが必要になってくる。また、独立峰なので急な天候悪化が起きやすい。天候の変化に注意して、決して無理はしないように。

 文／佐藤 徹

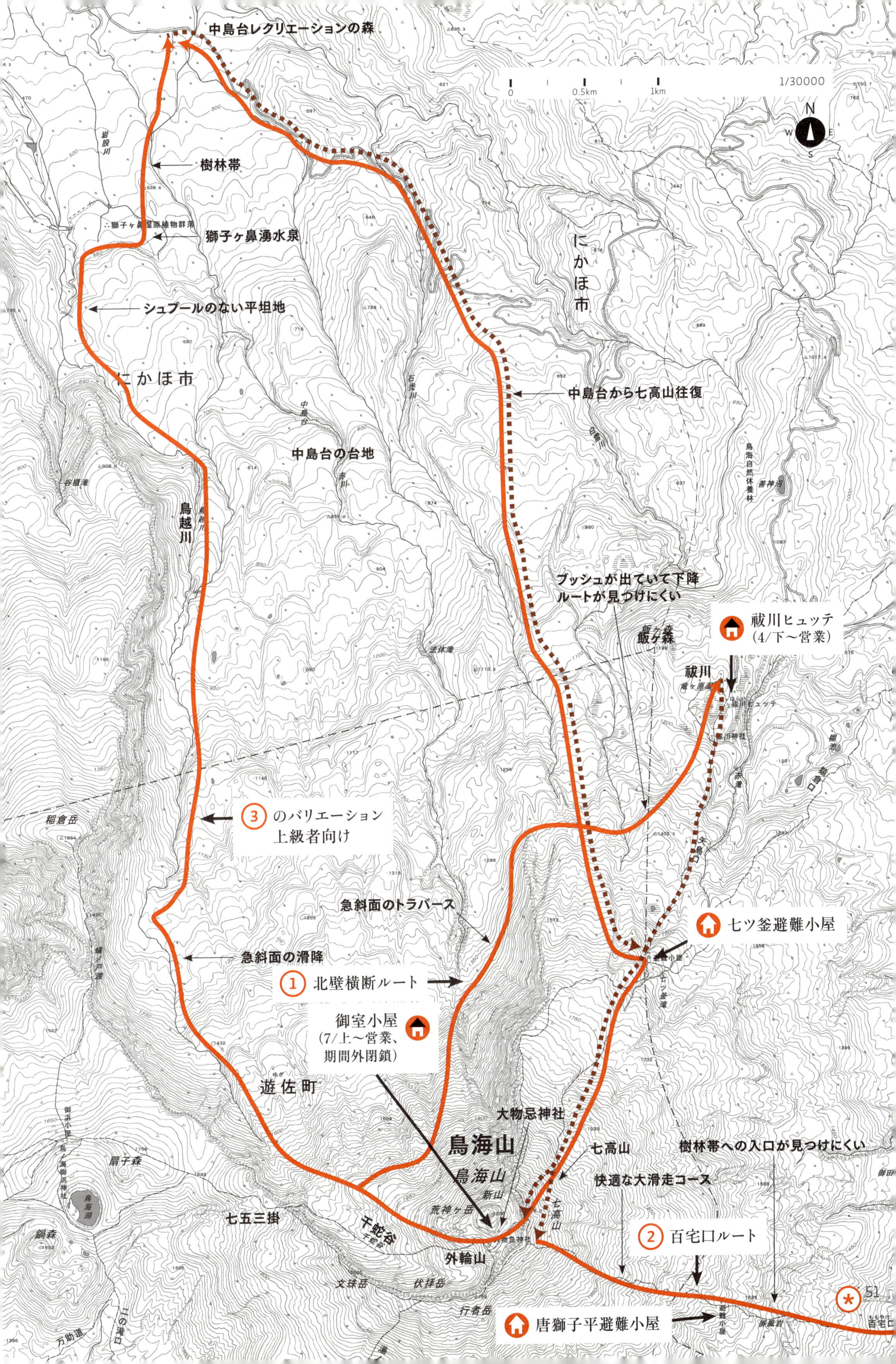

中島台レクリエーションの森
0 0.5km 1km 1/30000
N
W E
S
樹林帯
獅子ヶ鼻湧水泉
シュプールのない平坦地
にかほ市
にかほ市
中島台から七高山往復
中島台の台地
鳥越川
ブッシュが出ていて下降ルートが見つけにくい
祓川ヒュッテ（4/下～営業）
飯ヶ森
祓川
③のバリエーション
上級者向け
稲倉岳
急斜面のトラバース
七ツ釜避難小屋
急斜面の滑降
①北壁横断ルート
御室小屋（7/上～営業、期間外閉鎖）
遊佐《ゆざ》町
大物忌神社
鳥海山
鳥海山
新山
七高山
七高山
樹林帯への入口が見つけにくい
快適な大滑走コース
扇子森
鳥海湖
鍋森
七五三掛
千蛇谷
荒神ヶ岳
外輪山
②百宅口ルート
文殊岳
伏拝岳
行者岳
唐獅子平避難小屋
万助道
二の滝口
51
百宅口

018

鳥海山

鳥海山北壁のトラバース滑降

① 北壁横断ルート

グレード ★★☆

山頂直下、急斜面の大トラバース

祓川から七高《しちこう》山をめざしてシール登高し、ピークの少し先からスキーを背負って外輪壁の鎖場を火口底まで下りる。雪が硬ければ要注意の箇所だ。新山の頂上に向かうトレースが分かれるあたりでスキーを付けよう。眼下に大物忌《おおものいみ》神社が見え、その左側に千蛇《せんじゃ》谷が大きく下っている。谷は最初は狭くて急だが、じきに左手の外輪壁の下から幅が200mほどの大斜面になっていく。谷の出口付近は台地状なので、稲倉岳や中島台を望みながら休憩するにはいい場所だ。この台地には外輪壁の七五三《しめか》掛《け》からも滑り込める。台地から鳥海山の急峻な北壁をトラバースして祓川に戻るが、それなりの滑降技術が必要。北壁から祓川ヒュッテを眼下に望む尾根に乗り移るところは、5月の連休時にはもうブッシュが出ているので、いったんスキーを脱ぐことになる。尾根筋は幅広く、ヒュッテを見つけるまでルートファインディングが要求されるので、視界不良時はこのコースはおすすめできない。

● 参考タイム／祓川(4時間)外輪山(3時間)祓川

② 百宅口ルート

グレード ★★☆

大清水小屋までの1400mの滑走

このコースは入山者が少ないので、シュプールを当てにせず自力でルートファインディングできることが要求される。屏風岩から下部の樹間の広い樹林帯のなかのコースへの入口も、目標物がないため、視界不良時には注意が必要だ。

祓川から七高山を目指し、頂上から外輪壁の夏道伝いに百宅《ももやけ》口登山道の標識に向かう。唐獅子平避難小屋までオープンな大斜面だが、ガスると小屋を見つけるのは困難になる。大清水小屋から先は林道滑降だが、5月連休だと途中で雪が消えて、スキーを背負うことになるだろう。法体《ほったい》の滝がある法体の滝園地を目的地にして、そこにタクシーを予約しておき、祓川に戻るといい。

このほか、大清水まで下らず唐獅子平避難小屋まで下ってから、ほぼ水平に鳥海山をトラバースして七ツ釜避難小屋から矢島口を祓川に下るというルートもとれる。

● 参考タイム／祓川(3時間30分)七高山(3時間30分)大清水避難小屋(2時間30分)法体の滝園地(20分)祓川

千蛇谷の大斜面(後方は外輪壁)

③ 中島台から七高山往復

グレード ★★☆

ブナ林のスキーハイク

鳥海山北麓の大きなブナ林を抜けて頂上に向かう、ほとんど登山者のいない静かなルート。往路をそのまま戻っても滑降は充分楽しめる。

中島台のレクリエーションの森から祓川に上がる道路は、5月連休のころでも除雪されていないので、北面から鳥海山に向かう山スキーヤーはほとんどいない。「あがりこ大王」と呼ばれる奇形のブナの大木などを見ながら約2時間林道歩きを続けると、鳥海山に続くなだらかな中島台の台地末端に着く。 ここからブナの疎林が広がる台地を進む。鳥海山北面の内壁の上にある祓川まで続く長大な尾根がだんだん近付いてくる。早朝の締まった雪の緩斜面は、晴天なら自由なコースどりで祓川近くまで快適にシール登高できる。祓川西側の飯ヶ森を経て、そこから七ツ釜避難小屋を直接めざすのが、効率的なコースどりになる。七高山まで登ったら、往路のコースを外さないよう、そのまま滑って戻るのがいい。

滑りに自信がある人は、千蛇谷を七五三掛の付近まで下ってから鳥越川源頭部の急斜面を滑り、獅子ヶ鼻の湧泉を経由して、夏のハイキングコース沿いに中島台まで戻ることも可能だ。ただし、このコースも下部では見通しのない樹林帯を歩くので、ルートファインディングが必要となる。

● 参考タイム／中島台レクリエーションの森(2時間)中島台の台地(4時間)七ツ釜避難小屋裏側(3時間)七高山(2時間)中島台林道(1時間)中島台レクリエーションの森

由利本荘市
黒森
1/30000
0
0.5km
1km
N
W
E
S
下百宅
百宅川
鳥海町百宅
下玉田川
朱ノ又川
布沢
大平
法体の滝園地
川沿いの狭い
林道
法体の滝
玉田渓谷
大清水休憩所
大清水山荘
小屋からの林道は
途中で雪がなくなる
赤沢川
上玉田川
百宅大森
赤滝
大倉滝
百宅口
屏風岩
御田ヶ原
赤沢川
次郎滝
酒田市
由利本荘市

019

スキーツアー

夏スキーのメッカ
山頂からは四方にルート
クラシックルートも捨てがたい

● 適期／4～7月

月《がっ》山《さん》

信仰の山である出羽三山の主峰・月山。冬から春にかけて、山形市方面から望む月山は、真っ白な餅菓子のような姿を見せ、まさにスキーのための山という感じがする。山頂からは各方面にルートが開けているが、一般的には姥沢小屋までの除雪が終わり、リフトの運行が開始される4月中旬からがシーズンとなる。月山の魅力は、その膨大な積雪量によるシーズンの長さ、そして全山どこへでも滑っていけそうな斜面の広がりにある。古くから夏スキーのメッカとしてスキーフリークに親しまれてきたが、近年はスノーボーダーも急増している。

リフトを使いながらの小ツアーとしては、金姥《かねうば》から装束場《しょうぞくば》を経て志津まで下るコースなどがゴールデンウィークのころまで楽しめる。ビッグルートとしては、東面を滑降し、念仏ヶ原を経て肘折《ひじおり》温泉へ向かうものと、北面を下って北月山荘へ出るものがある。特に前者は距離の長さやルートとしての合理性の点で、東北でも屈指のコースといえる。

姥沢に戻らない場合は、帰りの足の確保が課題となる。帰路に肘折温泉などさまざまな温泉を楽しむことができる。

データ

● アプローチ

姥沢を起点にリフトを使うのが一般的。山形道月山ICから30分で月山スキー場。

● アドバイス

肘折温泉や北月山荘から姥沢に戻るには、公共交通機関やタクシー、レンタカーなどをうまく工夫して利用すること。

月山大雪原を滑る

姥沢～月山～念仏ヶ原～肘折温泉

グレード ★★☆

日本を代表するクラシックルートで肘折温泉へ

姥沢からリフトに乗り、終点でスキーにシールを付ける。右斜面をトラバース気味に山頂へ向かう。月山山頂からは天気がよければ朝日岳、鳥海山などの大展望が期待できる。もし天気が悪い場合は、コンパスで方位を測り、慎重に滑り始めること。

視界が開けていれば、まさに大雪城の名にふさわしい広大な斜面が出現する。ブレーカブルクラストの雪面をスキーで切る快感がほとばしる。尾根伝いに滑り降りるが、谷の手前が多少急になる。立谷沢橋ではスノーブリッジを対岸に渡る。谷底から念仏ヶ原へのルートは、おむすびのような大岩を右から巻いている沢筋をシール登高する。登りきると、ほぼ平らな念仏ヶ原の南端で、雪原が延々と広がっている。雪原を北東方向へ縦断し、念仏ヶ原避難小屋に着く。

翌朝、天気がよければ、朝焼けの月山が赤く輝いて美しい。小屋の裏斜面を右上気味に登っていく。尾根に出てさらに登ると、小岳のピーク付近に着く。月山は見えなくなるが、鳥海山がどっしりと目の前にそびえている。ここからは赤砂山方向への緩やかな下り。しばらくのんびりと滑ってから、またシールを付けて斜面を100mほど登る。登りきって再び尾根上を滑る。左側に現れるふたつの小さな池を過ぎてしばらく行くと、次の尾根にぶつかり、30mほどスキーを担いで尾根上まで登る。これが大森山へ続く尾根だ。

大森山へ突き上げる登路は、時期によっては雪がまったくないこともあり、その場合はトラバースすることになる。下り方向の尾根にたどり着いたらスキーを履こう。立木に激突しないよう斜面をクリアすると、斜度が落ち、林道の終点に飛び出る。

あとは林道をたどりながら、途中で林内を滑り降りる。最後の崖を下り、ようやく肘折温泉に到着する。

● 参考タイム／ 1日目：姥沢（30分）リフトトップ（2時間）月山山頂（1時間）立谷沢橋（2時間）念仏ヶ原避難小屋
2日目：念仏ヶ原避難小屋（1時間）小岳（1時間）乗越（30分）猫又乗越（1時間）大森山コル （1時間30分）肘折温泉

念仏ヶ原を歩く

文／北原浩平

立谷沢へ降りる斜面

念仏ヶ原避難小屋から月山を望む

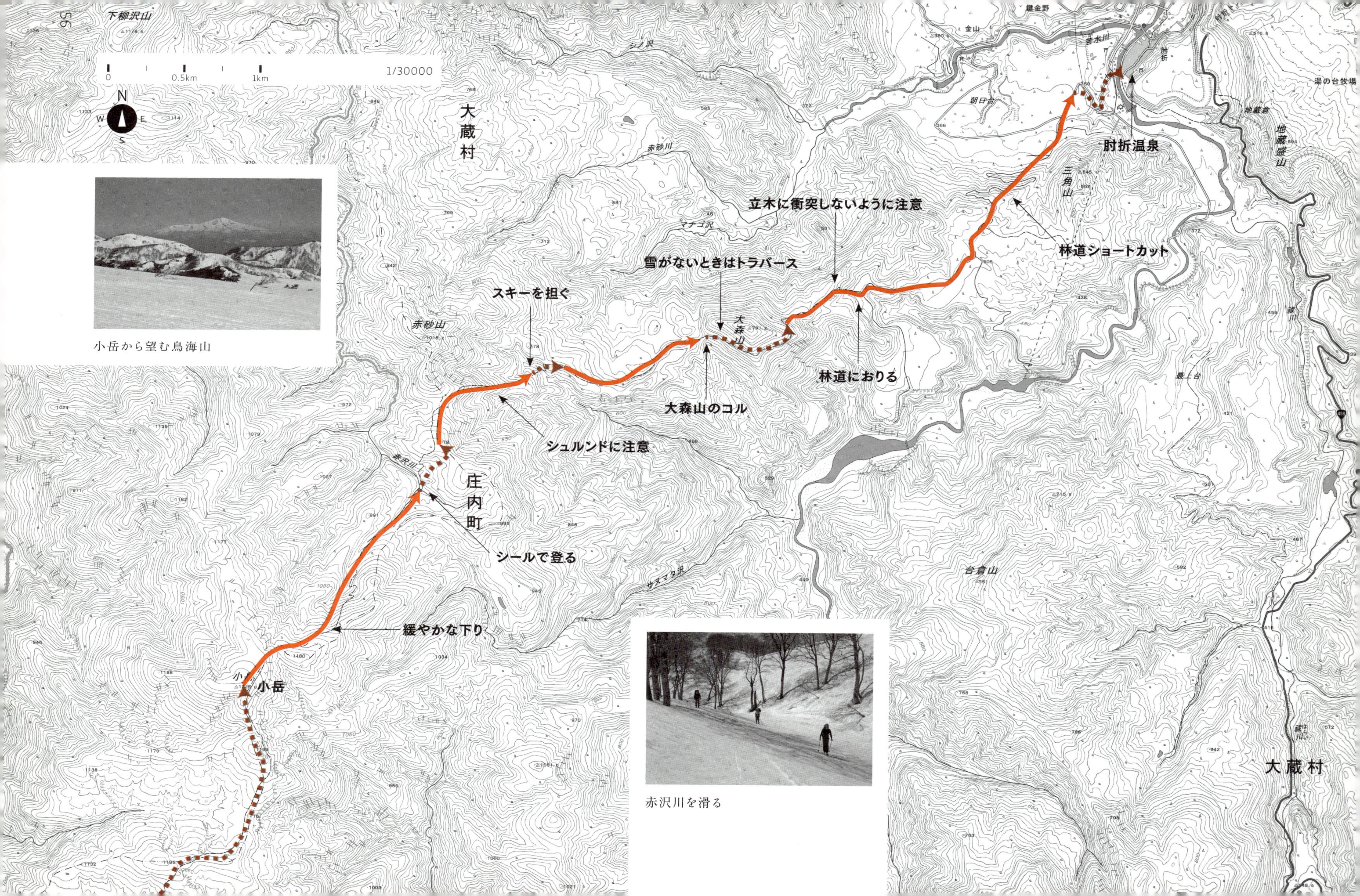

小岳から望む鳥海山

赤沢川を滑る

3000峰全峰滑降

村石《むらいし》 等《ひとし》

1964年生まれ。山は高校山岳部でスタート、山スキーは19歳でデビュー、3000m峰24峰、富士山22ルート、穂高30本など山スキーを楽しんでいる。

3000m峰全峰滑降というアイデアが浮かんだのはFour Summit Skiなどとタイトルを付けて富士山、北岳、奥穂高岳、間ノ岳を1ヶ月の間に滑っているさなか、国土地理院から『日本の山岳標高一覧』が発売されたことがきっかけでした。

1989年、高い山では記録的に残雪の多い年になり、6月の北岳付近から山スキーの対象とされていない山にも好斜面があるのが見え、続けて穂高岳、富士山を滑った感じから日本の3000m峰はほとんどスキーで滑れるのでは、と思うようになりました。

夏に『日本の山岳標高一覧』が発売され、その中の「標高2500m以上のすべての山のデータ表」には標高順に山名が記されていて、3000m峰は21峰に整理されていました。その表を見たときはワクワクしました。今までいくつ滑ったのか、そして残りがいくつなのかが整理できたとき、全峰滑降という夢のような目標があざやかなものになりました。

穂高・ジャンダルムからの滑降
（写真／阿部弘志）
2015年4月

1990年、滑降済みの3000m峰は、立山、乗鞍岳、北岳、間ノ岳、奥穂高岳、北穂高岳、富士山の7峰。残りは聖岳、赤石岳、荒川岳、悪沢岳、塩見岳、仙丈ヶ岳、農鳥岳、御嶽山、前穂高岳、涸沢岳、南岳、中岳、大喰岳、槍ヶ岳の14峰でシーズンを迎えました。4月に南アルプス北部へ。甲斐駒ヶ岳の水晶谷上部、仙丈ヶ岳の藪沢とも当時は滑降記録はありませんでしたが、前年の強い印象や高校生のときの登山経験を頼りにオンサイトで。御嶽山は田の原から日帰り。GWは塩見岳から農鳥岳へ向かいましたが、塩見岳の雪投沢下部でスキー板が折れてしまい農鳥岳は断念、5月後半に大門沢よりリベンジしました。かつて山深い雪渓コースだった雪投沢を滑れたのは感動的でした。その年は6月に北岳北峰から大樺沢右俣も滑れて南アルプスの滑降を堪能、塩見岳以北を完了することができました。

1991年は南アルプス南部へ。3000m峰全峰滑降の正念場になりました。3月は天気が崩れて聖平で敗退したため、GWに一気に滑ることに。畑薙ダム〜椹島〜千枚小屋と雨の合い間に登り悪沢岳は入山3日目、ようやく蛇抜沢カールの滑降になりました。この日は中岳、前岳も滑れたものの、次の赤石岳は強風、吹き飛ばされそうになりながらかろうじて山頂から、さらに聖岳は雪&ガス、滑降ルートが確認できず僅か100mくらいしか滑れませんでした。出たとこ勝負の南アルプス南部はスキーを背負った縦走のような感じで終わりました。南アの後は前穂高岳へ。山頂からの滑降記録を目にすることがなかった山でしたが、残雪期に奥明神沢が登山者の登下降ルートになっていると聞き初めての岳沢から登ってみると、ゴルジュの先に山頂まで続くルンゼがあり、あっさりと山頂滑降。今ではダイレクトルンゼと呼ばれるこのルートは当時まったく知られていませんでした。

1992年、残り5峰。4月は飛騨沢から大喰岳へ、山頂で滑落事故に遭遇し救援に。GWは涸沢から涸沢岳、帰りに横尾で装備をデポ、翌週に回収し槍ヶ岳山荘に入りました。中岳をひと滑りして南岳へ、南沢はカール斜面の下に大滝のある沢で、滑降記録は見当たりませんでしたが、前月の偵察通り大滝は左側よりパス、槍平へと滑り降りたときは嬉しかったですね。その翌日は槍の肩より槍沢を滑り、3000m峰全峰滑降になりました。

手探りで始めた3000m峰滑降でしたが、山の厳しさを知り、自然の美しさに数多く出会い、スキーで次々とレアなラインを滑る機会に恵まれました。そしてその後も好みで3000m峰を選んでいて、今では富士山や穂高岳にオリジナルなラインを追い求めています、山スキーにはまだまだ発見の楽しさが残っていますね。ところで最近は登山に対する規制が強化される傾向にありますが、スキーはいつでも「自由の翼」であってほしいと願っています。

020

日帰り

豪雪の飯豊連峰で
遅いシーズン始め。
豪快な滑りを楽しむ

● 適期／4月下旬〜6月上旬

飯《いい》豊《で》連峰

山形・新潟・福島の三県にまたがる飯豊連峰は豪雪の山として知られる。そのため2000m前後という標高にもかかわらず、遅くまでスキーを楽しむことができる。ここでは石転ビ沢と門内沢のルートを紹介したが、北股岳から北股沢、梅花皮《かいらぎ》岳から本石転ビ沢なども滑られている。どちらの斜面も出だしは急なので、雪面の状態をよく確認してからスタートしよう。

データ

● アプローチ

日本海東北道荒川胎内ICから国道7号、国道113号を経て、飯豊梅花皮荘の分岐から4km先の飯豊山荘へ。ここが登山口となる。ただし梅花皮荘から先は5月下旬まで、除雪が完了しても雪崩などで通行止めとなっているため、梅花皮荘から歩くことになる。

● アドバイス

梅花皮荘または飯豊山荘からの林道歩きは、砂防ダムまで自転車を使うと時間を短縮できる。5月中旬以降は雪渓に取り付くまでの歩行時間が長くなるので、アプローチシューズ（ジョギングシューズや長靴）が必要になる。アプローチが長いので早めの出発を心がけよう。この地域はブヨなどが多くいるため、防虫ネット、防虫スプレーおよび虫刺され薬は必須のアイテム。下山後は飯豊山荘または梅花皮荘の温泉で汗を流せる。

門内岳から飯豊本山と北股岳

梅花皮沢

① 石転ビ沢

グレード ★★☆

急な滑り出しから広い斜面を縦横無尽

林道を20分ほど歩き、右折して進むと砂防ダムが見えてくる。砂防ダムの階段を上ると登山道が現れる。ブナの原生林を進み、沢沿いになると片斜面のためザックに付けたスキーが木に引っかかって歩きにくい。標高600mを超えて雪渓が出てきたら、アプローチシューズをデポして兼用靴に履き替え、スキーで登っていこう。初めは斜度もなく、正面に門内岳の稜線を見ながら登っていくと開けた場所に出る。左には稜線まで見通せる石転ビ雪渓が現れる。緩い稜線を見ながら進む。徐々に斜度も増しジグを切って進むようなるが、近いようでなかなか近づかない。登るにつれて斜度も増し、シール登高の限界を感じたら早めにアイゼンに履き替えよう。

斜度が緩むと間もなく梅花皮小屋が目の前に現れ、アイゼン歩行から解放される。北股沢を滑るならスキーを持っていくが、そうでなければ小屋にスキーをデポして北股岳をピストンしよう。梅花皮小屋からの滑り出しは急だが、広い斜面を縦横に滑ることができる。石転ビ沢出合まで来れば斜度も緩くなり、あっという間に雪渓末端に着いてしまう。あとはアプローチシューズに履き替えて往路を戻ればいい。

● 参考タイム／飯豊山荘（2時間30分）石転ビ沢出合（3時間）梅花皮小屋（30分）北股岳（20分）梅花皮小屋（1時間）石転ビ沢出合（2時間）飯豊山荘

② 門内沢

グレード ★★☆

飯豊連峰の山並みを満喫してからの滑降

石転ビ沢出合までは①参照。石転ビ沢を左に見ながらそのまま進み、門内沢に入る。左右にうねった沢の中を登っていくと、徐々に斜度が増してジグを切るようになる。1500mを超えたあたりでさらに斜度が増してくるので、シールの限界を感じたら早めにアイゼンに履き替える。稜線に出たら門内岳を目指そう。門内岳山頂からは飯豊連峰の山並みがほとんど見渡せる。展望を楽しんだら頂上をあとに滑降開始。広い斜面に自由にシュプールを刻み、石転ビ沢出合をめざす。

● 参考タイム／飯豊山荘（2時間30分）石転ビ沢出合（3時間30分）門内岳（1時間）石転ビ沢出合（2時間）飯豊山荘

文／鷹觜健次

石転び沢

飯豊梅花皮荘へ
旭又滝
旭又沢
飯豊山荘
(6/1 ~営業)
湯沢
温身平
文覚沢
玉川
雪渓に取り付くまでは
アプローチシューズがベター
地神山
梶川峰
傾斜が増してきたらジグザグに登る
飯豊連峰の山々を一望できる
2 門内沢
シール登高に
限界を感じたら、
早めにアイゼンを付ける
門内小屋
門内岳
石転び沢
梅花皮沢
梅花皮滝
1 石転ビ沢
飯豊連峰
北股岳
傾斜が増してきたらジグザグに登る
シール登高に
限界を感じたら、
早めにアイゼンを付ける
滑り出しは急斜面
梅花皮小屋
梅花皮小屋にスキーをデポして
北股岳をピストンする
烏帽子岳
N
W
E
S
0
0.5km
1km
1/25000
赤岳沢

021

日帰り

人気の定番エリア
好時期に遭遇すれば
樹氷モンスター群が見られる

● 適期／1月中旬～3月初旬

吾《あ》妻《づま》連峰

福島、山形の県境に位置する吾妻連峰は東西にピークが連なり、これらのピークから多くの滑降コースがとれる山スキーに適した山域で、戦前から山スキーエリアとして知られている。

天元台高原スキー場から入り、東へ連なる東大巓《ひがしだいてん》などのピークからJR奥羽本線側への多様なコースが日帰りで可能。これらは北面であり雪質もよく、古くから有名な、手応えのあるコースである。雪が多いときは駅まで滑り込めるので、かなりの標高差の滑降が可能なのも魅力のひとつである。

データ

● アプローチ

天元台高原スキー場へは東北道福島飯坂ICから国道13号、県道376号、県道13号経由で約2時間。または山形新幹線米沢駅から湯元まで定期バス約40分、湯元から天元台高原ロープウェイを利用。

● アドバイス

悪天候時の稜線地帯は、立てないほどの強風が吹くので注意。強風、ラッセルなどで稜線上(人形岩など)に昼過ぎに到着するようであれば、計画見直しがベター。

忠ちゃんころばし

① 若女平ルート

グレード ★☆☆

稜線、沢、リッジと変化に富むルート

若女平ルートは、時間的にも比較的手軽なコースではある。しかし、中大巓～天狗岩間の雪原では、悪天候時のルート見失いによる遭難事例がある。

天元台高原スキー場のつがもりリフト終点で登山届を提出した後、中大巓と西吾妻山の天狗岩との鞍部をめざす。また、リフトからいったん東に向かい中大巓を経由することも可能。鞍部周辺の雪原を南南西に向かえば、天狗岩に到達する。西吾妻小屋で一服し、ここから夏道沿い、沢経由のルートをとることができる。

また、西吾妻小屋から北西方向に若女平へ続く尾根がある。尾根筋は樹林が濃く、見通しづらい。一方、尾根ルートよりさらに西北西方向の、小さな沢の源頭部にも入れる。沢幅は数メートルから10m程度と狭いが、立木がなく滑りやすい。沢経由の場合は1600m程度で尾根筋に戻る。その後、東西両側で、急峻に切れ落ちている尾根に達する。東側は雪庇なので通過は慎重に。この尾根を通過後は、杉木立の樹林帯に入る。尾根を外れて東側に向って下る。やがて沢床に到達し、道路に出る。

● 参考タイム／リフト(30分)天狗岩(1時間)西吾妻小屋(2時間)リッジ(1時間)道路

② 東大巓から大沢ルート

グレード ★☆☆

ルートファインディング能力が試されるルート

リフト終点で登山届提出後に、中大巓に登るか、人形石に向かってトラバース。スキー場では微風状態でも、稜線上では前に進めないほどの風が吹くことがある。人形石から東から東北東に緩く下る。続けて無名の小ピークと藤十郎はそれぞれ南側を巻いて、東大巓の鞍部に着く。悪天候時の弥兵衛平の雪原は迷いやすい。ルートファインディングは慎重に。雪原から東大巓経由で明月荘へ。入口は2階。

小屋から北に向かうと「クジラの大斜面」を下り、渋川源頭部に到達する。左岸側を下る。樹氷群に入るとルートの見通しが悪いので方向は慎重に。1500m付近から左側に寄ると「忠ちゃんころばし」と呼ばれる急斜面に入る。斜面滑降後に林道や橋の形が確認できる。砂盛付近の小ピークはショートカット。その後は、広い緩斜面が続きスムーズに進める。牧場内に張られたロープや柵の状況がつかみにくいので、むやみに入らないこと。

林道に沿って滑降すると、大沢駅への標識が現れ、右に入る。そして大沢スキー場跡、旧駅舎を経て大沢駅に到着。

● 参考タイム／リフト(2時間30分)東大巓(10分)明月荘(40分)忠ちゃんころばし下(2時間半)大沢駅

 文／森野治美

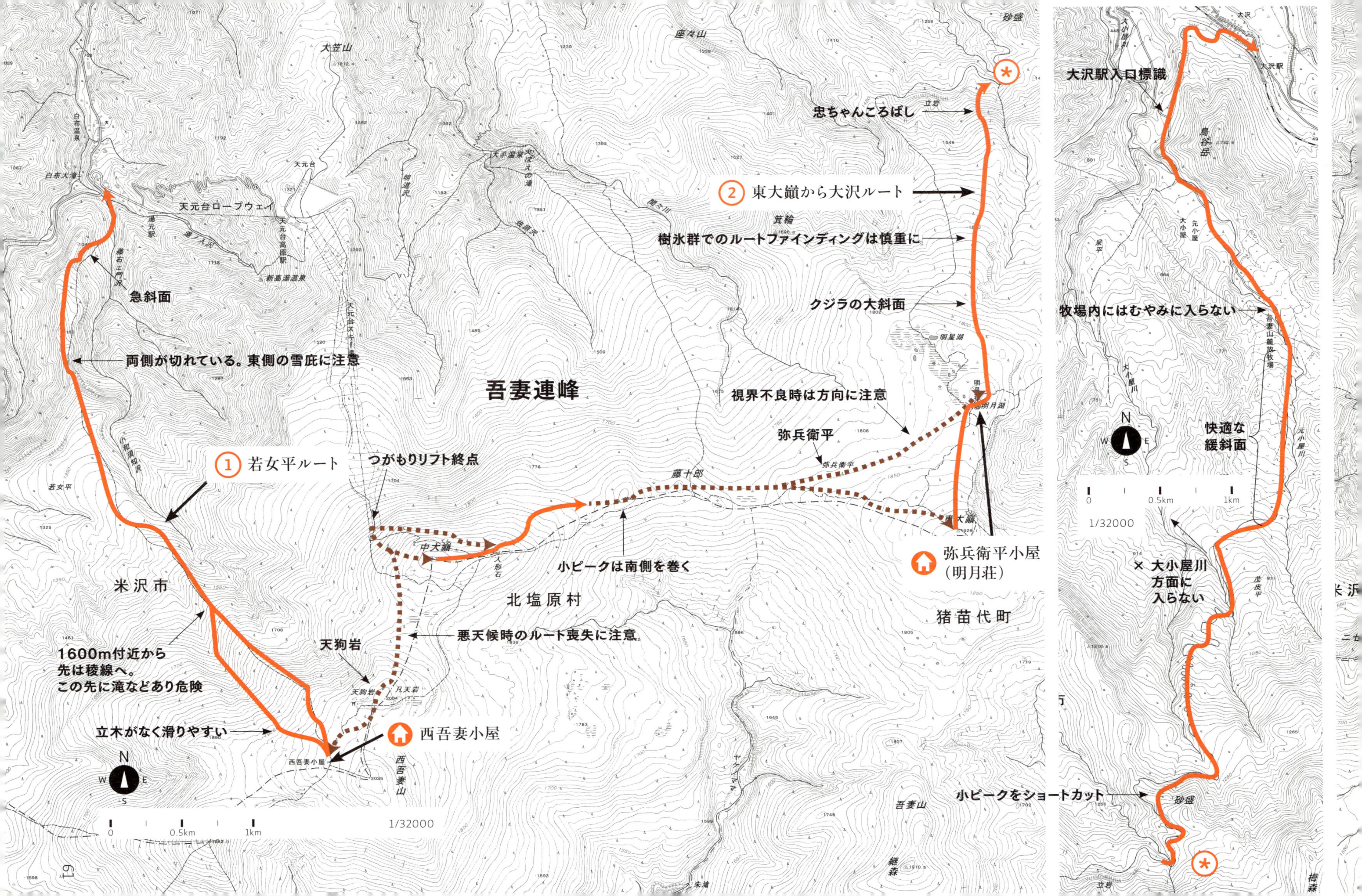
吾妻連峰
① 若女平ルート
② 東大巓から大沢ルート
西吾妻小屋
弥兵衛平小屋
（明月荘）
米沢市
北塩原村
猪苗代町
急斜面
両側が切れている。東側の雪庇に注意
1600m付近から
先は稜線へ。
この先に滝などあり危険
立木がなく滑りやすい
天狗岩
つがもりリフト終点
悪天候時のルート喪失に注意
小ピークは南側を巻く
弥兵衛平
視界不良時は方向に注意
クジラの大斜面
樹氷群でのルートファインディングは慎重に
忠ちゃんころばし
天元台ロープウェイ
大笠山
座々山
中大巓
東大巓
藤十郎
明月湖
明星湖
西吾妻山
吾妻山
1/32000
大沢駅入口標識
牧場内にはむやみに入らない
快適な
緩斜面
× 大小屋川
方面に
入らない
小ピークをショートカット
烏谷岳
大沢駅
砂盛
1/32000

022

日帰り

会津の中央に位置し
磐梯山や飯豊山が望める
ブナの森が美しい山

● 適期／4月初旬～5月初旬

博《はか》士《せ》山

山頂付近のブナの森

博士山は標高1482m、福島県会津地方の中央に位置し、柳津町、会津美里町、昭和村の境界を成す。夏道が北面にあるが、急でスキーには向かない。スキールートはなだらかな西面から南面の尾根に何本かある。どのルートも、里の裏から雪の積もった田を越えて尾根に登り、山頂に立つ。下りはその逆であり、日本の雪国の低山ならではの山スキーが楽しめる。西側の斜面には山腹を巻くように林道があり、里から登っていくと林道をまたぐことになり残念であるが、林道の先のブナの森を見ればそんな気持ちは吹き飛ぶだろう。

データ

● アプローチ

入山口の琵琶首へは東北道西那須野塩原ICから国道400号を塩原温泉、会津田島を経て約80km、約2時間。道路脇に駐車できる。広い場所ではないので、通行の妨げにならないように注意する。

● アドバイス

里から歩き始めて尾根に登るまでの間が急斜面なので、厳冬期には雪崩に注意。尾根から先は一部狭い箇所、あるいは発達した雪庇の横を通過する箇所がある。里山と甘く考えないように。紹介する2ルートともに、残雪期で雪が締まっているなら、ウロコ付きのテレマーク板に適したルートである。

① 琵琶首から山頂往復ルート

グレード ★★☆

美しいブナの森の登下降。山頂からの展望に期待

里山のスキーを意識して、神社にお参りしてから農道を進む。鹿沢沿いに進んで斜度の緩い場所を見つけて尾根に登る。尾根をしばらく進むと林道が横切る。林道から先はブナの森だ。比較的細い木が目立つが、なかには太い木もある美しい森である。1476mPで奈良布から続く尾根と合わさる。この先のなだらかな尾根はシールを付けたままで降り、さらにひと登りすれば山頂である。晴天であれば会津盆地の眺めが楽しめるだろう。

滑り出しだけ往路から離れる、ちょっとした周遊ルートを紹介する。山頂から大滝沢の源頭を滑り、尾根に登り返し、登った尾根のひとつ北側の尾根を降りる。最後に急斜面を降りれば登りのルートに戻る。

● 参考タイム／琵琶首(4時間)博士山(1時間30分)琵琶首

山頂直下のブナの森を滑る

琵琶首の神社

② 奈良布ルート

グレード ★★☆

山頂から南東方向の尾根を滑る

山頂から1476mPまでは、登りがあるのでシールを付けたままがよい。1476mPでシールを外す。斜度が緩く地形が複雑なので、展望が利かない日であればコンパスやGPSで方向を確認して尾根を進む。標高1200mから先で1カ所登り返しになる。1156mPの先で南斜面を降りれば黄金沢沿いの林道に出る。林道をそのまま進めば奈良布の集落に出る。ここから琵琶首までは歩くと遠い。車が2台あるなら、一台を奈良布にデポしておくとよい。また、奈良布から入山して琵琶首に下る逆コースもとれる。

● 参考タイム／博士山(1時間30分)奈良布

文／田宮公成

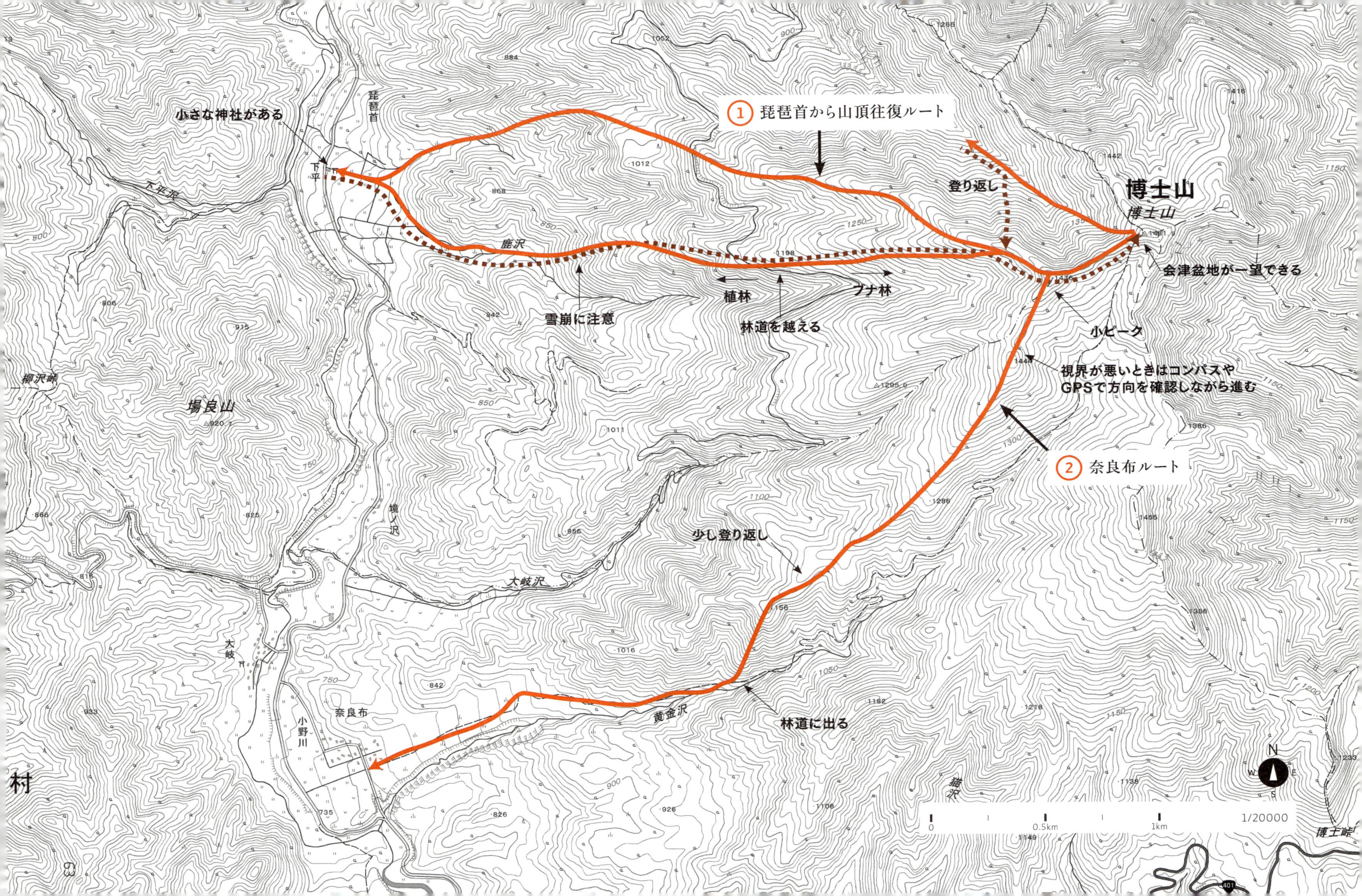

博士山
博士山
会津盆地が一望できる
小ピーク
視界が悪いときはコンパスやGPSで方向を確認しながら進む
① 琵琶首から山頂往復ルート
② 奈良布ルート
登り返し
ブナ林
植林
林道を越える
雪崩に注意
少し登り返し
林道に出る
小さな神社がある
琵琶首
下平
鹿沢
大岐沢
黄金沢
塩ノ沢
大岐
奈良布
小野川
場良山
柳沢峠
博士峠
村
1/20000
0
0.5km
1km

023

日帰り

山中の
いで湯が魅力
東北のメジャールート

● 適期／12月下旬～3月下旬

安《あ》達《だ》太《た》良《ら》山

安達太良山の積雪は多くないものの風は有名で、稜線近くはアイスバーンとなり、沢の中でもパック気味の場合が多い。それでも風の弱い日には、東面の烏川源頭や振子沢でパウダーが得られる場合もある。いずれのルートも標高差が小さく、日帰りや半日コースであるが、時間があれば通年営業のくろがね小屋に泊まって、温泉でのんびりしたいところ。箕輪山などの西面のルートもあるが、ここではアプローチの便利な東面のコースを紹介する。

データ

● アプローチ

東北道二本松ICから国道459号線を約20分で、あだたら高原スキー場。岳温泉またはJR郡山駅から有料のシャトルバスも出ている。

● アドバイス

早い時期は振子沢が埋まっていない場合があるので注意が必要。あだたら高原スキー場のゴンドラを利用した山頂経由のルートが楽。運行状況は要確認。

烏川源頭部滑降

① 振子沢ルート

グレード ★☆☆

矢筈森直下から振子沢へ

あだたら高原スキーから勢至平への夏道をシールで登る。勢至平は風が強い場合が多く、手前の樹林帯で防風対策を整えたほうがよい。くろがね小屋への道を分け、ほぼ夏道どおりに峰ノ辻方面へ向かう。尾根上はアイスバーンでシール登高がきつくなるので、振子沢が見えてきたら適当な場所から沢に降り、あとは矢筈森直下まで詰める。沢の源流部まで登ると、麓からの眺めと違う安達太良山の迫力ある姿が見える。

滑りは、振子沢へそのまま滑降。夏道を越えるまでは中斜面で、その後は緩斜面となり、くろがね小屋手前で夏道に合流。小屋までは2分ほどなので、時間があれば温泉でのんびりしたい。小屋からの下りは夏道どおりで勢至平から先はおおむね滑り。

● 参考タイム／あだたら高原スキー場（2.時間30分）矢筈森直下（1時間30分）あだたら高原スキー場

矢筈森直下

② 烏川源頭と振子沢ルート

グレード ★☆☆

ゴンドラ利用で烏川源頭と振子沢へ

ゴンドラの運行状況はスキー場に要確認。ゴンドラ終点から夏道沿いに尾根斜面を登る。1600m付近から烏川源頭部を、まずは一本滑る。斜度が緩んできたらシールで登り返して山頂へ。

山頂直下から、くろがね小屋方面の夏道を70mほど下り、北西の沢状斜面を矢筈森直下の尾根へ登る。登りきった尾根の東側が滑降斜面で振子沢へ続く。この後はルート1参照。

● 参考タイム／ゴンドラ終点（2時間30分）矢筈森

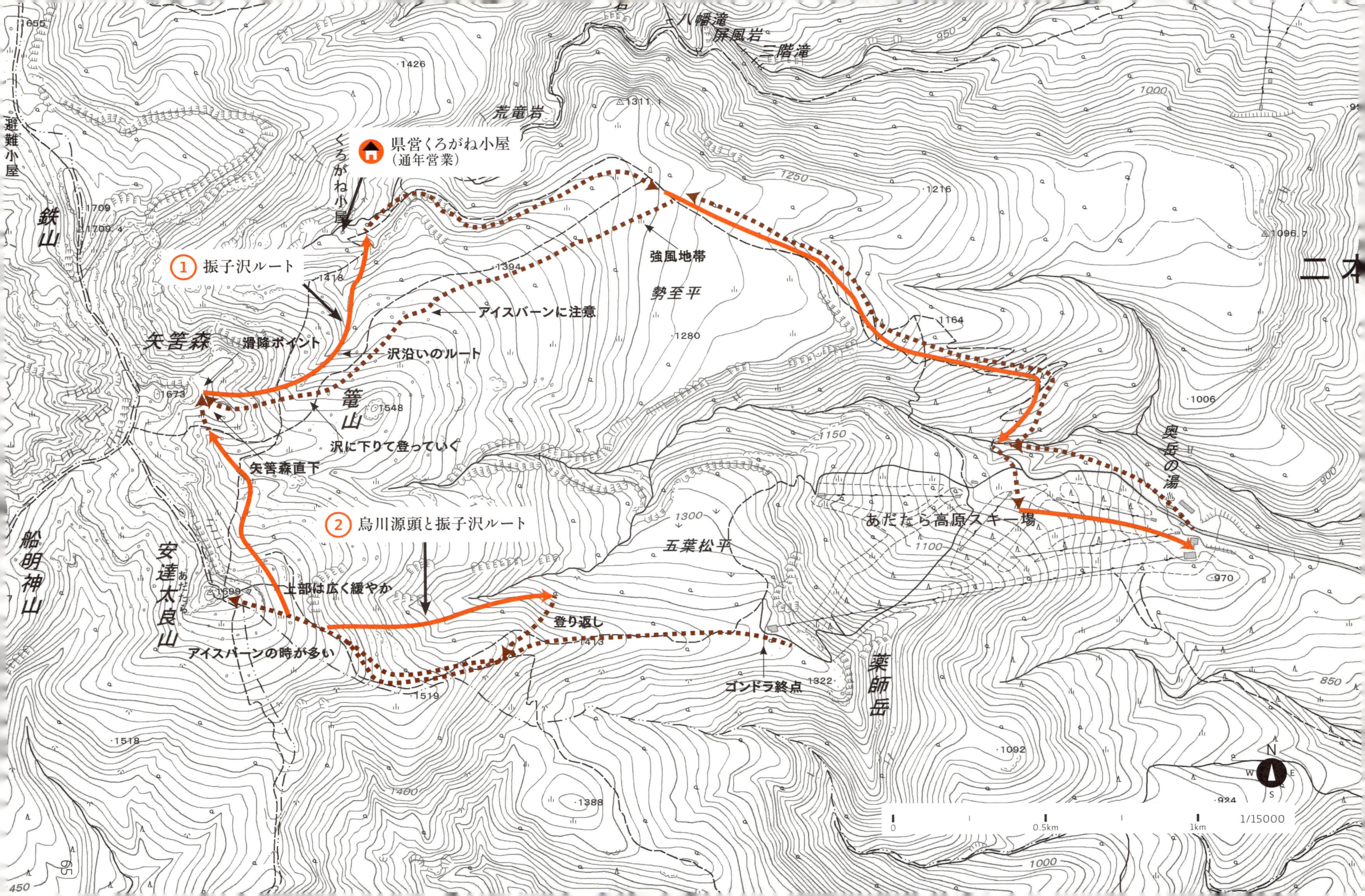

① 振子沢ルート
② 烏川源頭と振子沢ルート
県営くろがね小屋
(通年営業)
くろがね小屋
避難小屋
鉄山
船明神山
安達太良《あだたら》山
矢筈森
篭山
荒竜岩
八幡滝
屏風岩
三階滝
勢至平
五葉松平
薬師岳
奥岳の湯
あだたら高原スキー場
二本
滑降ポイント
沢沿いのルート
アイスバーンに注意
強風地帯
沢に下りて登っていく
矢筈森直下
上部は広く緩やか
アイスバーンの時が多い
登り返し
ゴンドラ終点
1/15000
0
0.5km
1km

Chapter 3

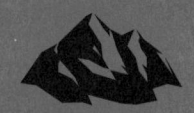

上越・関東北部

024

日帰り

飯豊連峰前衛峰
日帰りで味わう
大パノラマ

● 適期／1月上旬～4月上旬

二《に》王《のう》子《じ》岳

二王子岳は新潟県下越地方の最高峰で飯豊連峰の前衛峰である。海岸から近いため、厳冬期は季節風が強く降雪量も多い。標高1000m付近で森林限界となり、ここより上部は荒天時はホワイトアウトになりやすい。1月に入ると標高1000m付近で積雪が3～4mになり、2月中旬までは新雪のラッセルが深く、日帰りでは頂上まで届かないこともある。標高差約1350mの夏道ルートを使っての往復が一般的。高知山ルートへ入るパーティは少ない。

データ

● アプローチ

入山口の南俣へは日本海東北道聖籠新発田ICから国道290号、県道202号を経由して約20分。ここに冬季登山者用の駐車場がある。JR羽越本線新発田駅からタクシーを使うと約20分、約4500円。

● アドバイス

標高750mに一王子避難小屋、頂上に二王子避難小屋がある。積雪量はニノックススノーパークの積雪が参考になる。スキー場へ下りた場合はタクシーかマイカーで南俣へ戻ることになる。

高知山稜線の小ピーク

① 二王子岳 夏道ルート

グレード ★★★

神社の参拝から始まる人気ルート

冬季でも人気のあるルートで、神社には入山者ノートがあるので記入されたい。夏道沿いに登ってゆくが、次第に斜度が出てくるので、神子石手前で夏道から離れて右の尾根に取り付く。ここから高みをめざせば一王子避難小屋、定高《じょうこう》山(独標)に着く。六合目1100m付近になると森林限界となる(荒天時は赤布などの目印が必要)。これよりラッセルから解放されて気持ちのよいシール登高になり、油こぼしの急斜面を登って三王子付近を斜上すれば間もなく頂上である。

下山はほぼ登りのトレースをたどる。尾根の北西側はパウダーがたまっていることが多く、深雪滑降を楽しめる。独標から下は樹林が濃くなるが、駐車場までスキーが使える。

● 参考タイム／南俣(1時間)神社(2時間30分)独標(1時間30分)頂上(2時間30分)南俣

② 高知山ルート

グレード ★★★

ワンデイで楽しめるおすすめツアールート

高知山～二王子岳～ワサビ沢～ニノックススノーパークを巡る日帰りツアー。高知山への取付は羽津川林道を約1時間半行った山の神の祠の先約100mである(標識あり)。杉林からすぐの急斜面と細尾根で、シールの登高技術が要求される。徐々に登りやすくなるが、高知山稜線近くの大岩付近はまた細尾根の急斜面でシール登高に苦労する。稜線に出ると突然開けた広い雪稜となり、今までの苦労が一気に吹き飛ぶだろう(荒天時はここで退却したほうが無難)。

穏やかな稜線漫歩を楽しみ、場割峰に着く。場割峰では二王子岳と二本木山が大きく迫る。ここでシールを外し、七滝沢源頭の二俣へ滑り込む。二俣でシールを貼り、二王子岳と二本木山のコルをめざす。あたりは霧氷が美しい。コルに上ると飯豊連峰の大パノラマが待っている。頂上の避難小屋まで標高差約50mの至近距離である。下山は夏道ルートで油こぼしの下まで滑り、右から稜線を越えてワサビ沢の源頭に滑り込む(雪の状態によっては雪崩注意)。快適な斜面を滑降し、滝は右岸に避けて沢沿いに進めばワサビ沢の出合に着く。沢を徒渉すればスキー場はすぐである。

● 参考タイム／南俣(1時間30分)取付(2時間30分)高知山(1時間)場割峰(1時間30分)二王子岳(2時間)ニノックススノーパーク

文／田中 勲

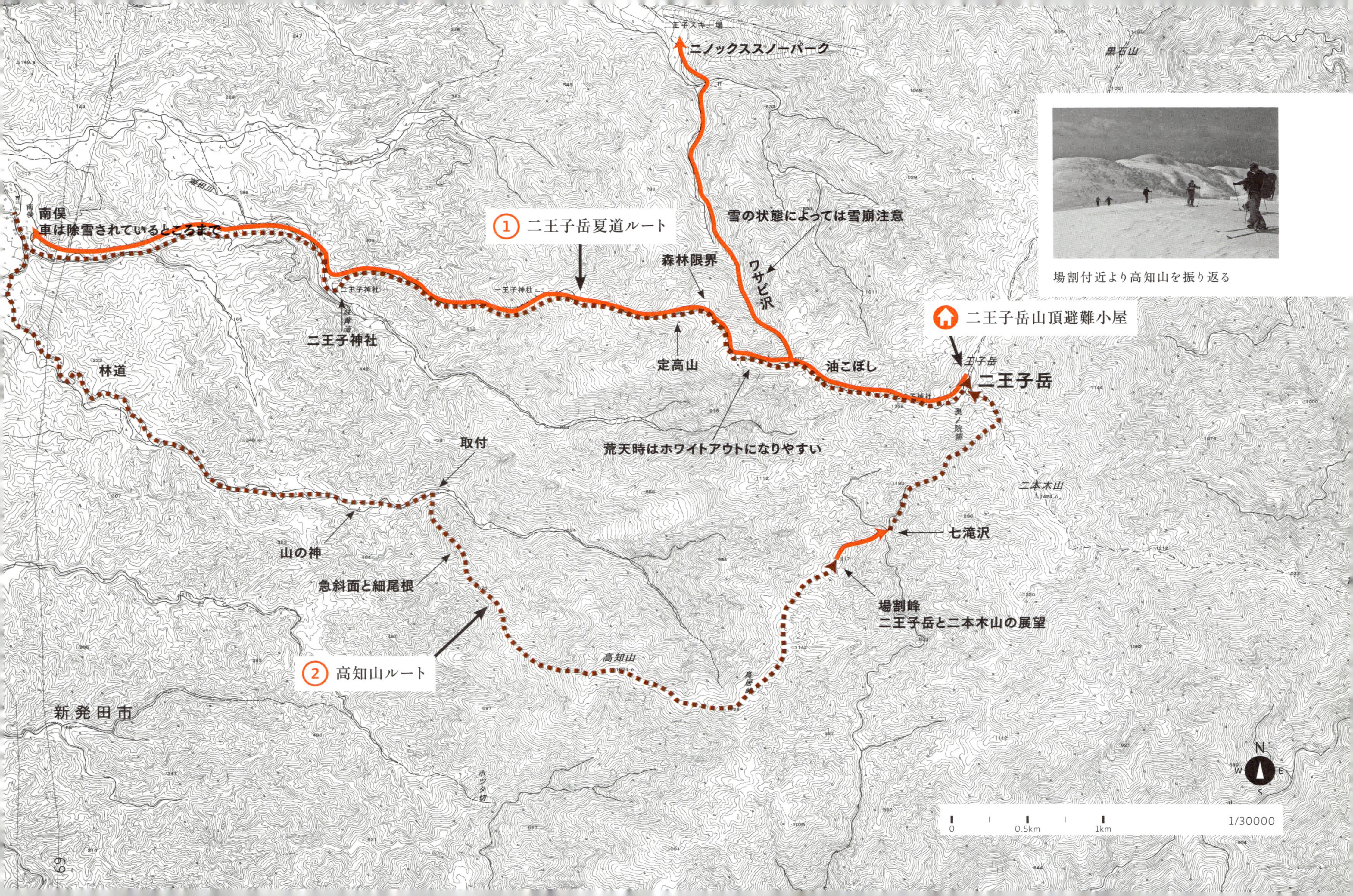

場割付近より高知山を振り返る

025

スキーツアー

ブナ林のなか
山スキーを
静かに楽しむ

● 適期／4月初旬～5月初旬 ● グレード／★★★

飯《いい》森《もり》山・栂《つが》峰

鉢伏山～飯森山～栂峰～大峠トンネル

樹林帯の登り

飯森山は福島県と山形県の県境、吾妻山と飯豊山の間に位置する。すぐ北の栂峰とともに登山者の少ない静かな山だ。ブナ林のなかに自由なコースがとれて、充実したツアーとなる。また、下山後は道の駅「喜多の郷」で温泉に浸ることができる。

データ

● アプローチ

取付となる県境の大峠トンネル入口へは磐越道会津若松ICから国道121号経由で約40分。ここに駐車できる。

● アドバイス

ここでは途中一泊のツアーで紹介するが、ルートを選べば日帰りでも楽しめる。雪の多いときには国道脇の駐車が難しいので注意。毎年7月、飯森山の山開きが地元の主催で行なわれている。大桧沢を遡行して思案沢出合で一泊するというユニークな催しなので、この山域の地形を把握するためにも、参加する価値は大きい。

1日目

大峠から鉢伏山東南台地

大峠トンネル入口の駐車スペースでシールを貼り、飯森沢右岸のブナ林を登る。最初から急な斜面で、ブナは若いが、太い幹の根元は大きな穴が開いていることが多く、帰りの滑降は要注意だ。広い尾根も登るにつれ徐々に狭まり、1350m付近からは細い雪稜となり、鉢伏山に突き上げているが、飯森山とのコルをめざし北に向かう。鉢伏山東面の台地はブナ林で、格好のテント場になる。

● 参考タイム／大峠トンネル（3時間30分）鉢伏山東面台地BP

2日目

飯森山から栂岳往復

テント場から広い鉢伏山東面をトラバースして飯森山とのコルに出ると、西峰からの細く急な雪稜が長く山頂へと延びている。右手は雪庇が続いているので注意が必要。急斜面を登りきって広くなったら飯森山の頂上だ。眼前には真っ白い飯森山がどっしりと構えて、立派に立ちはだかる。すぐ目の前には栂峰も負けずに大きく見える。けれどここまで来ると栂峰は近い。稜線通しに行くとアップダウンが多く、労力がかかるので、大桧沢に滑り込んだほうが効率よい。思案沢との合流地点まで右岸、左岸と自由にコースがとれるので、あっという間に着いてしまう。左から蔵王権現沢、栂峰からも小沢が合流する。ここでシールを付けると、30分ほどの登りで栂峰山頂に着く。今度は飯森山が大きく見える。時間が許せば大荒沢へ足を延ばすと、また快適な滑りが味わえる。

栂峰からは思案沢まで戻り、飯森山へと登り返す。山頂まで戻れば帰路は速い。広いテント場を横目に、往路の急なブナ林を滑ると国道に出る。

● 参考タイム／BP（1時間）鉢伏山（1時間30分）飯森山（1時間10分）栂峰（1時間20分）飯森山（1時間）BP（1時間30分）大峠トンネル

文／藤倉直次

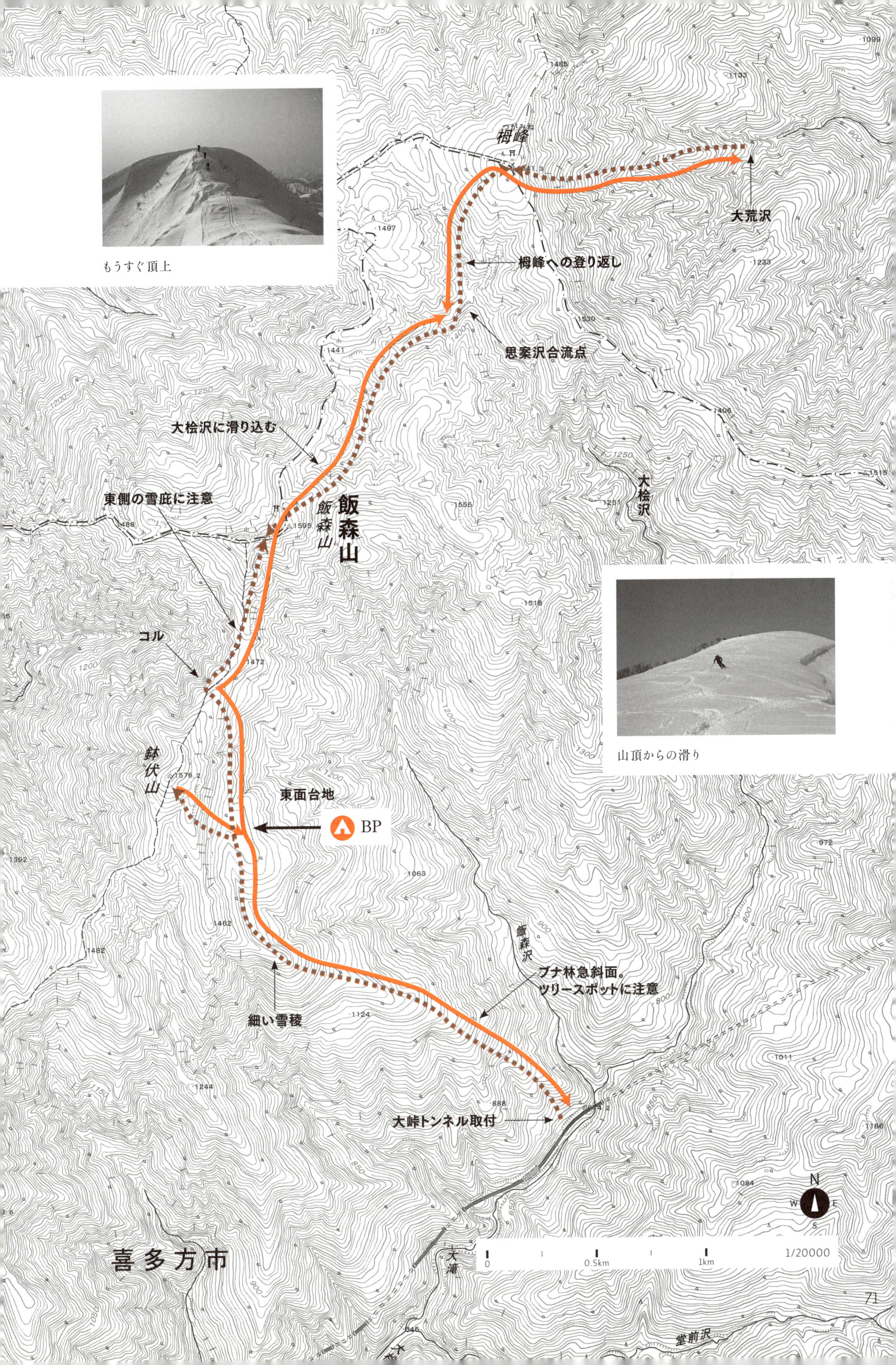

もうすぐ頂上

山頂からの滑り

026

日帰り

奥会津の頂から三ツ岩沢へのオープンバーン滑降

● 適期／2月下旬～4月下旬

三《みつ》岩《いわ》岳

三岩岳は会津駒ヶ岳や窓明《まどあけ》山などと並ぶ奥会津の名峰。この一帯は豪雪地帯であり、山スキーのルートが数多く存在する。しかし、その雪の多さから厳冬期は厳しいラッセルを強いられるが、2月末ぐらいから雪も安定して稜線からの滑降が楽しめるようになる。この山域は温泉も豊富で、檜枝岐など麓の宿に泊まってのんびりするのも楽しい。

データ

● アプローチ

登山口は下大戸沢スノーシェッド付近の車道脇。東京方面からは東北道西那須野塩原ICから国道400号経由で約1時間40分。

● アドバイス

登山口に駐車スペースがないので邪魔にならないように除雪スペースなどに駐車する。ルートは下大戸沢の左岸を行くが、スノーシェッドの檜枝岐側から入山の場合、雪の状態で右岸から左岸へ渡るのに徒渉となる場合がある。三ツ岩沢は稜線を少し大戸沢岳側に下った鞍部から滑降すると斜度も少し緩くなり、より安全。

三ツ岩沢全景

① 三ツ岩沢ルート

グレード ★★☆

山頂付近から三ツ岩沢下大戸沢へとオープンバーンを滑る

登山口のスノーシェッド付近の車道から下大戸沢の左岸を緩やかに登ると、徐々に正面の三ツ岩沢が姿を現す。1050m付近から右の灌木帯の尾根に取り付き、ひたすら稜線をめざす。樹林がまばらになると展望も開け、天気がよければ正面に飯豊連峰の白い屏風が見え、会津の名峰も一望できる。やがて山名の由来となった三ツ岩を過ぎると三岩岳到着。三六〇度の展望を楽しもう。

滑降は山頂付近から三ツ岩沢に直接滑り込む。出だしは少し急なので雪崩に注意しながら滑降。その後の中斜面を一直線に滑ってゆく。徐々に斜度が緩んでくると左にカーブし、下大戸沢に合流。あとは登りのルートを滑って戻る。

● 参考タイム／下大戸沢スノーシェッド(4時間30分)三岩岳(1時間)下大戸沢スノーシェッド

三ツ岩沢中間部

② 山頂往復ルート

グレード ★★☆

樹林の灌木帯が多く斜度も手頃なより安全なルート

このルートは稜線直下まで樹林帯なので安全性が高く、斜度も手頃。早い時期にはパウダーが味わえ、残雪期でも三ツ岩沢のコンディションが悪いときに有効で、樹林の間隔もあって楽しい。

● 参考タイム／下大戸沢スノーシェッド(4時間30分)三岩岳(1時間)下大戸沢スノーシェッド

文／吉田 豊

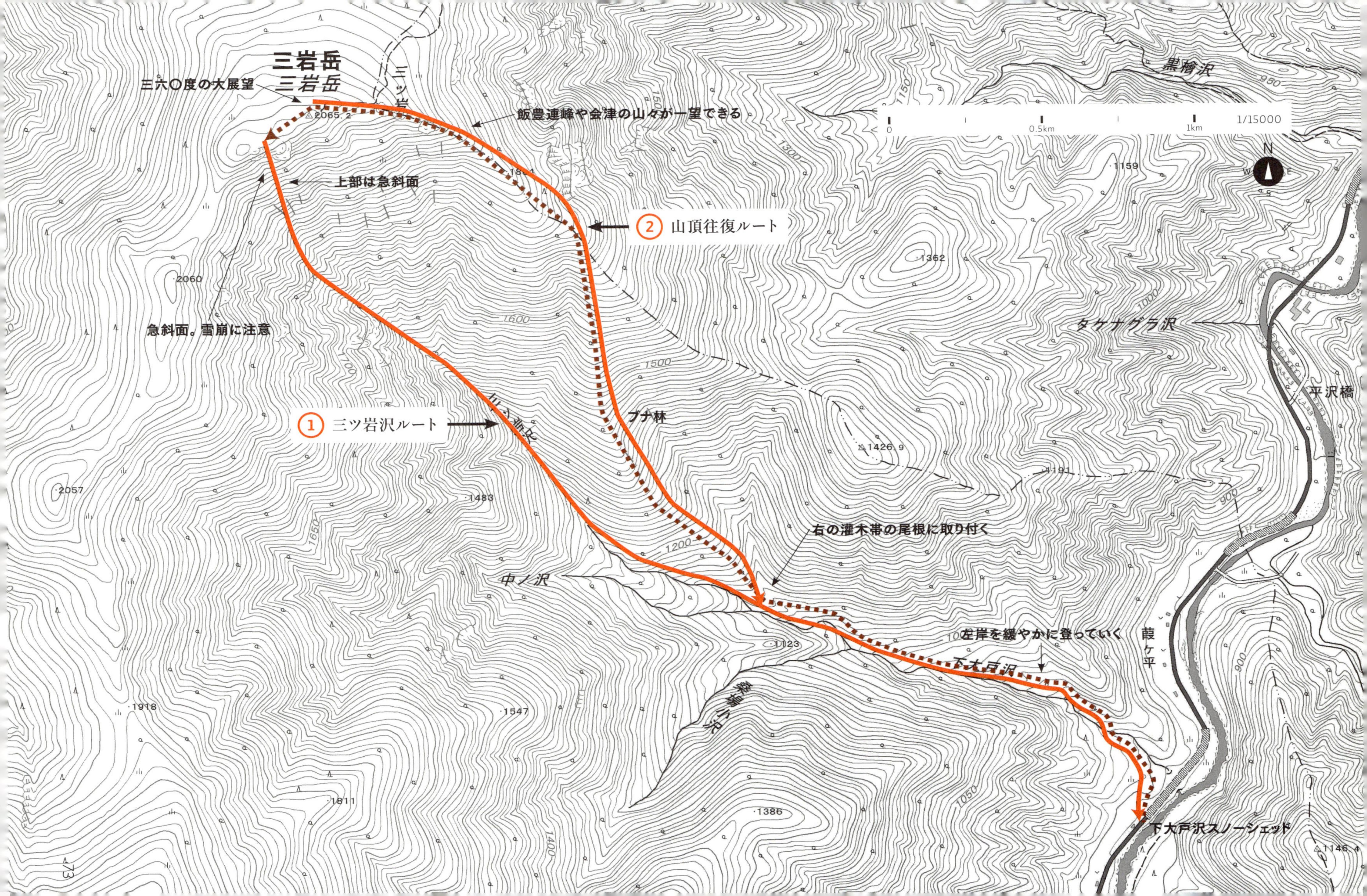
三岩岳
三岩岳
三六〇度の大展望
飯豊連峰や会津の山々が一望できる
上部は急斜面
急斜面。雪崩に注意
2060
2065.2
2057
1483
1547
1918
1811
1386
1123
1426.9
1362
1159
1146.4
1 三ツ岩沢ルート
2 山頂往復ルート
ブナ林
中ノ沢
右の灌木帯の尾根に取り付く
左岸を緩やかに登っていく
下大戸沢
下大戸沢スノーシェッド
タケナグラ沢
平沢橋
黒檜沢
0
0.5km
1km
1/15000
N

027

スキーツアー

人跡まれな会津駒ヶ岳から
朝日岳の間に広がる
一大山群

● 適期／3月中旬〜5月上旬 ● グレード／★★★

丸《まる》山《やま》岳

小豆温泉〜坪入山〜丸山岳〜窓明山〜小豆温泉

小豆温泉から三岩岳への登り

丸山岳は、福島県南西部の西半分を占める会津駒ヶ岳・朝日岳山群の中央に位置する。この山群は新潟県の毛猛《けもう》連山、越後三山、利根川水源域の山々に隣接し、本州一の豪雪地帯にあり、春遅くまで残る雪を利用した山スキーが楽しめる。

檜枝岐を起点とする会津駒ヶ岳、小豆《あずき》温泉を起点とする三岩岳、大戸沢岳など、日帰りで楽しめるスキーコースがたくさんあるが、この山域の真の魅力を体感するには、雪洞かテントに泊まり、人跡まれな山域の奥をめざすツアーが一番である。窓明山から会津朝日岳の間には登山道がなく、残雪期のスキーがこの山域に入る有効な手段のひとつである。ここでは小豆温泉から丸山岳をめざすツアーと、周辺のルートを紹介する。

データ

● アプローチ

檜枝岐へは東北道西那須野塩原ICから塩原温泉、館岩を経て約2時間。国道352号沿いの小豆温泉の前に駐車場がある。

● アドバイス

この山域にある山小屋は三岩岳北側の鞍部にある無人の避難小屋のみである。稜線はアップダウンがある上に、一部が針葉樹の森で樹間が狭く、場所によっては板を脱ぐ必要がある。このため快適な滑りを求めるならば、雪の安定を確認した上で、沢滑降と沢登高を組み合わせるのがよい。

1日目

小豆温泉からミチギノ沢。里から見えない袖沢側に入る

小豆温泉から稜線まで黒檜沢沿いと北側の尾根に登山道があるが、尾根沿いを登るのがいいだろう。小豆温泉から歩き始めてスノーシェッドを越えた先が入山点である。ゴールデンウィークごろだと、歩き始めは板を担ぐ。植生がカラマツからブナに変わるあたりからゴールデンウィークでも雪がつながり、シールで登れるようになる。さらに進みブナがシラビソに変わると稜線である。

稜線は広いので、特に天気の悪いときは滑り出す方向に注意。最初は樹間が狭いが、下り始めてすぐに開ける。標高1200m付近までのひと滑りを楽しみたい。小豆温泉を早く出れば、標高1200m付近のBC1を起点にさらに滑ることが可能。2日目の活動として紹介するが、初日に滑ってもよい。私が仲間と入山したときは、美しいブナの森でゆったり過ごした。

● 参考タイム／小豆温泉（5時間）鞍部（1時間30分）ミチギノ沢BC1

BC1付近で釣りを楽しむ

文／田宮公成

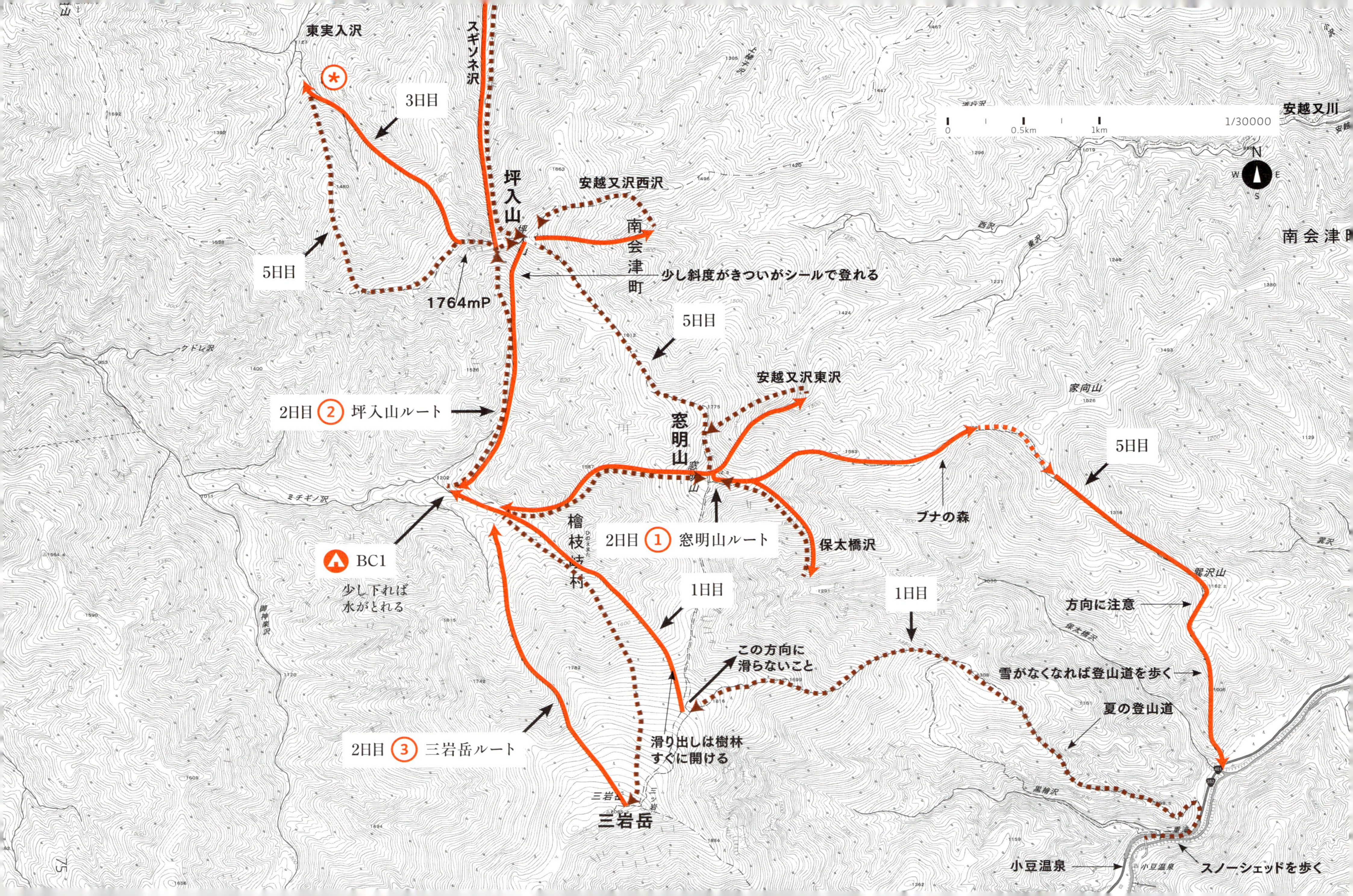

東実入沢
3日目
スギソネ沢
坪入山
安越又沢西沢
南会津町
5日目
1764mP
少し斜度がきついがシールで登れる
5日目
クドレ沢
安越又沢東沢
窓明山
2日目 ② 坪入山ルート
5日目
ブナの森
檜枝岐《ひのえまた》村
2日目 ① 窓明山ルート
保太橋沢
BC1
少し下れば
水がとれる
1日目
1日目
この方向に
滑らないこと
2日目 ③ 三岩岳ルート
滑り出しは樹林
すぐに開ける
三岩岳
1/30000
0
0.5km
1km
安越又川
南会津町
家向山
窓沢山
方向に注意
雪がなくなれば登山道を歩く
夏の登山道
小豆温泉
スノーシェッドを歩く

027　丸山岳

ミチギノ沢の左俣

2日目

ミチギノ沢BC1起点の日帰りルート

BC1は一泊しただけで移動するのはもったいない、すばらしい場所。ここを起点に遊んでほしい。3つの山を滑るルートを紹介する。

① 窓明山ルート

ミチギノ沢の支流か尾根で窓明山まで登る。山頂直下は樹間が狭いが、東側の斜面に出れば展望が開ける。ここから安越又沢の東沢を滑る。標高差600mほど滑ると斜度がなくなるので、北側の尾根沿いに登り山頂へ戻る。

同じようにして保太橋沢を滑り登り返す。どちらを先に滑っても差はない。ふたつの沢を滑ったあとは登ってきたルートに沿って滑りBC1に戻る。

● 参考タイム／BC1（3時間）窓明山（30分）安越又沢東沢（2時間）窓明山（30分）保太橋沢（2時間）窓明山（30分）BC1

② 坪入山ルート

BC1からミチギノ沢を少し下った先で出合う左俣で坪入山をめざす。途中1カ所、滝が出ているようなら左岸を、板を外さずに巻いて登る。この先、登るにつれて斜度が増すが稜線までシールで登れる。ここからは安越又沢の西沢とスギソネ沢を滑る。それぞれ標高差500mほど滑ると斜度がなくなるので、隣の尾根で登り返す。坪入山に戻ってからBC1への滑りでは三岩岳が正面に見える。

● 参考タイム／BC1（3時間）坪入山（30分）安越又沢西沢（1時間30分）坪入山（30分）スギソネ沢（1時間30分）坪入山（30分）BC1

③ 三岩岳ルート

ミチギノ沢を左寄りに登り山頂に立つ。登路の左側の沢地形が無立木で、気持ちよく滑れる斜面である。

● 参考タイム／BC1（2時間）三岩岳（30分）BC1

3日目

東実入に滑り込むツアーの核心部

2日目で紹介したルートで坪入山の稜線に登り、1764mPから北に延びる尾根を滑り、途中から東実入沢へ入る。東実入には泊まるに敵した場所がたくさんあるが、翌日の行動を考えて、高幽《たかゆう》山の東側をBC2とする。ここまでの移動だけでは時間が余るので、BC2を起点に周辺を滑ることができる。私が入山したときは、のんびり西実入の出合まで往復した。

● 参考タイム／BC1（3時間）坪入山（1時間）東実入BC2

4日目

丸山岳に立つツアーのハイライト

BC2から尾根を登り高幽山に立ち、ここから西実入の標高1400m付近をめざして滑る。北面ゆえ、時間が早いと雪が硬いので滑落に注意。ここからは西実入を越えて梵天岳と丸山岳の間にあるJPをめざす。ここまでくれば丸山岳は目と鼻の先。アップダウンがあるが、シールを外すまでもなく、そのまま進む。丸山岳に立つと、それまで見えなかった会津朝日岳方向の展望が開け、東側には毛猛連山と越後三山がすぐ先に見える。まさにここは日本の豪雪地帯のど真ん中である。

BC2へは違うルートで戻る。JPまではアップダウンを我慢して滑り、さらに、稜線沿いに梵天岳まで進む。ここでシールを外して雪庇のない場所から西実入に滑り込み、昨日偵察した東実入との出合まで滑る。ここからBC2まではシールなしで戻れる。

● 参考タイム／BC2（2時間）高幽山（2時間）JP（1時間）丸山岳（1時間）梵天岳（1時間30分）BC2

5日目

BC2から一気に下山。行きと違うルートで里に降りる

3日目までにトレースしていないルートで小豆温泉に戻る。東実入の左俣沿いに進んで稜線に立ち、稜線沿いに坪入山、窓明山と進む。ここから家向《いえむかい》山、巽沢《たつみさわ》山経由で里に降りる。ブナが美しいルートである。登山道があるので、雪がなくなれば板を担いで歩けばよい。国道に出てからは小豆温泉まで歩いて戻る。

● 参考タイム／BC2（4時間）窓明山（30分）家向山（30分）巽沢山（2時間）小豆温泉

会津朝日岳、毛猛連山、越後三山などが一望できる
丸山岳
アップダウンがある
シールをつけたままの方がよい
ジャンクションピーク
雪庇の隙間から沢に降りる
4日目
只見町
時間が早いときは滑落に注意
シールなしでも
登れる
BC2
ブナの森のBC
1/30000
0
0.5km
1km
N
E
S
W

スギソネ沢を滑る

三岩岳北面

028

日帰り

東北最高峰
尾瀬の変化に富んだ
山スキーコース

● 適期／3月下旬～5月下旬

燧《ひうち》ヶ岳

燧ヶ岳は尾瀬北方、福島県最南部にある。この地域は豪雪地帯で、厳冬期は山スキーには向かず、天候や雪質が安定してくる3月下旬からが山スキーシーズンとなる。福島県側の御池と群馬県側の大清水が入山口だ。御池から燧ヶ岳へ至るルートは北面にあるので雪が遅くまで残っている。下りは登りのルートをたどる以外に、硫黄沢あるいはナデッ窪など変化に富んだ滑りが楽しめる。距離(8km)、標高差(850m)はほどほどで、余裕をもって日帰り可能である。一方、大清水からは三平峠、尾瀬沼を経由して燧ヶ岳に上がる。

データ

● アプローチ

東北道西那須野塩原ICから国道400号、国道121号、国道352号経由、約3時間で御池。積雪期、あるいはゴールデンウィーク時期の夜間は御池手前の七入までしか入れないので注意。一方、大清水へは関越道沼田ICから国道120号、国道401号を経由して約1時間半。

● アドバイス

福島県側、群馬県側のいずれも、道路が除雪されて車やバスが入れるのは4月下旬以降。山小屋も4月下旬から順次営業がはじまる。上部の雪面が硬いときのためにアイゼンを携帯したほうがよい。天候がよければ午後になり雪が緩んでくることが多い。

至仏山から燧ヶ岳を望む

① 御池、燧ヶ岳往復ルート

グレード ★☆☆

変化に富んだ燧ヶ岳北面ルート

5月中旬でも御池の駐車場の脇からシール歩行が可能である。ルートは御池から山頂までほぼ一直線に上がる。下部はブナやシラビソの樹林帯、中間部は平らな雪原帯。上部の無立木の急斜面を上がりきると燧ヶ岳山頂・組嵓《まないたぐら》に達する。山頂からは尾瀬沼、尾瀬ヶ原、至仏山、反対側には会津駒ヶ岳が見え、すばらしい眺望である。下りは登りのルートをそのまま滑り降りる。上部の無立木の急斜面は雪が硬いときは慎重に滑る。下部の樹林帯は快適なツリーランが楽しめる。

● 参考タイム／御池(4時間)燧ヶ岳(1時間30分)御池

② 硫黄沢ルート

グレード ★★★

燧ヶ岳で最も難しい滑降ルート

山頂から東側に広がる急な大斜面を滑ったあと、やや狭い谷筋を滑り降りる。下まで行けば御池～沼山峠間の車道に出て御池に戻る。車道の歩きが長いので、硫黄沢の下部でシールを付け、東田代を経て行きのルートに戻り、御池まで滑り降りたほうがよい。

● 参考タイム／燧ヶ岳(1時間)硫黄沢下部(1時間30分)登りの尾根筋(30分)御池

③ ナデッ窪ルート

グレード ★★☆

尾瀬沼を見ながら滑る快適ルート

燧ヶ岳の南面を尾瀬沼に向かって落ちる谷筋を滑る急斜面のルート。雪質などの条件によるものの、おもしろいルートである。エントリーポイントがわかりづらいが、組嵓の南側のピークのミノブチ岳の南側から谷筋に入る。適当な所で滑りをやめて登り返す。

● 参考タイム／燧ヶ岳(1時間)尾瀬沼畔(2時間)燧ヶ岳

④ 大清水ルート

グレード ★★☆

長いルートだが日帰りも可能

大清水から三平峠、尾瀬沼を経て夏道沿いに長英新道を、山頂まで尾根筋を上がる。下りは長英新道かナデッ窪を経由して滑り降りる。一日で大清水から往復も可能ではあるが、体力が必要。尾瀬沼畔にある長蔵小屋などに宿泊して上がるのがよい。

● 参考タイム／大清水(4時間)長蔵小屋(2時間)燧ヶ岳(1時間30分)尾瀬沼(3時間)大清水

文／澤井宏明

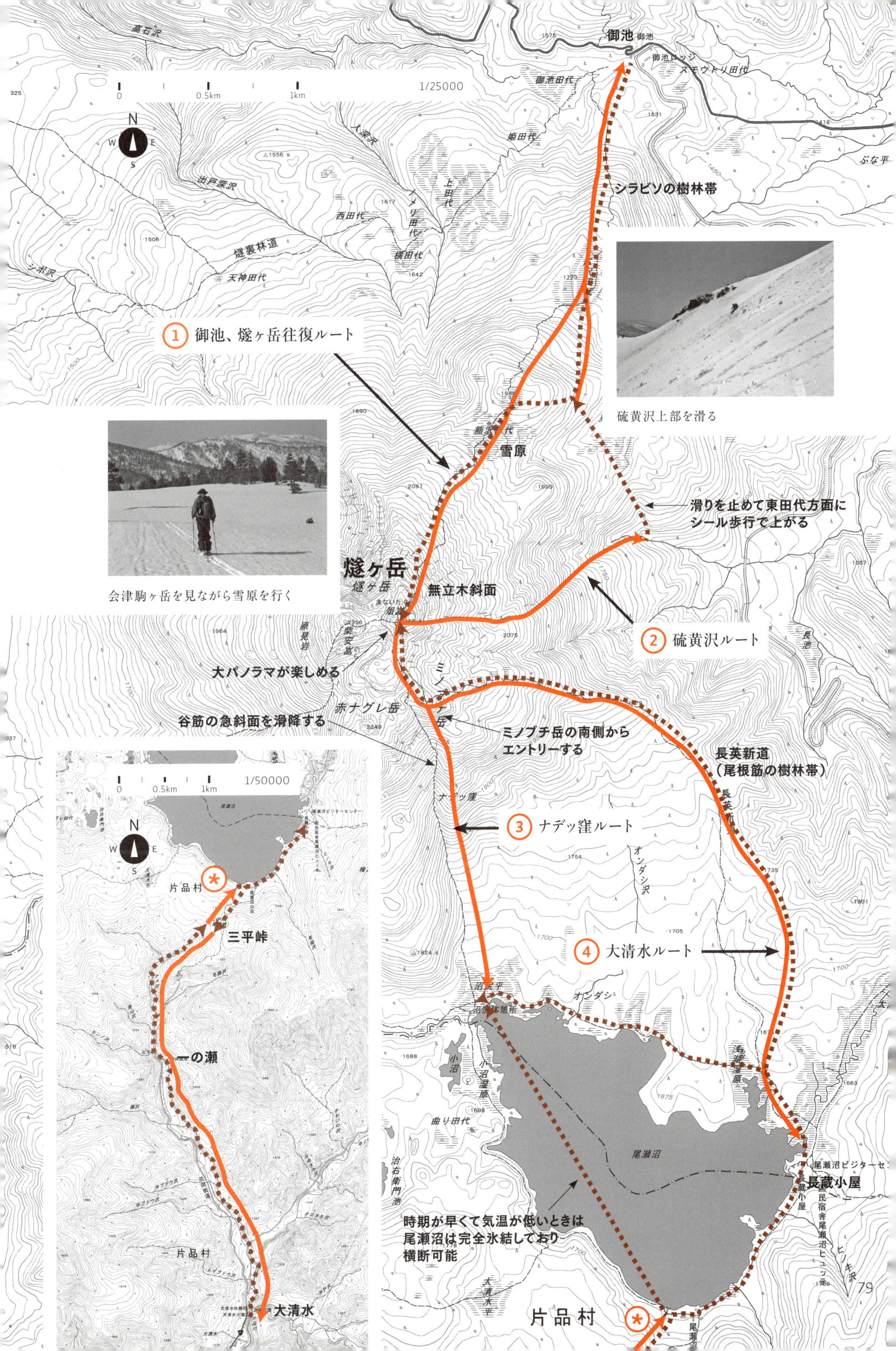

硫黄沢上部を滑る

会津駒ヶ岳を見ながら雪原を行く

029

日帰り

尾瀬を代表する名峰 尾瀬ヶ原に向かって 滑り込む大斜面

● 適期／3月上旬～5月上旬

至《し》仏《ぶつ》山

尾瀬ヶ原から眺める至仏山は女性的な山容で、燧ヶ岳とは対照的だ。それだけに、至仏山の東面は広々とした斜面が開けており、スキーには絶好である。鳩待峠までの道路が開通するゴールデンウィーク中は、手軽に大斜面の滑走が楽しめる。道路開通前の降雪期は疎林のなかでパウダースノーが期待できるが、入山には時間を要する。

データ

● アプローチ

関越道沼田ICから国道120号、国道401号経由1時間で尾瀬戸倉。国道120号椎坂トンネルの開通でアプローチが短縮された。鳩待峠の駐車場は狭いので、戸倉の駐車場から乗り合いタクシーが便利。

● アドバイス

至仏山への最短アプローチとなる鳩待峠までの道路開通は、例年ゴールデンウィーク直前だ。それ以前の登頂をめざすのであれば、戸倉から鳩待峠またはアヤメ平経由の長距離のアプローチが必要で、日帰りは困難になる。至仏山周辺は植物保護区域で、特にムジナ沢上部は立ち入り禁止区域となっているので、気を付けよう。また、ゴールデンウィーク以降は、鳩待峠からの登山道が植生保護のため閉鎖となり、スキー滑降もできない。尾瀬保護財団のHPで情報収集できる。

小至仏山のトラバース

至仏山の大斜面

① 山ノ鼻ルート

グレード ★☆☆

尾瀬ヶ原に滑り込む 燧ヶ岳の展望がよい大斜面

鳩待峠からシールを付けて山頂をめざす。30分も登ると至仏山の美しい山容が目に飛び込んでくる。小至仏山の右手を巻いてゆくと山頂だ。ムジナ沢上部は雪が少なく、植生保護のため立ち入りが禁止されている。このため、山ノ鼻への滑走は山頂から東へ200mほど滑降したところから左にトラバースして尾根を回り込み、夏道ルートの付近を滑る。山ノ鼻で小休止し、シールを付けて鳩待峠に戻る。

● 参考タイム／鳩待峠（2時間30分）至仏山（1時間）山ノ鼻（1時間30分）鳩待峠

② ワル沢ルート

グレード ★☆☆

登り返しの少ない 好ルート

山頂から南東方向に無立木の大斜面を滑っていく。やがてワル沢の沢筋に入るが、下りすぎないうちにオヤマ沢の方にトラバース気味に進む。オヤマ沢の屈曲点付近が沢の横断適地で、スノーブリッジを渡れることもある。

● 参考タイム／鳩待峠（2時間30分）至仏山（1時間）オヤマ沢横断地点（30分）鳩待峠

文／岡田光彦

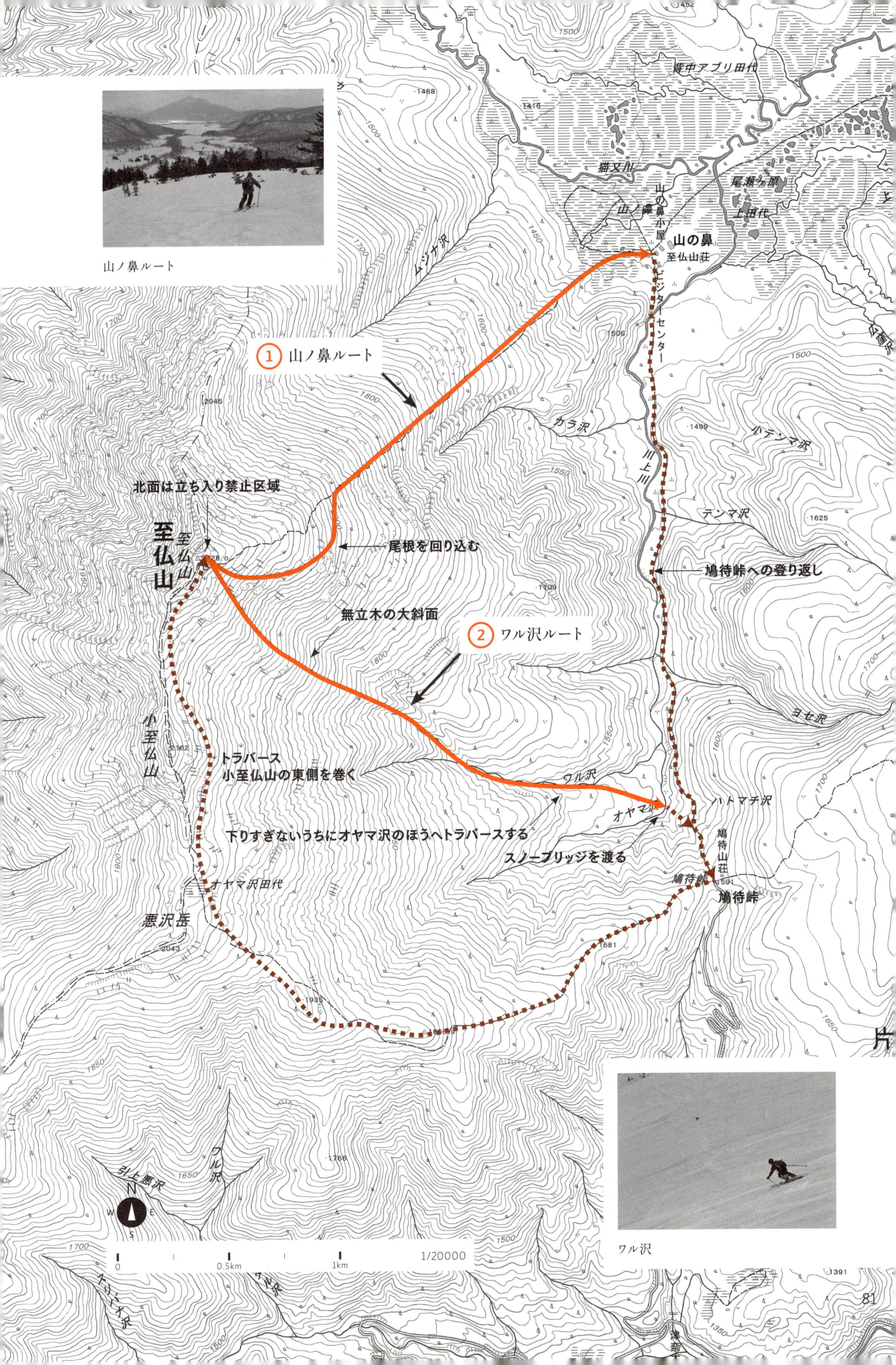

背中アブリ田代
猫又川
尾瀬ヶ原
上田代
山ノ鼻
山の鼻小屋
山の鼻
至仏山荘
ビジターセンター
ムジナ沢
① 山ノ鼻ルート
北面は立ち入り禁止区域
至仏山
尾根を回り込む
カラ沢
川上川
小テンマ沢
テンマ沢
鳩待峠への登り返し
無立木の大斜面
② ワル沢ルート
ヨセ沢
トラバース
小至仏山の東側を巻く
小至仏山
ワル沢
オヤマ沢
ハトマチ沢
鳩待山荘
下りすぎないうちにオヤマ沢のほうへトラバースする
スノーブリッジを渡る
鳩待峠
オヤマ沢田代
悪沢岳
引上悪沢
ワル沢
N
W
E
S
0
0.5km
1km
1/20000

山ノ鼻ルート

ワル沢

030

スキーツアー

本邦屈指の本格的スキーツアー。
成功には
好条件をつかむ運も必要

● 適期／2月中旬～3月下旬 ● グレード／★★★

奥《おく》利《と》根《ね》横断

三国川ダム～ネコブ山～本谷山～平ヶ岳～尾瀬ヶ原

歩き尾根から越後沢左俣の全景

奥利根の内院を横断する本邦屈指の本格的スキーツアールートである。2月中旬から3月上旬のパウダーシーズンが最適であるが、好条件をつかむのが難しく、成功者はいまだ数パーティにとどまる。成功には技術・体力・経験のみならず、四季を通してこの山域に精通すること、そして好天が続くことが必要となる。

ネコブ山への登り。バックは中ノ岳

データ

● アプローチ

JR上越線六日町駅からタクシーで三国川ダムまで。帰路は尾瀬戸倉からJR上越線沼田駅に出る。

● アドバイス

パウダーシーズンでの横断を狙う場合、シーズンを通してエリアの積雪状態を把握すること。また、沢登りなどで奥利根内院の地形を知ることが重要。積雪期の偵察スキー山行として三国川ダムからのネコブ山往復、戸倉からの平ヶ岳往復を行なうとよい。

1日目

ネコブ稜線までの長いアプローチ

六日町駅からタクシーで三国《さぐり》川ダムまで入る。シールを付け、ダム湖の右岸または左岸の林道を進み(どちらを選ぶかは雪の状態に依存し、側壁からの雪崩やトンネルの通過に留意)、十字峡から下津川左岸の林道に入る。ヨウガ沢出合の少し先から左の蛇崩沢右岸尾根に取り付く。ブナ林で構成された小尾根の急斜面にジグを切りながら、高度差940mのつらい登りで桑ノ木山の稜線まで。広い稜線の適当な所で幕営する。

● 参考タイム／三国川ダム(1時間30分)十字峡(2時間)蛇崩沢右岸尾根取付(5時間30分)桑ノ木山(30分)下銅倉沢コル

文／三浦大介

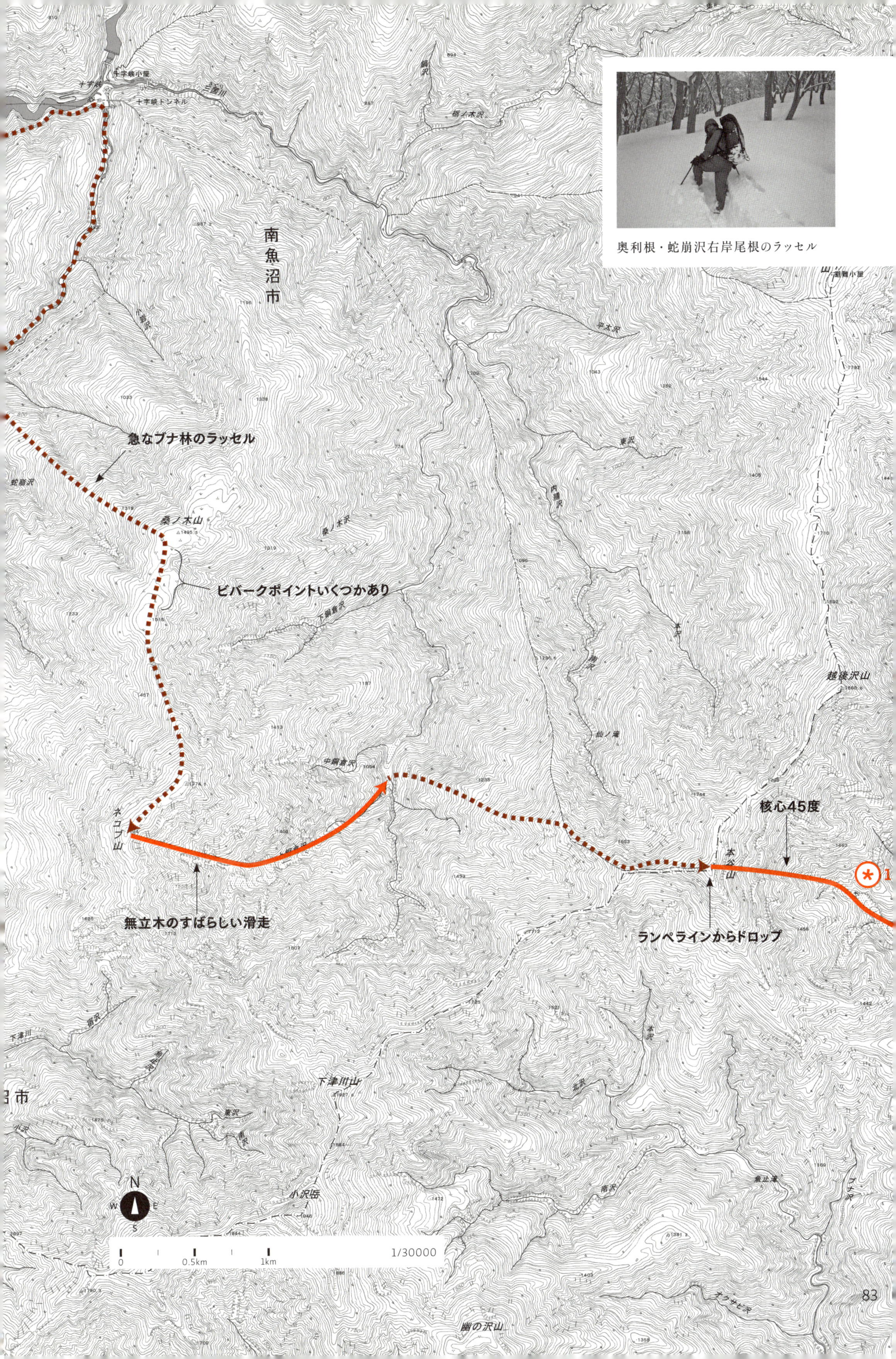

奥利根・蛇崩沢右岸尾根のラッセル

030

奥利根横断

本谷山への稜線

2日目

奥利根の内院へ シュプールを刻む

早朝発。シール登高でネコブ山頂を極め、東面の上銅倉沢へのエントリーを探る。ピットチェック後、合流点まで標高差900mの広大な上銅倉沢を大滑降する。紺碧の空と純白の山々に囲まれ、異次元空間に迷い込んだようなファンタスティックな気分になれる。本流出合でシールを付け、対岸の支尾根を中尾ツルネまで高度差750mを登高する。小穂口ノ頭に飛び出すと奥利根源流の白き峰々が一望できる。

ここから本谷山へ至るヤセ尾根はアイゼンを装着し、左側を巻き気味にコルまで進む。コルから登り返すと本谷山山頂である。山頂から東面、越後沢側にある沢状のランペラインを確認しよう。山頂から少し越後沢山方向に滑降してからこのランペラインに入る。右下へと滑り込み、斜面が徐々に落ち込むようになると、ボウル状大斜面に突入する。中間部のやや狭くなったノドが核心。これを過ぎると巨大な越後沢左俣の雪の帯に沿ってスキーを滑らせる。大滝も今や雪の下だ。途中でシールを付けてさらに進むと右俣との合流点になる。ここの滝は埋まっておらず、右岸をへつる。ほどなく越後沢出合に至り、雪に埋もれながら静かに流れる利根川と対峙する。

● 参考タイム／下銅倉沢コル（1時間10分）ネコブ山（1時間）銅倉沢本谷出合（4時間）小穂口ノ頭（1時間）本谷山（3時間30分）越後沢出合

3日目

雪に埋もれた利根川本谷を 横断し、平ヶ岳を越える

利根川本流剱ヶ倉出合をシールで遡行する。途中の釜は右岸をへつる。剱ヶ倉沢出合先の「ヒトマタギ」で雪に埋もれた利根川を横断する。歩き尾根の末端は急傾斜なのでアイゼンで突破し、適当な所からシール登高する。尾根上には1カ所ギャップがあるが、あとはスキー向きの尾根であり、長いが快適な登高ができる。高度差1050mを登ると剱ヶ倉山に到着。ここからの稜線は雪庇に注意する。平ヶ岳から尾根沿いに滑降し、白沢山とのコルで幕。

● 参考タイム／越後沢出合（40分）ヒトマタギ（5時間30分）剱ヶ倉山（2時間）平ヶ岳（1時間）白沢山コル

4日目

ケイズル沢を滑走し、 尾瀬ヶ原の大平原へ 飛び出す

稜線沿いをシールで進み、大白沢山をトラバースして景鶴《けいづる》山直下まで進む。そこから南面のケイズル沢を尾瀬ヶ原までフィナーレを飾る大滑降を行なう。踏板が外されたヨッピ橋を渡り、尾瀬ヶ原の白い平原を縦断。帰路は鳩待峠経由で林道を滑り下り戸倉へ下山する。

● 参考タイム／白沢山コル（3時間）景鶴山（1時間30分）尾瀬ヶ原（2時間30分）鳩待峠（1時間30分）尾瀬戸倉

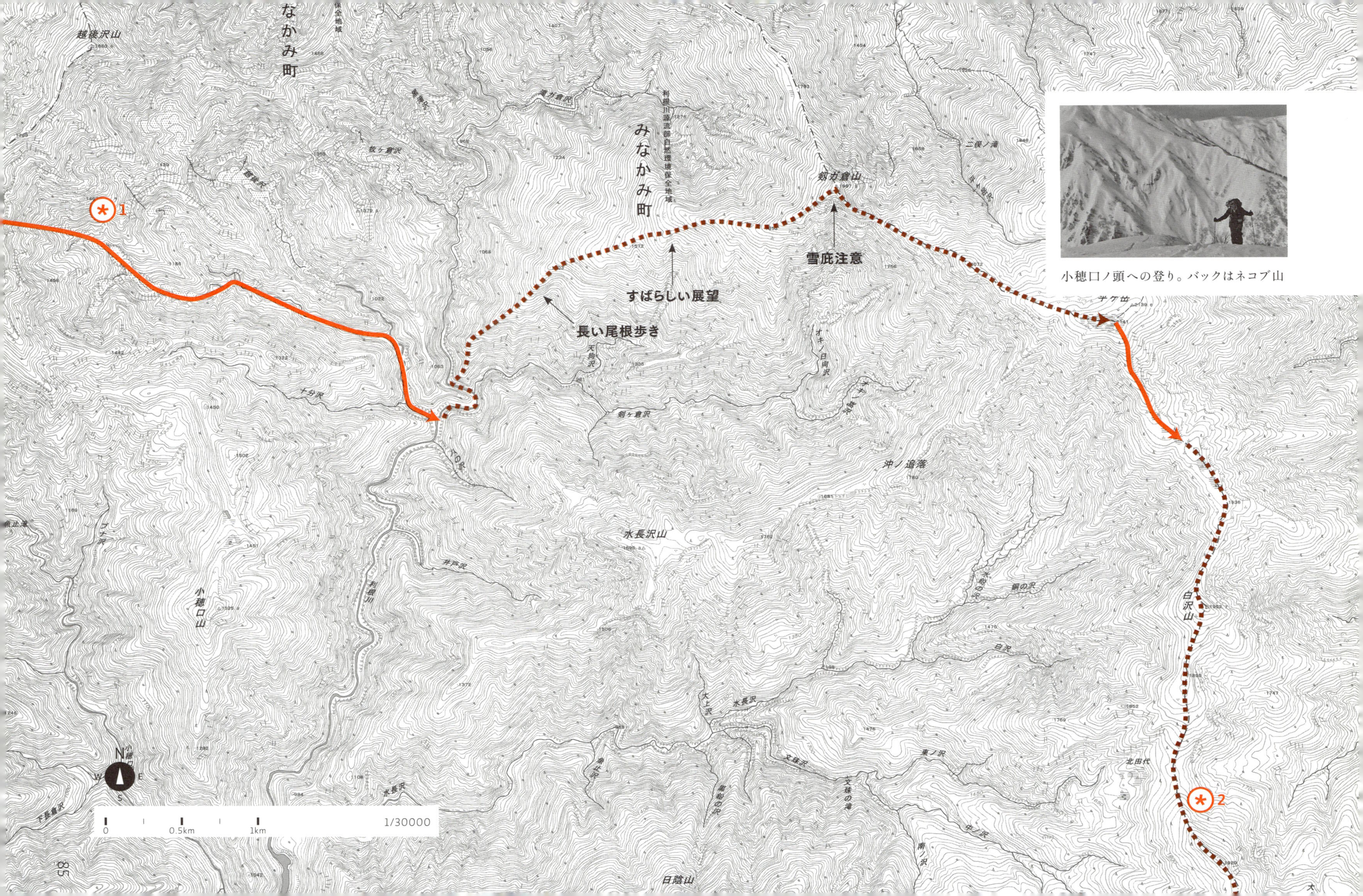

小穂口ノ頭への登り。バックはネコブ山

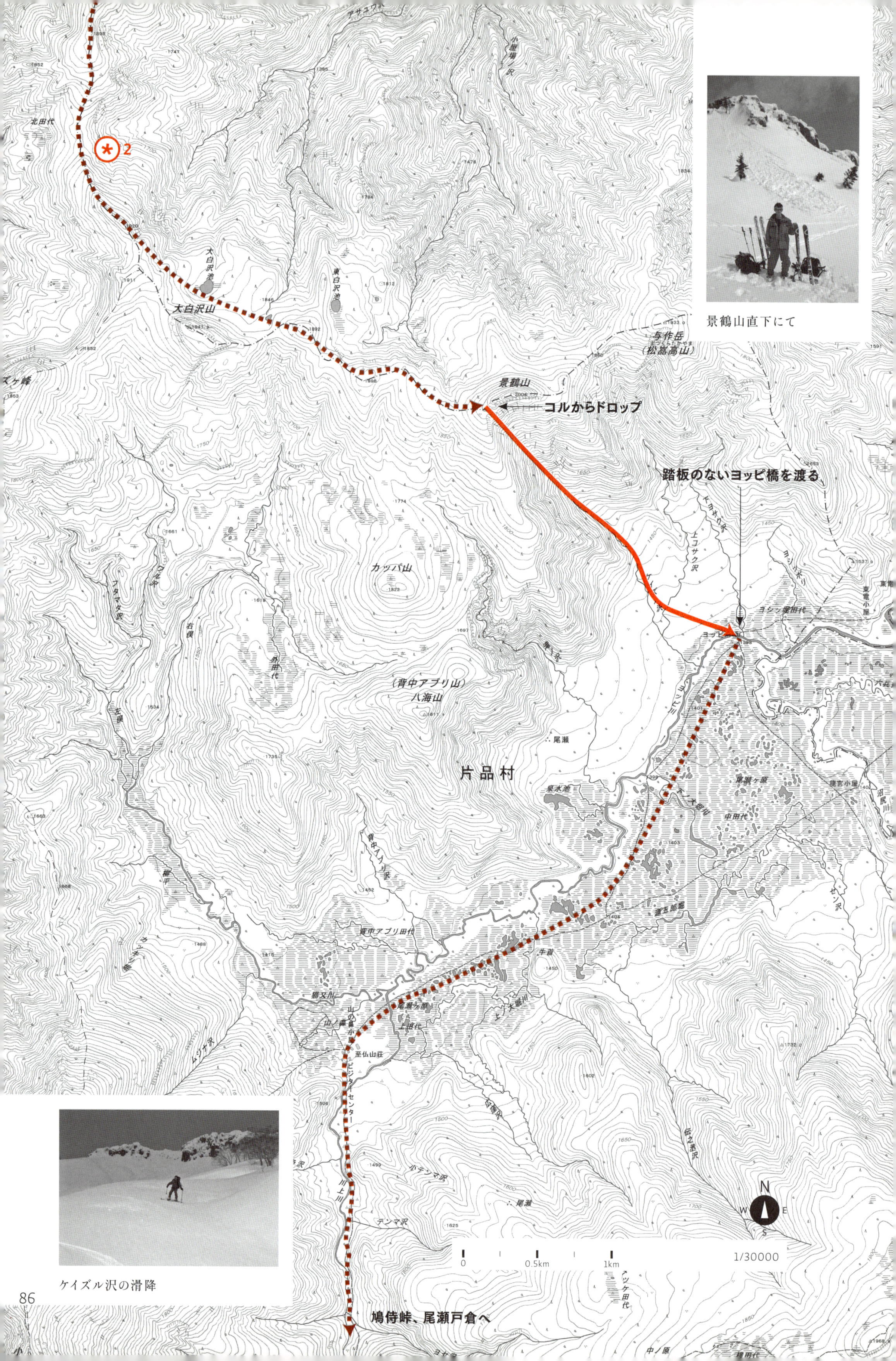

景鶴山直下にて

ケイズル沢の滑降

鷹《たか》觜《のはし》健《けん》次《じ》

1954年栃木生まれ。山スキー歴30年以上、よく行く山スキー山域は平標周辺、奥会津の山々およびブナの原生林。春から初秋は固有種の花を求めて各地の山を巡る。

東ゼン滑降までの二十数年

東ゼン滑降に初挑戦したのは1993年4月11日のこと。大滝に行く手を阻まれ三ノ字沢を登り返してイイ沢を滑ってきた。当時は、今のようにネットによる情報がなく2万5000分ノ1地形図と山岳会の会報だけが情報源だった。東ゼン滑降の記録を調べたが、記録がなく滑ってみないとわからない状況だった。

東ゼン

その後数年は東ゼンを滑ることは叶わぬものだと諦めていた。2001年に西ゼンを滑った際にも出合付近から東ゼンの様子を見てきたが、大滝が完全に埋まることはなかった。それでも東ゼンを絡めた仙ノ倉山周辺の沢を滑っていた。2006年3月26日には笹穴沢を川古温泉まで滑り、平標山・仙ノ倉山のおもだった沢を滑り尽くし、残りは東ゼンだけとなっていた。

2015年3月6日、吉田さんから突然電話があり、東ゼンが綺麗に繋がっている旨の連絡を受けた。翌週に天気が良ければ一緒に行く予定でいたが、13日に雨が降り、14日は冬型の雪、15日に高気圧が乗り晴れたが吉田さんは都合が悪く、一人で行くことになる。稜線上は降った雨が凍り、雪は風に飛ばされアイスバーンとなっていた。いつもなら昼近くになると気温が上がり雪も緩むが、その気配はない。このまま行っても仙ノ倉山の北西面はアイスバーンが緩む様子もなさそうなのであきらめ、平標山から西ゼンを滑って大滝の様子を見ることにした。北面は滑り出しこそ硬いがその後はパックされた新雪、ノドまで来るとハードバーンとシュカブラのミックスを滑り、広い斜面を自由に滑り降りる。途中で東ゼンの様子を見るため左岸の斜面に入る。双眼鏡で見ると確かに綺麗に繋がっている。この時、仙ノ倉山まで行けばと後悔するが来週の楽しみにと思う。東ゼンの大滝の様子がわかる写真を撮り、滑り降りる。いつもは徒渉しなければならない場所も雪の多さで徒渉をすることなく登山口に着くことができた。

次の週末は天気が良くなり、東ゼン滑降を実施することになるが、週の半ばに雨が降り大滝の状態が気にかかる。駐車場で待ち合わせて4人で出発する。登っている途中でシーハイルの2人が加わり6人で行くことになる。いつものように平標山には登らずに、トラバースして仙ノ倉山に向かう。先週と違って稜線上は地肌が出ているが問題なく頂上に着く。天気が良いので頂上は大にぎわい、他のパーティはシッケイ沢を滑るようだが、我々は三ノ字沢とのコルから東ゼンに滑り込む。気温が上がらないためハードバーン、標高が下がれば雪も緩むと思ったが緩むことはなかった。三ノ字沢出合手前の急斜面を避けるために右岸から三ノ字沢に滑り込む。出合から先は沢がデブリで埋め尽くされているため吉田さんが偵察に行くことになった。しばらく待つとOKのサインにより全員滑り降りる。が、なんと大滝が割れていてゴーゴーと音を出して流れている。先週の観察時にあたりを付けた通りに右岸を高巻き、平らな場所に這い上がって小休止、安全な場所までトラバースして大滝を横に見ながら滑り降りる。沢はデブリで埋め尽くされ、その横を滑り西ゼンとの出合に着く。

東ゼンを初めて滑ってから22年目にして念願だった東ゼンを滑ることができ一緒に滑った仲間に感謝!!

西ゼン滑降

2001/03/20	2003/03/16	2005/03/06	2008/03/09
2002/03/10	03/21	2006/02/18	2013/03/06
2003/02/15	2004/02/21	03/04	2015/03/15

東ゼン滑降

1993/04/11……東ゼン&イイ沢滑降
1994/04/10……東ゼン&ダイコンオロシ沢滑降
1999/03/14……東ゼン&シッケイ沢滑降
2002/03/21……東ゼン&ダイコンオロシ沢滑降
2003/03/30……東ゼン&ノボリカケ沢滑降
2008/04/05……東ゼン&ダイコンオロシ沢滑降
2010/03/20……東ゼン&イイ沢滑降
2015/03/21……東ゼン滑降

031

日帰り

豪雪エリアで 広大な斜面を楽しむ。 東洋一と呼ばれる雪庇は圧巻

● 適期／3月中旬～4月下旬

守《す》門《もん》岳

袴岳、大岳などのピークの総称である守門岳は、ほぼ新潟県の中央に位置している。豪雪地域にあるため、無雪期はヤブ山であっても、大量の降雪があちこちに魅力的な斜面を誕生させる。最高峰1537mの袴岳から大岳へと続く稜線の東側はスッパリと切れ落ち、火口跡とみられる断崖絶壁には東洋一と称される雪庇が形成される。時期と地形を熟知した地元のエキスパートがエントリーしているという話もあるが、おすすめはしない。

一方、稜線の西側は穏やかな山容で、適度な斜面が満載の山スキー天国である。登り返しの労力を惜しまなければ、自由にラインがとれる。アプローチとして最もポピュラーなのが、大原スキー場から袴岳の登頂ルートであるが、ハイシーズンの降雪直後は猛ラッセルを強いられるため、日帰りは厳しくなる。その場合は東藤平山(1181mP)付近で幕営し1泊2日の行程とするか、登頂は諦め1244mP付近から雪質のよい北側の斜面で遊ぶのもよいだろう。ただ、やはり日帰りでの登頂を目的とするなら、天候の安定する3月中旬以降が適期となる。

データ

● アプローチ

大原スキー場へは関越道小出ICから国道17号を北へ、国道252号を入広瀬方面、県道346号を経て約1時間。

● アドバイス

買出しは小出IC近くで済ませておいたほうがよい。営業時間前にスキー場を登る場合は、ゲレンデ整備の邪魔にならないように。

守門岳への登り

① 袴岳往復ルート

グレード ★★★

ロングラインがとれる 白一色の広々とした大雪原

大原スキー場のゲレンデトップからいったん下り、下祝沢右岸の支尾根に取り付く。標高900mを超えるあたりから急登となり、雪質によりツボ足のほうが速い。また時期が遅いと、この急登部分の雪割れが大きくヤブこぎとなるので、別のアプローチとして、祝沢下部の遊牧場を横切り、夏道のある尾根を登るとよい。先ほどの急登を終え、主稜線上の東藤平山付近に出ると景色が開ける。このあたりは雪洞を掘るのに適した地形である。

広々とした尾根を小烏帽子、二ノ芝と進む。尾根の右側の大雲沢側は雪庇が張り出しているので、尾根の西側を歩こう。山頂直下はクラストしている場合があり、スキーアイゼンがあるとよい。山頂から大岳への稜線の東側に連なる大雪庇は大きすぎて、どこが雪庇かわかりづらいので、むやみに近づかないこと。

さて、待望の滑降であるが、登ってきた尾根や、青雲《あおくも》岳から西に派生する尾根から本高地沢に飛び込もう。ボトムまで滑っても、滑りすぎなければ150m程度の登り返しで尾根に復帰できる。時間と体力の許すかぎり遊んだら往路を戻る。雪崩に注意しながら急な上祝沢を滑り、広々とした下部を行くと、ゲレンデに続く林道に出る。

● 参考タイム／ゲレンデトップ(2時間30分)東藤平山(1.5時間)守門岳(1時間)ゲレンデ

② 裏守門ルート

グレード ★★★

袴岳～袴腰～駒ノ神を つなぐ 充実の裏守門縦走ツアー

破《あぶる》間《ま》川と下黒姫沢の合流付近に車をデポし、大原スキー場へ移動する。袴岳往復ルートを参照し、袴岳のピークに立つ。クラックに注意し、北面の急な硫黄沢を降りていく。斜度の緩むあたりから袴腰へ登り返す。袴腰の東側の沢を滑り降り、適当な所から駒ノ神に向かって再び登る。ここから1164mPをめざし、下黒姫沢を行けば車のデポ地に戻れる。ロングルートゆえ、時間に余裕をもちたい。

● 参考タイム／守門岳(2時間)袴腰(1時間30分)駒ノ神(1時間30分)車デポ地

文／斉藤 篤

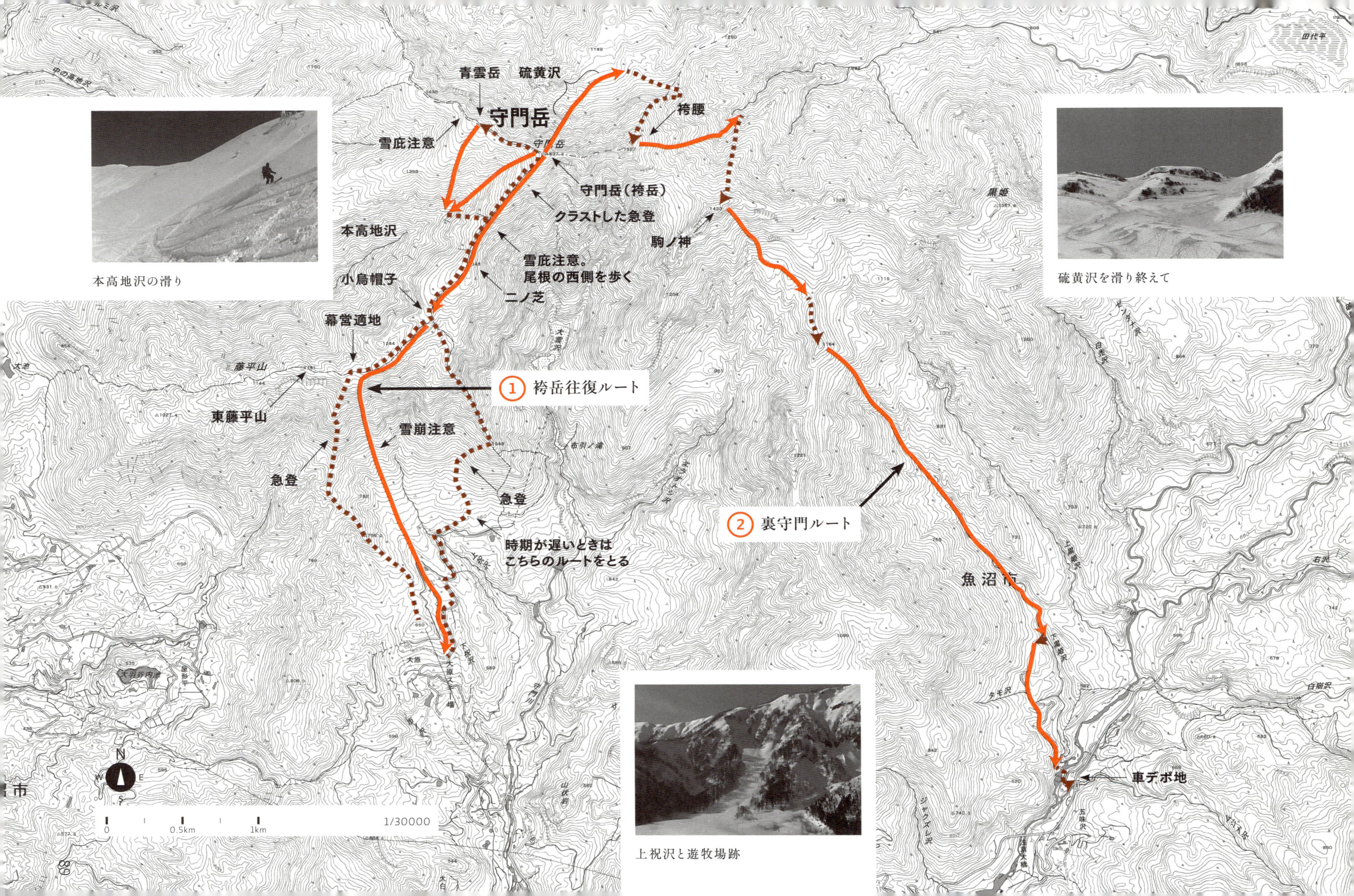

本高地沢の滑り

硫黄沢を滑り終えて

上祝沢と遊牧場跡

032

日帰り

豪雪の山の
多彩なルートで
静かな山スキーを

● 適期／3月中旬～5月初旬

浅《あさ》草《くさ》岳

浅草岳は新潟と福島をまたぐ県境の山として親しまれているが、その地域性から日本でも有数の豪雪地帯になる。それゆえ晴れることも少ないが、その晴れ間にあたると、すばらしい景観を見ることができる。

また、福島県側は交通の便が悪いので訪れる人が少なく、静かな山スキーができる。

データ

● アプローチ

新潟側：関越道小出ICから国道252号を福島県に向かい、JR只見線大白川駅を越えたら左折、五味沢を経由して閉館したホテル大自然館前に駐車。
福島側：東北道西那須野塩原ICから塩原温泉を経由、JR只見線只見駅前を通り入叶津集落へ。除雪最終点で除雪の妨げにならないように駐車。

● アドバイス

大白川～只見間の道路は冬季には除雪されておらず通行不可だが、JR只見線が通じている。新潟側には浅草岳温泉、福島側には深沢温泉があり、下山後に山でかいた汗を流せる。

餅井戸沢源頭を滑る

① 五味沢ルート

グレード ★★☆

静かなスキーを楽しむ

大自然館の除雪終了点から道路沿いに進み、白崩沢の橋の手前で右手の林道に入り、緩やかに登ってゆく。途中、林道をショートカットしながら進み、林道終点からは沢状の中を進んで高度を上げていく。850mのプラトーに着いたらヤヂマナ沢左岸尾根に取り付き高度を上げる。尾根を登っていく背後に守門岳、右側には北岳へと続く尾根がすばらしい景観を見せてくれる。1485mの嘉平与ポッチは右を巻き、前岳を経由して浅草岳頂上に到着する。頂上からは鬼《おに》ヶ《が》面《つら》山東面の迫力ある岩壁が見られる。復路は登ってきたルートを滑る。

● 参考タイム／大自然館（4時間）浅草岳（1時間）大自然館

② 浅草岳越えルート

グレード ★★☆

県境をまたぐロングルート

JR只見線大白川駅に駅員の了承を得て車をデポして登山口に向かう。頂上までは①を参照。頂上から直接、餅井戸沢へ滑ることはできるが、雪庇があって下の状態が確認できないので、早坂尾根を1500m付近まで滑ってから餅井戸沢に滑り込む。広い斜面を滑ってゆくと1100m付近から沢幅がだんだん狭まり、大滝の上に出る。大滝が割れている場合は右岸を巻いて滑り降りる。その後は右岸からの雪崩に注意して滑り、右岸左岸と移動して入《いり》叶《かのう》津《づ》の集落に着く。ここからタクシーを呼んで只見駅に向かう。

● 参考タイム／大自然館（4時間）浅草岳（2時間）入叶津

③ 入叶津ルート

グレード ★★☆

静かなブナ林を抜けて頂上へ

入叶津から除雪されていない国道289号を進み、87番電柱を確認して登り、林道に着く。林道を道なりに進み、林道を過ぎてから少し登ると登山道に出合う。登山道に沿って小三本沢を越えて左岸に上がり、笹沼の縁を通って左岸沿いを進み、再び小三本沢に入る。786mで右の安沢に入り、950m手前で左の尾根に取り付き高度を上げる。斜度がなくなり遠くに頂上も見えるようになるとワンピッチで頂上に着く。復路は登ってきたルートをたどって滑り、小三本沢は沢沿いを滑って、夏の徒渉点でシールを貼り、山神杉まで登る。山神杉でシールを剥がし、平岩山からの雪崩に注意しながら登山道沿いを平岩山スノーシェッドまで滑り、国道を入叶津の集落まで滑る。

● 参考タイム／入叶津（1時間）87番電柱（2時間）安沢出合（2時間）浅草岳（2時間）入叶津

 文／鷹觜健次

五味沢ルート。林道を離れて

入叶津ルート。安沢を登る

033

日帰り

毛猛山塊南端の
静かな
山スキー名山

● 適期／4月上旬～5月上旬

日《ひ》向《なた》倉《くら》山

日向倉山は、奥只見湖（銀山湖）、只見川、六十里越（国道252号線）と黒又川に囲まれた毛猛連山の南端に位置し、標高は1431mと低いが豪雪地帯の山で、残雪期に静かなスキーが楽しめる。また、越後駒ヶ岳や荒沢岳から近いので、これらの山での活動と併せて計画ができる。

周辺では日向倉山と、その北側の1376mのジャンクションピーク、未丈ヶ岳、奥只見丸山スキー場を含むエリアがスキーの対象になる。入山の拠点は銀山平と奥只見丸山スキー場で、スキー場がオープンする4月初旬まで奥只見シルバーラインが通行できないので、シーズンはほぼ4月の1カ月間（ゴールデンウィークまで）に限られる。銀山平周辺とシルバーラインの起点の大湯に温泉があり、山でかいた汗が流せる。

データ

● アプローチ

関越道小出ICから国道352号、奥只見シルバーラインを約1時間で銀山平。周辺に駐車スペースがある。

● アドバイス

奥只見シルバーラインは冬季、18時から翌6時まで通行止めにつき、下山が遅くならないように注意。ほかバリエーションルートとして、日向倉山から仕入沢方面の沢、尾根も楽しめる。

日向倉山

二俣の沢の源頭

① 日向倉沢ルート

グレード ★★☆

無立木斜面と快適な沢 越後駒ヶ岳、荒沢岳を正面に見ての滑降

銀山平のトンネルを抜けた先から歩き始め、北に1196mP、1277mPを経て山頂をめざすか、奥只見湖畔をトラバースして日向倉山から南西に延びる尾根で山頂をめざす。尾根に登るまでの急登を我慢すれば、あとは斜度が緩む。往路を戻るルートもあるが、滑りは日向倉沢がいい。山頂直下は広い斜面。滑るにつれて狭まるが圧迫感はない。

● 参考タイム／銀山平（3時間）日向倉山（1時間30分）銀山平

② 二俣の沢ルート

グレード ★★☆

奥只見湖に向かって滑る 広い斜面は自由自在

銀山平から日向倉山往復だと4～5時間の活動なので、力のあるパーティには物足りないかもしれない。余裕があれば南東面の二俣の沢を合わせて滑るとよい。斜度がなくなる地点まで滑って標高差が500mほど、日向倉山への登り返しは沢の左岸の尾根でも沢でもどこでも登れる。滑りは沢でなく、左岸、右岸の尾根でもよい。

● 参考タイム／銀山平（3時間）日向倉山（30分）二股の沢900m地点（1時間30分）日向倉山（1時間30分）銀山平

文／田宮公成

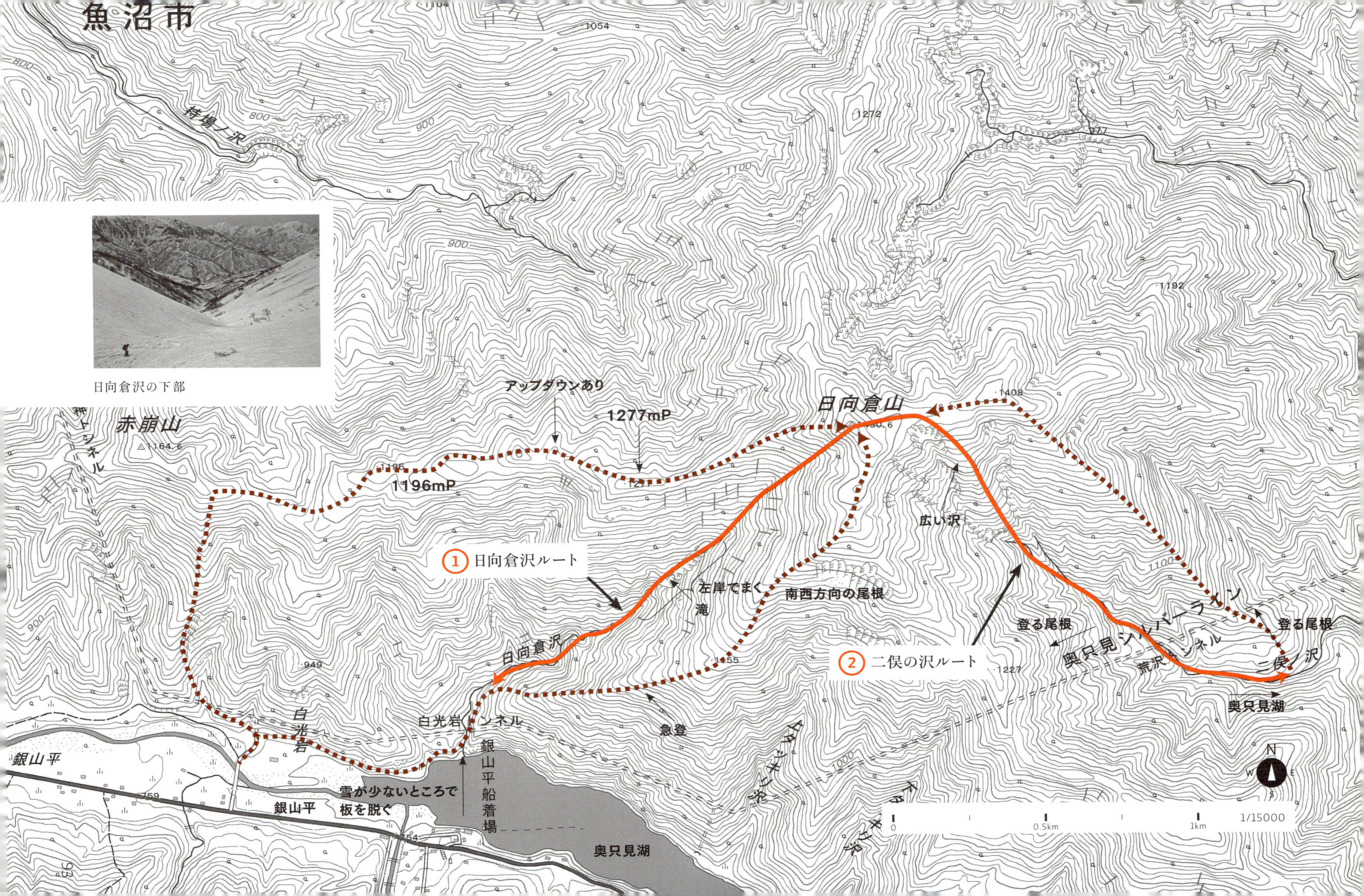
魚沼市
持場ノ沢
赤崩山
△1164.6
1196mP
1277mP
アップダウンあり
日向倉山
1408
1272
1192
1054
1227
949
1155
広い沢
南西方向の尾根
左岸でまく
滝
急登
① 日向倉沢ルート
② 二俣の沢ルート
日向倉沢
白光岩トンネル
白光岩
銀山平
銀山平船着場
雪が少ないところで
板を脱ぐ
奥只見湖
奥只見シルバーライン
荒沢トンネル
登る尾根
登る尾根
二俣ノ沢
奥只見湖
上タッキリ沢
N
0
0.5km
1km
1/15000

日向倉沢の下部

034

日帰り

越後三山の主峰
スキーの機動力を生かせる
スケールの大きな山

● 適期／3月初旬～5月初旬

越《えち》後《ご》駒《こま》ヶ岳

越後駒ヶ岳は、豪雪地帯に位置する越後三山（魚沼三山）のひとつで、2000m級とは思えない、どっしりしたスケールの大きな山容の山である。展望のよい登高向きの尾根が山頂から延びており、その尾根を絡めた滑降向きの沢があることから、スキーの機動性を生かした日帰りスキーツアーを楽しむことができる。

この山の起点となるのは、元禄時代に銀鉱採掘で栄えた銀山平。ここから道行《みちゆき》山を経由する尾根を往復するルートは、古くからクラシックルートとしてよく知られており、復路に白沢を滑るルートでも滑降を楽しむことができる。山頂周辺には滝ハナ沢、オツルミズ沢、大チョウナ沢の各源頭など、滑りたくなる斜面が広がっており、山頂近くにある快適な山小屋を利用して、山頂周辺のすばらしい斜面を思う存分楽しむのもいいだろう。

データ

● アプローチ

関越車道小出ICから奥只見シルバーライン経由、約40分で石抱橋。

● アドバイス

奥只見シルバーラインは例年3月下旬に開通。雪の時期は18時から翌6時まで通行不可。事前に最新の情報を確認すること。

道行山への尾根

銀山平から越後駒ヶ岳を望む

越後駒ヶ岳往復ルート

グレード ★★☆

スキーの機動力を生かしたスケールの大きい日帰りツアー

銀山平から眺める駒ヶ岳は圧巻だ。道行山の向こうには、明神尾根をはじめ、滝ハナ沢、オツルミズ沢、大チョウナ沢、白沢の源頭斜面などが真っ白に輝く。この銀山平の北ノ又川に架かる石抱橋から、北ノ又川の左岸に沿って白沢まで延びる林道を柳沢まで行く。柳沢を少し入った所から、柳沢の右岸より、道行山から南東に延びる尾根に取り付く（2本目の尾根が登りやすい）。支尾根の急斜面を登りきると見晴らしのよい平坦な尾根となり、道行山にて明神尾根に合流する。ここから小倉山付近まではアップダウンがあり、小倉山はトラバースして通過する。右に大チョウナ沢の源頭を眺めながら急斜面を登り詰めると駒の小屋。小屋の上にはオツルミズ沢の源頭の大斜面が山頂に向かって広がっている。山頂からの展望は言うに及ばず。また、山頂の周りには北面から東面にかけてのオツルミズ沢の源頭斜面、滝ハナ沢の源頭と、滑らずには帰れないような斜面が広がっている。オツルミズ沢は、山頂の北面または北東面よりフキギのあたりまで快適に滑ることができる。また、滝ハナ沢の源頭を滑った場合は、1763mに登り返せばそのまま白沢に滑り込むことができる。

白沢は下部が平坦な歩きになるので、途中の支沢から道行山に登り返し、眺めのよい稜線から滑ってきた斜面を眺めたあと、柳沢を滑って帰るのもよいだろう。

● 参考タイム／石抱橋（6時間）山頂（3時間）石抱橋

文／堀 晴彦

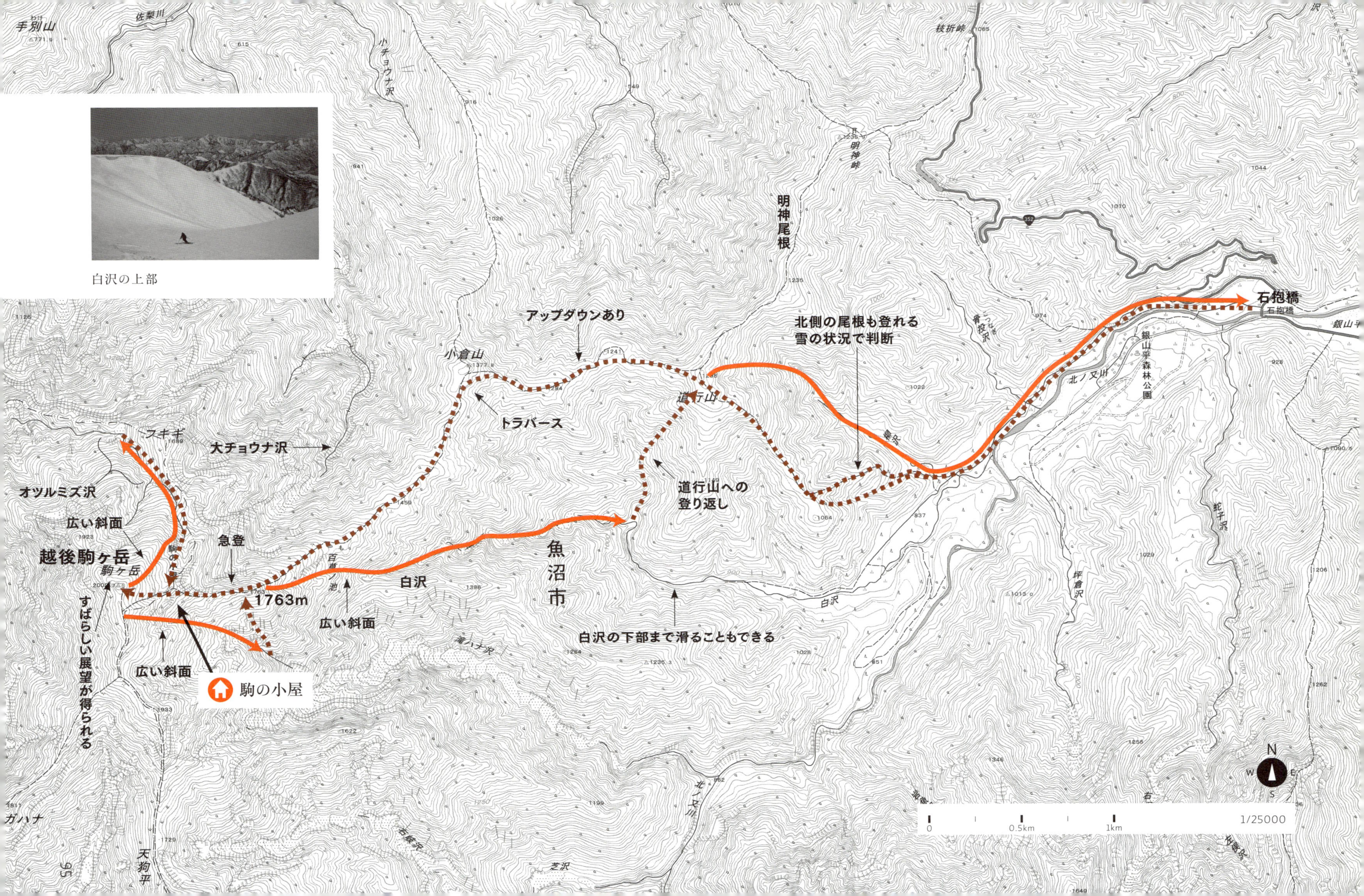
石抱橋
北側の尾根も登れる
雪の状況で判断
明神尾根
明神峠
枝折峠
銀山平森林公園
北ノ又川
アップダウンあり
小倉山
道行山
トラバース
道行山への
登り返し
魚沼市
白沢
白沢の下部まで滑ることもできる
大チョウナ沢
フキギ
オツルミズ沢
広い斜面
急登
越後駒ヶ岳
駒ヶ岳
1763m
広い斜面
広い斜面
駒の小屋
すばらしい展望が得られる
手別《わけ》山
佐梨川
小チョウナ沢
天狗平
ガハナ
芝沢
1/25000
0
0.5km
1km

白沢の上部

035

日帰り／スキーツアー

荒沢岳はアルペン的な風貌ながら好ルートあり。灰ノ又山周辺は山スキーの天国

● 適期／3月中旬～4月上旬

荒《あら》沢《さわ》岳・灰《はい》ノ又《また》山

荒沢岳は上越でもピラミダルな山容が目立つ山で、夏道も急峻なことで知られている。ところが、その北面に一筋の山スキー好ルートが見いだせる。奥の院ともいえる灰ノ又山まで足を延ばせば周辺は山スキーのパラダイスだ。さらに兎岳、中ノ岳、越後駒ヶ岳と結んで北ノ又川源流の山々を一周すれば、日本でも屈指の山スキールートになる。

データ

● アプローチ

関越道小出ICから国道352号で大湯温泉に向かう。奥只見シルバーラインを進んで銀山平でトンネルから出る。ここまで約1時間。銀山平の石抱橋周辺に駐車スペースがある。

● アドバイス

奥只見シルバーラインは通常、3月の春分の日に開通するが、雪が多い年は遅れることもある。奥只見丸山スキー場のHPで確認できる。シルバーラインは夜間に通行止めになるので、下山が遅くならないよう注意(銀山平側にはゲートがないので大湯ゲートまでは戻れる。管理者が起きていれば開けてもらえることもある)。時期が遅くなると、荒沢岳中俣の滝が出てきて入山が難しくなる。銀山平と小出IC近くの湯之谷薬師に温泉があり、山でかいた汗が流せる。

荒沢岳

① 銀山平から荒沢岳往復

グレード ★★★

この山域の基本ルート 蛇子沢中俣から頂上へ

蛇子沢に架かる前嵓《まえくら》橋を渡り、左手の斜面に取り付く。除雪の壁を這い上がるのが大変そうだが、切り崩してある所が見つかるはずである。蛇子沢尾根の末端を左にトラバースしてゆくと間もなくミミズ沢を渡る。深い切れ込みになっており、苦労させられる。ミミズ沢尾根を1200m台地まで登り、蛇子沢二俣まで100mほどシールを付けたまま滑り込む。左俣は雪崩のプレッシャーがあるので右俣をたどる。1250mで中俣が左から急傾斜で合流するのでこれを登る。担ぎになるが4月中旬に登ったときは滝が一部出ており、とても苦労した。その上はカール状の大斜面になっており、自在にシール登高できる。次第に傾斜はきつくなるものの、1900mの肩までシールで登れる。頂上から南面をのぞくと灰ノ又右俣、裏荒沢、その中間尾根などヨダレの出そうな斜面ばかりだが、後日の再訪を期して銀山平に戻る。

中俣はいかにもスキー向きだが、出合の滝を避けたいので左俣を滑降ルートに選ぶ。上部はスリリングだが、快適な滑降。中間部からは左岸尾根からのデブリで荒れており、一部スキーを担ぐ。しかし危険は感ぜず、無事に二俣へ。1200m台地までシールで登り返すが、午後の腐れ雪は崩れやすく、シール登高の限界を試される。登ったミミズ沢尾根は下部の切れ込みをまた渡るのが嫌なので、もうひとがんばりして蛇子沢尾根まで上がる。この尾根は途中、3カ所ほどの登りがあるとはいえ、スキーをはずすこともなく、見晴らしのよい快適なルート。ただ亀裂には注意が必要。940m付近から左手の沢に滑り込めば、広い雪原に出て終了となる(蛇子沢尾根を登ってもいいと思うが、なぜかいつもこのルートをとっている。蛇子沢を沢通しに詰めたことはないが、両岸が切り立っており、滝や淵が出ている可能性も高く、おすすめできない。蛇子沢右岸の山腹を辿ったRSSA同人の記録もあるものの、ルートがわかりにくく、苦労したようである)。

● 参考タイム／銀山平(2時間45分)二俣(3時間)頂上(40分)二俣(1時間50分)銀山平

② 荒沢岳から灰ノ又山

グレード ★★★

山スキー天国に足を踏み込む

荒沢岳頂上から見た絶好の斜面が忘れられず、翌年、足を運んだ。登りはルート①と同じ。中俣の滝はしっかり埋まっていた。出発が遅かったので中俣の1780m付近にテントを張ったが、荒沢岳の肩にもテントスペースがあるし、早出をすれば灰ノ又沢二俣や灰ノ又山頂上まで進んでおくことも可能と思われる。荒沢岳

文／牧野総治郎

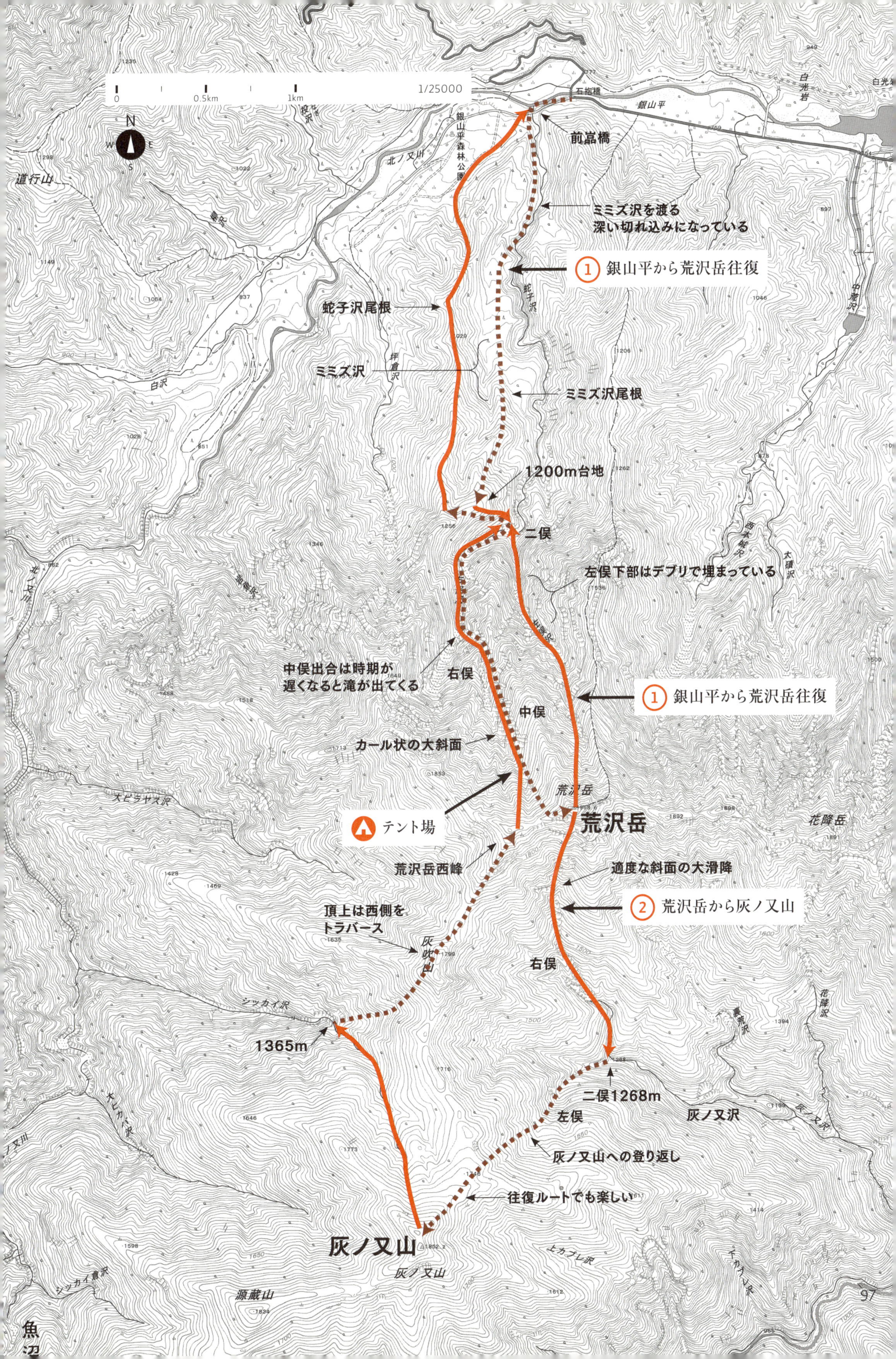
1/25000
0
0.5km
1km
石抱橋
銀山平
白光岩
道行山
北ノ又川
銀山平森林公園
前嵓橋
ミミズ沢を渡る
深い切れ込みになっている
1 銀山平から荒沢岳往復
蛇子沢尾根
ミミズ沢
白沢
ミミズ沢尾根
1200m台地
二俣
左俣下部はデブリで埋まっている
中俣出合は時期が
遅くなると滝が出てくる
右俣
中俣
1 銀山平から荒沢岳往復
カール状の大斜面
スビラヤス沢
テント場
荒沢岳
花降岳
荒沢岳西峰
適度な斜面の大滑降
2 荒沢岳から灰ノ又山
頂上は西側を
トラバース
灰吹山
右俣
シッカイ沢
1365m
二俣1268m
左俣
灰ノ又沢
灰ノ又山への登り返し
往復ルートでも楽しい
灰ノ又山
源蔵山

から、今回は灰ノ俣右俣を滑った。滑り出しは少々緊張したが、1700m付近からは適度な傾斜の大斜面となる。1268mの二俣から灰ノ又左俣を灰ノ又山に登り返す。灰ノ又山頂上からは四方八方、どの谷、どの尾根を見てもスキー向き。ここにベースを張って数日、周囲を滑りまくれば最高である。

灰ノ又山からはシッカイ沢を1365mまで滑って、灰吹山に向かって登り返す。シッカイ沢は北面なので、よい雪を期待したが、アイスバーンが緩みきっておらず、意外に快適ではなかった。灰吹山のピークは西側をトラバースしてゆく。稜線は雪が段になっており、時間がかかる。荒沢岳西峰から中俣を滑る。絶好の大斜面なのだが、時間が遅く、表面がクラストして滑りにくかった。二俣からはルート①をたどり、薄暗くなるころ銀山平に戻った。

● 参考タイム／荒沢岳(2時間40分)灰ノ又山(2時間15分)荒沢岳西峰(30分)二俣(1時間40分)銀山平

③ 北ノ又川源流一周スキーツアー

グレード ★★★

荒沢岳から兎岳、中ノ岳、越後駒へとつなげる日本でも屈指の好ルート

銀山平〜荒沢岳〜灰ノ又山〜中ノ岳〜越後駒ヶ岳〜銀山平

1日目

荒沢岳まではルート①を参照。頂上は踏まず肩から南面をトラバースして、裏荒沢と灰ノ俣右俣との中間尾根に乗り、これを滑る。適度な傾斜で、雪質もよく楽しめる。1500m付近から南に分かれる尾根に入り、灰ノ又沢二俣に滑り込みテントを張る。

● 参考タイム／銀山平(6時間40分)荒沢岳肩(35分)灰ノ又二俣

2日目

左俣をシールで登るが、朝早いと硬い所もあるので注意。灰ノ又山頂上の周囲は三六〇度スキー向きの斜面ばかりで、一本しか滑れないのが本当に残念である。今回は南面の岩魚止沢の左岸尾根を滑ってみた。尾根の滑降は変化があっておもしろい。広い斜面を平ヶ岳に向かって快調に飛ばし、1621mPから南に方向を変え、岩魚止沢と中ノ岐川西沢の出合、1115mに滑り込む。ここから巻倉沢を兎岳まで登るが、単調でひたすら長くバテる。

ようやくたどり着いた兎岳山頂からは、翌日登る中ノ岳の雄姿が間近に迫る。兎沢の右岸をほぼ真北に向かって滑る。クラスト気味の斜面に吹きだまっている浅い新雪を拾いながら滑るが、雪質の変化には要注意。1600m付近から左へトラバースして、小兎岳からの尾根を回り込み、最後は40度近い傾斜を北ノ又川滝沢ゴルジュ帯に滑り込む。大ゴルジュ帯は完全に雪で埋まり、側壁の岩はどこにも見えない。滑走路のような広く平らな沢の中にテントを張る。

● 参考タイム／灰ノ又二俣(2時間50分)灰ノ又山(35分)岩魚止沢出合(3時間30分)兎岳(35分)滝沢ゴルジュ

3日目

アイゼンで滝沢と板倉沢を分ける尾根をめざす。途中からシールで登れるようになるが、最後はまたアイゼンを履き、中ノ岳に登り着く。越後駒ヶ岳への稜線を芝沢左岐沢源頭の1901mPまで滑るが、カリカリで気が抜けない。ここから芝沢の左岐沢を滑り、右岐沢を越後駒ヶ岳に登り返す予定だ。左岐沢も硬い斜面と重い新雪が混じっていて滑りにくいが、広大な斜面で雪崩の心配はない。右岐沢出合の滝は顔を出していて、なんとか右側をシールで越える。1350mから右手の尾根に取り付き、滝ハナ沢右岸尾根の1730m地点に登り着く。時間が遅く天気も悪いので、越後駒ヶ岳の頂上は諦め、滝ハナ沢左俣を降りる。ホワイトアウトのなかをデブリに突っ込まないよう慎重に滑る。1050mの広河原から最後の登りで滝ハナ沢左岸尾根を越え、白沢に滑り込む。銀山平に向かう雪原でヘッドランプを出す。真っ暗のなかをやっとの思いで石抱橋にたどり着いた。

今回は2泊でなんとか回れたが、3泊+予備日1日は取りたいコースである。また越後駒ヶ岳の一般ルート、白沢ルート、滝ハナ沢ルートを事前に経験しておきたい。その後、越後駒ヶ岳からの逆回りでも一周したが、天候が悪くて兎岳を割愛したにもかかわらず、4泊5日を要した。

● 参考タイム／滝沢ゴルジュ(3時間35分)中ノ岳(1時間10分)芝沢二俣(2時間50分)滝ハナ沢右岸尾根1730m地点(1時間40分)左岸尾根(1時間40分)銀山平

荒沢岳(左)。正面が蛇子沢中俣

0
0.5km
1km
1/35000
N
W
E
S
③ 北ノ又川源流一周スキーツアー
銀山平
石抱橋
魚沼市
白沢
滝ハナ沢左岸尾根
滝ハナ沢
駒ヶ岳の頂上を踏む
にはもう1日必要
広河原 1050m
下部は通過困難
滝ハナ沢右岸尾根
1730m
尾根に取り付く
芝沢
滝が出ている
大斜面
1901mP
板倉沢
アイゼン
北ノ又川
アイゼン
滝沢
テントC2(2日目)
尾根を乗り越す
魚沼市
兎岳
単調な登り
西沢
1115m
中ノ岐川
1621mP
岩魚止沢左岸尾根
灰ノ又山
三六〇度スキーパラダイス
左俣
テントC1(1日目)
灰ノ又沢
右俣
快適な尾根
裏荒沢
右俣
中俣

036

ベースキャンプ

豪雪地帯の
2000 m級の山岳エリア。
利根川・北ノ又源流の滑降

● 適期／4月中旬～5月上旬

丹《たん》後《ご》山・中《なか》ノ岳

丹後山から中ノ岳に至る山域は、標高2000m級の山々が連なっている。北アルプスなどと比較すると標高が1000mほど低いが、豪雪地帯に位置することから、季節風の風裏である東面は、5月でも谷筋を中心に白銀の世界が広がっている。しかし、この山域を西側の里から見上げただけでは、その白銀の世界は想像しにくい。里から見る山々は、黒々とした山肌が目立ち、麓には新緑が広がっている。

この山域への最短のアプローチは、三《さ》国《ぐり》川ダムの上流にある十字峡から雪のない登山道を登るルートとなる。登山道の歩きを苦にしなければ、1日のアプローチで稜線の小屋を利用したスキーを楽しむことができる。この山域はスキーではなじみの薄い山々ばかりであるが、高度成長期の電気需要を支えた利根川と只見川の水源となっているなど、山と河川と文明の関係を知る上でも興味深い山域である。以下に、それぞれの山について、水系との関係を含めて簡単に紹介する。

● 丹後山(1809m)

利根川源流の右岸、大水上山の南に位置し、十字峡からの登山道が山頂付近まで付いており、山頂の近くに通年開放の丹後山避難小屋がある。この山には利根川の支流である丹後沢コボラが突き上げており、この沢が利根川に合流するあたりに大利根滝(20m)がある。

兎岳北面の滑降

● 大水上山《おおみなかかみ》(1834m)

谷川岳や巻機山から連なる、太平洋と日本海を分ける中央分水嶺に位置し、利根川の源頭の山である。この大水上山の500m南には、大水上山が発見される以前に利根川の源頭とされていた山(1834m)があり、ここには利根川水源碑がある。また、分水嶺を挟んだ北側は、只見川水系の中ノ岐川の支流である巻倉沢の源流となっている。

● 兎岳(1926m)

大水上山から中ノ岳に続く稜線上、大水上山の北に位置する山で、山頂の北側は北ノ又川の支流である兎沢の源頭となっている。山頂から北東に延びる尾根から兎沢に至る斜面はスキー向きの大斜面で、中ノ岳からだけでなく越後駒ヶ岳からもよく見える。

● 中ノ岳(2085m)

越後三山(八海山、中ノ岳、越後駒ヶ岳)の最高峰で、周囲は北西に水無川、南西に黒又川、東に北ノ又川と険谷で囲まれ、北東側は只見川の一大支流・北ノ又川の源流、滝ノ沢(アサズキ嵓沢)が切れ落ちている。山頂の少し南から南西に延びる尾根には、十字峡から日向山を経由する登山道があり、この山域の玄関口のひとつとなっている。また、山頂の北側の稜線上には通年開放の中ノ岳避難小屋がある。

データ

● アプローチ

関越道六日町ICから国道29号、県道233号を経て約30分で三国川ダム。

● アドバイス

スキー適期には、三国川ダムから十字峡までの道は雪で埋まっているため、ダムの右岸または左岸の車道を歩くことになる。デブリの丘のトラバースには注意をすること。

1/25000
0
0.5km
1km
N
① 三国川ダムから丹後山避難小屋
十字峡登山センター
三国川ダムから
右岸または左岸の車道で
十字峡まで
十字峡から林道で登山口まで
雪のない登山道を登る
デブリの丘のトラバースに注意
雪の状態によっては、沢に落ちる
ほどの急傾斜になる。
南魚沼市
三国川ダム
十字峡トンネル
日向山
日向沢
桑ノ木山
ドウボン淵
蛇崩沢
丹後沢

十字峡から丹後山登山口へ

① 三国川ダムから丹後山避難小屋

グレード ★★☆

雪のない登山道から白銀の世界へ

三国川ダムから十字峡へは車道を、十字峡からは三国川沿いの林道を所々にあるデブリの丘を越えながら進み、丹後山に至る登山道を登る。雪の少ない年は標高1000mくらいまでは雪がなく、稜線近くまでスキーを担いで登ることとなる。稜線に出れば丹後山避難小屋はもう目の前だ。

● 参考タイム／三国川ダム（2時間）十字峡（5時間）丹後山避難小屋

② 利根川水源碑から利根川源流の滑降

グレード ★★☆

丹後山避難小屋からの半日ルート

丹後山と大水上山の間にある利根川水源碑より深沢左岸の尾根には、スキー向きのスロープが広がっている。利根川本流に合流し少し下ったあたりに大利根滝があるが、雪に完全に埋まっており気づかずに通り過ぎてしまうほどだ。さらに少し下ると丹後沢コボラが出合う。この沢を登れば、丹後沢避難小屋に出ることができる。

● 参考タイム／丹後山避難小屋（1時間）利根川水源碑（1時間）丹後沢コボラ出合（1時間）丹後山避難小屋

丹後山への尾根を登る

③ 兎岳から巻倉沢の滑降

グレード ★★☆

巻倉沢から利根川源流を周遊

丹後山避難小屋から大水上山を越え兎岳を登る。兎岳より南東面の巻倉沢をオキノ巻倉沢まで滑り、大水上山と藤原山の間の1610mに登り返す。ここから利根川源流を挟んで丹後山側の稜線を見渡すことができる。利根川源流に滑り込み、その後は前述と同様に丹後沢コボラを登って丹後山避難小屋へ。

● 参考タイム／丹後山避難小屋（2時間）兎岳（1時間）オキノ巻倉沢出合（2時間）1610m（1時間）丹後沢コボラ出合（1時間）丹後山避難小屋

④ 兎岳から中ノ岳

グレード ★★☆

兎岳北面の滑降と滝ノ沢ゴルジュの登高

兎岳の北面から北東に延びる尾根にかけて、スキー向きのすばらしいスロープが広がっている。快適な斜面を滑り降り、U字形の沢床を少し下ると大滝が流れを見せている。左岸を難なく巻き、少し下るとシッカイ倉沢と出合う。さらに少し下ると北ノ又川の本流・滝ノ沢に出合う。

滝ノ沢はここから上流、アサズキ嵓沢と名前を変える屈曲部まで約1kmの間が直線的なゴルジュとなっており、中ノ岳の稜線までを見通すことができる。左右の側壁は黒く、夏でも大雪渓を残すくらいの雪を集めているのがわかる。側壁に残っている不安定な雪に注意しながらゴルジュを進み、ゴルジュ出口付近で左岸の支沢に入り、中ノ岳から東に延びる尾根をめざして沢を登り詰める。尾根に出ると越後駒ヶ岳が目の前に現れ、背後には滑ってきた兎岳の北面を見渡すことができる。細い尾根を少し登り、最後の急登をスキーを担いで登りきると中ノ岳山頂。山頂から稜線上を少し北に下ると中ノ岳避難小屋がある。

● 参考タイム／兎岳（2時間）北ノ又川出合（3時間）中ノ岳

⑤ 中ノ岳から滝ノ沢を滑降

グレード ★★☆

滝ノ沢源頭・アサズキ嵓沢の滑降

中ノ岳の東面には滝ノ沢の源流であるアサズキ嵓沢が突き上げており、ここを滝ノ沢本流まで滑降する。本流の滑降にこだわらないなら、山頂から東に延びる尾根を絡めて広い尾根を滑るのもよいだろう。本流の屈曲点から滝ノ沢ゴルジュの、上部から直線的なゴルジュの眺めは壮観だ。

滝ノ沢ゴルジュをさらにシッカイ倉沢出合まで下り、シッカイ倉沢を登る。兎沢出合を過ぎて少し登ると二股となるので右の沢に入り、そのまま沢を登り詰めると巻倉山の東側の鞍部に出る。鞍部からそのまま反対側の沢を滑ると巻倉沢と出合う。巻倉沢を1130mまで滑り、右岸の藤原山に続く尾根を登る。藤原山から主稜線を西に続く細い尾根を少し下って、東小沢を下れば利根川源流に出る。

● 参考タイム／中ノ岳（1時間）兎沢出合（1時間30分）巻倉山東側の鞍部（30分）巻倉沢1130m（2時間）藤原山（30分）丹後沢コボラ出合

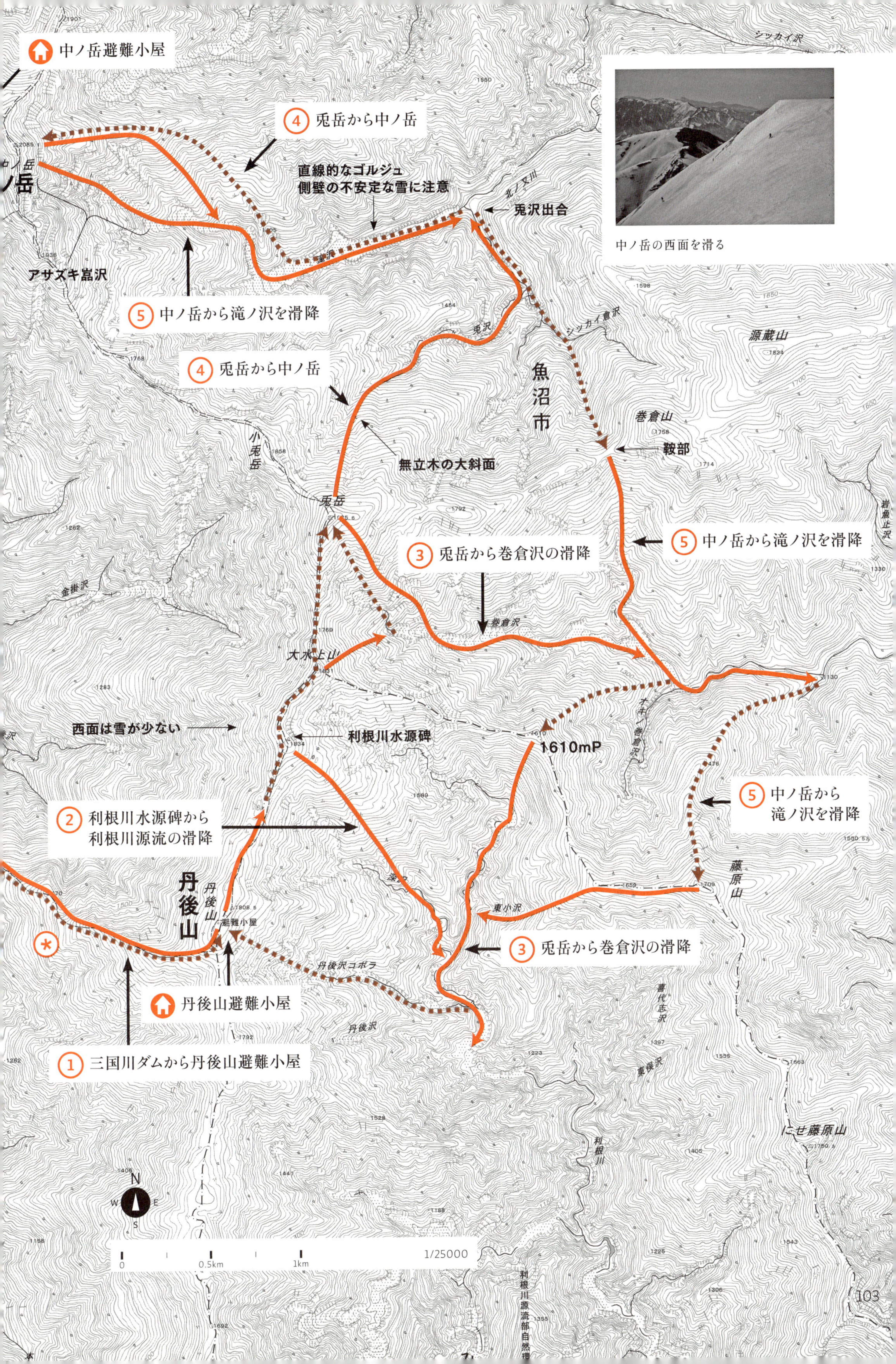
中ノ岳避難小屋
4 兎岳から中ノ岳
直線的なゴルジュ
側壁の不安定な雪に注意
兎沢出合
北ノ又川
シッカイ沢
中ノ岳
アサヅキ宮沢
5 中ノ岳から滝ノ沢を滑降
4 兎岳から中ノ岳
シッカイ倉沢
源蔵山
魚沼市
無立木の大斜面
小兎岳
兎岳
巻倉山
鞍部
5 中ノ岳から滝ノ沢を滑降
3 兎岳から巻倉沢の滑降
巻倉沢
金掛沢
大水上山
西面は雪が少ない
利根川水源碑
1610mP
5 中ノ岳から
滝ノ沢を滑降
2 利根川水源碑から
利根川源流の滑降
丹後山
避難小屋
藤原山
東小沢
3 兎岳から巻倉沢の滑降
丹後沢コボラ
丹後沢
丹後山避難小屋
1 三国川ダムから丹後山避難小屋
喜代志沢
東俣沢
利根川
にせ藤原山
0
0.5km
1km
1/25000
中ノ岳の西面を滑る

037

日帰り

樹林に守られた、
パウダーが
満喫できる山

● 適期／1月下旬～4月初旬

阿《あ》寺《でら》山

ツリーランの楽しめる上部斜面

阿寺山は八海山のなかで南に位置しており、標高1509mとこのエリアでも低いほうであるが、その分、山頂近くまで樹林に覆われており、天気の悪い日には風雪を防いでくれる。また、樹林帯では直射日光が当たらず、気温のわりにはパウダーを味わえることが多い。ただし標高が低いためパウダーは3月上旬までで、それ以降は残雪期となる。

データ

● アプローチ

広堀橋付近の除雪終点が起点となる。関越道六日町ICから20分。八海山スキー場に向かい、山口の広堀川を渡ったらすぐ右折して数分で到着。

● アドバイス

登山口の広堀橋は駐車スペースがないので大人数での入山は避けたい。複数台の場合は麓での相乗りをすすめる。山頂付近は平坦で目印がなく、視界が悪い場合はGPSで現在位置の確認が必要。

① ジャバミ沢

グレード ★★☆

山頂の緩斜面から樹林のパウダーが味わえる

広堀橋から林道沿いに登り、林道終点付近から尾根に取り付く。ほぼ尾根沿いを登って1250m付近まで来ると樹林もまばらとなり、山頂方面の稜線が見えてくる。ここを登りきると山頂まで緩やかな斜面が続く。展望も開けるが悪天時は迷いやすい。山頂からは中ノ岳が正面に迫る。しばらく登ってきたルートを滑降し、1250m付近から、やや北寄りの樹林帯に入る。ここはパウダー率が高い。途中から右にルートをとりジャバミ沢に出る。あとは沢沿いに滑り、最後は左にルートをとり、登り返しの少ないルートを見極めながらトラバースして登りのルートに合流。登りのトレースを使って広堀橋まではすぐだ。

● 参考タイム／広堀橋(4時間30分)阿寺山(2時間)広堀橋

② マゴタイ沢

グレード ★★☆

上部樹林帯からマゴタイ沢へ変化に富んだルート

山頂までと1250mまではジャバミ沢参照。1250m付近から登ってきた樹林帯を滑る。ここは適度な斜度で、樹間も手頃で快適。このまま登りルートを滑ってもよいが、樹林が多少うるさくなるので1000m付近から尾根を離れて左のマゴタイ沢に降りる。そのままマゴタイ沢を滑ってゆくと登りルートに合流。マゴタイ沢は条件がよければ山頂付近からも滑降可能だが、いずれもコンディション次第なので雪崩には要注意。

● 参考タイム／阿寺山(1時間)広堀橋

樹林帯の滑降

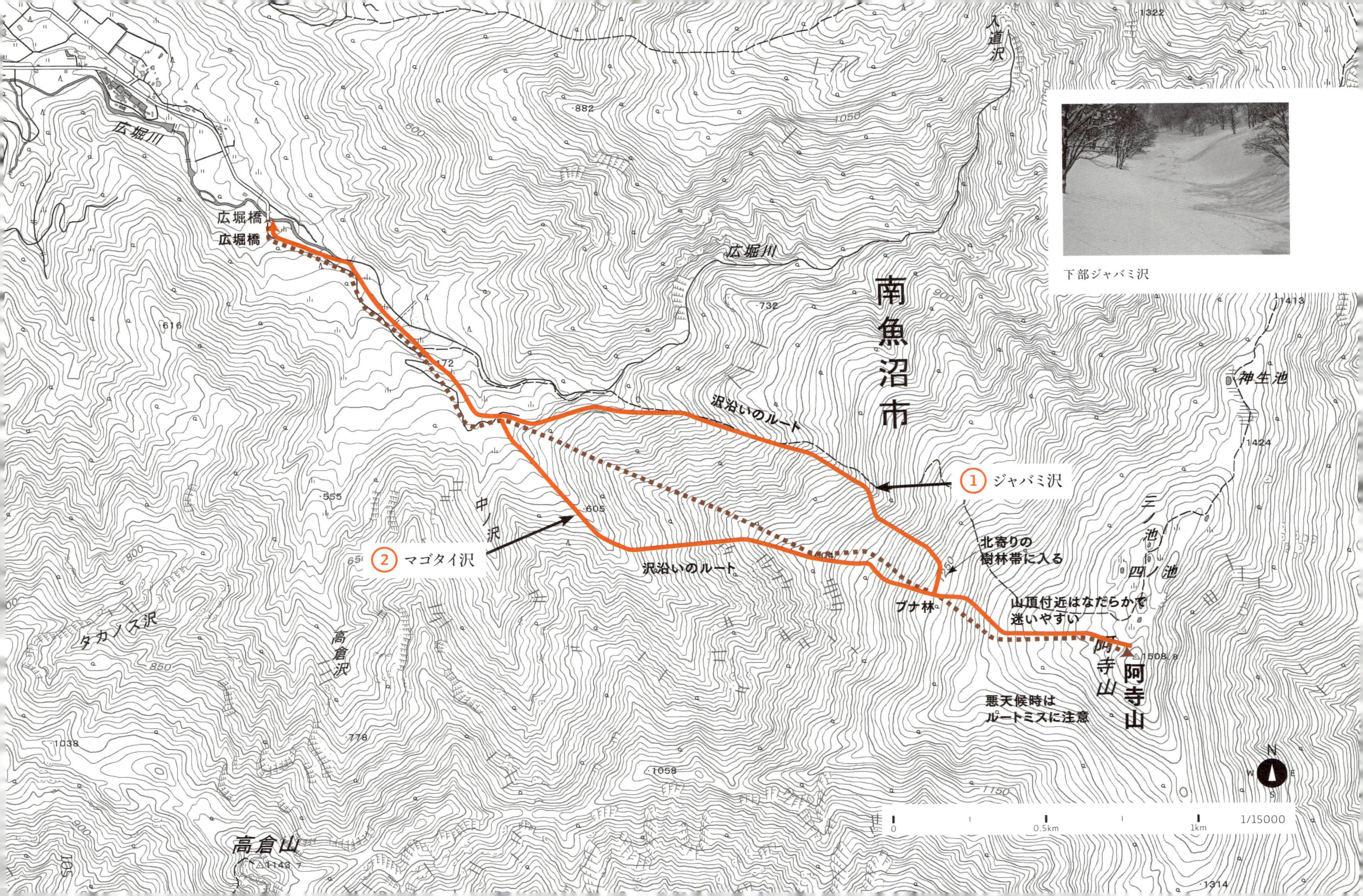
南魚沼市
広堀川
広堀橋
広堀橋
入道沢
沢沿いのルート
1 ジャバミ沢
北寄りの
樹林帯に入る
ブナ林
山頂付近はなだらかで
迷いやすい
阿寺山
阿寺山
1508.8
悪天候時は
ルートミスに注意
三ノ池
四ノ池
神生池
2 マゴタイ沢
中ノ沢
沢沿いのルート
高倉沢
タカノス沢
高倉山
1142.7
882
1050
732
616
605
555
776
1058
1038
1150
1322
1413
1424
1314
0
0.5km
1km
1/15000
N
下部ジャバミ沢

038

日帰り

変化に富んだ人気コースと
標高差1300 mを日帰りで
楽しむ充実コース

● 適期／3月初旬～5月初旬

巻《まき》機《はた》山・柄《から》沢《さわ》山

巻機山は、関東周辺では山スキーのメッカともいえる山であり、首都圏から麓の清水まで約2時間半とアプローチもいい。豪雪地帯なので積雪量が多く、滑走期間も長い。一般ルートの井戸尾根は変化に富んだ人気のコースで、3～4月の週末には多くの山スキーヤーが入山する。このほか、日帰りでは難しい稜線縦走や東側の谷筋の滑降など、おもしろい山スキールートがいくつもある。

一方、柄沢山は巻機山と尾根続きの南側にあり、巻機山同様、清水から入山する。柄沢川源頭部は無立木の急斜面、広い下部はブナの疎林の緩斜面で、頂上から標高差1300mの豪快な滑りが楽しめる。

データ

● アプローチ

関越道塩沢石打ICから県道28号、国道291号で清水に向かう。清水周辺は道路際に駐車スペースがある。

● アドバイス

5月初旬まで山スキーは可能であるが、時期が遅いと井戸の壁はブッシュが多くなり、スキーは難しい。また下部の歩きも長くなる。急斜面の井戸の壁は雪の状態にもよるが、担いで上がったほうが楽である。尾根筋ルートは雪崩の恐れは少ないが、柄沢山の山頂付近の柄沢川源頭部は無立木の急斜面で、降雪直後は雪崩に注意が必要だ。

ブナの疎林の井戸尾根を上がる

① 井戸尾根コース

グレード ★★★

ブナの疎林から無立木の尾根筋へ

3月中は、清水集落手前の道路際から左手の林道沿いにシール歩行して米《こめ》子《こ》橋に至る。4月になり除雪が進んでいれば、桜坂駐車場まで車が入れるようになる。米子沢橋を渡り、正面の尾根筋を上がって井戸の壁へ。ブナ林の急斜面の井戸の壁を上がると五合目の展望台に出る。ここからは米子沢がよく見える。ブナの疎林の緩斜面の尾根筋を登って無立木の斜面に出ると正面に、ニセ巻機山が見えてくる。だんだん傾斜がきつくなる斜面を右に回り込んで尾根筋に上がり、ニセ巻機山に達する。ニセ巻機山からいったん鞍部まで下り、右側の広い緩やかな斜面を上がれば巻機山の山頂だ。

滑降は往路をたどり、井戸尾根を経由して滑り降りる。ニセ巻機山からの急斜面は豪快な滑降が楽しめる。山頂から米子沢源頭部を滑り、ニセ巻機山に登るルートもおもしろい。別の滑降ルートとしては、谷筋の米子沢、割引沢，ヌクビ沢も変化があって楽しめるが、降雪直後など雪崩の恐れがあるときは入らないこと。また、時期が遅いと沢筋の積雪が割れている。

● 参考タイム／清水（4時間）ニセ巻機山（1時間）巻機山（2時間）清水

② 柄沢川コース

グレード ★★★

標高差1300mを豪快に滑降

清水のはずれの除雪終了地点から柄沢川に沿ってシール歩行を開始する。初めは緩斜面が続くが、途中からだんだん急になる。急斜面になった所から左側の谷筋に上がる。急斜面を登り詰めて1809mピークの南側の鞍部に出たのち、稜線上を南側に登ると柄沢山山頂に達する。

別のルートとしては、柄沢川が急斜面になる手前で右側に進み、急斜面の尾根を上がって柄沢山から連なる尾根上1300mに出たのち、緩斜面の西尾根を山頂まで上がる西尾根ルートもある。

柄沢山山頂付近は広く平坦で、ガスっているときは迷いやすいので注意が必要だ。晴れていれば、周囲の山々の展望がすばらしい。滑降ルートは柄沢川に沿って往路をたどる。雪質にもよるが、快適な滑りが楽しめるだろう。時間があれば、東側斜面の下ゴトウジ沢を適当なところまで滑降して登り返すのもおもしろい。

● 参考タイム／清水（5時間）柄沢山（1時間30分）清水

 文／澤井宏明

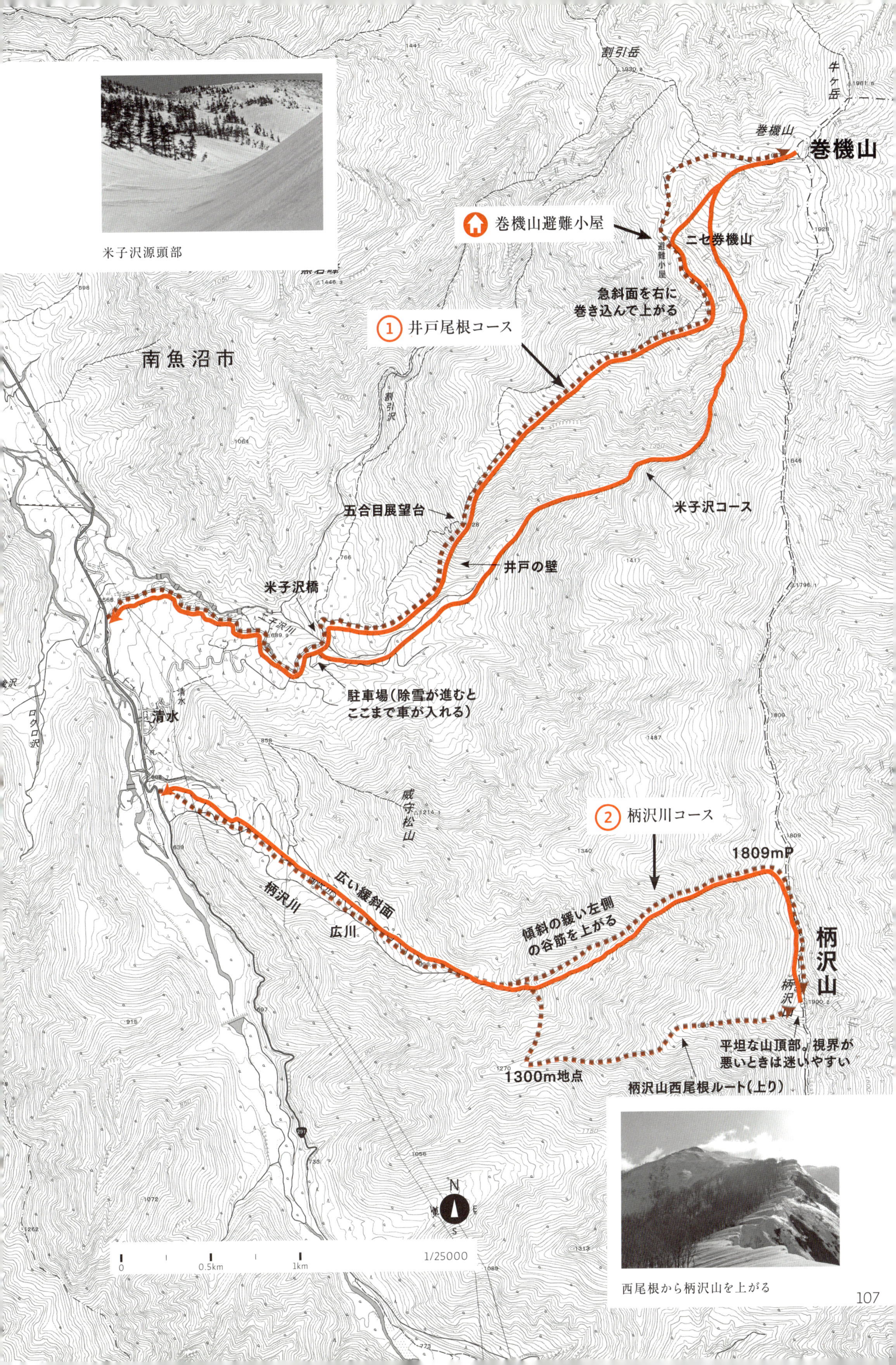
割引岳
牛ヶ岳
巻機山
巻機山
巻機山避難小屋
避難小屋
ニセ巻機山
急斜面を右に
巻き込んで上がる
① 井戸尾根コース
南魚沼市
割引沢
五合目展望台
米子沢コース
井戸の壁
米子沢橋
ニゴ沢川
駐車場（除雪が進むと
ここまで車が入れる）
清水
清水
ロクロ沢
威守松山
② 柄沢川コース
1809mP
広い緩斜面
柄沢川
広川
傾斜の緩い左側
の谷筋を上がる
柄沢山
柄沢山
平坦な山頂部。視界が
悪いときは迷いやすい
1300m地点
柄沢山西尾根ルート（上り）
N
S
E
0
0.5km
1km
1/25000

米子沢源頭部

西尾根から柄沢山を上がる

039

日帰り／スキーツアー

標高差1000 mの大斜面。清水から牛ヶ岳と大兜山を越えて野中へ一日で抜ける

● 適期／3月初旬～4月中旬

牛《うし》ヶ岳・大《おお》兜《かぶと》山

牛ヶ岳は三国《みくに》山脈にある山で、清水からの日帰りルートでよく知られている巻機山の東端に位置する。この山の北面には山域屈指の大斜面が広がっており、野中を挟んだ阿寺山からはもちろん、他の越後の山々からも、その三角形の真っ白な大斜面を望むことができる。この大斜面は牛ヶ岳山頂から、険谷で知られる五十《いか》沢《ざわ》川の源流（永松沢）まで、標高差1000mほどある。そのため、国境稜線まで登り返して清水に日帰りで戻るのは難しい。この牛ヶ岳より五十沢川を挟んだ大兜山は登山道のない地味な山であるが、積雪期には野中から往復できる。これらの山々をつなぐことができれば、清水から牛ヶ岳に登り北面を滑って野中へ抜ける、一筆書きの日帰りルートが完成する。

データ

● アプローチ

関越道六日町ICから国道291号経由で清水。六日町ICから国道391号、県道233号経由で野中。

● アドバイス

大兜山南面の雪の状態次第では、往路を戻ったほうがよい。ここでは日帰りで紹介するが、長時間行動となる。テント泊にすれば余裕のある計画になる。

牛ヶ岳の北面を滑る

大兜山から牛ヶ岳を望む

清水から牛ヶ岳、大兜山を経て野中

グレード ★★★

牛ヶ岳北面の大斜面滑降と大兜山からの大展望

清水より一般的な登高ルートで巻機山に登る。巻機山の山頂から、利根川源流のひとつである奈良沢川の源流を右に見ながら北東に進むと、すぐに牛ヶ岳の山頂に立つことができる。先の長い行程を考えると早い時間に牛ヶ岳を越えたいが、雪が緩む時間に牛ヶ岳の北面を滑ろうと考えると、行動時間の選択が難しい。

牛ヶ岳の北面上部は風が当たって雪付きが悪いため、三角形の大斜面の頂点をめざしてトラバース気味に滑り降りる。上部からは大斜面の全貌が把握しにくいので、勘を頼りに滑り降りるポイントを決め、雪が緩んできたらあとは一気に五十沢川までの標高差約1000mを滑り降りる。斜面が大きすぎて、自分が斜面のどこを滑っているのかわからなくなる。

沢床に近づくと樹林が出始め、尾根地形がはっきりしてくるので、大兜山への登高開始点をめざしてルートファイディングしながら五十沢川まで滑り降りる。沢は充分に雪で埋まっており、容易に横断できる。

大兜山への登りは、南向きの沢状の急斜面のため、雪が緩んでいると登高に苦労するが、シールでどうにか登ることができる。400mほどの急斜面を登りきり、開放的な広い尾根に出れば、大兜山の山頂は目の前だ。大兜山の山頂からは、滑ってきた牛ヶ岳の大斜面が目の前に広がっている。

大兜山山頂からの滑降も上部は非常に快適。台地状の斜面から野中沢の二俣に向かって樹林のなかを滑る。二俣からは林道を野中まで歩く。

● 参考タイム／清水（5時間）牛ヶ岳（1時間30分）五十沢川（2時間30分）大兜山（3時間）野中

 文／堀 晴彦

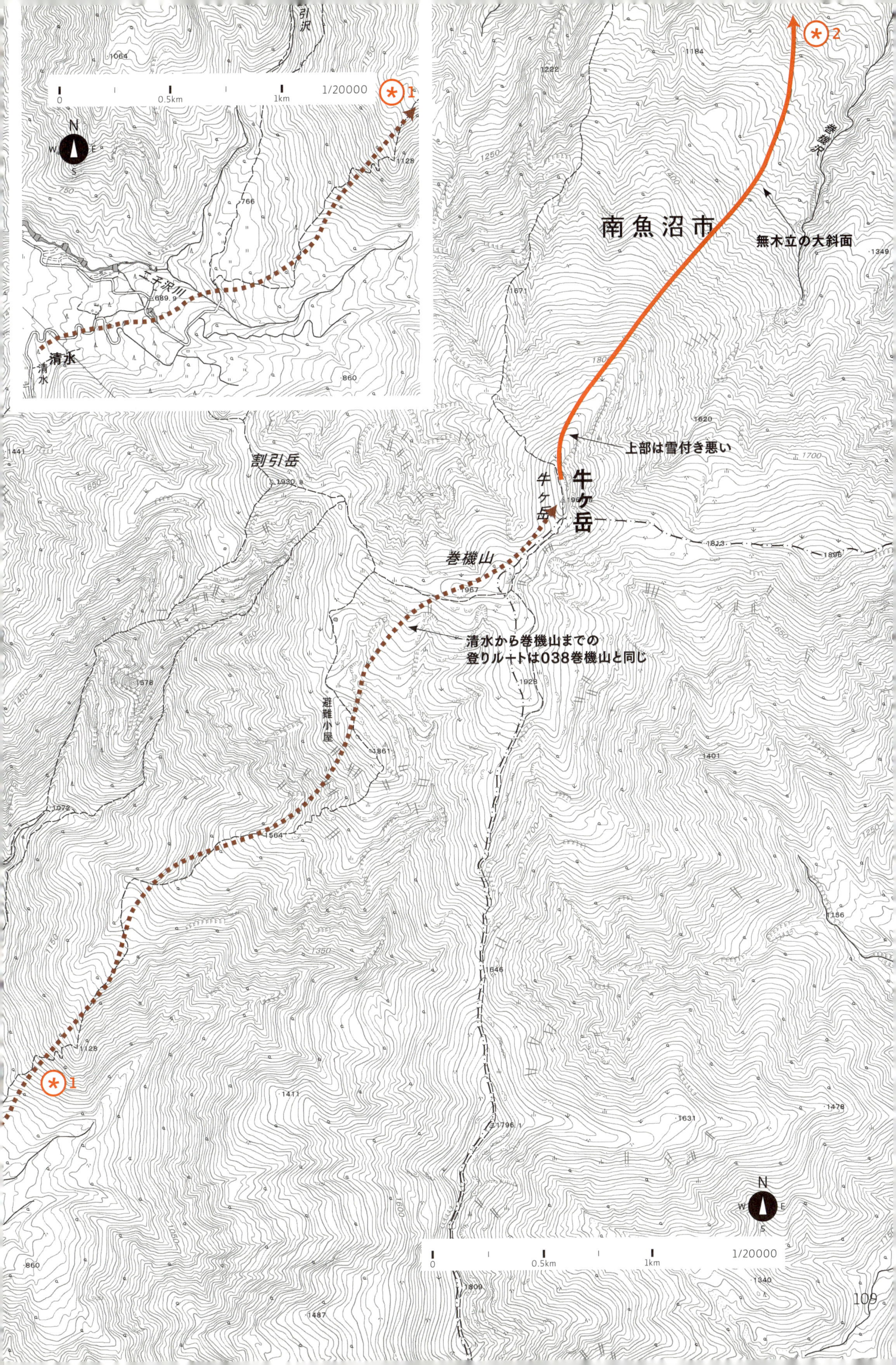

1/20000
0
0.5km
1km
清水
南魚沼市
無木立の大斜面
上部は雪付き悪い
牛ケ岳
割引岳
巻機山
清水から巻機山までの
登りルートは038巻機山と同じ
避難小屋

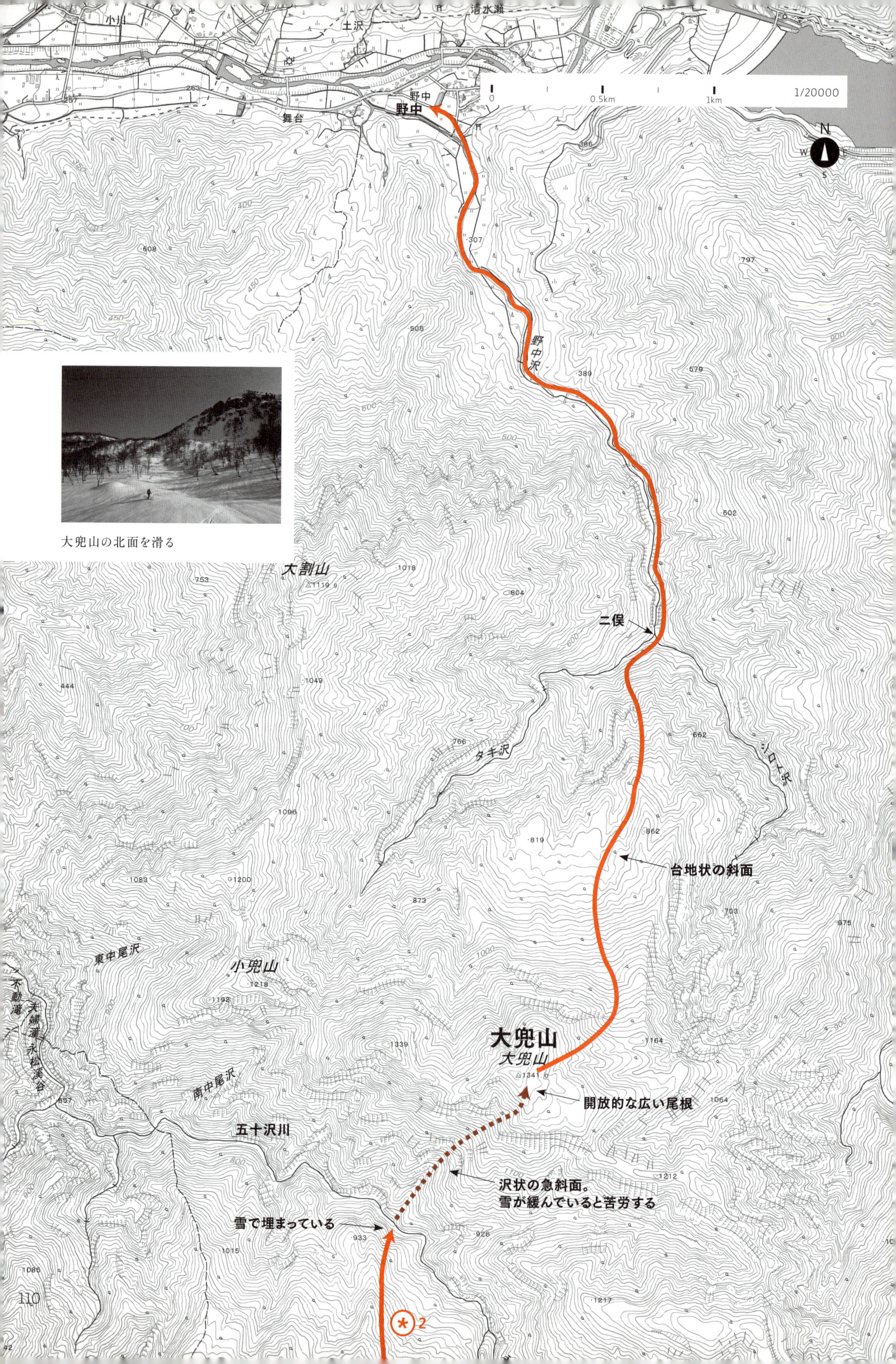

小川
土沢
清水瀬
野中
野中
舞台
0
0.5km
1km
1/20000
N
W
E
S
野中沢
大割山
二俣
タキ沢
シロト沢
台地状の斜面
東中尾沢
小兜山
不動滝
夫婦滝
永松渓谷
大兜山
大兜山
開放的な広い尾根
南中尾沢
五十沢川
沢状の急斜面。
雪が緩んでいると苦労する
雪で埋まっている

大兜山の北面を滑る

三《み》浦《うら》大《おお》介《すけ》

1964年東京生まれ。国内外の山岳地形に美しい滑降ラインやツアーラインを見いだし、そこを初トレースすることで「山岳スキー道」を極めようとするスキーアルピニスト。

スティープスキーディセントの魅力

純白の綺麗な雪山が好きだ。そして未踏の美しいラインに憧れる。山岳スキーはまさにラストフロンティアである。日本の地にも未だそれは十分に存在する。大学山岳部時代、クライミングと同時に山スキーを始めて間もないころ、そのことをはっきりと知らしめてくれたのが同人誌『ベルクシーロイファー』である。それも少し頑張れば自分の手の届く範囲で……。その後、同人の一員となり山岳スキーにおける未知への探求を始め、自分なりに「山岳スキー道」を極めることを目標に、国内外の少なくは無い斜面に20年以上にわたって初シュプールを刻んできた。滑走主体の日本の山岳スキー黎明期といえる70年代初頭の創立以来、同人の旗印である「スキーアルピニズム」を忠実に実践し続けるならスティープラインの初滑降はその最右翼に挙げられよう。

杓子岳東壁AB間ルンゼの滑降

何故スティープラインを目指すのか。これは自分にとって何故スキーをやるのか、と聞くに等しい。自由滑降において最上位にくるファクターが「滑走斜度」であるのは自明だろう。滑れる斜度の限界にトライする。それには純粋に最高レベルのスキー技術が必要とされるし、そこに地形変化と雪の状態が加わり、それらを考慮したラインどりで己のパフォーマンスを最大限に発揮した納得のゆく滑りができるかどうかが、山岳スキー滑降の醍醐味だからである。

このスティープスキー滑降はファットスキーの開発と雪崩への理解が徐々に進んだ結果、特に2000年以降、パウダー季における滑降チャンスが広がり、大きく発展を遂げる。パウダーを味わえる冬季に自らが自由に滑降ラインを決め、そこを最高の条件で滑るためには滑走技術以外に、雪山登山スキル、スノーコンディションの把握とスラフ処理やアバランチスキルが必要になる。それらはどれをとっても一朝一夕には習得でき無いものであり、その魅力を一層高めている。さらに現在、厳冬期のアルパインエリアでスティープ系の初滑降を狙うには、アルパインクライミングとスキー技術の両方をハイレベルで習得する、いわゆる二刀流は欠かせない。そしてこの他、粘り強い情熱とモチベーションの維持、時間的な余裕、そして自然に対する謙虚さも重要なファクターである。

初滑降の魅力は自身で滑降ラインを発見する喜びと、そこを満足のゆくパフォーマンスで滑り切ることの2つに集約されよう。より充実したラインを納得のゆくスタイルで初滑降するにはステップ・バイ・ステップで地道な努力と経験を重ね、上記技術を着実に蓄積してゆく他ない。実際の初滑降は非常に時間のかかる、根気のいる難しい作業である。十分に地形を調べ、下見し、そして滑降チャンスを待つ。ドロップポイントに行って引き返すことなどざらである。

初滑降をやるようになると日本の山の素晴らしさを再認識できる。日本の山は複雑に地形が入り組み、山と谷のバランスが絶妙で、そこに湾岸性の粘度の高い雪がたくさん積もる。夏は単なる藪山でも、斜面に雪が張りつくことで山容が変わり、魅力的なラインが出現する。加えて山々が山域ごとにある程度コンパクトにまとまっているので山行が間延びせず、クライム&ライドに適する。そして東西南北、標高差に至るまでバリエーションが豊富であり、それぞれに滑降に適した時期が存在する。そんな素晴らしい日本の山岳エリアで、現在自身の山岳スキー滑降の集大成として中部山岳スティープスキーディセントを続けている。

人生は短い。尊敬する日本の山岳スキーレジェンド達、そして同人の先輩方と同様に、そんなに遠くない時期に私自身の旗も降ろさなくてはならないだろう。やり残した課題は次世代に託すことになる。有り難いことにこの狭いといわれる日本の山々でさえ、まだ自分がやったと同じくらいの、いやそれ以上の価値ある課題が今なお数多く残っている。日本の山は滑り手にとってまだまだ可能性に満ちている。そして私が先代から引き継いだようにスキーアルピニズムはさらに発展を遂げるだろう。山岳スキーが日本の自然由来の文化活動としてさらに成熟し、確固たる地位を築くことを心から願う。

040

日帰り

群馬県側からの
アプローチが大幅短縮。
氷った沼を目がけて大滑降

● 適期／1月上旬〜3月下旬

日《にっ》光《こう》白《しら》根《ね》山

丸沼高原スキー場にロープウェイができて標高2000mまで運んでくれるので、行動時間が大幅に短縮され、1〜2月でも、登山者やパウダースノーを求めるスキーヤーが群馬県側から多数入山している。樹林帯にもトレースがしっかりついている。なお、頂上部は雪の付いていない岩稜となっていて、スキー滑降は一般的には頂上下部からとなる。

データ

● アプローチ

関越道沼田ICから国道120号を経由して約1時間で丸沼高原スキー場。

● アドバイス

座禅山のコルまでは深い樹林なので、快適なスキー滑降は北側の五色沼までの斜面に限られる。コルから直接頂上をめざす場合は夏道沿いに登るが、雪の付いていない岩だらけの急斜面であり、スキーはデポするか担ぐことになる。もちろん、この斜面のスキー滑降はできない。大崩沢は、標高差はさほど大きくないが、ボウル状で新雪が風に飛ばされずに残っており、ブッシュも出ていないので、比較的安全にスキー滑降を楽しめる。下山コースとして日光湯元温泉に下る場合は、五色山と前白根山のコルから五色沢を滑るのがいちばんすっきりしている。ただし、雪崩には充分な注意が必要。丸沼高原スキー場に戻る場合は、樹林帯のなかの往路を戻るのが賢明だ。

五色沼からの大崩沢と白根山頂上

1 大崩沢ルート

グレード ★★★

氷結した五色沼に直降

丸沼高原スキー場のトップからシール登高で見通しの利かない樹林帯を登る。一般の登山者も入山しているので、トレースはしっかりついている。七色平を越えると弥陀ヶ池を望む座禅山のコルへの登りだ。座禅山のコルから弥陀ヶ池に下り、五色沼のほうに少し進むと、樹木の少ない大斜面が足元から頂上下部の岩稜帯まで続いている。下から大崩沢の全貌は見えないが、岩稜帯をめざして大崩沢の左岸側の大斜面を登っていく。

この大斜面は上部に行くほど硬い急斜面となるが、雪は充分に付いている。雪質にもよるが、急斜面でのキックターンができるなら、シール登高でも登りきることはできる。

大斜面を2400mまで登り、頂上部に続くガリー直下まで来ると初めて、大崩沢源頭のボウルが現れる。源頭のボウルは風が吹かない緩斜面なので、スキーを外して休憩するのに最適だ。

ガリーの直下から五色沼までは、1〜2月ならばパウダースノーの斜面が続いている。存分に滑降を楽しんで、沼の岸まで滑り込もう。五色沼からはシール登高で座禅山のコルに戻り、樹林帯の往路を滑降してスキー場へ引き返す。

● 参考タイム／丸沼高原スキー場トップ（2時間）座禅山のコル（1時間20分）大崩沢トップ（20分）五色沼（1時間）座禅山のコル（1時間10分）丸沼高原スキー場トップ

2 東面ルンゼルート

グレード ★★★

山頂直下からのルンゼ滑降

白根山東面のルンゼは雪が付いていれば、五色沼に頂上から直接滑り込める唯一のルート。40度後半の急斜面もあるので新雪直後は雪崩の危険が大きい。雪が安定した時期のルートとして紹介する。

座禅山のコルまでは前項参照。コルから登山道の上部はクラストしており、アイゼンを着用する。山頂から東面を俯瞰すると、雪がたっぷり詰まった、凄みのあるルンゼが見える。南峰直下の急斜面はいったん緩傾斜となったのち、さらに五色沼方向に落ちている。小コルから南峰に至り、最上部のみクラストした急斜面を下る。雪質をチェックしてから50度近い急斜面にドロップイン。高度差100mくらいを刻むと、ルンゼは幅広となり傾斜が緩む。その先でルンゼはふたつに分かれ、右が本流のラインとなり、左は直接五色沼へ落ちている。ここでは本流のラインを選び、左へ回り込むように滑ると、すばらしいアルペン的景観が広がる。下部は樹林帯を五色沼に滑り込む。

● 参考タイム／丸沼高原スキー場トップ（3時間20分）白根山頂上（1時間30分）五色沼（2時間）丸沼高原スキー場

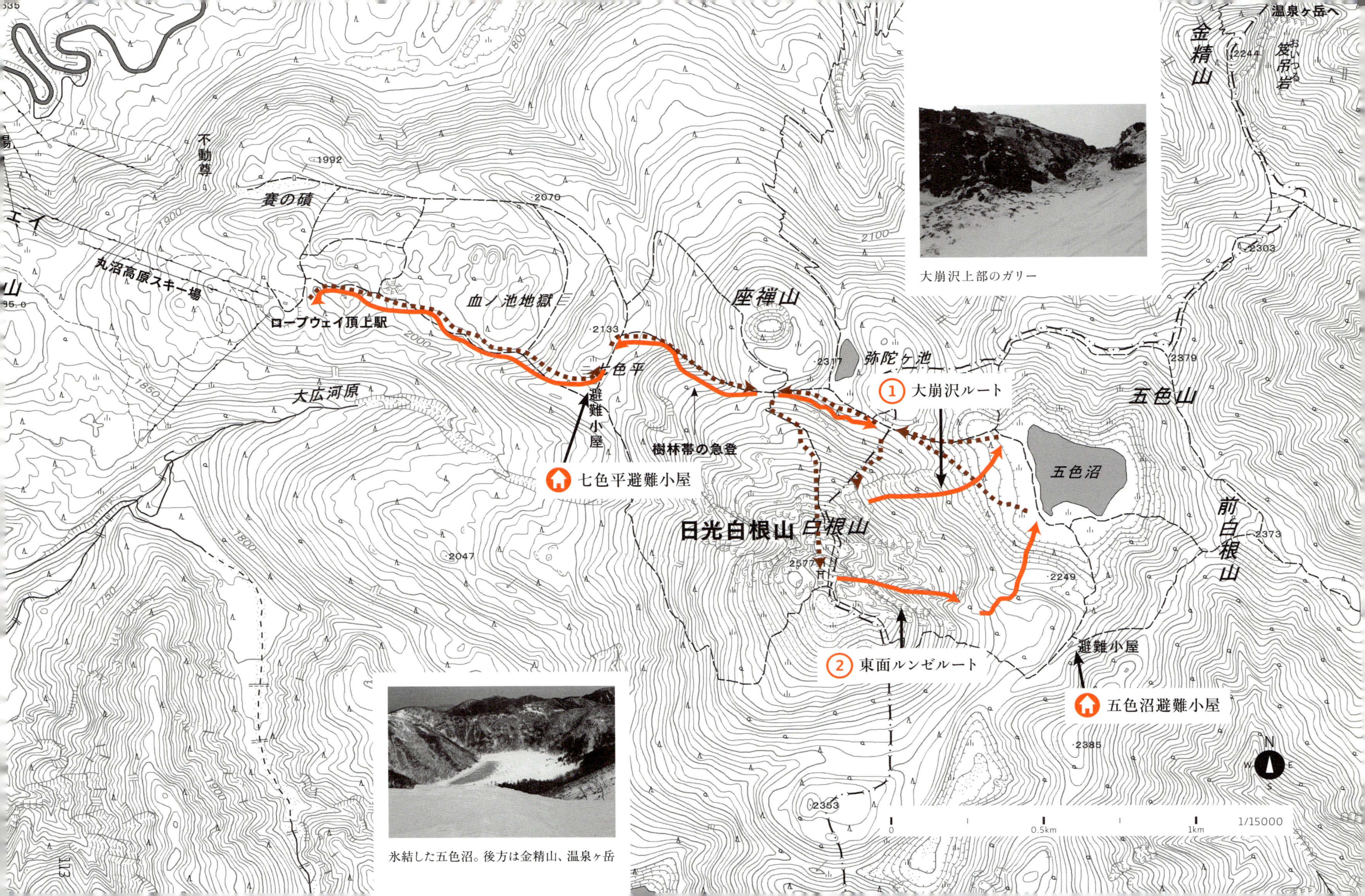

大崩沢上部のガリー

氷結した五色沼。後方は金精山、温泉ヶ岳

041

日帰り

東京から日帰り可。
雪質のよいコースが
盛りだくさん

● 適期／1月初旬～4月初旬

武《ほ》尊《たか》山

武尊山は群馬県の北部、上越国境の南部に位置するので、天候は比較的安定している。日本百名山のひとつであり、四季を通じて登山、キャンプ、スキー、スノーボード、観光客でにぎわっている。また、冬は周囲の宝台樹《ほうだいぎ》スキー場、川場スキー場、オグナほたかスキー場、武尊牧場スキー場のリフトを利用したツアーが可能で、多くの山スキーコースがある。リフトを利用すればスキー場トップの標高1400～1800mまで上がることができる。標高が高いのでパウダースノーの滑りを楽しめることが多い。

データ

● アプローチ

オグナほたかスキー場、武尊牧場スキー場は関越道沼田ICから国道120号、県道64号を経て約45分。川場スキー場は沼田ICから国道120号、県道263号を経て約30分。宝台樹スキー場は関越道水上ICから国道291号、県道63号を経て約30分。

● アドバイス

オグナほたかスキー場のリフトが1800mまで運んでくれるので、250mの登りで前武尊に行ける。①のルートは本峰（沖武尊）まで行くロングコースなので早立ちが望ましい。また、川場スキー場、武尊牧場スキー場、宝台樹スキー場から本峰に向かうルートもやはりロングコースで早立ちしたほうがよい。各スキー場には登山届、下山届を必ず提出する。降雪直後は谷筋の雪崩に注意が必要である。過去に、剣ヶ峰のトラバースで雪崩事故が発生している。山スキーの帰途には「花咲の湯」、川場温泉、水上温泉、谷川温泉「湯テルメ谷川」など多くの日帰り温泉がある。

① オグナほたかスキー場～西俣沢ルート

グレード ★★★

眺望を楽しみながら武尊山東面を登下降するロングツアー

オグナほたかスキー場のリフト終点でシールを貼り、前武尊まで小一時間の登り。頂上の日本武尊《ヤマトタケル》の像に手を合わせたら、程よい樹間の荒砥沢を滑降する。沢が狭まったら左側の家の串東尾根に登る。急な尾根を稜線に上がると、本峰の沖武尊が遠くに見える。川場谷を見下ろしながらスキーを滑らせると、山頂は案外近い。三六〇度の展望を満喫できるところだ。

頂上から大沢の源頭部はクラストしていることが多い。慎重に急斜面をセビオス岳の鞍部まで滑り、雪の状態を確認して西俣沢へ滑り込む。背後に中ノ岳が迫って見える。沢筋を1300mくらいまで滑ったら、右岸の小尾根を落葉松の植林地をめざして上がる。小尾根に出ると武尊牧場スキー場が見えてくる。左下のヤブが濃い沢状地形に入って下りると西俣沢林道に出る。林道をスキーで下るとスキー場下の逢瀬橋は近い。

● 参考タイム／オグナほたかスキー場トップ（1時間）前武尊（2時間30分）中ノ岳（30分）武尊山（2時間）逢瀬橋

② 武尊牧場スキー場～武尊山ルート

グレード ★★★

尾根筋を武尊避難小屋経由で山頂に。下りは西俣沢を快適に滑り降りる

武尊牧場スキー場トップから左手の尾根筋を上がる。初めは広い緩斜面のブナの樹林帯で雰囲気がよい。少しずつ急になり尾根も細くなる。避難小屋を過ぎると尾根は細くなりアップダウンが続き、進む距離のわりに時間がかかる。セビオス岳を過ぎてから急斜面の中ノ岳ではなく右側の大沢側の北斜面をトラバース気味に上がり、沖武尊に至る。

復路は①と同じようにセビオス岳との鞍部まで滑り降りたあし、西俣沢に滑り降りてから逢瀬橋に戻る。別の滑降ルートとして、山頂まで上がらず、避難小屋の先のセビオス岳手前の尾根筋から西俣沢に滑り降りて逢瀬橋に至るコース、あるいは山頂から中ノ岳と家の串の鞍部まで西側斜面をトラバースして滑り降り、ブナの疎林帯の西俣沢源頭部から西俣沢に滑り込むルートもおもしろい。

● 参考タイム／武尊牧場スキー場（2時間）避難小屋（2時間）武尊山（2時間）逢瀬橋

ブナの疎林帯を滑る

文／藤倉直次、澤井宏明

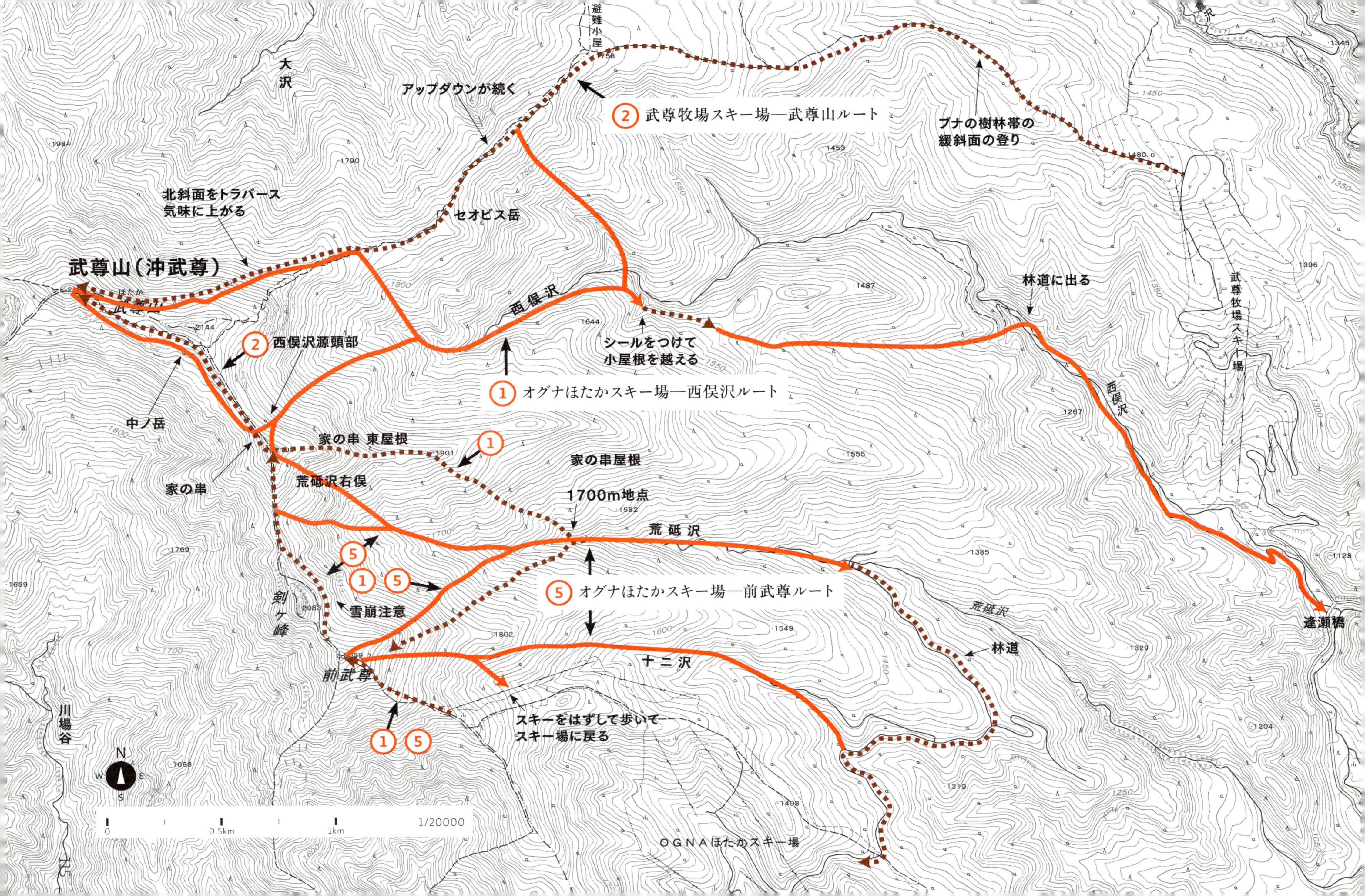

②武尊牧場スキー場—武尊山ルート
①オグナほたかスキー場—西俣沢ルート
⑤オグナほたかスキー場—前武尊ルート
武尊山(沖武尊)
避難小屋
アップダウンが続く
ブナの樹林帯の
緩斜面の登り
大沢
セオビス岳
北斜面をトラバース
気味に上がる
西俣沢
西俣沢源頭部
シールをつけて
小屋根を越える
林道に出る
武尊牧場スキー場
中ノ岳
家の串
家の串 東屋根
家の串屋根
1700m地点
荒砥沢
荒砥沢右俣
剣ケ峰
雪崩注意
前武尊
十二沢
林道
スキーをはずして歩いて
スキー場に戻る
逢瀬橋
川場谷
OGNAほたかスキー場
1/20000
0
0.5km
1km

041　上州武尊山

③ 川場スキー場〜武尊山ルート

グレード ★★☆

武尊山への最短距離。眺望のよい尾根筋をアップダウン

川場スキー場のトップから川場剣ヶ峰に上がる。初めはシール歩行で上がるが、途中の急斜面はクラストしていることが多いのでスキーを担いだほうが楽である。上部で傾斜が緩くなった時点で再びシール歩行とする。川場剣ヶ峰を越え、尾根筋のアップダウンを繰り返して武尊山（沖武尊）に至る。雪の状態によっては剣ヶ峰の東側斜面をトラバースが可能だが雪崩の注意が必要である。

復路は登りの尾根筋を戻るが、滑りとしてはおもしろくない。雪質を見て広い川場谷に滑り込む。無立木のほどほどの斜度の斜面が続き、快適である。川場谷は下部になると谷筋が急で雪が割れていることが多いので、1500m付近で滑降は終わりにしてシールを付けて右手の剣ヶ峰下沢を上がり、スキー場トップをめざす。あとはスキー場を下るのみである。

● 参考タイム／川場スキー場トップ（2時間30分）武尊山（1時間）川場谷1500m地点（2時間30分）川場スキー場トップ

前武尊をめざしてシールで上る

④ 宝台樹スキー場〜武尊山ルート

グレード ★★☆

北面にあるので雪質がよくパウダースノーが楽しめるロングコース

宝台樹スキー場トップでシールを付け、宝台樹尾根を上がる。途中はブナやシラビソの林で、数カ所アップダウンがある。尾根の末端から手小屋沢に下り、手小屋沢避難小屋に至る。小屋から手小屋沢の谷筋を上がり山頂に達する。

復路は往路の手小屋沢に沿って小屋まで滑り降りる。北面に面しているので雪質はいい場合が多い。小屋付近で滑降は停止し、シールを付けて尾根筋の名倉ノオキに上がる。ここでシールを外して名倉川沿いの夏道を滑り降り、スキー場に戻る。また、名倉ノオキから須原尾根を行き、須原尾根の適当な所から名倉川沿いに滑り降りてスキー場に戻る。

● 参考タイム／宝台樹スキー場トップ（2時間）手小屋避難小屋（2時間）武尊山（2時間30分）宝台樹スキー場

⑤ オグナほたかスキー場〜前武尊ルート

グレード ★☆☆

雪質がよいことが多い。初心者から上級者まで楽しめる滑り重視の半日コース

オグナほたかスキー場トップから約1時間のシール歩行で前武尊に上がる。深雪のときはさらに時間がかかる。トレースがついていて締まっていれば30分程度で上がれることもある。

前武尊からの復路は左側の急斜面をスキー場めざして十二沢上部を滑り降りる。パウダースノーの滑りを楽しめることが多い。ロープをくぐってスキー場に戻る際は必ずスキーを外して歩いていく。十二沢上部でスキー場に戻らず、そのまま左岸を沢沿いに滑り降り、林道を経てスキー場に戻ることもできるが、下部の歩きが長い。

滑りを楽しむ中級者以上なら、前武尊からほどほどの急斜面の荒砥沢を滑り降りるのが楽しい。荒砥沢をそのまま滑り降りると林道に出てスキー場に戻れるが、下部の歩きが長く下りラッセルとなるので、1600m付近で滑降をやめ、前武尊に登り返してスキー場に戻るのがよい。

また、前武尊から剣ヶ峰の直下をトラバースして家の串手前の鞍部あるいは家の串まで上がり、荒砥沢右俣の急斜面を滑るのもおもしろいが、雪崩に対する注意が必要である。

● 参考タイム／オグナほたかスキー場（1時間）前武尊（20分）荒砥沢1700m地点（1時間30分）前武尊（20分）オグナほたかスキー場

武尊山より川場剣ヶ峰に至る尾根筋

042

日帰り

関東から近くてよい山。
数多くのルートがとれる
山スキーのパラダイス

● 適期／3月上旬～4月初旬

谷《たに》川《がわ》岳

万太郎谷上部を振り返る

谷川岳を中心とした一帯は日本屈指の山スキーエリアであり、平標《たいらっぴょう》山や仙ノ倉山、白毛《しらが》門から朝日岳まで入れると、標高差1000m以上のルートが数多く存在する。また、比較的斜度のある斜面が多く、中級以上のスキーヤー向きといえる。ここでは谷川本峰を中心に紹介する。

データ

● アプローチ

起点の谷川岳天神平スキー場へは関越道水上ICから国道291号で約25分。JR上越線水上駅または上越新幹線上毛高原駅からのバス便もある。

● アドバイス

万太郎谷上部は北西斜面でアイスバーンとなっているので、斜度が緩むまでは滑落に気をつけたい。西黒沢本谷は40度を超える急斜面であり、雪崩には要注意。天神尾根から滑降ラインが見えるので登りのときに確認しておくとよい。その他のルートとして、山頂直下からのマチガ沢の急斜面がある。このルートは滑降技術以外に雪崩に対する知識と判断が必要となる。またヒツゴー沢、オジカ沢は、近年の雪の量を考えると二俣から天神尾根上の熊穴沢避難小屋へ登って熊穴沢を滑り、土合に戻ったほうが無難。なお、この3ルートはいずれも谷川岳遭難防止条例の危険地区内なので、入山10日前までに谷川岳登山指導センターへ登山届2通の提出が必要。地区内への冬山期間（12月1日～翌年2月末日）中の入山は禁止されている。

① 万太郎谷上部・芝倉沢

グレード ★★☆

谷川岳の代表ルートをつなぐぜいたくな滑降

天神平スキー場から天神尾根を登り山頂をめざす。通常の条件であれば山頂までシールで可能。山頂で大展望を満喫したら、いよいよ滑降だ。まずは第1ステージ。肩ノ小屋まで滑り、万太郎谷へエントリー。上部のアイスバーンは滑落に注意しながら滑る。やがて斜度が緩みパウダーが現れたら快適なシュプールを刻む。左へ大きくカーブする1200m手前付近で滑降終了。ここからノゾキ沢右岸側の尾根を登る。1650m付近まで登ると斜度も緩み、シールで一ノ倉岳へ。

第2ステージの芝倉沢は北東斜面で谷も深いので雪質のよい場合が多い、谷川を代表するルート。まずは広いすり鉢状の斜面に思う存分シュプールを刻む。ノドを通過しても気持ちのよい斜度が続く。やがてS字となり、デブリが多い場合は通過に苦労するところである。その後、沢を離れて右側の虹芝寮をめざす。土合まで湯檜曽川沿いにスキーを滑らせる。

● 参考タイム／天神平スキー場（5時間30分）一ノ倉岳（1時間30分）土合

② 西黒沢本谷

グレード ★★☆

スッキリしたラインの急斜面

登りは①を参照。山頂でスキーを付けて滑降開始。まずは西黒沢源頭部に気持ちのよいシュプールを刻む。熊穴沢ルートを右に分け、そのまま吸い込まれるように急斜面となる。核心部の急斜面をクリアすると右から熊穴沢が合流。後は西黒沢をそのまま滑り、スキー場下部に出る。

● 参考タイム／天神平スキー場（2時間）谷川岳（30分）天神平スキー場下部

 文／吉田 豊

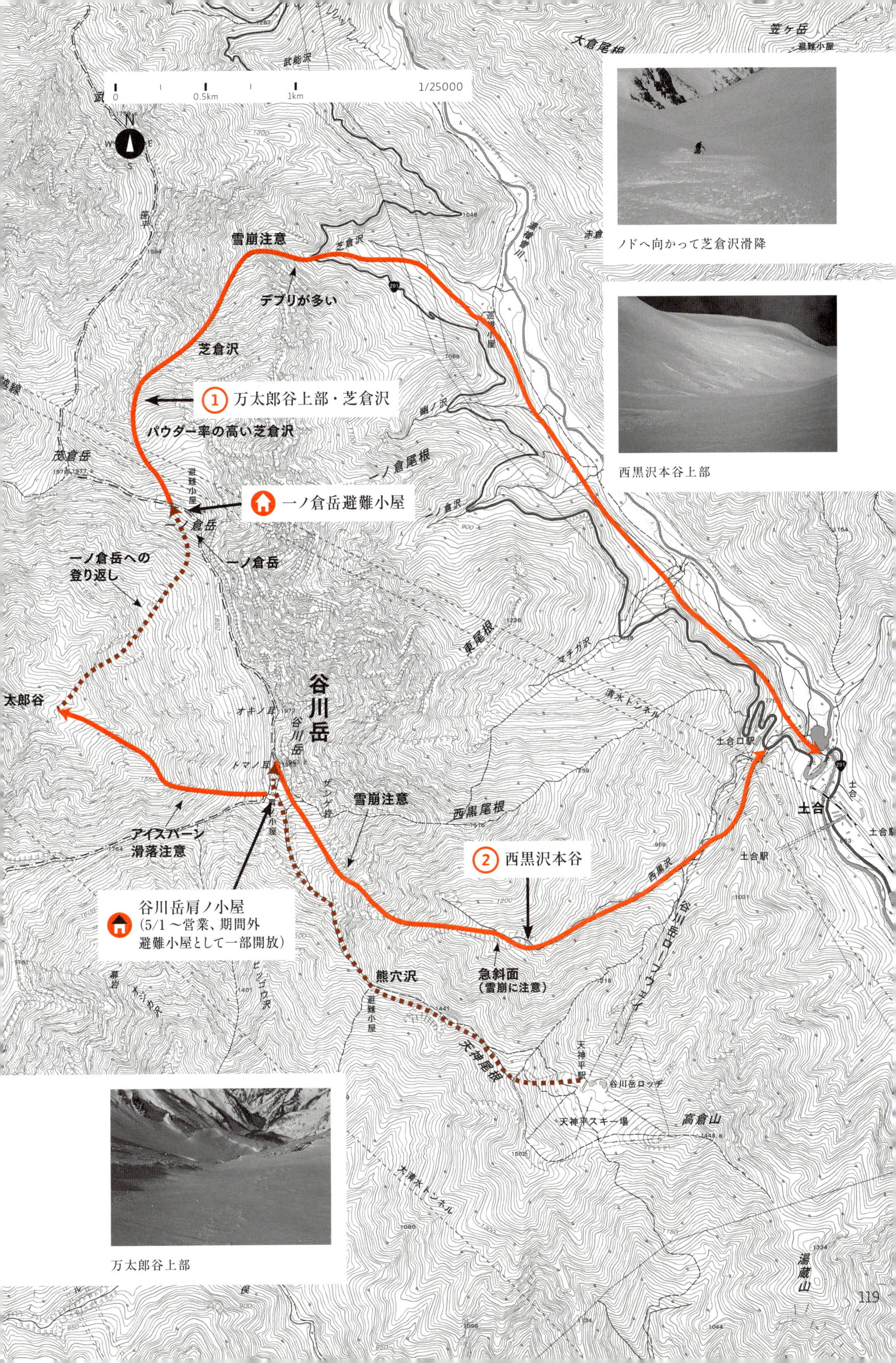

ノドへ向かって芝倉沢滑降

西黒沢本谷上部

万太郎谷上部

043

日帰り

スキーでしか行けない
谷川岳から万太郎山越えの
ワンデイツアー

● 適期／3月上旬～4月上旬

万《まん》太《た》郎《ろう》山

谷川連峰の谷川岳から平標山までの主稜線には万太郎山、仙ノ倉山の大きなピークがあり、それぞれ北側の仙ノ倉谷と毛渡《けど》沢に山頂から滑り込めるオープンバーンの大斜面をもっている。そのなかで万太郎山は、主稜線のほぼ中間に位置しているため、積雪期のピークに立つには土樽《つちたる》側から往復するのが一般的だが、1980年代にRSSAは主稜線南側の赤谷川本谷源頭部周辺にいくつかのルートを開拓。そのうちの一本が、万太郎山を越えて土樽に抜ける本ルートである。

このルートは、その後、雑誌で紹介されるなどして毎年スキーヤーにシュプールを刻まれ、現在はクラシックルートの仲間入りをしつつある。万太郎山へのアクセスの不便さを解消するだけでなく、赤谷川源頭の無立木の大斜面と、万太郎山頂上から毛渡沢への大斜面の2つを1日で滑るダイナミックなルートであることが、上級者に支持されたのだろう。

データ

● アプローチ

関越道水上ICから国道291号を約20分で谷川岳ロープウェイ。

万太郎山直下斜面

● アドバイス

始発ロープウェイに乗車して、なるべく早い時間に天神平へ。出発が遅いと、明るいうちに毛渡橋には到着できない。土合駅に車を置いている場合は、18時ごろの上り列車(土日時刻表)に間に合えばいいだろう。ロングコースなので好天が見込めなければ入山しないこと。雪が軟らかければアイゼン、ピッケルは不要かもしれないが、万一の備えとしては必携。赤谷川から万太郎山へは、雪が軟らかければクトーを付けてシール登高できる。群大ヒュッテまでの毛渡沢歩行は、雪の状態やシュプールの有無によって所要時間がかなり違ってくる。

赤谷川源頭横断

グレード ★★★

土合から土樽へ
谷川岳の
メインルートをつなぐ

天神尾根は肩ノ小屋までシール登高できるが、小屋からはスキーを背負ってオジカ沢ノ頭手前の小ピークまでツボ足歩行(雪の状態によっては中ゴー尾根への分岐から先はアイゼン歩行)となる。小ピークを越すと稜線南側がややなだらかなので、シール登高でオジカ沢ノ頭まで行ける。

オジカ沢ノ頭からは、赤谷川源頭のカール状の大斜面が眼下に広がる。滑り始めると、本谷(阿弥陀沢)の底まであっという間だ。

1450m付近で沢が南に曲がるあたりまでの標高差400mを滑降したら、シール登高に切り替え、万太郎山の南東に張り出した尾根をめざして登る。尾根を西側から回り込むように登るほうがなだらかだが、クトーを付ければほぼ直登することもできる。その日の気温、稜線近くの斜面の雪の硬さを見定めて、ルートどりをすべきだろう。3月でも下旬になると頂上付近にブッシュが出ている。万太郎山の頂上からは、赤谷川源頭部につけた長いシュプールが見え、西側には仙ノ倉山の北尾根やシッケイ沢も一望できる。

頂上からはまず大笹台をめざして標高差500mの大斜面を飛ばす。大笹台からは、毛渡沢本流とオキイノマチ沢が合流する950m付近まで延びている尾根沿いに適当に滑って毛渡沢に下る。毛渡沢から群大ヒュッテまでは平坦な沢沿いのルートだが、平標山の平標沢や西ゼンほどの入山者がいるわけではないので、シュプールはあてにできない。

群大ヒュッテ手前で仙ノ倉谷寄りに架かるコンクリート橋を渡る。毛渡沢左岸の土樽への林道は、スノーシュー歩行者のトレースがしっかりつけられているが、スキー向きのルートをとってくれているわけではなく、スイスイとは滑れずに時間がかかる。上越線の鉄橋と関越道の下をくぐると毛渡橋側の道路に出て、スキーはフィニッシュとなる。

● 参考タイム／谷川岳ロープウェイ駅(50分)天神平(2時間)肩ノ小屋(45分)オジカ沢ノ頭(30分)赤谷川源流1470m (1時間25分)万太郎山(1時間30分)群大ヒュッテ(55分)毛渡橋(25分)土樽駅

文／佐藤 徹

毛渡橋
1/32000
0
500m
林道
群大ヒュッテ
コンクリート橋を渡る
1/32000
0
0.5km
1km
沢沿いの平坦なルート
林道
毛渡沢
オキイノマチ沢との出合付近
大笹台
展望よし
万太郎山
尾根を西側から回り込むようにして登る。クトーをつければ直登も可
無立木の大斜面
赤谷川源頭部
赤谷川源流1470m地点
湯沢町
オジカ沢ノ頭避難小屋
オジカ沢ノ頭
雪の状態によってはアイゼン歩行
肩ノ小屋
(5/1～営業、
期間外避難小屋
として一部開放)
熊穴沢避難小屋
天神平駅
上越線
上越新幹線
関越自動車道
茂倉岳
一ノ倉岳
谷川岳
武能岳

赤谷川の底付近から万太郎山

044

日帰り

3月には東西南北の沢が
格好の山スキーエリアに
広河原BCも楽しい

● 適期／3月

朝日岳《あさひ》（上越《じょうえつ》国境《こっきょう》越《ご》え）

朝日岳は、積雪期にはその東西南北の沢がベッタリと雪に覆われ、3月以降の天候の安定する時期には格好の山スキーエリアになる。白毛門〜朝日岳〜大烏帽子山の稜線から東面の宝川源流には、ウツボギ沢、大石沢、ナルミズ沢などの無立木の大雪面が広がり、広河原まで600〜700mの滑降を楽しんで宝川温泉まで下ることができる。なお、稜線をたどらずに、土合から白毛門沢を詰めて白毛門をめざしたり、東黒沢を詰めて広川原から直接大烏帽子山をめざすこともできるが、時期は限られる。

西面なら、湯檜曽《ゆびそ》川源流部の赤倉沢、大倉沢、ウマ沢などを滑降し、土合に戻ることになる。新潟県側には、ジャンクションピークから登川源流部へ直接滑り込むコース、清水峠から冬路ノ沢、丸ノ沢を滑って清水の集落へ至るコース、七ツ小屋山から大源《だいげん》太《た》川源流を滑って、岩原スキー場に至るコースなどがある。

いずれにしても、アプローチが長く稜線から沢を滑るので、積雪状況に注意が必要である。

データ

● アプローチ

関越道水上ICから土合駅へ。駅前に駐車できる。新潟県側へ下った場合は、上越線で土合駅まで戻るが、電車のダイヤは要確認。

● アドバイス

谷筋を滑るときは雪崩に注意。特に気温が上昇して雨が降ったあとの降雪直後は慎重に対応すべき。

湯檜曽川源流ゴボウ沢を滑る

湯檜曽川源流

グレード ★★☆

ワンデイで土合から清水へ上越国境越える好ルート

土合から白毛門の尾根を淡々と登る。頂上下のジジ岩あたりでシュルンドに注意する。視界が利かない場合は、稜線沿いに笠ヶ岳、そして朝日岳へ歩いてしまうほうがいい。朝日岳からは上越の山々が望める。目当ての湯檜曽川源流部のゴボウ沢はさほど急ではなく、景観がすばらしい。

登り返しの分岐でシールを付ける。オープンな斜面をトラバース気味に、七ツ小屋山をめざす。視界が利かない場合は、ルート確認を慎重に行なうこと。

七ツ小屋山頂から、丸ノ沢を滑る。雪崩の危険もあるので、慎重に滑降しよう。また、雪崩跡やデブリがひどい場合は、スキーを担ぎアイゼンで下ることも考慮したい。

登川出合から清水までは林道を滑っていく。迎えのタクシーを呼んでおくと帰りが楽である。ワンデイで上越国境を越えるこのルートは、スキーの機動力を生かしたすばらしいルートだ。

● 参考タイム／土合駅（3時間）白毛門（45分）笠ヶ岳（1時間15分）朝日岳（45分）湯檜曽川出合（1時間30分）七ツ小屋山（1時間30分）登川出合（1時間）清水

ゴボウ沢全景

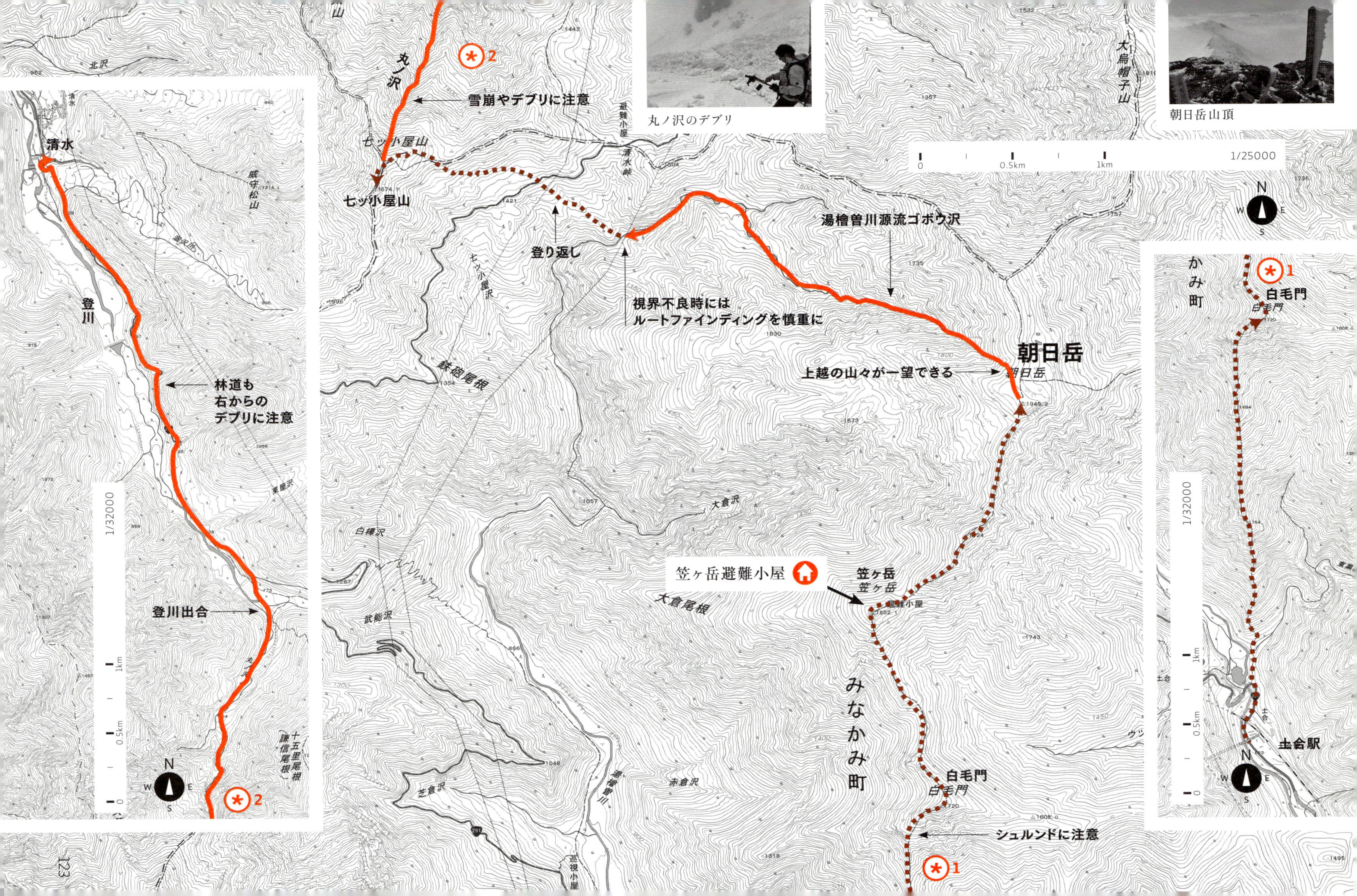

丸ノ沢のデブリ

朝日岳山頂

045

日帰り

谷川連峰の西端。
初級から上級まで
バラエティに富んだルート

● 適期／1月初旬～4月中旬

平《たいらっ》標《ぴょう》山・仙《せん》ノ倉《くら》山

毛渡沢東俣

平標山・仙ノ倉山は谷川連峰の西端に位置し、交通の便がよく、初級者から上級者まで多様なルートがとれる。また、谷川岳に比べ晴れる確率が高く、厳冬期のブナ原生林のパウダースキーを楽しむことができる。

データ

● アプローチ

群馬側からは関越道月夜野ICから国道17号を経由して約1時間、新潟側からは関越道湯沢ICから国道17号を約45分で火打峠。駐車場（例年3/20ごろに除雪、以降は使用可）はなく、元三国小学校付近の道路脇の除雪スペースに、除雪の妨げにならないよう駐車する。電車の場合はJR上越線越後湯沢駅から浅貝行きのバスに乗り、平標山登山口で下車。

● アドバイス

火打峠から土樽側に行くルートの場合、毛渡橋登山口からタクシーまたは電車とバスで火打峠に戻る。また、火打峠から二居に行くルートの場合、二居バス停からバスで火打峠に戻る。下山後は苗場温泉、猿ヶ京温泉、二居温泉、かぐら・みつまたの温泉施設などで汗を流せる。

① 平標山往復

グレード ★★☆

人気の平標山の入門ルート

火打峠から除雪してある別荘地内の林道をたどる。別荘地から離れるとラッセルが始まる。河内橋を渡り、間もなく小川を過ぎれば、すぐに左の切り通しに入る。途中でこの小川を渡って右岸を進むと正面に平標山が見えてくる。それを目標にして進み、1300m付近に2本のカンバの木が見えてきたら、右からの尾根を巻くように進み高度を上げていく。背後に苗場山が見えてくると、やがてブナの原生林に入り、この登りでいちばん急な斜面にジグを切りながら高度を稼ぐ。森林限界を超えるとブッシュが出てきて、スキーでは登りにくいが我慢して県境尾根まで進み、30分ほどで頂上に着く。登ってきたルートを滑って火打峠に戻る。

● 参考タイム／火打峠（4時間）平標山（1時間）火打峠

 文／鷹觜健次

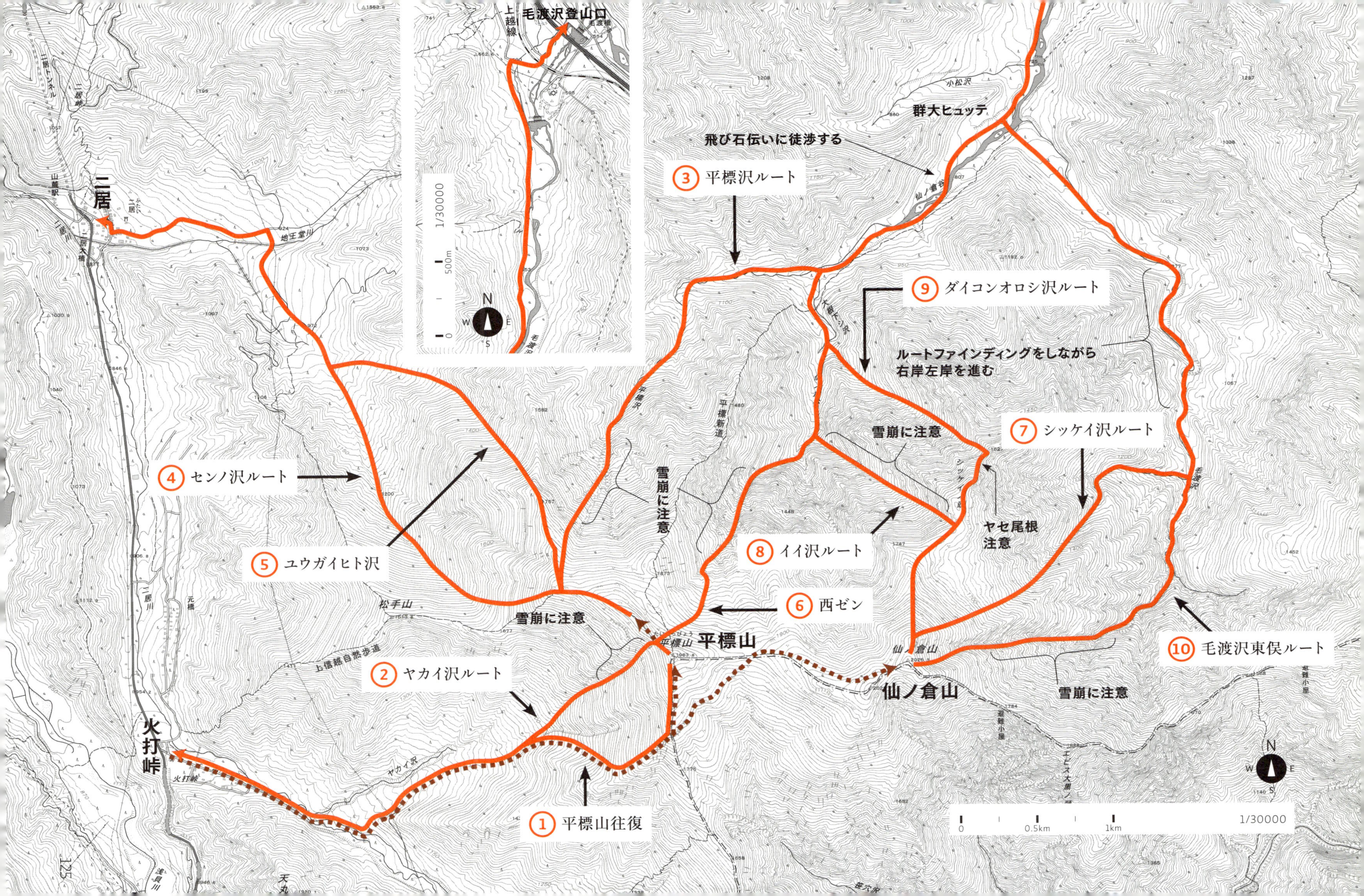
毛渡沢登山口
上越線
1/30000
500m
二居
地王堂川
飛び石伝いに徒渉する
群大ヒュッテ
小松沢
③ 平標沢ルート
⑨ ダイコンオロシ沢ルート
ルートファインディングをしながら
右岸左岸を進む
④ センノ沢ルート
⑤ ユウガイヒト沢
雪崩に注意
雪崩に注意
⑦ シッケイ沢ルート
ヤセ尾根
注意
⑧ イイ沢ルート
⑥ 西ゼン
平標山
松手山
上信越自然歩道
② ヤカイ沢ルート
ヤカイ沢
火打峠
① 平標山往復
仙ノ倉山
⑩ 毛渡沢東俣ルート
雪崩に注意
1/30000
0.5km
1km

045

西ゼン

東ゼン

② ヤカイ沢ルート

グレード ★★☆

手軽に急斜面を滑る

頂上から松手山への尾根を滑り、コルからヤカイ沢に滑る。滑り出しは急だが、滑り込めばきれいな一枚バーンが待っている。滑るに従って斜度が緩くなるが、沢幅も狭くなる。1500mを過ぎ徐々に斜度が緩くなると右岸台地に上がり、沢を越えて登ってきたルートに出合い、火打峠に戻る。

● 参考タイム／火打峠(4時間)平標山(1時間)火打峠

③ 平標沢ルート

グレード ★★☆

厳冬期のパウダーは北面ならでは

頂上から松手山への尾根をシールを付けたまま滑り、登ったピークでシールを剥がす。稜線上はハードバーンになることが多い。稜線の途中から右の広大な一枚バーンに滑り込む。滑るに従って沢が顕著になるが、滑るに適した台地状のルートを探しながら滑る。1450m付近で台地から沢に入り、振り子状の斜面を滑る。1300mの、扇の要のような沢が集まった場所に着けば楽しみも終わり、緩斜面の広い沢を滑るだけとなる。あとは右岸左岸と適当に滑って仙ノ倉谷に着く。仙ノ倉谷は右岸を進み、1カ所徒渉しなければならないが、そこも飛び石伝いに渡ることができる。群大ヒュッテの下を通ると1時間ほどで毛渡橋登山口に着く。

● 参考タイム／火打峠(4時間)平標山(2時間)群大ヒュッテ(1時間)毛渡橋登山口

④ センノ沢ルート

グレード ★★☆

苗場山を正面に見ながら滑る

頂上から平標沢ルートをたどり、稜線上を進んで苗場山を正面に見て、センノ沢源頭部に滑り込む。初めは広い斜面も徐々に狭まり、斜度もなくなると右からのユウガイヒト沢に出合う。地王堂《じおうどう》川に架かる橋を渡り少し登ると林道に出る。林道を、二居のバス停まで滑りと歩きを交えて下る。

● 参考タイム／火打峠(4時間)平標山(1時間30分)二居

⑤ ユウガイヒト沢

グレード ★★☆

通好みの隠れたルート

頂上から平標沢ルートをたどり、右に平標沢を見ながら稜線を滑っていくと1750mを過ぎたあたりで急に前が開け、きれいな斜面が見えてくる。初めは広くていい斜面だが、植林になると滑る楽しみはなくなり、斜度もなくなるとセンノ沢のルートと出合う。

● 参考タイム／火打峠(4時間)平標山(1時間30分)二居

⑥ 西ゼン

グレード ★★☆

RSSAが初滑降 沢登りの名渓を滑る

頂上からはブッシュが多くダイレクトに滑ることができないので、右左のルートを選ぶことになる。

右ルートは道標から仙ノ倉山方向に一段高い場所から滑り込む。ハードバーンの急斜面を慎重に滑り出す。やがて斜度が緩くなり、新雪とも相まって山スキーの醍醐味を味わうことができる。

ダイコンオロシ沢

イイ沢

左ルートはヤカイ沢と同様に松手山に通じる尾根の鞍部から滑り出す。こちらは滑り出しから新雪があり、パウダースキーを楽しむことができる。途中で右ルートと出合う。斜度も緩くなり先が見えなくなったころ、左の沢に滑り込む。沢の中はトイ状になっており、迷うことなく滑っていける。

目の前が急に開け、斜面が見えなくなると核心部だ。下をのぞくと極上の斜面がつながって見える。ここでクラックが入っている場合は慎重にクリアし、一気に滑り降りる。第2スラブ、第1スラブの境界などわからない一枚バーン、沢がわずかに右に曲がると斜度も緩くなり、東ゼンと出合う。イイ沢、ダイコンオロシ沢を右に見て滑ると平標沢ルートと出合う。

● 参考タイム／火打峠(4時間)平標山(2時間)群大ヒュッテ(1時間)毛渡橋登山口

7 シッケイ沢ルート

グレード ★★☆

仙ノ倉山のクラシックルート 広大な斜面を自由に滑る

県境尾根(1850m)までは①を参照。県境尾根から1900mの鞍部をめざして水平移動する。鞍部から登山道沿いに仙ノ倉山に登り、頂上から鞍部に滑り、その勢いで三ノ字ノ頭に着く。北面はブッシュが多く滑るのに適さないので東面を滑る。広大な斜面も徐々に収束し、沢の様相を呈してくると間もなく毛渡沢と出合う。その後は右岸左岸と移動し、左岸に杉林が見えてきたらそのなかを滑って仙ノ倉谷と出合う。

● 参考タイム／火打峠(4時間30分)仙ノ倉山(2時間)仙ノ倉谷出合(1時間)毛渡橋登山口

8 イイ沢ルート

グレード ★★☆

仙ノ倉山北尾根から 仙ノ倉谷まで一直線

三ノ字ノ頭から東面を滑って途中でトラバースし、北尾根に移動する。1750mから斜度がなくなると、左にきれいな斜面が仙ノ倉谷まで見通せて、一気に滑れる。

● 参考タイム／火打峠(4時間30分)仙ノ倉山(1時間)イイ沢出合(2時間)毛渡橋登山口

9 ダイコンオロシ沢ルート

グレード ★★☆

隠れた名渓を滑る

イイ沢を左に見てそのまま北尾根を進み、シッケイノ頭を越えてからは尾根が狭くなるので慎重に滑ると1610mの鞍部。ダイコンオロシ沢を滑って仙ノ倉谷に出合う。

● 参考タイム／火打峠(4時間30分)仙ノ倉山(1時間)ダイコンオロシ沢出合(2時間)毛渡橋登山口

10 毛渡沢東俣ルート

グレード ★★☆

山頂からの豪快な滑降

仙ノ倉山頂から東面へと滑り込むと、すぐに急斜面となる。沢が狭まると斜度も緩やかになり、やがてスキーが走らなくなるころ西俣と出合う。その後も斜度がないため、直滑降で滑るとシッケイ沢と出合うことになる。

● 参考タイム／火打峠(4時間30分)仙ノ倉山(2時間)仙ノ倉出合(1時間)毛渡橋登山口

046

日帰り

ダケカンバの美林と
広大な山頂台地
静寂の「苗場」を訪ねる

● 適期／3月中旬～5月上旬

苗《なえ》場《ば》山

山頂台地からの斜面

苗場。この名を耳にすると絢爛豪華なスノーリゾートが連想されるが、その対極に位置する秋山郷・小赤沢から入山すると、質実朴素な登路が待ち受ける。交通不便で訪れる人も少なく、オオシラビソとダケカンバの美林、遮るもののない山頂台地の雪原を、静寂のなかで楽しめる。

当ルートは積雪期の苗場山において最も平易かつ一般的と考えられるが、台地末端の崖の弱点を突けば、ほかにもさまざまな可能性が開けそうだ。

データ

● アプローチ

関越道塩沢石打ICから国道353号、国道117号、国道405号経由、約1時間で小赤沢集落。または上信越道豊田飯山ICから国道117号、国道405号経由で約1時間30分。

● アドバイス

小赤沢集落より上部の林道は冬期通行不可なので、集落付近が登山口となる。三合目(1310m)駐車場まで除雪が完了するのは例年ゴールデンウィーク前半。

小赤沢ルート

グレード ★★★

秋山郷より入山。北西面の森を味わう

小赤沢の集落から大瀬の滝を左に見つつ林道沿いを歩く。990m付近のヘアピンカーブで林道を離れる。この先、三合目駐車場(林道終点)付近までは基本的に夏道をたどる。途中、小尾根を越え、カエデ沢を渡り、右岸の台地に登り上がる。三合目駐車場付近から東南東に延びる尾根は細く雪が切れやすいので、ここは夏道を外し、1450m付近まで北か南に巻いて登る。その尾根も不明瞭になるころからオオシラビソ、続いてダケカンバの林となる。夏道に復帰し、1770m付近の台地に東側からトラバース気味に進入する。夏道は引き続きトラバースで登り続けるが、ここはいったん台地に降り立ち、登りやすい斜面を見極めるのがよい。標高差200mの急登をやり過ごすと坪場との鞍部で、山頂台地の大雪原が待つ。展望を楽しみながら東に歩を進めれば、自然体験交流センター(苗場山頂ヒュッテ)の建つ山頂に至る。山頂からは三六〇度の展望が楽しめるが、少し板を走らせて、台地の端まで雪原を散策するのも楽しい。

滑降は交流センター裏手の小赤沢源頭(北西面)へ。遅い時期だと少々ヤブが見えるが、豪快に楽しめる。西へトラバース気味に滑って登路に戻り、ダケカンバ林を駆け抜け、登りと同様に尾根を避けて三合目へ滑り込む。三合目からは夏道に沿って滑る。カエデ沢を渡った直後のみ、わずかに登り返しの必要があるが、その他は適度な斜度で板が走る。林道に合流したあとも、一連のヘアピンカーブの西脇にある谷状地形を通って、集落付近まで林間を滑降できる。

● 参考タイム／小赤沢(1時間30分)三合目(3時間)苗場山(1時間)小赤沢

オオシラビソ林越しに山頂部を望む

文／荒巻健智

みごとなダケカンバの疎林

047

日帰り

美しいブナ林の
ツリースキー

● 適期／1月〜3月

鍋《なべ》倉《くら》山

鍋倉山は北信州、関田山脈の主峰である。標高こそ1289mと里山ともいえるような高さだが、日本海からの大量の水蒸気と季節風が、日本でも有数の降雪量をもたらしている。

また、鍋倉山はブナ林でも有名である。80年代のブナ林保護運動により守られたこの山には、森太郎と呼ばれる巨木をはじめ、巨木の谷や美しいブナ林があり、すばらしいツリースキーを楽しむことができる。

データ

● アプローチ

上信越道豊田飯山ICから国道117号を戸狩温泉スキー場方面へ。戸狩温泉スキー場から県道95号を約15分で温井集落。

● アドバイス

標高が低いため、午前と午後では雪質が極端に変化する。よい雪を楽しむのであれば早出は欠かせない。周辺は駐車場がないので、温井の集落で路上駐車することになるが、車は極力乗り合わせにし、除雪車の回転場所である県道の末端には絶対に駐車してはならない。不用意な駐車が地元の方の迷惑になることを充分肝に銘じてほしい。また周辺には、いいやま湯滝温泉や戸狩温泉、野沢温泉などがある。下山後はぜひこれらの温泉も楽しんでいただきたい。

鍋倉山での滑り

温井ルート

グレード ★★☆

豪雪地帯ならではの
すばらしい
ツリースキールート

県道の除雪終了点から左方向に田んぼを横切りながら、電線のある旧道をめざす。旧道を詰めていくと、杉木立の間から県道へ飛び出す。県道が右方向に曲がった所で田茂木池の右岸側を進む、先には杉木立と山小屋が見える。このあたりは平らで目標物がないため、吹雪で視界がないときは充分に注意したい。

山小屋からは沢の右岸伝いに進み、沢が左に曲がるところで雪崩に注意しながら沢を渡り、渡りきった所で尾根に取り付く。尾根に忠実に高度を上げていくと、向かって左側の谷が巨木の谷である。さらに尾根を詰めていくと幅が広くなり、美しいブナ林のなかを快適に登高していくと、平らな山頂へ飛び出る。天気がよければ妙高から日本海までの大展望を楽しむことができる。

滑降ルートは往路をたどり、天然のハーフパイプのような地形を抜け、巨木の谷へ滑り込む。谷を滑り降り往路に合流し、田茂木池まで降りる。県道から少し開けた斜面を滑り杉木立を抜ければ、ツアーも終了である。

● 参考タイム／温井（3時間）鍋倉山（1時間30分）温井

鍋倉山頂上近く

文／橋本龍平

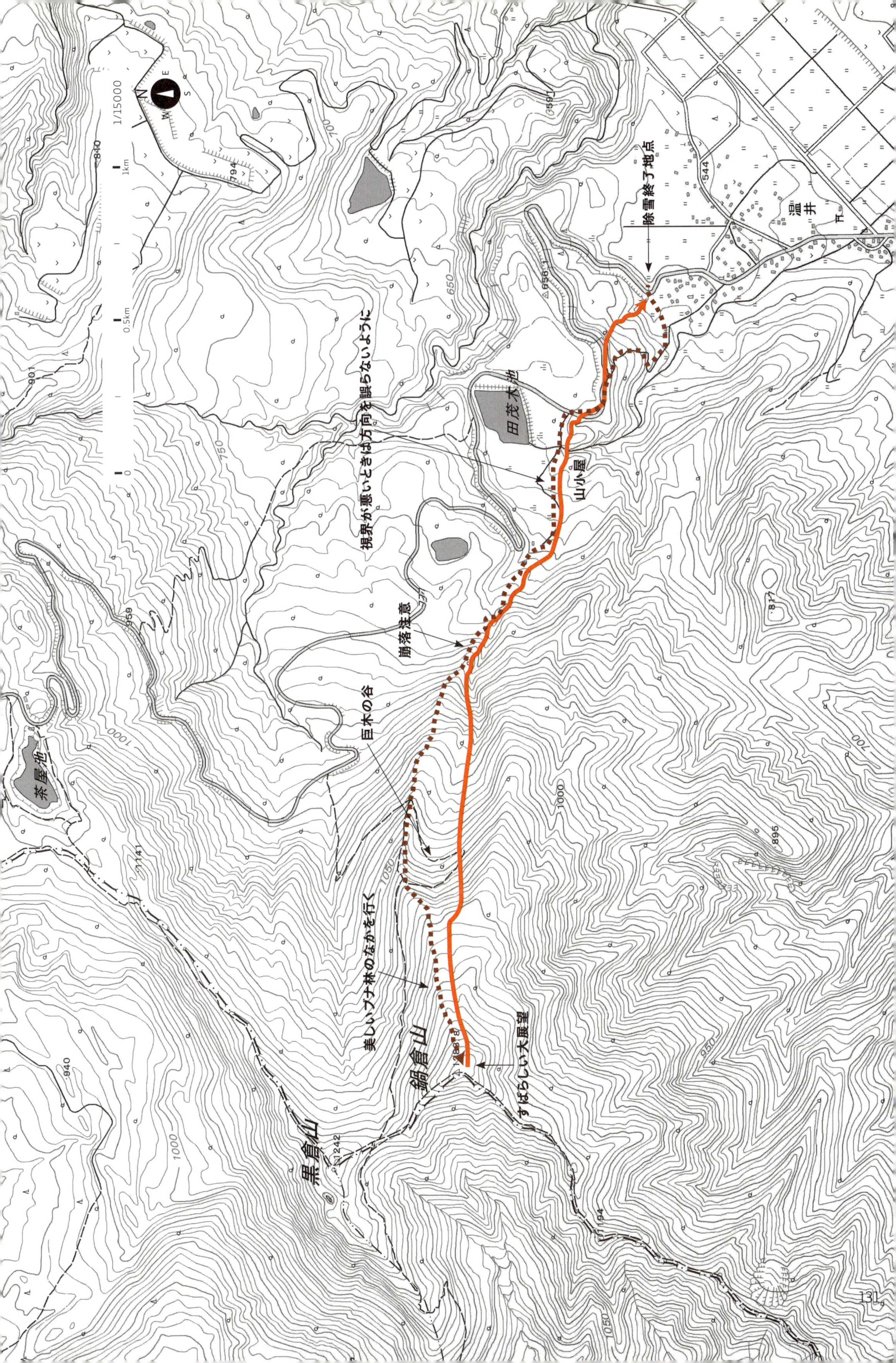

1/15000
1km
0.5km
0
除雪終了地点
温井
544
田茂木池
656.1
山小屋
視界が悪いときは方向を誤らないように
崩落注意
巨木の谷
美しいブナ林のなかを行く
鍋倉山
1288.8
すばらしい大展望
黒倉山
1242
茶屋池
1141
959
817
895
794
840
901
940
1000
1050
750
650
700
950

Chapter 4

Backcountry Skiing 100 Mountains
RSSA

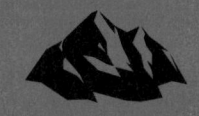

頸城

048

日帰り

スキー場から離れた
静かなブナの森を
滑る

● 適期／1月初旬～4月上旬

妙《みょう》高《こう》山・神《かん》奈《な》山

春の藤巻尾根森林限界の上

妙高山は新潟県西部の頸城《くびき》エリアの複式火山で、中央に位置する本峰2454mと、神奈山、大倉山、赤倉山、三田原山などの外輪山で形成されている。山麓に長い歴史をもつ温泉とスキー場があり、スキー場を起点にするスキーツアーが昔から盛んであった。火打山、焼山が北側にあり、これらの山に入山するときのアプローチでも利用される。

本書で紹介する神奈山は、本エリアでは貴重な、スキー場を使わないルートである。山頂直下がやせた尾根なので、手前を最終地点とするルートで紹介する。

データ

● アプローチ

上信越道妙高高原ICから国道18号を約30分で休暇村妙高。駐車場あり。

● アドバイス

藤巻尾根はブナの森で傾斜が緩いので、ここだけであれば厳冬期でも比較的安全に活動できる。森林限界を越えた先での活動は、その先に進むのかどうかを慎重に判断してほしい。ブナの森だけ滑っても充分すばらしいルートである。

① 藤巻尾根ルート

グレード ★★★

ブナの森の
初心者向けルート

休暇村妙高の西側を進み、ゲレンデ外に出る。幕ノ沢を橋で渡って、適当な所から藤巻山の先の鞍部をめざして登る。早い時期、あるいは雪の少ない年だと、この部分はブッシュが出ているかもしれない。登った尾根が神奈山までつながっている。ここはブナの美しい森なので、急がずに景色を楽しみながら進むとよい。

標高1400m付近で森林限界に達し、その先は広い雪の斜面。雪尾根は進むにつれてやせていくので、1750mをゴールとする。ここまで来ると周辺の展望がすばらしい。ここに板を置き、歩いてピークを往復するのもよい。

滑りは往路に沿う。尾根に戻るまでは滑る方向に注意すること。

● 参考タイム／休暇村妙高（4時間）1750m（1時間）休暇村妙高

② 北尾根ルート

グレード ★★★

滑りのバリエーション
北側の尾根を滑るルート

1750mPから1400m付近まで往路をたどったあと、北側のブナの森を滑る。北に向きすぎると、藤巻尾根に戻るトラバースに時間がかかる。滝ノ尻沢の左岸沿いを滑れば標高900m付近で沢を渡り、尾根の鞍部を経由して休暇村妙高に戻れる。

● 参考タイム／1750m（30分）1450m（1時間30分）休暇村妙高

藤巻尾根の下部

文／田宮公成

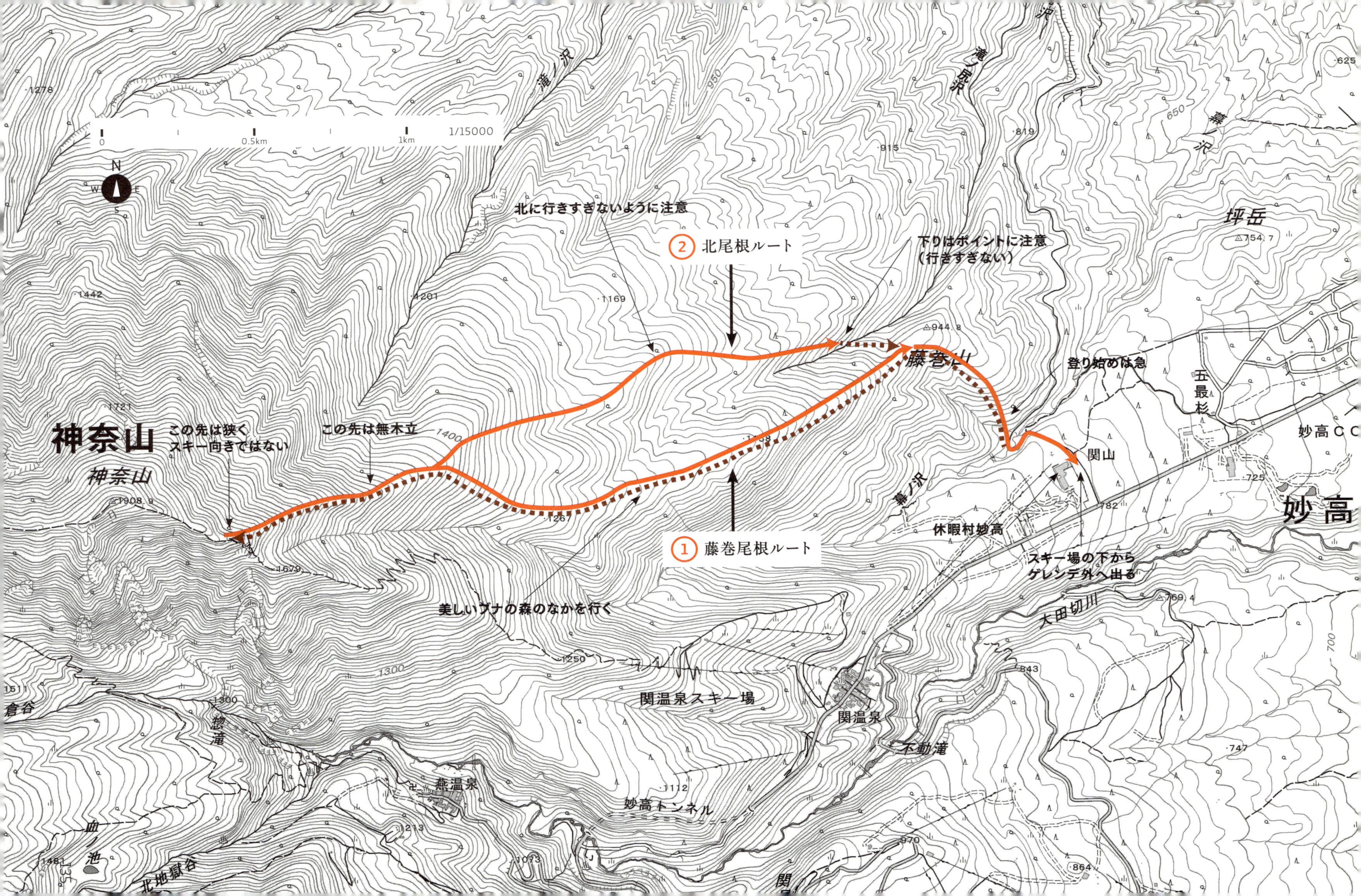

神奈山
神奈山
この先は狭く
スキー向きではない
この先は無木立
美しいブナの森のなかを行く
北に行きすぎないように注意
② 北尾根ルート
① 藤巻尾根ルート
下りはポイントに注意
（行きすぎない）
藤巻山
登り始めは急
関山
休暇村妙高
スキー場の下から
ゲレンデ外へ出る
坪岳
五最杉
妙高ＣＣ
妙高
大田切川
関温泉スキー場
関温泉
不動滝
燕温泉
妙高トンネル
惣滝
北地獄谷
血ノ池
倉谷
滝ノ沢
滝ノ尻沢
暮ノ沢
1/15000
0
0.5km
1km
N
W
E
S

049

日帰り／
スキーツアー

頸城の最高峰
澄川と北面への
長大なスキールートが魅力

● 適期／2月上旬～5月上旬

火《ひ》打《うち》山

火打山は頸城山地の最高峰である。東西になだらかな稜線をもち、頂上付近には急斜面はなく、したがって積雪期にはべったりと雪が付く。どこから見ても真っ白な山容は、まさに山スキー向けの山といえよう。さまざまなルートが考えられるが、ここでは澄川と北面、ふたつの長大な滑降ルートを紹介しよう。

データ

● アプローチ

厳冬期の起点となる妙高杉ノ原スキー場へは上信越道妙高高原ICから国道18号、県道39号経由で約5km約10分。残雪期の起点となる笹ヶ峰へは県道39号をさらに約50分。

● アドバイス

澄川は雪が安定してくる3月中旬以降がおすすめであるが、一方、下部の雪解けも進むので、よく検討の上で入山したい。本書では日帰りのルートとしているが、ツアーとして計画するのもよい。

火打山と影火打

澄川から容雅山

① 澄川ルート

グレード ★★☆

澄川沿いの
ロングトレイルが魅力

厳冬期は妙高杉ノ原スキー場からのアプローチとなる。スキー場上部から三田原山を経由して、茶臼山と黒沢岳の鞍部をめざす。稜線の南西側を、高谷池ヒュッテを経由し、火打山に向かう。火打山からはいよいよ澄川の滑降である。大斜面に自由にシュプールを刻もう。やがてU字谷となってどんどん高度を下げる。時期にもよるが、流れが現れているので、左から北桑沢が合流する690mあたりから右岸に上がる。少し進むと林道が通っており、ひたすらこれを下ると岡沢の集落に出る。

日帰りも可能だが、高谷池ヒュッテに泊まるのもよい。また容《よう》雅《が》山に登り、北桑沢を滑り降りるのも、バリエーションとしておもしろそうだ。

● 参考タイム／妙高杉ノ原スキー場トップ（5時間）高谷池ヒュッテ（1時間30分）火打山（5時間）岡沢

② 北面ルート

グレード ★★☆

雄大な北面台地から
笹倉温泉に滑り降りる

厳冬期は杉ノ原スキー場からのアプローチでルート1を参照。ここでは残雪期のルートを紹介する。

笹ヶ峰から高谷池ヒュッテへは、ほぼ夏道をたどるのが一般的。一方、除雪が充分に行なわれていない時期には途中から歩くこととなり、三田原山の西斜面の樹林帯を徐々に高度を上げ、黒沢岳を北側から回り込み、高谷池ヒュッテに到達する。ヒュッテからは緩やかな稜線を火打山に向かう。

火打山からは影火打の北面をトラバース気味に滑り降りる。この影火打の北面下部はガレている場所もあり、2030m付近から小さな沢筋を北西に、焼山との中間地点あたりまで進む。ここからは焼山の北面台地をひたすら滑る。途中、1350m付近で賽の河原を左岸に渡ることを忘れないように。さらに滑り降りると、アマナ平から笹倉温泉に到達である。

日帰りも可能であるが、高谷池ヒュッテ泊としてもよい。その場合、翌日に余裕があれば、焼山に登り返すのもひとつである。

● 参考タイム／笹ヶ峰（3.5時間）高谷池ヒュッテ（2時間）火打山（3時間）笹倉温泉

 文／桐谷邦夫

火打山
火打山
影火打
影火打
天狗の庭
高谷池
高谷池ヒュッテ
高谷池ヒュッテ
(4/下～営業、
期間外開放)
茶臼山
黒沢池ヒュッテ
黒沢池
黒沢岳
富士見平
妙高市
大倉山
大倉乗越
長助池
厳冬期のルート
三田原山
妙高山
大正池
光善寺池
南地獄谷
赤倉山
弥八山
残雪期のルート
妙高市
笹ヶ峰
降雪中、直後など
雪崩注意
このあたりは自由に
ルートがとれる。
ただ地形に変化が乏しく
わかりにくいので
GPSがあると便利
妙高杉ノ原
スキー場
笹ヶ峰
笹ヶ峰ロッジ
休暇村妙高笹ヶ峰キャンプ場
京大ヒュッテ
乙見湖
笹ヶ峰牧場
道路の除雪が充分に
行なわれていない
時期のルート
池ノ峰
笹ヶ峰ダム
天狗山
清水ヶ池
妙高山麓県民の森
仙人池
ガラメキ沢
南又沢
大滝
0
0.5km
1km
1/30000
N
W
E
S

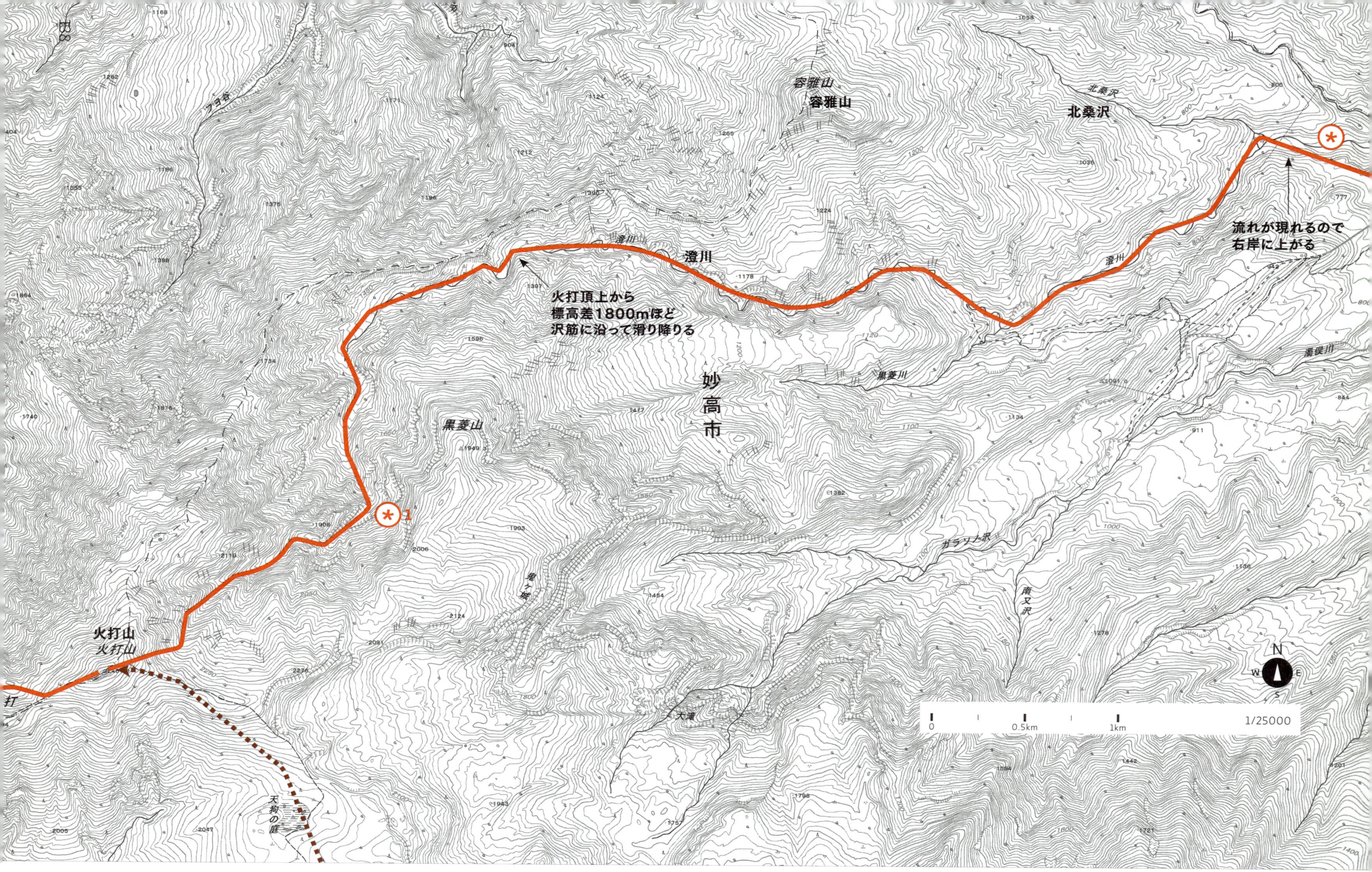
流れが現れるので
右岸に上がる
北桑沢
容雅山
澄川
火打頂上から
標高差1800mほど
沢筋に沿って滑り降りる
妙高市
黒菱山
火打山
天狗の庭
N
0
0.5km
1km
1/25000

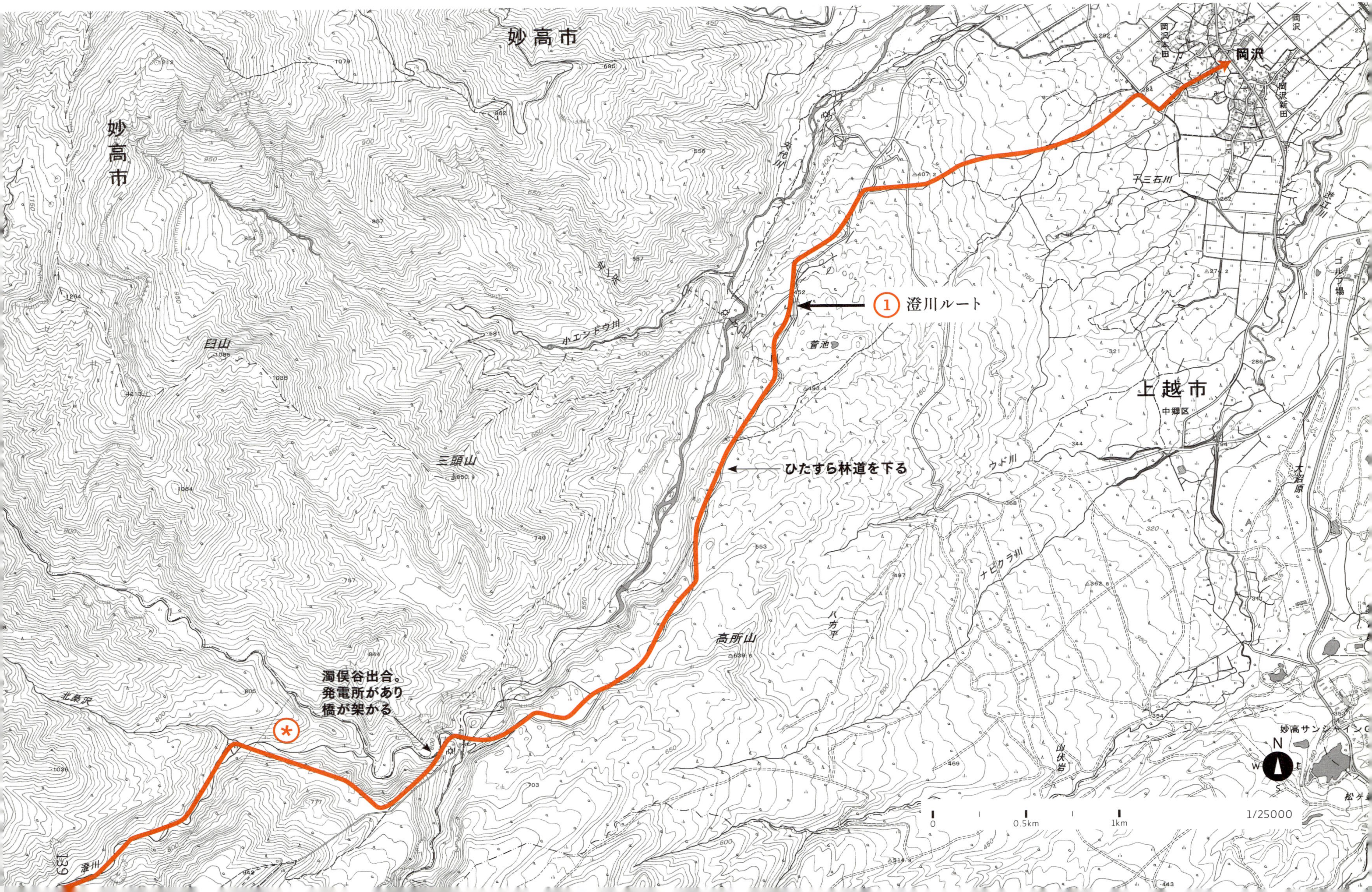
妙高市
妙高市
上越市
中郷区
岡沢
岡沢本田
岡沢新田
① 澄川ルート
ひたすら林道を下る
濁俣谷出合。
発電所があり
橋が架かる
三頭山
臼山
高所山
八方平
菅池
小エンドウ川
十三石川
ウド川
ナビクラ川
北桑沢
澄川
山伏岩
大沼原
ゴルフ場
妙高サンシャイン
1/25000
0
0.5km
1km
N
S
W
E

0
0.5km
1km
1/28000
N
W
E
S
笹倉温泉
放山
西飛山ダム
新田山
大滝
糸魚川市
池ノ平
アマナ平
空沢山
火打山川
高松山
賽の河原を渡る
② 北面ルート
賽の河原
大曲
水無谷
トラバース気味に下りる
＊2
火打山
影火打
焼山
泊岩
富士見峠
胴抜切戸
妙高市

山スキーと天気

阿《あ》部《べ》弘《ひろ》志《し》

1975年東京生まれ。夏は下見と登り力強化のためトレイルランや沢登り。冬は山をよい条件で滑降すべく徹底的に予測を立てる山岳志向の気象予報士兼テレマーカー。

夏冬問わず、天気の予測を立てて入山するのは山の基本である。これは今も昔も変わらない。そして今では携帯電話等通信網の普及に伴い、最新の気象図をはじめ気象に関する資料が山の中でも瞬時に手に入りやすくなった。かつては16時の気象通報に間に合わせるためにテン場に走ったものだが、懐かしい。

冬山は夏山以上にシビアな現象に遭遇する可能性が高い。未来を予測する。自分の持っている知識を最大限に活かし、想像力を働かせて自然科学的なアプローチをすることが山スキーでは肝要だと思う。すなわち、どのような天候で、どのような雪がどのような地形に降り、溜まり、変態するのか。山スキーにおいて天気の影響力というのは大きい。

図は2015年2月1日のアジア地上解析図であるが、典型的な強い冬型の気圧配置で、北海道は暴風雪で国道封鎖に伴う孤立地域が出るなど、非常にシビアな天気となった。このような日に高山に入るのは自殺行為であり、どの山に入山するにしてもアプローチ方法を考える必要がある。

自然科学のいいところは自然の法則に大きく反することがないこと。石を持って手から離せば下に落ちる。自然の法則に逆らうことはできない。上記冬型の気圧配置において、たとえば頸城山塊とかで日本晴れになるなんてことは考えにくい。そういう意味では一定の知識があって、前もって予測を立てていれば、大きく外すことはない。

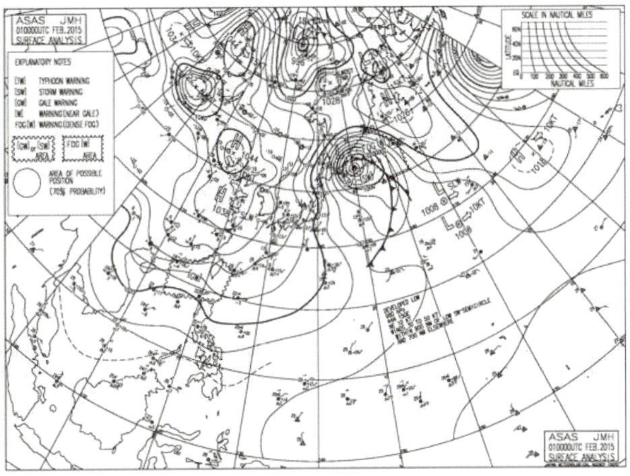

2015年2月1日9時
アジア地上解析図
(ASAS020109)

山の天気は変わりやすい。耳にしたことがある人も多いと思う。もっともではあるが、それでもなお自然の法則に逆らうようなことはない。山岳気象に即した本も出版されている。猪熊隆之著『山岳気象大全』(山と溪谷社刊)は若干難しいところもあるが、日本の四季に即した事例ごとにわかりやすく解説がなされており、一般の人が天気を予測するのには充分な知識が網羅されていると思う。私のような気象予報士でも非常に参考にさせていただいている。山スキーをされる方には是非ご一読をお勧めしたい。

先に述べた通り、予報に使う資料が、今はスマートフォンなどの普及に伴い、簡単に手に入りやすくなった。また、山岳気象に即した資料、予報提供サービスなど、気象予測の為の資料は枚挙に暇がない。予報は予想。現在の資料からどうなるか予測を立てた予想資料がある。天気の持つカオス的な要素を鑑みると完全予測は難しい。即ち実況との誤差というものが生じる。生じにくい日はいいが、不確定要素が多い場合、予想と実況との乖離が生じる。予測の信頼度が低い時は極力最新の資料を基に予測を立てたい。私自身、高速道路に乗り込み、途中で行く山域を変えたりすることはよくある。

以下、短期的な予測を立てるのに役立つサイトを紹介したい。正確な気象予測を立て、より安全に、楽しく山スキーライフを愉しんでもらいたい。

地球気

専門天気図は
一通り
網羅できる。

http://n-kishou.com/ee/index.html

GPV気象予報

視覚的に表現されていて、
短期予測には
使い勝手が非常によい。

http://weather-gpv.info/

050

日帰り

山麓の温泉で一泊。つづら折りの林道を登り大展望に出合う

● 適期／3月初旬～5月初旬

焼《やけ》山

頸城三山の一座である焼山は、監視体制が取られている新潟県では唯一の活火山であり、1974年の爆発以来、入山規制が敷かれたが、2006年に解除された。しかし火山活動が継続しており、引き続き注意が必要である。このために登山届を義務付ける新潟県条例が2015年6月1日から施行された。

焼山は火打山からの主稜線上に位置するため、火打山からの縦走あるいは金山、雨飾山からの通過ポイントとなる。

山スキーの登高・滑降ルートは、笹倉温泉からの往復が一般的に知られている。標高差2000m、距離にして10km、北アルプスに負けない雄大な景観と、北面台地の無立木の斜面が続く。ルートは主に、アマナ平経由で水無谷から富士見峠の西ルート、中央の北面台地を詰める中央ルート、火打谷から胴抜けへの東ルートなどがある。いずれも地形が複雑で、賽の河原の谷渡りなど、ガスに巻かれたときにはルートファインディングが必要だ。

データ

● アプローチ

北陸道糸魚川ICまたは能生ICから国道8号、県道270号経由で笹倉温泉（または隣接の焼山温泉）へ。入山口の林道周辺には数台駐車可能。

● アドバイス

焼山の活火山地区（山頂から2km以内の地域）に登山する場合は、2015年6月1日より登山届の提出が義務化された。届け出を出さずに「活火山地区」に登山すると、条例により警告、過料が適用される。届け出に関する詳細は新潟県警察本部HPで確認のこと。

頂上直下から見るアマナ平

焼山往復ルート

グレード ★★☆

焼山北面の広大な火砕流台地を滑降

日帰りの往復ルートとしては意外と長丁場なので、山麓の温泉やキャンプ地で宿泊し、早朝出発するのがよい。

除雪の状況にもよるが、笹倉温泉またはキャンプ地から林道に入る。いったん橋を渡り、つづら折りの林道を登り始める。そのまま林道を素直に登ると高度が稼げないので、着雪状況を見ながら適当な場所からショートカットするのがよい。つづら折りの林道を登りきったところで小休止。

その後は右手側に続く林道に沿って登る。程なく北面台地が見え始める。天候がよければ、立木のほとんどない見晴らしのよい風景に出合える。スキーで進む限りは締まった雪にシール登高でスムーズに登ってゆける。北面台地においての荒天時は、周囲に目印がほとんどなく、ルートファインディングを強いられるだろう。数時間で焼山上部に到達する。なお、御嶽山の状況を鑑みると、条例が示す義務は果たしておきたい（影火打から賽の河原下山コースも条例の適用範囲）。

さて、登るには時間をかけたが、シールを外すと楽しい滑降が待っている。登るのにあれだけ時間を費やしたのに、いったん滑り始めると、あっと言う間だ。つづら折りの林道を慎重に雪を拾っていけば、程なく出発地点まで戻れるであろう。戻ったあとは温泉の楽しみがある。事前に日帰り入浴可能な時間帯を確認しておこう。

● 参考タイム／林道終点（3時間）アマナ平（4時間）焼山上部・頂上直下（1時間30分）林道終点

文／森野治美

0
0.5km
1km
1/30000
N
数台駐車可能
車道はショートカットしたほうが早い
放山
糸魚川市
アマナ平
空沢山
無立木の斜面
高松山
目標物なし。
悪天候時、注意
影火打・焼山両北面の眺望がすばらしい
影火打
焼山
妙高市
糸魚川市
裏金山

051

日帰り

飛騨山脈の最北端。
厳冬期でも楽しめる
展望のよい隠れた名山

● 適期／2月初旬〜3月初旬

白《しら》鳥《とり》山

白鳥山(1287m)は北アルプス後立山連峰の最北端にある山で、朝日岳と日本海沿岸の親不知を結ぶ栂《つが》海《み》新道上の、富山と新潟の県境に位置する。標高は低いものの豪雪地帯に位置することと、その広い山容、標高差が約1100mあることから、山頂からの展望はもちろん、厳冬期には粉雪滑降を楽しむことができる隠れた名山である。

この山への基点となるのは新潟県側の麓、謡曲『山姥』の舞台となった上《あげ》路《ろ》。この上路へのアプローチは日本海側からとなる。厳冬期の降雪後に天候に恵まれれば、下山後の温泉と朝日町周辺の郷土料理・鱈汁を合わせ、すてきな山スキーの旅となるだろう。

データ

● アプローチ

北陸道親不知ICから国道8号を富山方面、橋詰めより県道115号で上路。または、北陸道朝日ICより国道8号を新潟方面、橋詰めより県道115号で上路。

● アドバイス

上路での駐車は地元の方々に迷惑をかけないよう注意。白鳥山山頂の避難小屋は冬季開放。

登りの尾根より日本海を望む

登りの尾根より白鳥山を望む

白鳥山往復ルート

グレード ★★☆

静かな山里から
ヤブ尾根を抜けると
すばらしい展望が待つ

上路からの登りルートはいくつかとれるが、厳冬期は坂田峠まで車で入れないため、上路より榀谷《しなだな》の左岸または右岸の尾根にルートをとることになる。左岸ルートは上路山村振興センター近くにある神社付近から杉林のなかの林道を歩き、送電線の鉄塔近くでヤブに覆われた榀谷と小脇谷の間の尾根に取り付く。少し濃い樹林をしばらく登ると樹間が徐々に広くなり、621mあたりから尾根の形状がはっきりし始める。881m付近まで登ると視界が開け、尾根の先に白鳥山の山容が姿を現す。雪庇が張り出した細い尾根を、急斜面と平坦地を繰り返しながら更《さら》に登っていくと背後には日本海、行く手にはなだらかな尾根の先に山頂が見え始める。無木立の広い斜面を少し登ると小さな避難小屋のある山頂。天候がよければ、似《ね》虎《ご》谷《や》を挟んだ対岸には初雪山、栂海新道の先には朝日岳など、背後には日本海と、三六〇度の大パノラマを楽しめるだろう。

山頂からの滑降は、登ってきた尾根を滑るもよし、滑りやすい斜面を滑って適当な所で登路の尾根に復帰するもよし。登路の尾根に登り返すことを苦にしないなら、山頂から北北西方向に広がる広い斜面を榀谷の二俣あたりまで滑れば、疎林斜面から快適な樹林斜面へと標高差約700mの滑降を楽しめる。二俣から榀谷の支流をスノーブリッジで渡り150mほど登れば、621m付近で登路の尾根に復帰できる。

● 参考タイム／上路(5時間)白鳥山(3時間)上路

文／堀 晴彦

上路
あげろ
湯ノ谷
しな谷
小脇谷
糸魚川市
榀谷
積雪が多ければ榀谷右岸を下れる
下部はヤブが濃い
スノーブリッジを渡る
視界が開け、白鳥山の山容が姿を現す
山姥ノ洞
疎林の緩斜面
鳥居杉
白鳥山
1286.8
白鳥小屋
184
353
335.6
404
621
662
711
758
881
675
1010
921
1139
1092
N
W
E
S
0
0.5km
1km
1/15000

白鳥山の北面を滑る

052

日帰り

豪雪の海谷山塊。
火打山、焼山の展望台。
豪快な山スキーが味わえる

● 適期／3月初旬〜4月下旬

高《たか》松《まつ》山

火打山をバックに高松山を登る

高松山は海谷山塊の一角にあり、2000mに満たない山にもかかわらず、すぐ隣の頸城三山にも劣らない豪快な山スキーが楽しめる。ここから眺める焼山の北面台地は一見の価値あり。関東圏から遠いため入る人が少なく、静かな山スキーが楽しめる。

データ

● アプローチ

北陸道能生ICまたは糸魚川ICから約45分で笹倉温泉。笹倉温泉の日帰り温泉駐車場に駐車する旨を伝えてから出発する。

● アドバイス

一ノ倉川ルートは雪が落ち着く3月下旬からが適期になるが、ゴルジュ通過時は雪崩に注意して早めに通過する。3月下旬から4月中旬にかけてはつづら折りの林道の上部がアイスバーンになっていることがあるので、安全のためアイゼンを持って行こう。
下山後は笹倉温泉に入り、山でかいた汗を流せる。

① 高松山往復ルート

グレード ★★☆

焼山、火打山を見ながら滑る

駐車場から雪原に隠れた林道を進んで早川に架かる橋を渡ると、本格的な登りとなる。林道のつづら折りは適当にショートカットして登るが、最後のほうの曲がりでは林道沿いを登ることになる。登りきると正面に焼山、高松山、昼闇《ひるくら》山の山並み。アマナ平までは小さなアップダウンを繰り返しながら進んでゆく。アマナ平で焼山北面台地へのルートと分かれ、雪に隠れた焼山川を渡って尾根に取り付くことになる。森林限界を越え、なだらかな斜面を90度西に方向を変えるころ、焼山北面台地を雄大なスケールで見下ろせるだろう。

早い時期だと頂上に雪庇ができているが、見た目ほど苦労せずに頂上に到着する。頂上からは往路をたどって滑ることになる。

● 参考タイム／笹倉温泉（2時間30分）アマナ平（2時間30分）高松山（30分）アマナ平（1時間30分）笹倉温泉

② 一ノ倉川ルート

グレード ★★☆

昼闇山を見ながらの滑降

昼闇山を目の前に頂上から広大な斜面を滑るルート。沢状になってくると左から昼闇山からのルートと出合うことになる。ここからは鉾ヶ岳を正面に見ながら滑るが、間もなく鉾ヶ岳も見えなくなると左岸右岸からの雪崩に注意しながらゴルジュの中を滑る。ゴルジュを抜けると広い雪原となり、新田山とのコルが見えたら早めにシールを付けて、コルをめざして登る。コルからは林道沿いの方向に滑り降り、適当な場所から早川を徒渉して笹倉温泉に戻る。

● 参考タイム／笹倉温泉（2時間30分）アマナ平（2時間30分）高松山（1時間10分）新田山とのコル（30分）笹倉温泉

昼闇山を見て滑る

焼山温泉へ
早川
徒渉できない場合は焼山温泉まで
行ってから笹倉温泉に戻る
笹倉温泉
西尾野川
かつら谷
アケビ平
新田山
大滝
新田山とのコル
雪崩に注意
つばくろ滝
火打山川
空沢
林道をショートカットして登る
糸魚川市
焼山川
小さなアップダウン
池ノ平
① 高松山往復ルート
アマナ平
ゴルジュの中では
雪崩に注意
一ノ倉川
② 一ノ倉川ルート
昼闇谷
高松山
焼山北面台地が見渡せる
N
W
E
S
昼闇山《ひるくら》
0
0.5km
1km
1/20000

053

日帰り

頸城山塊の西端
静かなスキーを日帰りで楽しめる
変化に富んだロングルート

● 適期／3月中旬～5月初旬

金《かな》山・天《てん》狗《ぐ》原《はら》山

金山、天狗原山は頸城山塊の西端に位置し、標高は2000mを超える。豊富な残雪と美しい稜線に恵まれた静かな山である。新潟県の妙高側の笹ヶ峰、あるいは長野県側の小谷《おたり》村の小谷温泉から入山する。笹ヶ峰側は、除雪されて車が入れるようになる4月中旬以降がシーズンとなる。

一方、小谷側は通年で小谷温泉（山田旅館）まで車で入れるが、厳冬期はラッセルがきつく距離が長いので日帰りは難しい。天候と雪質が安定してくる3月中旬以降なら日帰り往復が可能。尾根筋と谷筋で変化に富んだ山スキーが楽しめる。

データ

● アプローチ

上信越道妙高高原ICから県道39号で笹ヶ峰に向かう。笹ヶ峰には駐車場がある。一方、小谷温泉は北陸道糸魚川ICあるいは長野道安曇野ICから国道148号、県道11号で向かう。小谷温泉には駐車場がない。道路際のオープンスペースに止めるか、旅館の駐車場に許しを得て駐車する。

● アドバイス

小谷側も4月中旬以降は雨飾荘（旧栃の樹亭）まで車が入れるようになる。道路際に駐車場がある。金山山頂付近は平坦で広いのでガスっているときは迷いやすい。GPSを使うとよい。山スキーの帰りには小谷温泉、あるいは妙高杉ノ原、池ノ平の温泉がおすすめである。

金山山頂から見る焼山（左）と火打山

① 笹ヶ峰から金山ルート

グレード ★★★

展望のよいブナの疎林と広い尾根筋が魅力

笹ヶ峰から林道を進み、杉野沢橋を渡る。眞川の右岸沿いを進み滝沢の出合から急斜面の尾根を上がる。雪の状態にもよるがスキーを担いで上がったほうが楽。広い台地状の1427m地点から右手の谷筋を上がり1701mPに出る。尾根筋をたどり1849mPを経て天狗原山に達する。鞍部まで下り、緩斜面を上がりきった所が金山山頂。山頂付近は平坦で広い。目の前に焼山、火打山が見え、周囲の山々の眺望はすばらしい。滑降ルートは山頂から往路をたどり、天狗原山、薬師尾根を経由して降りる。

また、別の滑降ルートとして、金山谷、裏金山谷も変化があっておもしろい。豊富な残雪はほとんどの谷を埋めており、どこを滑っても楽しめる。谷の出口から眞川に入ると途中、沢が割れていると高巻きする必要がある。最後は眞川に架かる堰堤を渡り、左岸から右岸に出て往路に合する。時期が遅くて眞川を下れないときは、眞川の出合手前から滝沢尾根に上がり往路に戻る。

● 参考タイム／笹ヶ峰（5時間）天狗原山（45分）金山（30分）天狗原山（3時間）笹ヶ峰

ブナタテ尾根を上がる

② 小谷温泉から金山ルート

グレード ★★★

展望がよく変化に富むロングコース

小谷温泉から林道を歩き、林道妙高（小谷）線に入る。1070m地点から林道を離れて左側の尾根に上がる。1300mの天狗原南西尾根（ブナタテ尾根）に達したあと、ブナ林の尾根筋を上がる。途中アップダウンがあるが、ほぼ夏道に沿って登る。上部になるとシラビソの林、さらに無立木の斜面となり天狗原山に達する。正面に金山が見える。鞍部まで滑り降りてから広い緩斜面を上がりきって金山山頂に達する。滑降ルートは往路をたどるが、細かいアップダウンを避けて下る。

また、別の滑降ルートとして、金山から西方の茂倉尾根、茂倉峰手前1750m地点、大倉沢、大海川、林道を経由して小谷温泉に戻るルートも変化があっておもしろい。

● 参考タイム／小谷温泉（6時間30分）金山（3時間30分）小谷温泉

妙高市
1/32000
0
0.5km
1km
時期が遅くて真川沿いに下ることができないときは尾根筋に上がって通過
真川
杉野沢橋
妙高市
笹ヶ峰
堰堤
狭くて急な尾根
1701mP
1849mP
① 笹ヶ峰から金山ルート
② 小谷温泉から金山ルート
裏金山谷ルート
金山谷ルート
金山
鞍部
天狗原山
糸魚川市
小谷村
茂倉尾根
1750m地点
大倉沢
茂倉尾根－大倉沢－大海川ルート
林道1020m地点から左側の尾根筋に上がる
大海川
小谷温泉

054

日帰り

荒菅沢を山頂からダイレクトに滑降する豪快ルート

● 適期／12月下旬～3月下旬

雨《あま》飾《かざり》山

深田久弥の日本百名山にも選出されている頸城の秀峰、標高1963mを有する雨飾山は、前沢奥壁やフトンビシの岩峰などアルペン的地形に囲まれて信越国境にそびえ立つ。その東面には、滑り手にとって最も魅力的なラインといえる荒菅沢の存在がある。荒菅沢の上部は傾斜の緩いスラブ、そして沢に大きな滝はないので、雪の早い年では12月中旬から吹きだまり、滑降が可能である。

ただし、厳冬期は登高ルートの選定に注意が必要。山頂への登高ルートは小谷温泉起点の夏道か、P2経由の南尾根となる。厳冬期は一般的には雪崩リスクの少ない南尾根となるが、P2から先は支点の不安定なリッジクライミングになるので、雪稜登攀技術のある経験者向きだ。夏道ルートも笹平手前の急斜面がいやらしく、充分なコンディション判断が必要。その辺を考慮すると適期は雪が比較的安定し、まだ充分に雪質のよい3月初旬～中旬。ザラメ狙いなら4月以降となる。

データ

● アプローチ

北陸道糸魚川ICあるいは長野道安曇野ICから国道148号、県道11号で小谷温泉。

● アドバイス

遅くても6時にはスタートしたい。雪崩の危険を少しでも感じたときはP2ピストンに変更しよう。ポイントは荒菅沢左岸上部の雪稜の登高で、ここに至るまでに雪の安定度を充分に把握しておきたい。山頂直下はアイスバーンのこともあるので注意。荒菅沢は最大斜度40度強で、見た目ほど急ではない。

雨飾山荒菅沢

荒菅沢ルート

グレード ★★★

雨飾山の初登ルート 荒菅沢にシュプールを刻む

小谷温泉手前のスノーシェッド付近に駐車。そこから長い林道をシールで快調に進む。大海川へ降りるまで途中2カ所ほどショートカットを交えながら進む。途中、行く手には雨飾山が見え登高意欲が高まる。林道から離れ、大《おお》海《み》川右岸を進み、地図上でやや狭まったS字に屈曲した先にある標高1160m付近の右岸の、比較的傾斜の緩い支尾根に取り付く。

ブナ林のなかを東北東の方角へ。地形を選んで登ってゆく。途中から登山道付近を登り、前方右手の南尾根P2（1838m）から西に落ちる幅広の尾根の標高1500m付近に乗り上げる。ここから反対の荒菅沢の沢底に向かって標高差100m強、滑走する。やや急斜面であるがうまく地形を利用しよう。ここでの雪質が山頂まで行けるか否かの判断材料になる。

再度シールを装着し、荒菅沢左岸尾根に向かって急斜面から緩い窪状を登ってゆく。滑降する荒菅沢の様子が見えるのでよく観察しておこう。左岸尾根は途中から無木立の急斜度となるので、適当な場所からシートラーゲンになる。ややややせた尾根を通過し、笹平へ至る最後の急斜面では雪崩に注意しよう。

最後の雪壁を乗り越えると笹平に到着する。北面、海谷山塊の風景が目に飛び込んでくる。ここまでのラッセルがきつい場合は感無量だろう。ここから左手の雨飾山頂に向かって進む。雪庇に注意しながら岩菅沢のドロップポイントを確認しておこう。最後の急斜面を慎重に登りきれば山頂に到達する。山頂で大展望を楽しんだら、スキーをセットし、いよいよピークスキーの開始だ。

まずは登ってきた最上部の急斜面を滑る。雪質はわかっているから思いきって飛び込めるだろう。ここが45度の核心部。荒菅沢へは右端のルンゼ状から滑り込むとスムーズだ。右手にフトンビシの岩峰群を見ながらのライディングは豪快かつ爽快の一言。幅広い大斜面を縦横無尽に滑降する。東面で雪質は温存されていることも多く、うまくパウダーを当てれば歓声があがるだろう。下部は沢筋をそのまま出合まで滑降し、さらに大海川を、パスカングを交え継続滑降する。林道に上がるところを階段登高で切り抜ければ、シールなしでそのまま下山できる。

● 参考タイム／小谷温泉（3時間30分）標高1500m付近乗越地点（2時間30分）笹平（1時間）山頂（3時間）小谷温泉

 文／三浦大介

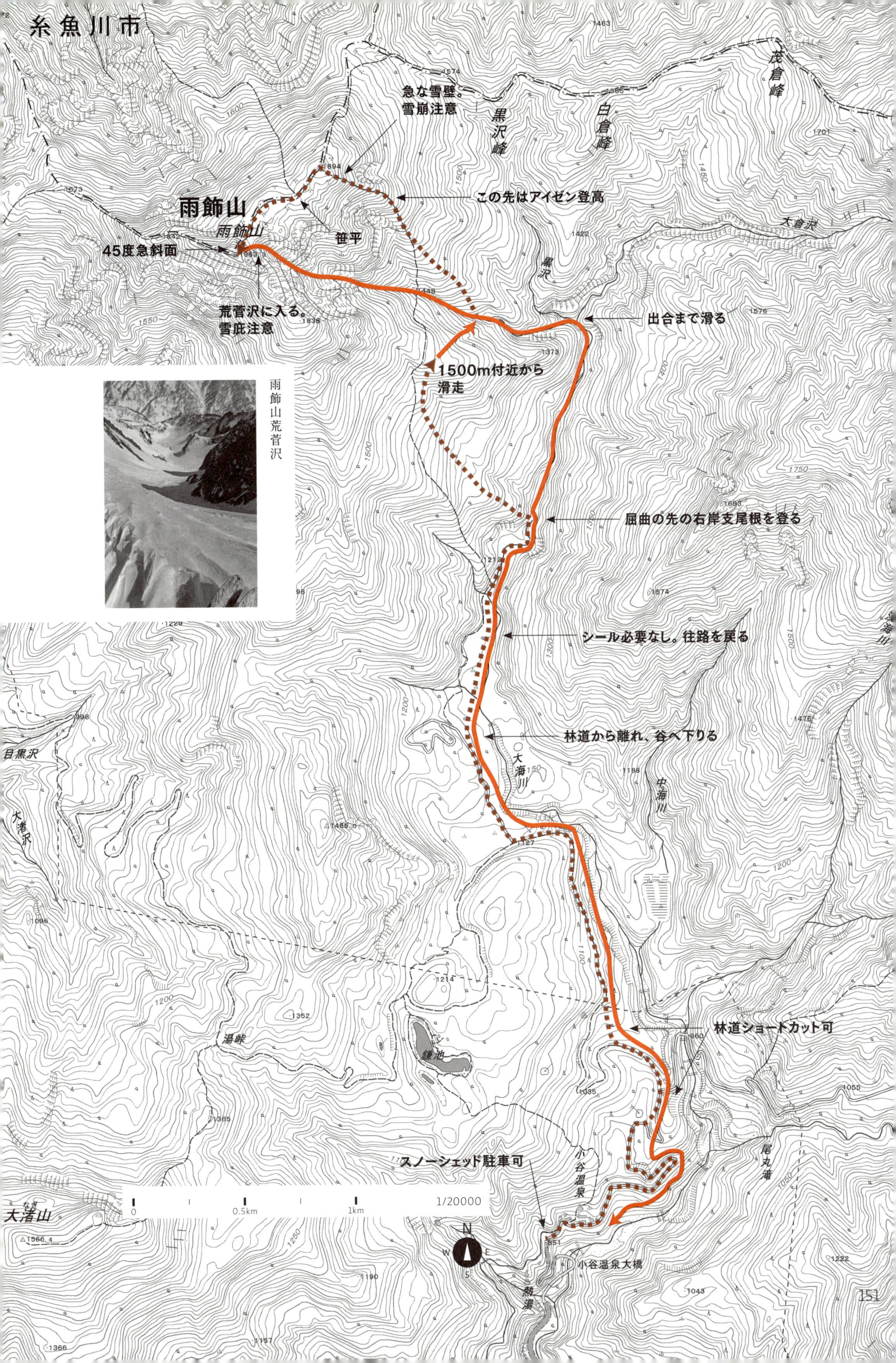

糸魚川市
急な雪壁。
雪崩注意
黒沢峰
白倉峰
茂倉峰
この先はアイゼン登高
雨飾山
雨飾山
笹平
45度急斜面
荒菅沢に入る。
雪庇注意
大倉沢
黒沢
出合まで滑る
1500m付近から
滑走
屈曲の先の右岸支尾根を登る
シール必要なし。往路を戻る
林道から離れ、谷へ下りる
大海川
中海川
目黒沢
大渚沢
湯峠
鎌池
林道ショートカット可
尾丸滝
小谷温泉
スノーシェッド駐車可
大渚《なぎ》山
小谷温泉大橋
熱湯
0
0.5km
1km
1/20000
N
W
E
S

雨飾山荒菅沢

055

日帰り

北信五岳で真冬の深雪滑降を楽しむ

● 適期／1月中旬～3月上旬

黒《くろ》姫《ひめ》山

北信五岳のひとつ黒姫山は全山樹林に覆われているが、これが幸いして厳冬期でも雪崩のリスクが少なくパウダーを楽しめる。またアプローチも短いので入門コースとして注目されている。

データ

● アプローチ

黒姫高原スノーパークへは上信越道信濃町ICから約7分。

● アドバイス

最近、山スキーの入門コースとして注目され、入山者も増えてきた。妙高方面の山と比べて季節風の影響は少ないが、ひと晩で1m近い降雪もあるので注意。快適な滑降のためにはゲレンデの積雪が150cm以上の時期を選びたい。

外輪山に登り着く

① 東北東尾根ルート

グレード ★☆☆

入門コースで手軽に深雪を満喫

黒姫高原スノーパークの第2リフト1170mからスタート。第6リフト跡の急斜面を登り、1960m付近で外輪山の稜線に出る。初心者がいる場合はここから降りてもよいだろう。そのまま山頂に向かう場合は稜線通し、または右側の斜面を絡むように進む。左は雪庇帯なので注意。時間が早く力のあるパーティなら夏道ルンゼを火口原まで降りて、中央火口丘である御巣鷹山を往復するのもいいだろう。

下山は夏道のある東尾根の一本北側の尾根を2020mピークから下るが、条件がよければ極上のパウダーを楽しめる。目標は1396mの台地、樹林帯なのでルートファインディングには注意。ここからは北東に延びる小尾根を絡んで下ればゲレンデ下部に出る。

● 参考タイム／黒姫高原スノーパーク第2リフト（3時間）山頂（1時間）ゲレンデ

② 北面から高沢発電所ルート

グレード ★★☆

展望がよく変化に富むロングコース

山頂までは東北東尾根ルートと同様、ここから北の尾根にルートをとり、夏道の通る黒姫乗越から北東に下る。1200m付近で林道に出るので、これを歩いて大きな沢を渡り、次の小尾根を下ると発電所の導水管が見えてくるので、これを横目に下る。車道に出て「苗名の湯」をめざそう。タクシーを呼んでもいいし、本数は少ないが妙高高原駅までの路線バスもある。

● 参考タイム／第2リフト（3時間）山頂（15分）黒姫乗越（30分）林道（30分）発電所（30分）苗名の湯

大橋から登る

③ 大ダルミルート

グレード ★☆☆

雄大な大ダルミから登る静かなルート

乙妻山へのルートとして最近入山者が増えてきた大橋から、大橋林道を進む。佐渡山方面への道を左に分け、直進すれば黒姫山と佐渡山との鞍部、大ダルミに着く。ここから右上に登り、細い尾根に出る。1850m付近で尾根上に出る。ここから黒姫山頂まではアップダウンがあり意外と時間がかかる。

下山は往路を戻らずに山頂手前からのルンゼを下る。短いが、なかなかおもしろい。火口原に出るとのんびりした気分になろう。余裕があれば御巣鷹山を往復してもよい。御巣鷹山と外輪山とのコルからは、左にトラバースすれば先ほどの尾根に出る。帰路は大ダルミよりも下部へ滑り降りるほうが近い。

● 参考タイム／大橋（2時間）大ダルミ（1時間20分）山頂（20分）火口原（1時間20分）戸隠大橋

文／田中和夫

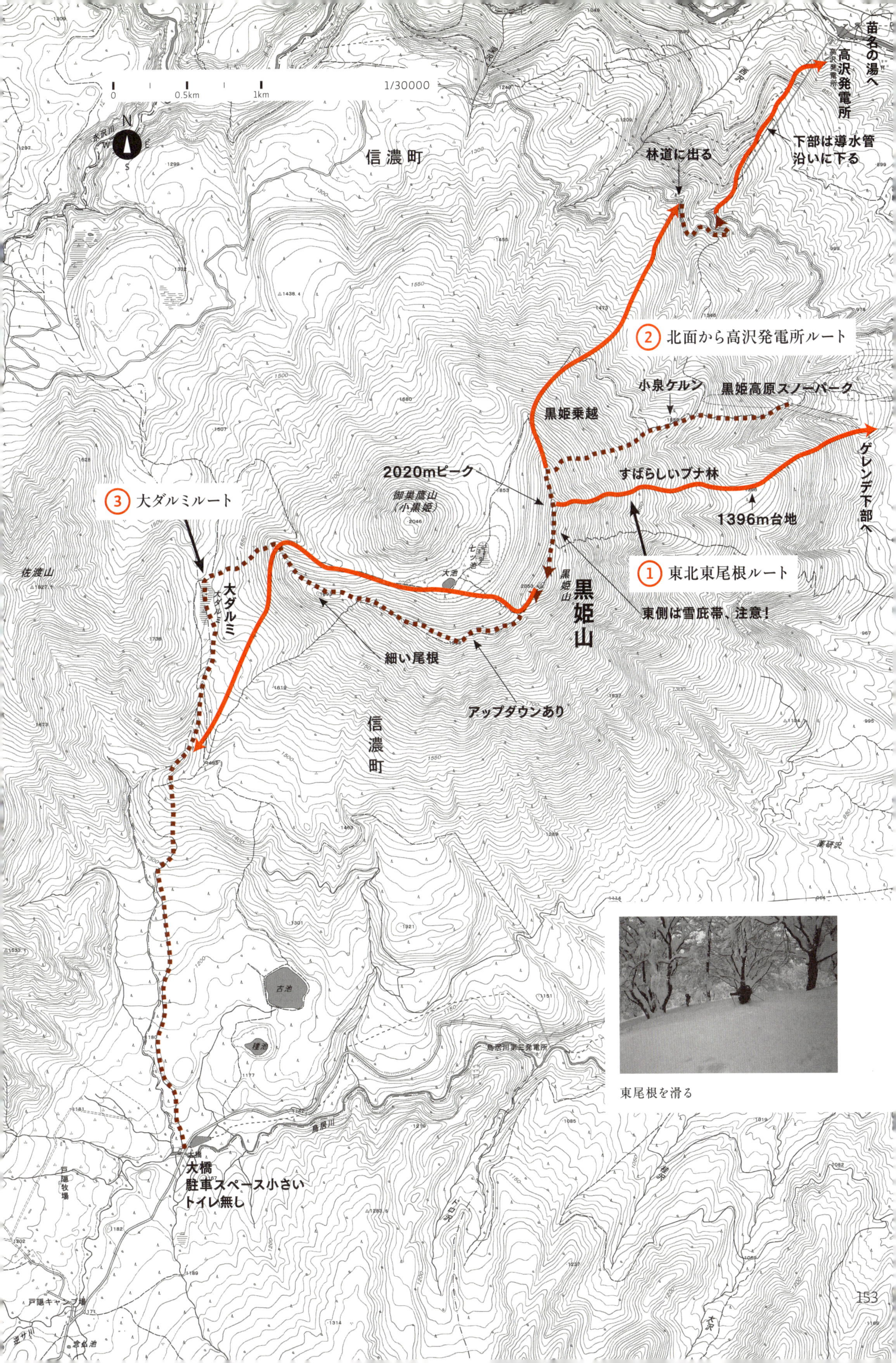

0
0.5km
1km
1/30000
信濃町
苗名の湯へ
高沢発電所
林道に出る
下部は導水管沿いに下る
② 北面から高沢発電所ルート
小泉ケルン
黒姫高原スノーパーク
黒姫乗越
ゲレンデ下部へ
2020mピーク
すばらしいブナ林
③ 大ダルミルート
御巣鷹山（小黒姫）
1396m台地
① 東北東尾根ルート
佐渡山
大池
七ツ池
黒姫山
大ダルミ
東側は雪庇帯、注意！
細い尾根
アップダウンあり
信濃町
古池
種池
鳥居川第三発電所
鳥居川
大橋
駐車スペース小さい
トイレ無し
戸隠牧場
戸隠キャンプ場

東尾根を滑る

056

日帰り

戸隠連峰の最高峰。
アプローチが長いが
静かなスキーを満喫できる

● 適期／1月中旬～4月初旬

高《たか》妻《つま》山・乙《おと》妻《つま》山・佐《さ》渡《ど》山

高妻山山頂への急斜面

高妻山は戸隠連峰裏山の北部に位置する連峰最高峰である。端正な山容から戸隠富士とも呼ばれている。戸隠連峰も山岳信仰の山として、また日本百名山としてもよく知られている。しかし積雪期には、ひっそりとした静かな山が楽しめる。

妙高の山々と隣り合わせでありながら、関川を境に積雪量が少なく、晴天率は高くなる。南向きの斜面や尾根上はクラストすることが多いので注意が必要だ。一方、北斜面にはパウダーがたまりやすく、条件によってはパウダーを楽しむことができる。なお、高妻山～乙妻山間の積雪期の縦走は、稜線が一部切れ落ちていて、スキーの装備では難しい。

データ

● アプローチ

上信越道信濃町ICから県道36号を戸隠方面へ約45分で大橋。大橋に10台程度の駐車スペースがある。

● アドバイス

上信越道信濃町ICに隣接して道の駅「しなの」がある。大橋からのトレース有無により行動時間が変わる。時間に余裕をもって行動しよう。

高妻山までもうひと息

高妻山

グレード ★★☆

戸隠連峰の最高峰へ五地蔵山を経て高妻山に登る

①→②→③→④

大橋林道を少し行った切り開きの近くからスノーブリッジを利用して沢を渡る（戸隠牧場経由でもよい）。支尾根に取り付き五地蔵山をめざす。五地蔵山山頂からは高妻山が近く大きく見える。厳冬期のラッセルであれば、すでにそこそこの時間となる。

 文／水澤和久

高妻山まではまだ長いので、時間を見て無理だと思ったら五地蔵沢を滑るのも楽しい。五地蔵山からはスキーをザックにつけ、ツボ足で行く。八丁ダルミから最後の急斜面は足取りが重くなる。

山頂は南北に細長く、山頂は北側。展望を楽しんだら滑降に移る。山頂部のクラストした急斜面を慎重に下り、八丁ダルミ手前から北東尾根に入る。雪質がよくなり氷沢川まで快適な滑りだ。出合からシールを付け、佐渡山の鞍部をめざす。氷沢川の渡りやすい所を渡り、少しの登りで広い佐渡山鞍部に着く。あとはやや狭い尾根を下り、大橋林道に合流。スキーかスノーモービルのトレースがあれば少しの推進滑降で大橋に着く。五地蔵山を経由せず、氷沢川から往復してもよい（④→③→②往復、または④→③→⑨）。

● 参考タイム／大橋（3時間）五地蔵山（2時間）高妻山（1時間15分）氷沢川（1時間）佐渡山鞍部（45分）大橋

2297mP（中妻山）往復

グレード ★★☆

白一色のピークから黒姫山めがけて大滑降

④→③→⑤ 往復

高妻山と乙妻山の間にある2297mPは中妻山ともいわれている。以前、人に出会うことはごくまれであったが、徐々に入山する人が増えてきている。大橋林道を行き黒姫山への登山道と分かれ、佐渡山からの大きな尾根でなく、先の小尾根に取り付く。尾根が広くなった所からトラバースして佐渡山鞍部に着く。氷沢川までわずかであるが滑降を楽しむ。

再びシールで左岸を行くと大きな沢と出合い、その奥の尾根に取り付く。上部はヤセ尾根になるが、やり過ごすと白く広い斜面が見えてくる。広いやや急な斜面をジグを切り登りきると2297mPだ。乙妻山を往復し、待望の滑降に移る。パウダーを楽しみ、あっと言う間に尾根の上部に達する。左側の沢を滑り、トラバースして尾根に戻る。氷沢川までひと滑りで大橋に戻る。

● 参考タイム／大橋（2時間）佐渡山鞍部（4時間）2297mP（15分）乙妻山（3時間30分）大橋

乙妻山

グレード ★★☆

戸隠連峰最奥部雄峰にシュプールを刻む

④→③→⑥ 往復

乙妻山はアプローチが長く、ラッセルに明け暮れる。確実に滑ろうと思うのであれば、氷沢川左岸の台地で一泊して、翌日乙妻山にアタックするのが一般的であるが、条件がよければ日帰りも可能だ。

大橋から大橋林道を行き、佐渡山鞍部を経由して氷沢川へ降りる。左岸を下り、2297mPへの沢を左手に見て、氷沢川左岸を少し高巻き、さらに下り続けて乙妻山からの大きな沢と出合う。出合の台地はテント場としてよく利用されている。近年、右岸を下り出合の手前を急登してくる人もいる。出合の沢を行き、大斜面をひたすらラッセルをして稜線に出る。稜線から乙妻山山頂はすぐそこ。山頂からの展望を楽しみ、体を休ませる。

待望の滑降は好きな所をそれぞれ滑り、下部の沢で合流する。大斜面の滑降に思わず顔がほころぶ。氷沢川出合からは再びシールで佐渡山鞍部をめざすが遠くつらい。大橋にヘトヘトになってたどり着く。

● 参考タイム／大橋（2時間）佐渡山鞍部（1時間15分）出合（3時間）乙妻山（2時間20分）佐渡山鞍部（30分）大橋

2297mP（中妻山）往復峰からの滑降

056

高妻山・乙妻山・佐渡山

2297mP（中妻山）から黒姫山に向かって滑る

佐渡山

グレード ★☆☆

厳冬期パウダーを楽しむライトコース

④→⑦→⑧

大橋から佐渡山鞍部へのルートを行き、鞍部にトラバースせずに、そのまま佐渡山山頂をめざす。または黒姫山への登山道と分かれてすぐの尾根を登り、山頂をめざす。山頂は樹林に覆われ展望はあまり利かない。山頂から氷沢川へ滑る。パウダーであればとても気持ちのよい所だが、あっという間に氷沢川へ下る。氷沢川周辺はニホンザルの生息域で小猿を連れた群れと出くわすこともある。

ブナ林を登り、再び山頂へ戻る。山頂から東に延びる尾根を下り、適当な場所から北東の沢を滑る。スキーが滑らなくなったらシールを付けてスノーハイキングとなり、黒姫山への登山道と合流する。大ダルミでコーヒーを沸かし、のんびりするのもよい。黒姫山からのトレースに合流したらシールを外して推進滑降で大橋に戻る。

佐渡山鞍部をベースにして付近の山を狙うのもよい。林道歩きが省略でき、静かな夜を過ごすことができる。

● 参考タイム／大橋（2時間30分）佐渡山（2時間）大橋

高妻山サブルート 01

グレード ★★☆

氷沢川から高妻山を登る

④→③→② 往復

佐渡山鞍部から氷沢川左岸を下って沢を登り、2297mPへの尾根を見送り、左俣を行く。突き当たりの尾根を登ると高妻山の肩。ハードな登りの連続で山頂に達する。帰路は往路を戻る。

● 参考タイム／大橋（1時間20分）佐渡山鞍部（20分）氷沢川（3時間30分）高妻山（1時間30分）氷沢川（40分）佐渡山鞍部（40分）大橋

高妻山サブルート 02

グレード ★★☆

氷沢川から1826m独標2053mPを経て高妻山へ

④→③→⑨ 往復

佐渡山鞍部から氷沢川左岸に渡ったあたりの取り付きやすい尾根を登り、1826mPで一本取る。2053mPめがけて急斜面を黙々と登り、八丁ダルミを経由して高妻山に登る。帰路は往路を戻るか②を下る。

● 参考タイム／大橋（2時間）佐渡山鞍部（2時間30分）2053mP（1時間30分）高妻山（1時間30分）佐渡山鞍部（45分）大橋

乙妻山
乙妻山
中妻山
（2297P）
高妻山
高妻山
八丁ダルミ
2053P
1826P
五地蔵山
五地蔵山
五地蔵沢
氷沢川
厳冬期はパウダーが
溜まりやすい
厳冬期はパウダーが
溜まりやすい
佐渡山
佐渡山
佐渡山鞍部
大ダルミ
信濃町
古池
種池
大橋
鳥居川
大洞沢
長野市
1
2
3
4
5
6
7
8
9
0
0.5km
1km
1/25000

Chapter

5

上信・中部

057

日帰り

厳冬期も天候が安定。
入門者から上級者まで
多様なコースがとれる

● 適期／1月下旬～3月初旬

四阿《あずまや》山・根《ね》子《こ》岳

四阿山・根子岳は、標高は低いがスキー向きの山として戦前から知られてきた。根子岳西側に開設された奥ダボススノーパークや峰の原高原スキー場、四阿山北東に開設されたパルコール嬬恋スキーリゾートのリフトなどを利用すれば、それぞれの頂上まで2時間足らずで到達できる。

スキー場からの往復という定番ルート以外に、山スキーの上級者であれば、浦倉山～四阿山～根子岳～小根子岳北肩と続く稜線から北面への滑降（須坂市側に降りきるには距離があり、雪崩の危険もあるので、頂上や稜線から200～300mほど下ったところから稜線または根子岳・四阿山のコルに登り返す）、根子岳南面直下のルンゼや根子岳・四阿山のコルから大明神沢を滑って菅平牧場に下るか根子岳へ登り返すなど、多様な方向への登滑降も可能だ。

データ

● アプローチ

上信越道上田菅平ICから国道144号、国道406号経由で峰の原高原スキー場まで約40分。国道144号、つまごいパノラマライン経由でパルコール嬬恋スキーリゾートまで約55分。

● アドバイス

厳冬期でも天候は安定しているが、下のスキー場が晴れていても、山には急に雲がかかるときもある。ガスに巻かれると、目標物のないだだっ広い雪原なので方向感覚を失いやすい。悪天候の場合は行動しないこと。また、上部は開けているが、下部には針葉樹の密な樹林帯が広がっているので、コース外での行動は思わぬラッセルを強いられることが多い。稜線から北面への滑降は雪の状態に充分注意してほしい。

吹雪の大明神沢を滑る

① 峰の原高原スキー場から根子岳往復

グレード ★☆☆

圧雪された初心者向きコース

奥ダボススノーパークから根子岳の頂上近くまでは、雪上車（スノーキャット）による圧雪コースが続いている。そこを往復するのが最も初心者向きのルートだが、奥ダボスのリフトの運行開始とともにどんどんスキーヤーが登ってくるので味気ない。静かなツアーを望むならば、リフトが動く前に峰の原高原スキー場のトップまで上がり、そこから菅平グリーンゴルフを突っ切って、避難小屋の下あたりでスノーキャットのコースに合流するのがいい。頂上からの滑降も、深雪の斜面を滑りたければ、ゴルフ場をめざすように滑るといいだろう。

● 参考タイム／峰の原高原スキー場トップ（1時間）避難小屋（1時間）根子岳（30分）峰の原高原スキー場トップ

② あずまや高原ホテルから四阿山往復

グレード ★★☆

夏道を登り、牧場沿いに大滑走

パルコール嬬恋スキーリゾートからの四阿山往復では物足りない人は、昔からの登山道であるこのルートで下から登れば、帰路は頂上から一気の滑降が可能だ。積雪期でも登山者は多いのでトレースがあり、登りはホテルから夏の登山道をほぼそのままたどれば頂上に着く。

下りは狭い登山道を避け、牧場のなかを自由に滑るほうが楽しい。下りで樹林帯に入る前の牧場内では、吹雪や強風のときは登りのトレースが風で吹き飛ばされているので、ルートファインディングに充分な注意が必要だ。

● 参考タイム／あずまや高原ホテル（4時間）四阿山頂上（50分）あずまや高原ホテル

スキー場から続くスノーキャットのコース

四阿山中尾根（左）と山頂（右）

大明神沢へ、根子岳・四阿山のコルからドロップ

大明神沢の滑降

日本オートルート9泊10日×2 その1

牧《まき》野《の》総《そう》治《じ》郎《ろう》

1954年東京生まれ。10歳からスキー、13歳から山登りを始める。山スキーは1981年から。長期単独スキー縦走の記録が多い。最近はもっぱらテレマーク。

劔沢上部からの劔岳

本書083～085日本オートルートのガイドを担当したが、もとになったのは1984年と2005年のGWに単独で実行した2回の9泊10日の長期山行である。ここではガイドでは書けなかったエピソードや感想を紹介してみよう。

RSSA同人では1980年に新穂高温泉～双六岳～薬師岳～一ノ越～室堂～弥陀ヶ原ルートの踏査が成された。1981年に入会した私は、このルートの走破に憧れ、1984年に思い切って単独で挑戦した。そして槍ヶ岳と劔岳を加え日本オートルートを延長してみようと試みた。槍ヶ岳から双六岳までの西鎌尾根はスキー滑降には適さないので、飛騨沢～槍平～奥丸山～大ノマ乗越～双六小屋というルートを前半に、一ノ越～立山三山～真砂沢～平蔵谷往復～立山川～馬場島を後半に加える事にした。

上高地から入山したが、重荷で疲れ切り、初日は槍沢の2020mまでしか行けなかった。ツエルトにスリーシーズン用ダクロンシュラフで泊まったので、山行中最後までよく眠れなかった。2日目に空身で槍ヶ岳を往復、槍沢を滑降したが、前々日に1m近く降った雪が悪雪となり七転八倒。また、新雪の照り返しでひどい雪焼けになった。この頃は日焼けした方が格好いいと思っていたのか、日焼け止めを持っていく習慣がなかった。今では考えられない事だ。

飛騨沢ではやはり悪雪に苦労して大転倒。この雪には最後まで苦労した。奥丸山の登りはツボ足でズボズボもぐり大変だったが、北面の沢は快適だった。大ノマ乗越から弓折岳を通って双六小屋に入ったが、登り下りが多く楽しめなかったので、この後の山行からは大ノマ乗越から双六谷に滑り込み、双六谷を小屋まで登るルートをとるようになった。太郎平小屋の営業は終わっていたが、写真家の岩橋崇至さんが滞在していたので泊まる事ができた。このあたりでは、顔の痛みを癒すために停滞したいが、天気が崩れないので仕方なく出発したというような記述が目立つ。結局、帯状の高気圧に覆われたらしく最後まで晴天が続いた。薬師岳の滑りは楽しかったが、翌日はあまりスキーが有効に使えない日で消耗した。一ノ越で営業小屋に泊まって疲れを取る。立山三山はスキーを担いで越え、真砂沢を滑ったがここも悪雪で苦労する。劔沢を登り返し平蔵谷のコルを往復。重いザラメ雪だったが、まずまず楽しめた。最終日の10日目、奥大日岳の往復は起伏が多く滑りは楽しめなかったが、最後の立山川は雪質もよくフィナーレを飾るにふさしい滑降であった。

058

日帰り

端正な独立峰の活火山。
雪が付けば
絶好の斜面に

● 適期／1月下旬～3月上旬

浅《あさ》間《ま》山

浅間山東面の大斜面

火山特有の地形で全山ほとんど無木立。東、北、南面に豪快な滑降が楽しめる。

データ

● アプローチ

上信越道碓氷軽井沢ICから国道146号を北へ約20kmの峰の茶屋が拠点となる。

● アドバイス

浅間山は活火山なので活動レベルにより立入り区域が制限されている。2015年10月現在、「レベル2で2km以内立入り禁止。」外輪山の前掛山まで登山不可。最新情報は気象庁HPを参照のこと。有料道路の鬼押ハイウェーは歩行者通行禁止なので要注意。

① 東面ルート

グレード ★☆☆

浅間山を代表する大斜面。積雪も安定

峰の茶屋から林のなかの道沿いにシールで進み、小浅間山との鞍部から本格的な登りとなる。風が強く、氷化しているときもあり、クトーは必携。東前掛山に立てば目の前の噴煙が圧倒的だ。北東面はやや凹んでいるので恐怖感はない。標高1700mまでの標高差700mの滑降は記憶に残るものとなろう。溶岩の散らばる緩斜面を横断して車道に出るが、歩行禁止なのでそのまま国道に出るか、小浅間山との鞍部に登り返す。

● 参考タイム／峰の茶屋（3時間）東前掛山（30分）車道

② 北面ルート

グレード ★★☆

溶岩の壁を横目に滑る

登りは①と同じ。下山は浅間火山博物館の建物を目標に、左に鬼押出しの溶岩地帯を見ながらの滑降となる。露出している岩に注意したい。このルートは車を回送しておかないと歩きが長い。視界の悪いときは東面を滑るか往路を戻るように。

● 参考タイム／東前掛山（1時間）鬼押出し横（30分）車道（60分）峠の茶屋

③ 南面ルート

グレード ★★☆

滑降可能時期は短いが浅間山随一のロングコース

東前掛山から南面にトラバースして滑降に移る。ポツンと小さな石尊《せきそん》山を目標にするが、年により積雪状況は異なる。血の池から先は、歩く場合もある。1220m地点で林道に出て、あとは峰の茶屋まで延々と歩く。追分林道から弥陀ヶ城岩をめざして往復するほうが安心かもしれない。

● 参考タイム／東前掛山（1時間）1700m（30分）血の池（1時）林道（3時間）峰の茶屋

文／田中和夫

鬼押出し
車をデポしておく
0
0.5km
1km
1/30000
② 北面ルート
浅間山熔岩樹型
鬼押ハイウェイは
歩行者通行禁止
露出している岩に注意
車道
鬼押ハイウェイ
① 東面ルート
小浅間山
嬬恋村《つまごい》
浅間山
東前掛山
峰の茶屋
東大火山観測所
視界の悪いときは登路を下ってもよい
③ 南面ルート
弥陀ヶ城岩
石尊山
血の池
1220m
軽井沢町
峰の茶屋まで歩く

059

日帰り

首都圏に近く
初級者から上級者まで満喫できる
好天の多いよき山

● 適期／1月上旬～3月下旬

湯《ゆ》ノ丸《まる》山

湯ノ丸山は群馬と長野の県境に連なる2000m級の山々のひとつである。厳冬期でも天候に恵まれ、晴れている日が多い。このため積雪量は少ないが、標高は高いので雪質がよい。山頂は無立木で、周囲の山々の眺望はすばらしい。麓の地蔵峠にある湯の丸スキー場のリフトを利用すれば簡単に上がることができる初心者向きのコースである。リフトを利用して上がるのは物足りないという中・上級者は、旧鹿沢温泉から角間峠を経て尾根伝いに頂上まで上がり、北東方向に旧鹿沢温泉まで滑り降りる周回コースがある。また、湯ノ丸山とはスキー場を挟んで反対側にある池の平周辺は傾斜も緩く、スキーハイキングには好適のコースとなる。

データ

● アプローチ

上信越道小諸ICから県道79号、県道94号で地蔵峠に向かう。地蔵峠には湯の丸スキー場の駐車場がある。峠を越えて進んだ旧鹿沢温泉には道路沿いに10台くらいの駐車場がある。

● アドバイス

この地域は天候のよいときが多いが、積雪量は少ない。湯の丸スキー場の積雪情報を調べて行くのがよい。降雪直後はパウダースノーを楽しめるが、上部は無立木の急斜面なので雪崩の注意が必要。スキーのあとは旧鹿沢、新鹿沢の温泉が楽しめる。

旧鹿沢温泉の上部から見る湯ノ丸山

① 地蔵峠往復ルート

グレード ★☆☆

ゲレンデ利用の初心者向き半日コース

湯の丸スキー場の西側ゲレンデのリフトを降りて、緩斜面をわずかに下る。鞍部でシールを付けて傾斜の緩い尾筋を上がると、あずまやが現れる。さらに先に進むと傾斜はだんだんきつくなり、急斜面をジグザグに上がると湯ノ丸山の頂上。頂上付近は風が強いことが多いが、眺望はすばらしい。下りは東側の開けた斜面を滑り降りる。左手に行きすぎないように滑り降りて、適当な所で右側に向かい往路に合する。わずかな距離でスキー場に戻る。

● 参考タイム／湯の丸スキー場(1時間)湯ノ丸山(30分)湯の丸スキー場

山頂から滑り降りる

② 旧鹿沢温泉周回ルート

グレード ★☆☆

温泉が入下山口の変化に富んだコース

旧鹿沢温泉近くの道路沿いの駐車場に車を止めて、西側の夏道沿いに角間峠まで上がる。峠から南側にやや急斜面の樹林帯の尾根筋を上がる。登りきった所が湯ノ丸山北峰で、正面左側には浅間山が見える。さらに少し行くと南峰に達する。下りは東側から東北側の開けた斜面を滑り降りる。途中から樹林帯となる。廃業したスキー場の旧ゲレンデに入る。植林された木の間を滑り旧鹿沢温泉に戻る。

● 参考タイム／旧鹿沢温泉(1時間)角間峠(1時間)湯ノ丸山(30分)旧鹿沢温泉

③ 池の平周辺ルート

グレード ★☆☆

緩斜面のスキーハイキングコース

湯の丸スキー場の東側ゲレンデのトップから林道沿いに進む。途中から林道を離れて右側に行き、わずかな登りで池の平の外輪山稜線に上がる。稜線上から池の平に滑り下りる。池の平から北東口に上がり林道に出る。林道を適当にショートカットして滑り降り、スキー場に戻る。

● 参考タイム／湯の丸スキー場(1時間)池の平(1時間)湯の丸スキー場

文／澤井宏明

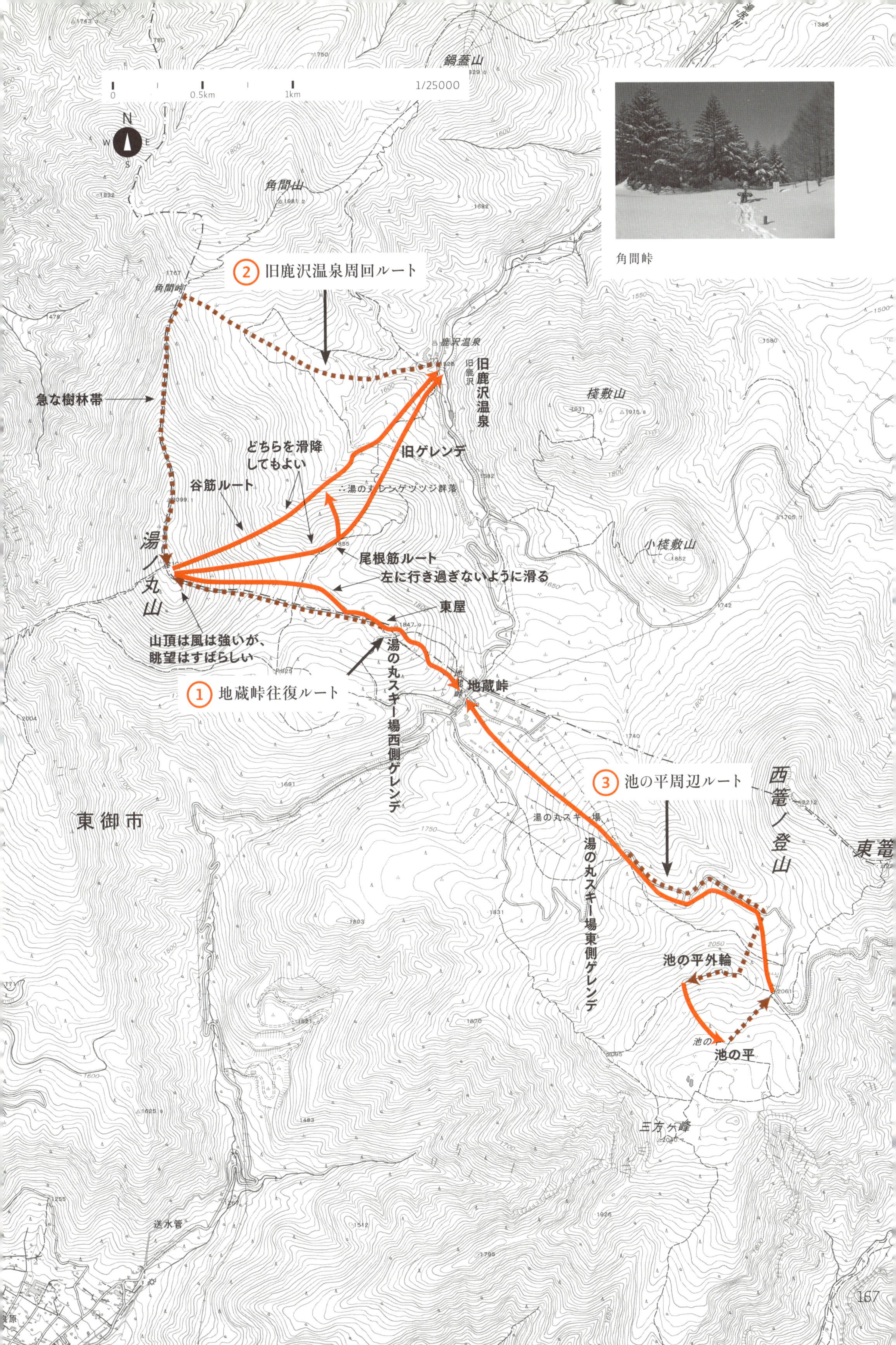

0
0.5km
1km
1/25000
N
W
E
S
鍋蓋山
角間山
角間峠
② 旧鹿沢温泉周回ルート
鹿沢温泉
旧鹿沢温泉
急な樹林帯
桟敷山
どちらを滑降してもよい
旧ゲレンデ
谷筋ルート
湯の丸レンゲツツジ群落
小桟敷山
湯ノ丸山
尾根筋ルート
左に行き過ぎないように滑る
東屋
山頂は風は強いが、眺望はすばらしい
湯の丸スキー場西側ゲレンデ
① 地蔵峠往復ルート
地蔵峠
③ 池の平周辺ルート
西篭ノ登山
東篭
東御市
湯の丸スキー場
湯の丸スキー場東側ゲレンデ
池の平外輪
池の平
三方ヶ峰
送水管

角間峠

060

日帰り

山頂からの
すばらしい眺望。
積雪量の多いときがおもしろい

● 適期／2月下旬～4月上旬

蓼《たて》科《しな》山

蓼科山は八ヶ岳連峰の最北端にあり、標高2500mを超える。独立峰に近く、山頂部は無立木で広い平原状（無雪期は大小の岩に覆われている）なので、八ヶ岳、北アルプス、御嶽山、中央アルプス、南アルプス、浅間山、妙高など周囲の山々の眺望はすばらしい。この地域は降雪量が少なく、山スキーの適期は限られる。また、山スキールートも積雪量が多い北面限定だ。南岸低気圧が通って大量の降雪があったあとの好天が、蓼科山の山スキーのチャンスである。

しかし、頂上直下の急斜面での雪崩に注意が必要だ。標高が高いのでパウダースノーであることが多い。

無立木の斜面の端を上がる

データ

● アプローチ

中央道諏訪ICから国道152号、県道40号経由、約30分で白樺高原。または中部横断道佐久南ICから国道142号、県道40号経由、約50分で白樺高原。

● アドバイス

麓には白樺高原国際スキー場があるのでスキー場のゴンドラを使えば登りは楽になる。白樺高原国際スキー場の積雪情報を参考にして行くとよい。

蓼科山山頂。後ろは北アルプス

蓼科山北面ルート

グレード ★★☆

樹林帯を越えると
すばらしい眺望が待つ

白樺高原国際スキー場のゴンドラに乗りゲレンデトップに出る。シラビソの樹林帯を夏道登山道に沿って東南方向に進む。雪に覆われた道路に出て鳥居のある七合目に到着する。鳥居をくぐりシラビソの樹林のなかを夏道沿いに上がり、蓼科山荘のある将軍平に出て尾根筋を上がる。わずかな距離で頂上につながる広い平坦地に達する。

別の上りルートとして、樹林帯を越えたあと、右側の無立木の広い急斜面の端をジグを切りながら上がる。上部のダケカンバの疎林を過ぎると斜度は緩くなり頂上に達する。

滑降ルートは往路を下る。樹林帯は樹相が濃く、滑りを楽しむのは難しい。滑りを楽しみたい中・上級者には頂上直下のダケカンバの疎林、無立木の急斜面を滑るルートがおすすめである。無立木の斜面を滑り降りたら樹林帯をスキー場まで戻る。

● 参考タイム／白樺高原国際スキー場トップ（3時間）蓼科山（2時間）白樺高原国際スキー場ゲレンデ下

七合目の鳥居

文／澤井宏明

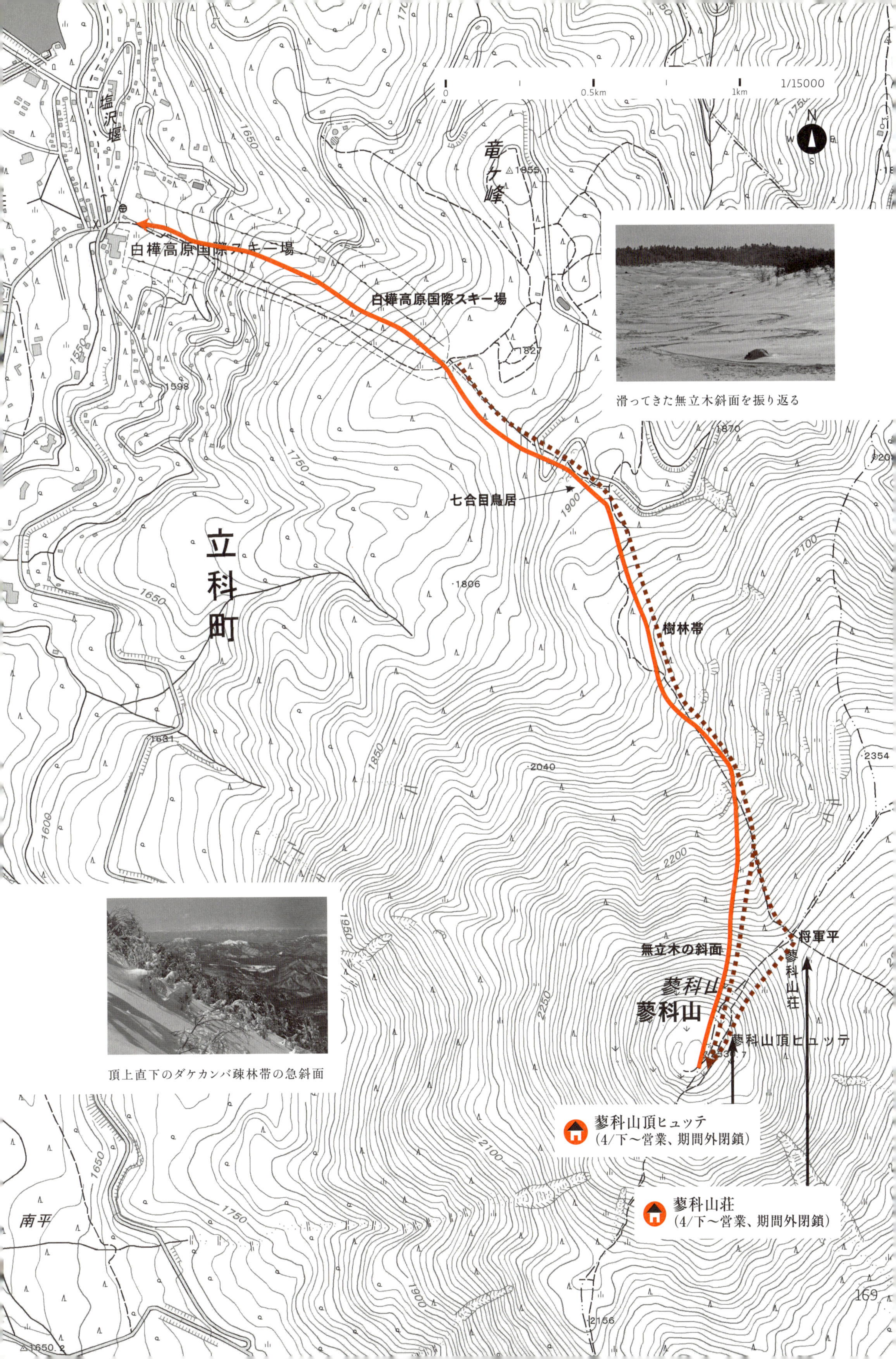

滑ってきた無立木斜面を振り返る

頂上直下のダケカンバ疎林帯の急斜面

061

日帰り

雲海を望みながら
日本最高峰からの滑降は痛快そのもの。
シーズン遅くまで楽しめる

● 適期／5月上旬～6月下旬

富《ふ》士《じ》山《さん》

富士山は3つのプレート境界上に発達した成層火山で、標高は日本最高峰の3776m。大変優美な円錐形をしているが、成層火山としては世界最大級の巨大な山体を誇っている。22本もの滑降ルートがとれたのはそのためで、日本屈指の山岳スキーエリアといっても過言ではない。2013年には信仰登山の歴史やその景観の価値が認められ世界文化遺産に登録された。ユネスコ憲章にある通り、今後は国際平和のシンボルであってほしい。

須走口上部

データ

● アプローチ

静岡県側の富士山スカイライン（富士宮口五合目）、ふじあざみライン（須走口五合目）は例年4月下旬に開通する。また、山梨県側の富士スバルライン（スバルライン五合目・吉田口）は通年通行可能だが、季節によって営業時間が変わるので、詳細は各HPで要確認。

● アドバイス

富士山の積雪期は10～7月と長いが、10～4月はほとんどがアイスバーンなので、山スキーにはゴールデンウィーク以後の雪の緩んだ日が適する。東～南面エリアは、5月になれば雪も緩んでくるが、北面エリアは6月に入ってからが緩みやすい。事故防止のため、アイスバーンの日には決して無理な滑降は行なわないこと。遠目には大きな雪面に見える富士山だが、実際は細かな尾根や沢が入り組んで複雑な地形となっているので、滑降時のルートファインディングは慎重に。また、標高3000m以上での行動が長くなるため、高度に弱い人は登山口の駐車場で1時間以上休憩をとってから出発するなど、高山病対策もしっかり行ないたい。なお、夏山シーズン以外における注意事項として「富士登山における安全確保のためのガイドライン」がインターネット上で公表されている。スキーなどが禁止されているわけではないが、安全のための心掛けとして事前に目を通しておこう。

① 富士宮口コース

グレード ★☆☆

日本最高峰・剣ヶ峰への最短コース

富士宮口は山頂への最短コース。南面に位置するため雪が緩みやすく、山頂滑降確率も高い。剣ヶ峰山頂から滑ることができるのが大きな魅力である。五合目駐車場より夏道沿いに山頂をめざす。駐車場から滑降コースは見えないが、六合目小屋を過ぎると上部が見えるようになる。高さの目安となる山小屋は6軒。八合目下と九・五合目～山頂の傾斜が強くなるところが、がんばりどころだ。山頂の鳥居をくぐって富士宮口頂上・浅間大社奥宮へ。神社の前を左へ曲がり、馬の背を登れば日本最高峰の剣ヶ峰である。

剣ヶ峰からの滑降は、馬の背を経て奥宮へ戻るか、お釜を滑って登り返すか、雪質や体力などの条件次第である。奥宮から鳥居をくぐって大斜面へ出ていくが、雪の少ない年は少し下ってから板を付ける。九・五合目からは滑って楽しい斜面になるが、宝永火口壁まで遮るものがない地形なので、アイスバーンなど雪質の見極めは慎重に。富士宮口は3つの雪渓（山頂～元祖七合目上、右トラバース～新七合目、右トラバース～六合目）が組み合わさっている。その年の残雪状況により、滑降終了点は新七合目～駐車場と幅がある。

なお、山小屋周辺で休憩するときは、建物の屋根や衛生面に充分な配慮がほしい。また、残雪が多い年は駐車場から雪渓を直登できるが、夏道に沿って登ったほうが効率がいいようだ。

● 参考タイム／富士宮口五合目（4、5時間）頂上・奥宮（20分）剣ヶ峰（10分）奥宮（1、2時間）富士宮口五合目

 文／村石 等

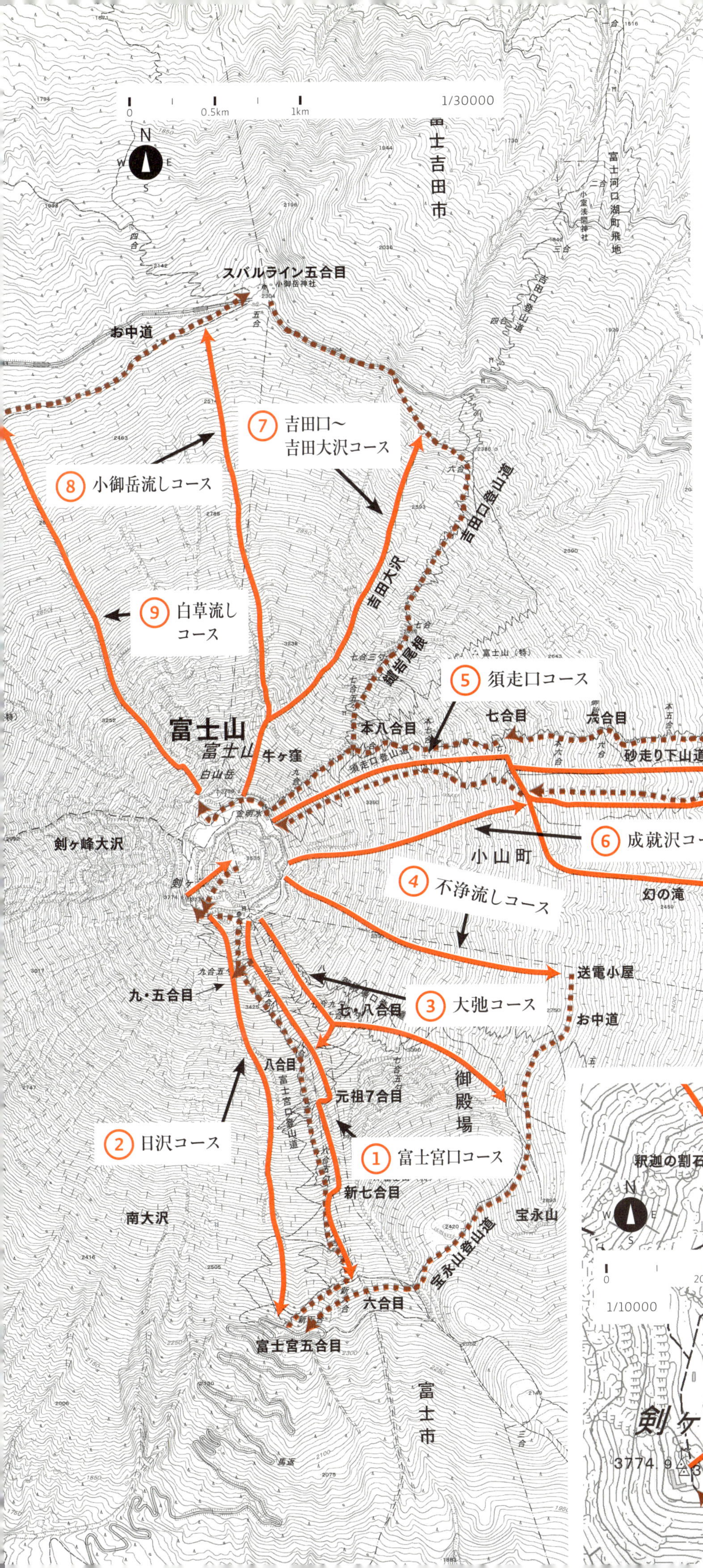

吉田大沢上部

不浄流しの滑り

061

② 日沢コース

グレード ★★☆

富士宮口五合目の真上
アクセスのいい沢

日沢は富士宮口五合目駐車場のレストハウス真上に見える沢で、アプローチは富士宮口となる。ドロップは、馬の背のブル道分岐から左斜めに滑るか、富士宮口九・五合目上のポール(元鳥居)から右に入って沢状地形に出る。左の尾根に沿うように滑るが、やや狭い沢なので複数のパーティが滑ると雪面が荒れてしまうのが難点だ。ただし、滑り終わったあとのアクセスはとてもよい。

● 参考タイム／馬の背(1、2時間)富士宮口五合目駐車場

③ 大弛（御殿場口）コース

グレード ★☆☆

大弛を滑る
静かなコース

大弛は御殿場口登山道がある沢状地形で静かな滑降が楽しめる。アプローチは富士宮口、ドロップポイントは銀明水の鳥居。富士宮口と尾根を挟んで並行する位置にあり、御殿場口七・八合目付近より右へトラバースすれば、富士宮口八合目に戻ることができる。御殿場口登山道に沿って残雪が続く場合は、宝永山を目標に滑り降り、宝永山登山道を経て富士宮口五合目駐車場に戻る。

● 参考タイム／銀明水(1、2時間)富士宮口五合目

④ 不浄流しコース

グレード ★★☆

遅くまで雪が残る
滑って楽しい雪渓

富士山東面に遅くまで残る雪渓で、アプローチは富士宮口もしくは須走口。ドロップポイントはお鉢巡りの荒巻で、そこから東へ滑り降りる。残雪が多い時期は雪をつないで須走口へ継続可。雪渓が途切れた場合は、御中道の送電小屋に出て、そこから富士宮口五合目へもどるが、このあたりの御中道は細い踏み跡程度なので注意が必要だ。

● 参考タイム／奥宮(15分)荒巻(30分)雪渓末端(1時間30分)富士宮口五合目

⑤ 須走口コース

グレード ★☆☆

富士山らしさを楽しめる
東面の大斜面

須走口は、富士山最大の東面大斜面を滑ることができる魅力あるコースである。晴れれば朝から日が当たるので、雪が緩みやすい。五合目駐車場から山頂まで夏道沿いに登れるが、六合目瀬戸館までは樹林帯なので、背負った板が引っ掛かりやすい。駐車場からブル道を登れば10分くらいで分岐となり、右へ行けば登山道、そのまま登ればやがて山頂へと続く東面大斜面に出て、シール登高が可能になる。本八合目で吉田口登山道と合流し、須走·吉田口頂上の久須志神社に着く。

山頂からの滑降は、神社の前で板を付け鳥居をくぐって大斜面に出るが、雪の少ないときは少し下ってから板を付ける。広い斜面なのでどこを滑ってもいいが、登山道の山小屋を目印に下っていくとルートがわかりやすい。七合目大陽館より下は、砂走り下山道に沿った斜面、ブル道に沿った斜面、幻の滝に出る斜面の、おおよそ3つのルートが選択できる。東面に広がる白く大きな斜面を滑る感動は、富士山ならではのものとなろう。

● 参考タイム／須走口五合目(6、7時間)久須志神社(1、2時間)須走口五合目

⑥ 成就沢コース

グレード ★☆☆

東面の痛快な
滑降が楽しめる沢

富士山東面の真ん中にあり、ダイナミックな滑りが楽しめる。アプローチは須走口、ドロップポイントは成就岳と伊豆岳のコルになる。滑り始めは低い溶岩壁に囲まれた割れ目噴火の火口跡、それを抜けると途方もない広大斜面に展開するのがすばらしい。後半は須走口コースに合流する。

● 参考タイム／成就岳·伊豆岳コル(1、2時間)須走口五合目

⑦ 吉田口〜吉田大沢コース

グレード ★★☆

富士山最大の沢
吉田大沢を滑る

富士山に大沢と名の付く沢は3つ——吉田大沢、剣ヶ峰大沢(大沢崩れ)、南大沢(表大沢)——あるが、吉田大沢は富士山最大の沢であり、そこを滑ることができるのが吉田口の魅力である。北東面にあたる吉田大沢は、5月では上部でアイスバーンになることもあるが、6月になると緩んでくる。

スバルライン五合目から夏道を登

小御岳流し

っていく。高さの目安となる山小屋は、七合目〜八・五合目の間に15軒ある。七合目花小屋から八合目蓬莱館までが鎌岩尾根と呼ばれる溶岩尾根で、苦しい登りが続くが、あとは山頂直下を除けばジグザグ道となる。本八合目で須走口と合流し、やがて山頂の久須志神社に着く。

吉田大沢へは神社を右へ行き、窓(白山岳と久須志岳のコル)からドロップする、条件がよければ白山岳山頂から滑ることもできる。滑り始めはカールのような地形の広い斜面で、その底になるのが牛ヶ窪、三角岩が目印になる。その下はしばらく広く快適な斜面だが、やがてバーンがふたつに分かれるので、いいほうを選んで滑る。雪渓末端からは夏道に戻るか、そのまま下って駐車場へ戻る。

● 参考タイム／スバルライン五合目(5〜6時間)頂上・久須志神社(5分)窓(1時間30分〜2時間)スバルライン五合目

8 小御岳流しコース

グレード ★★☆

登山道を離れ 富士山らしさを楽しむ

スバルライン五合目駐車場からすぐ上に見える「流し」で、富士山北面のなかでは比較的手軽に入れるので、最近人気がある。アプローチは吉田口、滑降は山頂から吉田大沢を滑って途中の牛ヶ窪からドロップする。三角岩左側の屏風尾根を越えるが、年によって雪が付いていたりいなかったりする。最初は岩が多いが、その下は広い斜面になる。積雪の少ない年は片斜面で途中まで、多い年はフラットバーンで御中道まで滑ることができる。御中道のスバルライン五合目〜御庭は整備された遊歩道なので見落とすことはないだろう。右へ行けば、ほどなくスバルライン五合目である。

● 参考タイム／窓(1、2時間)スバルライン五合目

9 白草流しコース

グレード ★★☆

富士山北面の 豪快な滑降が楽しめる

富士山北面でダイナミックな滑降が楽しめる流しである。アプローチは吉田口から。6月に入っても寒気や風向きによっては上部でアイスバーンになっていることがあるので要注意。ドロップポイントは釈迦の割石下、久須志神社から小内院を経て登り返す。滑り始めは広い斜面だが、そのまま降りると滝に出るので、左に寄って隣の斜面に移るのがポイント。あとは豪快に、まっすぐ滑り降りる。左隣の青草流しに残雪がある場合は、さらに長く滑ることができる。雪渓末端からは真下に降りるのが効率的。御中道に出たら、右へ行けばスバルライン五合目である。

● 参考タイム／頂上・久須志神社(40分)釈迦の割石下(1時間〜1時間30分)御中道(30分)スバルライン五合目

白草流しのダイナミックな滑り

062

ベースキャンプ

南アルプスの
女王を滑る。
3つのカール群

● 適期／ゴールデンウィーク

仙《せん》丈《じょう》ヶ岳

仙丈ヶ岳は、南アルプス最北端の3000m峰である。大仙丈沢、小仙丈沢、薮沢と3つのカールを擁し、その女性的なたおやかな山容から南アルプスの女王と称されている。

南アルプスの絶対降雪量は少なく、「山スキー?」と思われる方も多いだろうが、一度降雪があると、3000mの標高が雪解けから守ってくれる。南岸低気圧によるドカ雪と春先の低温が重なった年はチャンスである。果報は寝て待て！ 女王の純白で広大なカール群にシュプールを刻もう。

データ

● アプローチ

ゴールデンウィークは、登山口である北沢峠までのバスは運行していない。歌宿から約6kmの車道歩きとなる。歌宿までの南アルプス林道バスの発着所である仙流荘へは中央道伊那ICから国道361号を東進、または中央道諏訪ICから国道152号を南下、美和ダムの先を左折して約10分。

● アドバイス

南岸低気圧による降雪が多く、3～4月の気温が低い年は狙い目。4月下旬になるとバスの運行と長衛小屋の営業も始まり、南アルプスでいちばん楽に山スキーを楽しめる山に変身する。しかし、山が最も美しいのは3月下旬。戸台から北沢峠まで半日かけて歩くことになるが、ゴールデンウィークでは味わえない純白の仙丈ヶ岳がほほえんでくれる。

大仙丈カールを滑る

① 大仙丈カール

グレード ★★☆

大カールを滑る

歌宿から除雪が終わったスーパー林道を歩き北沢峠へ。そこからは夏道沿いに山頂をめざす。ゴールデンウィークには登山者の立派なトレースがある。シールを使う場面はほとんどないが、いちばん無難なルートである。

山頂からは大仙丈カールを滑ろう。仙丈カール群のなかで最も広大な斜面で、北岳に向かってダイナミックな滑降を堪能できる。ゴールデンウィークだと林道まで雪はつながっていない。最後の標高差100～200mは歩くことになる。最初は左岸を、途中から右岸沿いを歩く。野呂川林道を歩き、北沢峠まで戻るが、半日の歩きとなる。

● 参考タイム／歌宿（2時間）北沢峠（4時間）仙丈ヶ岳（2時間）野呂川林道（4時間）歌宿

② 小仙丈カール～雪投沢

グレード ★★☆

南アの女王を滑降

山頂までは①と同じ。山頂から夏道沿いに少し戻ると小仙丈沢の源頭に出る。ここから小仙丈カールに飛び込む。最初は急だが、すぐに斜度も緩んでくる。雪の多い3月であれば野呂川の林道までスキーで下れるが、カール底から稜線経由で小仙丈ヶ岳に登り返すのが一般的である。

小仙丈ヶ岳からは北東面の雪投沢を滑る。こちらはゴールデンウィークも雪が残っており、スーパー林道まで滑降できる。

● 参考タイム／小仙丈カール源頭（20分）カール底（40分）小仙丈ヶ岳（1時間）林道（3時間）歌宿

③ 薮沢カール

グレード ★★☆

仙丈ヶ岳の最短ルート

大平山荘手前から大滝右岸側の夏道横の急な雪渓を詰め上げ、最後はトラバースで薮沢に出る。ここまでが核心で、あとは薮沢を詰め上げる。仙丈小屋から山頂は氷化していることが多い。状況を見定め、早めにアイゼンやクトーに切り替えるとよい。①とは異なり、ほとんどシール歩行で山頂まで登ることができる。

頂上直下の急斜面をやり過ごすと、すぐに斜度も緩み、快適な滑降となる。大滝上で板を担ぎ、右岸の尾根をトラバース気味に越え、隣の雪渓に入る。雪が多い年だとゴールデンウィークでもスーパー林道までスキーで下ることができる。

途中で馬ノ背に登り返し、平右衛門谷をスーパー林道まで滑降するのもよい。歌宿のバス停にも近く、いちばん楽な下山ルートである。ここは雪の多い年限定。行きに残雪の状態を確認しておくとよい。

● 参考タイム／歌宿（1時間30分）大平山荘下カーブ（1時間30分）薮沢大滝上（3時間）仙丈ヶ岳（1時間）大滝上（1時間）大平山荘下（1時間30分）歌宿

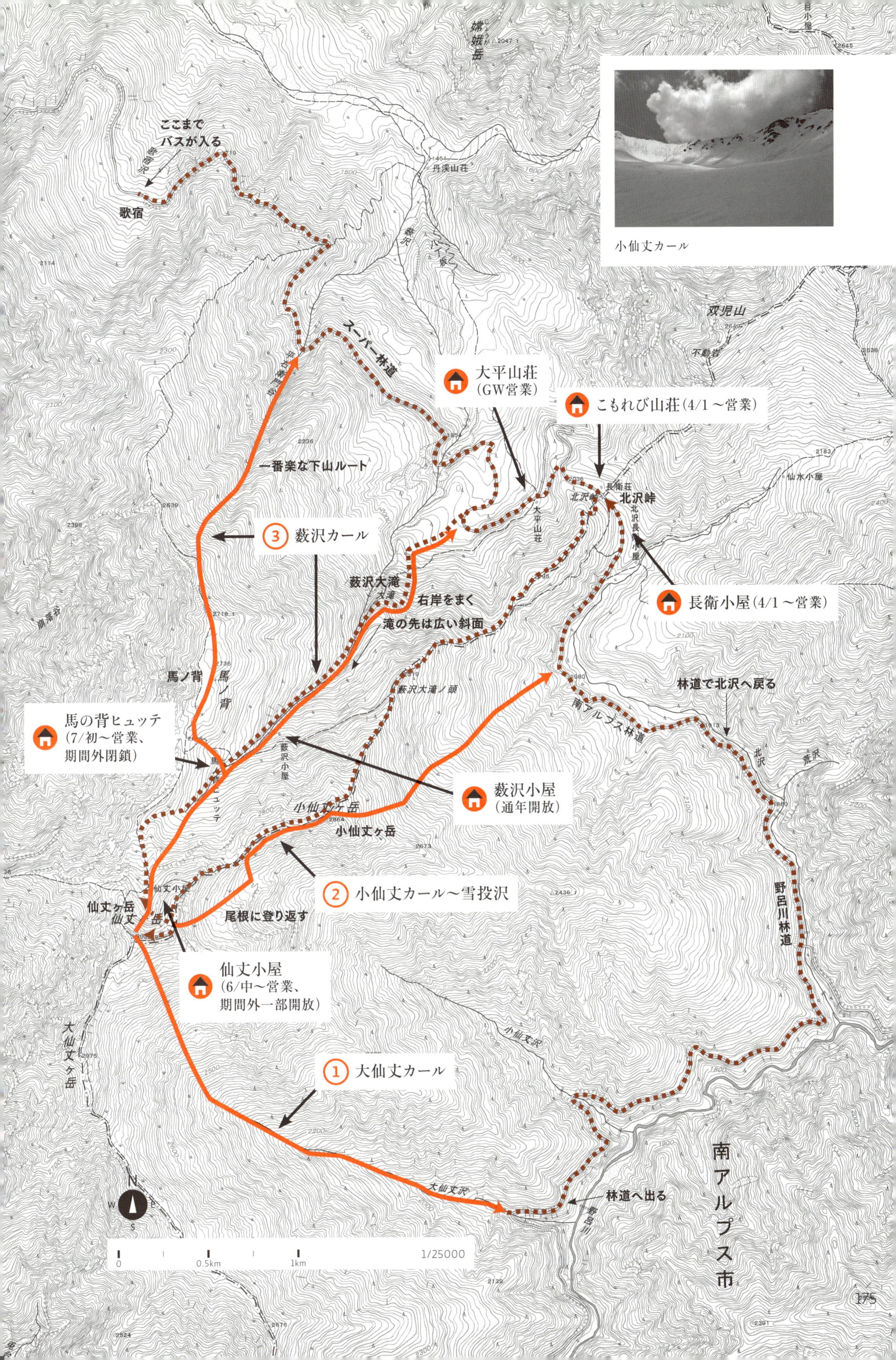
ここまで
バスが入る
歌宿
スーパー林道
丹渓山荘
大平山荘
（GW営業）
こもれび山荘（4/1～営業）
双児山
不動岩
一番楽な下山ルート
③ 薮沢カール
薮沢大滝
右岸をまく
滝の先は広い斜面
北沢峠
長衛小屋（4/1～営業）
馬ノ背
馬の背ヒュッテ
（7/初～営業、
期間外閉鎖）
林道で北沢へ戻る
南アルプス林道
薮沢小屋
（通年開放）
小仙丈ヶ岳
② 小仙丈カール～雪投沢
仙丈ヶ岳
尾根に登り返す
仙丈小屋
（6/中～営業、
期間外一部開放）
野呂川林道
① 大仙丈カール
大仙丈ヶ岳
小仙丈沢
大仙丈沢
林道へ出る
南アルプス市
N
S
W
0
0.5km
1km
1/25000

小仙丈カール

063

スキーツアー

バットレスの眺めがみごとな北岳
雄大なカールを滑る間ノ岳
南アルプスの滑降を堪能する

● 適期／4月中旬～6月上旬

北《きた》岳・間《あい》ノ岳

雄大な滝ノ沢カール

細沢カールの滑り

標高3193mの北岳は、日本三大アルプスの最高峰。国内でここより高い山はもう富士山しかない。南アルプスはなだらかな山容の山が多いが、北岳のバットレスを従えた姿は大変アルペン的、見る方向によっては美しい三角錐になり、気品に満ちた印象になる。夏になるとお花畑になる草すべりの広い斜面や雪渓が残る大樺沢は山スキーの好ルートになっている。

一方、丸い形の山頂をもつ間ノ岳は標高3190m、日本第三の高峰である。北岳と農鳥岳の間にあって目立つ山ではないため、わざわざめざす人は少ないが、ジャイアント級の山が多い南アルプスでも特筆に値するほど大きな山容をしている。大井川、野呂川、細沢、滝ノ沢にそれぞれ大きなカールがあり、南アルプスでは最も雄大な滑りを楽しめる、山スキーヤーにとっては大変魅力あふれる山である。

データ

● アプローチ

北岳・間ノ岳の登山口となる広河原への交通手段は、県営林道などの冬期閉鎖が解除になる6月下旬までない。夜叉神峠登山口または奈良田開運トンネルのゲートより歩くことになる。夜叉神峠登山口へは中央道甲府昭和ICより車で1時間。そこから広河原へは林道15kmで徒歩約3時間30分。また、奈良田へは新東名高速新清水ICより車で1時間30分。広河原へは開運トンネルのゲートより県道17kmを徒歩約4時間である。

● アドバイス

太平洋側に位置する南アルプスでの山スキーは、その年の積雪量の多寡によって大きく左右されるので、山岳情報や気象情報、周辺スキー場の積雪情報などを参考に入山の可否を判断する。積雪が安定する4月中旬～6月上旬が適期だ。北岳の滑降をめざす場合は、広河原をベースにするといい。広河原山荘は冬季小屋が開放されている。また、間ノ岳は甲府盆地から手に取るように見上げることができるが、登るとなるとけっこう奥深い。山頂へはいくつかのルートが考えられるが、北岳山荘の冬季小屋を利用するのが便利だ。北岳山荘へは広河原～八本歯のコル～池山吊尾根分岐を経て入ることができる。

① 北岳～大樺沢左俣

グレード ★★★

バットレスを眺めながら大樺沢左俣を滑る

夜叉神峠登山口から広河原までは、長いトンネルを2本抜ける気の遠くなるような車道歩きとなる。広河原の吊橋で野呂川を渡ると広河原山荘が右にある。ここをベースにすれば、北岳はワンデイで往復できる。登山道は大樺沢の右側に続いている。白根御池への分岐を過ぎ、大樺沢に沿って登っていくと雪渓が現れる。時期や年によるが、標高1800～2100mくらいが雪渓の末端になっている。やがて両岸が開けてくると二俣。左俣に入ってバットレスを見上げながら急斜面を登ると、八本歯ノコルに着く。ここで間ノ岳の雄大な眺めが得られるが、正面の滝ノ沢カールの広い斜面がなんとも輝かしい。コルから尾根をたどり、池山吊尾根

文／村石 等　写真／中江明子、村石 等

分岐を経て北岳の山頂に至る。遮るもののない北岳山頂からの眺めはとてもみごとで、周囲の山々に思わず目を奪われる。

大樺沢左俣の滑降は、池山吊尾根分岐まで戻り、残雪状況に応じて板を付ける。雪が多いシーズンであれば池山吊尾根分岐から、少ないシーズンでも八本歯ノコルの手前から滑ることができる。尾根直下は狭くてかなりの急斜面だが、そこを過ぎれば広い斜面になる。バットレスを眺めながらの滑降は印象深いものとなろう。二俣を過ぎ、雪渓末端で滑降終了。用具一式を背負って広河原に戻り、さらに夜叉神峠登山口へと下山する。

● 参考タイム／夜叉神峠登山口（3時間30分）広河原（5時間）八本歯ノコル（1時間）北岳（3時間）広河原（3時間30分）夜叉神峠登山口

② 北岳〜草すべり

グレード ★★★

北岳北峰より草すべりを滑る

大樺沢二俣から北岳へは、大樺沢右俣や草すべりを登っていくが、長時間にわたり急斜面を登り続けることになるので、なかなかペースは上がらない。八本歯ノコルを経由したほうが効率的だろう。草すべり滑降は北岳山頂より北岳北峰へ移動し、雪質などの条件がよければ北峰山頂よりドロップする。しかし雪が硬い場合は適宜アイゼンで下る。しばらくは稜線上を肩ノ小屋めざして滑り、肩ノ小屋からは東面の大斜面を滑降する。草すべりは広くて明るい斜面なので、自由にシュプールを刻むことができる。下部になったら大樺沢右俣に入り、二俣を経て滑降終了となる。

● 参考タイム／北岳（2時間30分）広河原

③ 間ノ岳〜滝ノ沢カール

グレード ★★★

間ノ岳ナンバーワンの滑りが楽しめる沢

八本歯ノコルから間ノ岳を見たときに、まず目に飛び込んでくる大斜面が滝ノ沢カールである。間ノ岳の数あるカールのなかでも、最も爽快な滑りが楽しめ、滑り終わったあとも北岳山荘へ戻りやすい好ルートだ。ベースには北岳山荘冬季小屋を利用する。

北岳山荘へは夜叉神峠登山口〜広河原〜八本歯ノコル〜池山吊尾根分岐を経て入るが、吊尾根分岐からの下りは、岩場に付けられた登山道が凍っていることが多いので、アイゼンを付けていてもシートラーゲンでの通過は慎重に。八本歯ノコル上からの夏のトラバースルートはかなりの急斜面なので勧められない。北岳山荘冬季小屋は2階の一部が開放されている。

北岳山荘から間ノ岳へは夏道沿いに登るが、場所によって雪があったりなかったりで、アイゼンを付けているとちょっと厄介。広い尾根になると間もなく、間ノ岳山頂に到着。大井川の向こうの塩見岳や荒川岳が印象的だ。

滑降は滝ノ沢カールへ。間ノ岳の数あるカールのなかでも北東面になるため、その雪のよさ、そしてスケール感において南アルプス随一の滑りが楽しめる。山頂から少しの間は稜線を滑るが、右側に弘法小屋尾根を分けたら、その先のカール斜面へ、北岳を眺めながらの滑降となる。広い斜面をたっぷり滑るとゴルジュになるが、そのまま北沢出合まで滑っていく。

北沢出合からは北岳山荘へ登り返す。沢の右斜面を登り、2670mの台地から右斜上すれば山荘近くの稜線に登り着く。北岳山荘からの下山は、池山吊尾根分岐まで登って大樺沢左俣を滑るか、北岳へ登って草すべりを滑るか、お好み次第である。

● 参考タイム／夜叉神峠登山口（3時間30分）広河原（5時間）八本歯ノコル（2時間）北岳山荘（2時間）間ノ岳（1時間）北沢出合2350m （2時間）北岳山荘（1時間）北岳（3時間）広河原（3時間30分）夜叉神峠登山口

間ノ岳付近の稜線

④ 細沢カール

グレード ★★★

広大な細沢カールを豪快に滑走

甲府盆地からよく見える間ノ岳の、大きく白い斜面が細沢カールである。間ノ岳山頂から、東側にある雪庇の弱点を見つけてカールに入る。滑り始めはアルペン的な急斜面だが、やがて広くて滑りやすい斜面になる。登り返しを考えると、どこまで滑るか悩ましいところだが、せっかくの滑降なので思いきって滑ってしまおう。山頂より標高差1000mは気持ちよく滑ることができる。滑り終わったら、あとはひたすら登り返すだけ。弘法小屋尾根を2920m付近で越えれば、滝ノ沢カールへの継続滑降が可能だ。

● 参考タイム／間ノ岳（1時間）細沢2200m（3時間）間ノ岳

⑤ 大井川三国沢カール

グレード ★★★

大井川の最源流三国沢カールを滑る

大井川は南アルプスの多くの山々を流域としているが、そのなかで最源流になるのが三国沢のカールである。間ノ岳山頂から三峰岳への稜線沿いに滑り始め、左側にカールへ続く斜面を見つけたらドロップする。稜線付近は風の影響で雪が薄く、硬いところもあるが、カールのなかに入ってしまえば滑りを楽しめるようになる。途方もなく巨大なカールだが、塩見岳に向かって大井川を滑る感動はひとしおだろう。滑りやすい斜面がどこまでも続き、折り返し地点が悩ましいが、農鳥沢出合が区切りになる。登り返しは三峰岳の右肩をめざすと登りやすい。稜線に出て登山道沿いに間ノ岳に登り返す。

なお、三峰岳の肩からは野呂川側の北面カールを滑ることもできる。広い斜面を滑るとやがてゴルジュ状になるが、そのまま右俣沢出合まで滑り降りることも可能だ。途中まで滑って稜線へ登り返すか、2300mまで滑って野呂川右俣沢カールを登り返すか。続きは次項参照。

● 参考タイム／間ノ岳（1時間）農鳥沢出合2430m（3時間）間ノ岳

野呂川右俣沢カールの登り

⑥ 野呂川右俣沢カール

グレード ★★★

南アルプスの奥深さを感じるカール滑走

白峰三山をぐるっと回り込む野呂川源流にあるのが右俣沢のカール。間ノ岳山頂から北岳に向かって広い尾根をしばらく滑り、稜線左側にカールの斜面を確認したらドロップする。初めのうちは急斜面だが、ここのカールもすばらしく広い斜面で、仙丈ヶ岳を眺めながらの滑降は山の奥深さを感じさせる。

標高2600mより先は沢が狭まり滝も現れるが、左側を滑り降りられる。滝を通過すれば右俣沢本流との出合だ。出合からは稜線に登り返すが、雪の多いシーズンなら両俣小屋へ滑り降りることができる。その場合は、大仙丈沢より仙丈ヶ岳を越えるか、間ノ岳や三峰岳に登り返してスキーを使った山旅を続けるか。地図を見ながらオリジナルのラインを見つけていただきたい。南アルプスの山スキーには、まだそういう楽しさが残っている。

● 参考タイム／間ノ岳（1時間）右俣沢出合2300m（2時間30分）間ノ岳

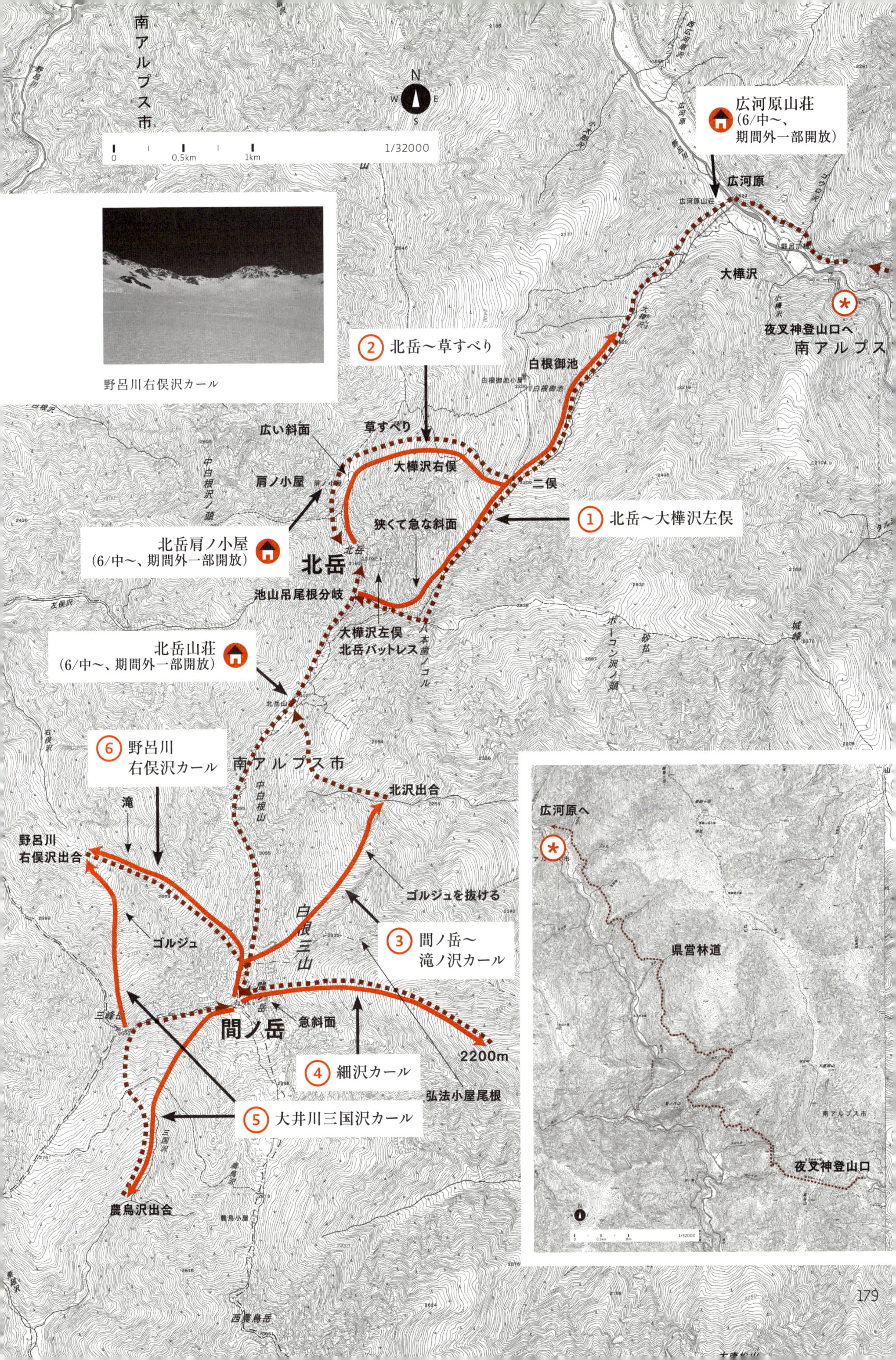

南アルプス市
1/32000
0
0.5km
1km
広河原山荘
(6/中～、
期間外一部開放)
広河原
大樺沢
夜叉神登山口へ
南アルプス
② 北岳～草すべり
白根御池
草すべり
広い斜面
大樺沢右俣
肩ノ小屋
二俣
① 北岳～大樺沢左俣
狭くて急な斜面
北岳肩ノ小屋
(6/中～、期間外一部開放)
北岳
池山吊尾根分岐
大樺沢左俣
北岳バットレス
北岳山荘
(6/中～、期間外一部開放)
⑥ 野呂川
右俣沢カール
南アルプス市
北沢出合
滝
野呂川
右俣沢出合
ゴルジュを抜ける
ゴルジュ
白根三山
③ 間ノ岳～
滝ノ沢カール
間ノ岳
急斜面
2200m
④ 細沢カール
弘法小屋尾根
⑤ 大井川三国沢カール
農鳥沢出合
広河原へ
県営林道
夜叉神登山口

野呂川右俣沢カール

064

日帰り

ロープウェイ利用で
一気に雲上の
スキーパラダイスへ

● 適期／4月中旬～5月下旬

木《き》曽《そ》駒《こま》ヶ岳

木曽駒ヶ岳周辺はロープウェイを使えば一気に2612mの千畳敷まで上がれるため、稜線までの登りが他の山域に比べて時間的に短く手軽なことから、週末には多くのスキーヤーや登山者でにぎわう。しかしそれも千畳敷や木曽駒ヶ岳周辺であり、その先のルートでは人も少なく静かな山スキーが楽しめる。

データ

● アプローチ

駒ヶ根高原から先は一般車進入禁止のため、菅の台バスセンターに駐車してバスとロープウェイを乗り継ぎ千畳敷へ。菅の台バスセンターへは中央道駒ヶ根ICから3分。

● アドバイス

標高が高いため天気が悪いとアイスバーンになるので気温には注意が必要。三ノ沢岳の手前は稜線が細く、要注意。他のルートとしては、宝剣岳の二ノ沢、三ノ沢や駒ヶ岳黒川コース、伊那前岳架線沢コースなどがあり、いずれも時間的には半日コース。

① 玉ノ窪沢・伊那前岳

グレード ★★☆

木曽前岳と伊那前岳稜線からの快適なルート

ロープウェイ終点から乗越浄土をめざす。週末なら多くの人が登っている。登りきったら斜度は緩くなり、中岳を越えて木曽駒ヶ岳へ。ここからいったん、鞍部まで下りて木曽前岳に登り返す。山頂のにぎわいが嘘のような静かさである。木曽前岳から玉ノ窪沢へ滑降。滑り出しは少し斜度があるものの、すぐに中斜面となり沢も広く快適。どこまで滑るかは登り返しの時間と体力次第。滑降終点から鞍部を経由し、木曽駒ヶ岳に登り返す。

山頂から広い斜面を滑り、中岳を越えて乗越浄土付近まで滑降。ここから5分ほど伊那前岳方面へ稜線を登れば滑降ポイント。カールの底まで280m程度の標高差であるが、斜度もあり楽しいルートだ。

● 参考タイム／千畳敷(2時間)木曽駒ヶ岳(20分)木曽前岳～玉ノ窪沢(2時間)木曽駒ヶ岳(30分)伊那前岳稜線(10分)千畳敷

② 三ノ沢岳

グレード ★★☆

静かな三ノ沢カールを滑る

千畳敷から極楽平へ登る。ここでシールを外して伊奈川源流へ向かって滑る。あまり滑り過ぎないうちに三ノ沢岳との鞍部へ向かう。再びシールで三ノ沢岳へ。三ノ沢岳は主稜線から外れているため中央アルプスの眺めがよい。まずは広い三ノ沢カールを滑る。気持ちがよく伊奈川源流方面に滑っていきたいが、適当な所から極楽平へ登り返す。あとはカールの底までひと滑り。時間があれば、①の伊那前岳稜線からのコースと組み合わせ可能。

● 参考タイム／千畳敷(2時間)三ノ沢岳(2時間)千畳敷

伊那前岳稜線からの斜面

文／吉田 豊

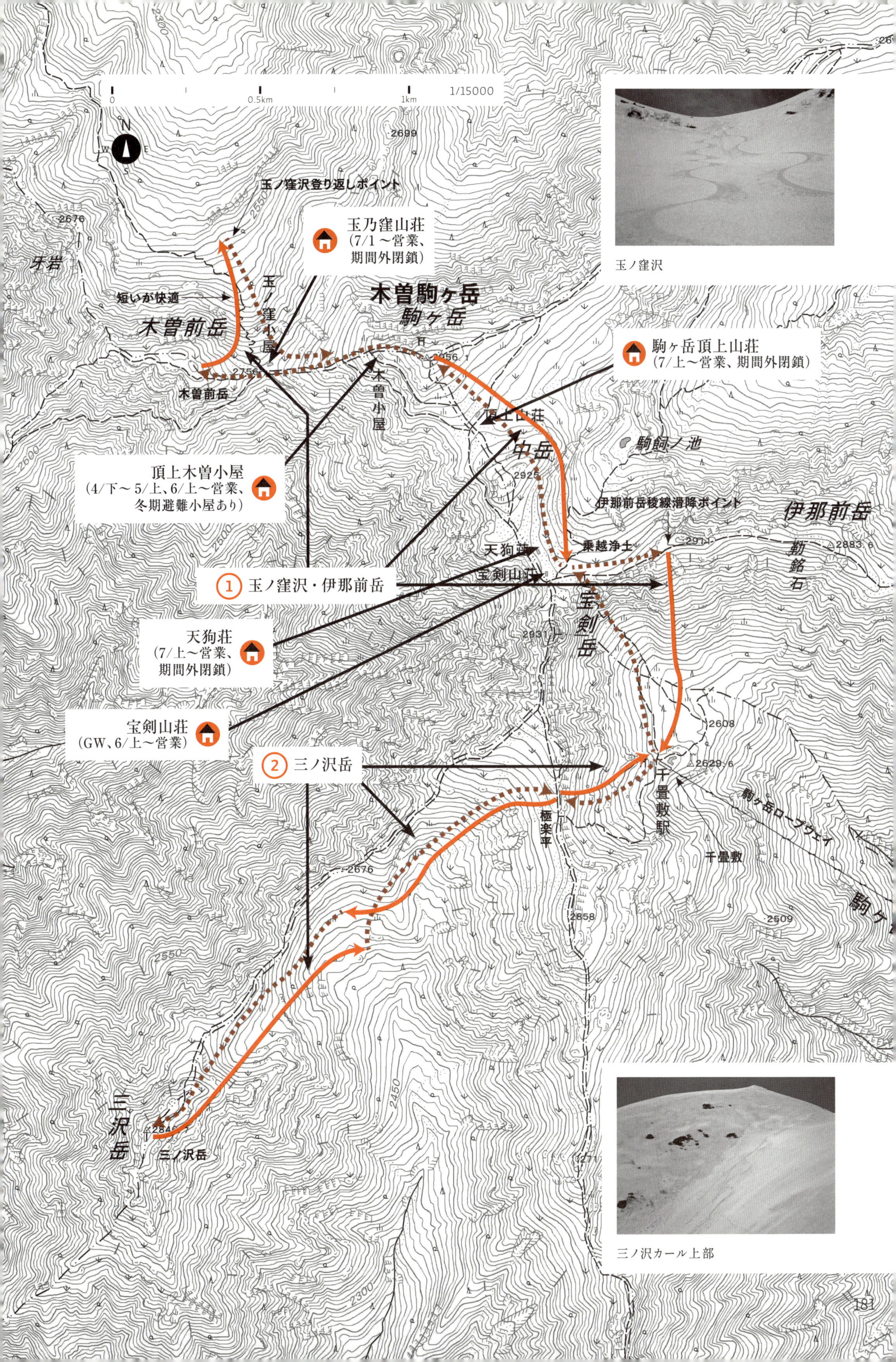

玉ノ窪沢

三ノ沢カール上部

065

日帰り

広い頂上部に
各方面からのツアールート。
規制区域外にも好ルート

● 適期／3上旬～5月下旬

御《おん》嶽《たけ》山（継《まま》子《こ》岳）

木曽御嶽山は、標高3000m級でありながら、「日本のキリマンジャロ」と例えられるほど広大な山頂部をもつ山である。無雪期の登山道は、長野県側からの王滝口、黒沢口、開田口、岐阜県側からの日和田口、濁《にごり》河《ご》温泉口の計5本。このうち山スキーに利用されるのは、御岳ロープウェイスキー場から頂上の剣ヶ峰に登って往路を滑るルートか、頂上から田の原に回って王滝口のおんたけ2240スキー場に滑り込むルートだった。執筆時点(2015年7月)では、黒沢口は八合目の女人堂までしか入れないので、2016年以降の春スキーシーズンにロープウェイが運行されるかどうかは不明。近い将来、長野県側のコースが再開されることを願うしかない。本稿では、岐阜県側のチャオ御嶽スノーリゾートから頂上部北端の継子岳を往復するコースを紹介する。

立ち入り規制区域外の頂上部を登降するそのほかのルートとしては、濁河温泉～五の池小屋往復ルートや、チャオ御嶽～継子岳～濁河温泉の縦走ルートもある。車利用の場合、車を回収する必要があるので、濁河温泉とチャオ御嶽間のスキーシーズン期間中の道路状況を事前に調べておくこと。

御嶽山頂上部と足下の四ノ池

データ

● アプローチ

チャオ御嶽スノーリゾートへは中央道伊那ICから国道361号、国道19号、国道361号を経て約72km。または中央道中津川ICから国道19号、国道361号を経て約105km。チャオ御嶽から濁河温泉は車で15分。

● アドバイス

火口周辺警報に基づき、火口周辺の警戒区域が設定される。入山する場合は地元市町村のホームページなどで、最新の規制情報の確認と登山計画書の提出を。継子岳の北東山麓の開田高原マイアスキー場から継子岳に登ることは禁止されている。車利用の場合、チャオ御嶽と濁河温泉の道路は、冬期間(12～4月)の夜間(17:30～翌8:00)は通行止めとなる。北面なので雪が遅くまで残るチャオ御嶽は例年5月末まで営業している。頂上直下は無立木の急斜面になるので、クラストしている場合はアイゼンが必要。この斜面の滑り出しは、転倒しないよう注意。

チャオ御嶽スノーリゾートから継子岳往復

グレード ★★☆

5月まで営業のスキー場利用の滑降

ロープウェイを利用して山頂駅(2180m)まで上がり、樹林帯をシール登高して登山道(日和田道)に合流する。上部のルートの様子を見ながら、ほぼ夏道沿いに千間樽沢源頭部まで登る。千間樽沢源頭で森林限界を抜けると、ここから上部は頂上まで無立木の急斜面で、下部もマイアスキー場までほぼ続いている長い斜面となっている。オープンバーンでスキー滑降には最適の場所だが、筆者が登った当時(2010年4月)は、マイアスキー場の営業期間中、残念ながらスキー場から上部へは登らせていなかった。北向き斜面なので春でも雪が硬く雪崩や滑落の危険があるからだろう。森林限界を過ぎてからの登りは、スキーを担いでピッケルとアイゼンを使ったほうが無難だ。

継子岳山頂に立ったのち、雪質もよく時間があるのなら、四ノ池までの滑りを楽しむといい。下りは、頂上付近の北斜面は雪が固いので、50mほど下のコルまで下がり、そこからマイアスキー場を見下ろす大斜面に滑り込む。斜滑降主体で最初の100mほどを下り、雪が軟らかいところと硬いところの見極めがついてきたら、ロープウェイ頂上駅上の森林限界まで西方にトラバース気味に自由に滑る。樹林帯はそれほど木が混んでいないので、ゲレンデに滑り込まず、さらに樹林のなかを滑って下部で合流する。

● 参考タイム／ゴンドラ頂上駅 (50分)千間樽沢源頭(2時間20分)継子岳(1時間)ゴンドラ頂上駅(10分)駐車場

頂上への斜面から開田高原マイアスキー場

 文／佐藤 徹

0
0.5km
1km
1/20000
N
W
E
S
カラ谷
千間樽沢
1774
△1859.6
1814
ゴンドラ駅
1849
1840
1844
1876
チャオ御岳スノーリゾート
1866
2009
1979
1938
1871
2005
2149
2119
2093
ゴンドラ頂上駅
マイアスキー場
2326
2316
高山市
千間樽沢源頭部
継子岳
継子岳
△2859.1
頂上直下の急斜面は
硬い雪質のときに注意
八合目
2428
御嶽山
2812
四ノ池
2690
2236
2658
飛騨頂上
五の池小屋
九合目
三ノ池
2500
2316
摩利支天山
2959.5
2745
2567
2897
2430
サイノ河原

Chapter

6

北アルプス

066

ベースキャンプ

蓮華温泉ベース。
定番コース以外にも
多数のルートどりが妙味

● 適期／3月中旬〜5月初旬

朝《あさ》日《ひ》岳・雪《ゆき》倉《くら》岳

朝日岳・雪倉岳ともに後立山連峰の最北部に位置しており、蓮華温泉が営業を開始すると、大勢の山スキーヤーがやってくる。雪倉岳の斜面はどこを滑ってもよいほどの広大な斜面。瀬戸川のスノーブリッジの状態がキーである。

朝日岳は、標高は雪倉岳より低いが距離が長いので、それなりの準備で臨みたい。

データ

● アプローチ

起点となる栂池高原スキー場へは上信越道長野ICから白馬長野有料道路経由で約60分、または長野道安曇野ICから国道148号経由で約90分。シーズン中は関東・関西圏からスキーバス、JR大糸線白馬駅、新幹線長野駅から定期バスが運行されている。

● アドバイス

多くのスキーヤーが入る人気エリアだが、荒天時の天狗原では死亡を伴うルート選定ミスやヘリ救助も過去にはあるので、簡単な場所だと見くびらないこと。雪倉岳・朝日岳に行くのであればクトーやアイゼンを携行しよう。

蓮華温泉からの雪倉岳

① 栂池ロープウェイ〜自然園駅〜天狗原

グレード ★☆☆

ロープウェイ駅から天狗原へ

栂池ゴンドラ「イブ」と栂池ロープウェイで終点の自然園駅へ。切符購入時に登山届を提出する。自然園駅で注意事項のレクチャーあり。駅出口から右側の尾根伝いに登高。斜面右側に寄りすぎない程度に直登する。

● 参考タイム／自然園駅（1時間）天狗原

② 振子沢〜中ノ沢〜蓮華温泉

グレード ★☆☆

トレースが明確な沢ルート

定番コース。天狗原が強風下でも、いったん新潟側に入ると穏やかなことが多い。荒天時の振子沢へ入る場合は注意。天狗原から振子沢に入るときは、祠からいったん白馬乗鞍岳側のやや北西側に回り込むと凹みを避けられ、スムーズに進める。振子沢に入ったあと、しばらくはどこを滑ってもよいが、左岸側の中ノ沢に移る標識と立木を見逃さない。さらに、乗鞍沢の橋を渡った直後の、多雪時の斜行登高トラバースは慎重に。

● 参考タイム／天狗原（1時間30分）蓮華温泉

③ 白馬乗鞍岳〜天狗の庭〜蓮華温泉

グレード ★★☆

天狗の庭からの大眺望

②と同様の定番コース。白馬乗鞍岳までは夏道どおりのルート。白馬大池の状態によっては湖面を通過可能。天狗の庭から真正面に雪倉岳がよく見える。雪倉岳登高／滑降ルートの確認。そして程なく、蓮華温泉の建物が見えてくる。

● 参考タイム／天狗原（2時間）白馬乗鞍岳（1時間30分）天狗の庭（1時間）蓮華温泉

④ 白馬乗鞍岳〜船越の頭〜瀬戸川左俣源頭〜蓮華温泉

グレード ★★★

マニアックな難関ルート

白馬乗鞍岳までは③と同様。頂上のケルンからやや南西側に下り、船越の頭に向かう。上部は45度超えの急斜面。標高1900m付近までは快適な斜面がある。瀬戸川右俣との合流点を過ぎたら、両岸を慎重に降りる。標高1600m付近のスノーブリッジやクレバスが現れ始めたら左岸側の台地に登り、雪倉岳下降ルートに合流する。瀬戸川のスノーブリッジを渡ったあとは、蓮華温泉に向かう。

● 参考タイム／天狗原（3時間）船越の頭（4時間）瀬戸川徒渉点（2時間）蓮華温泉

文／森野治美

乗鞍沢から蓮華温泉への斜行トラバース

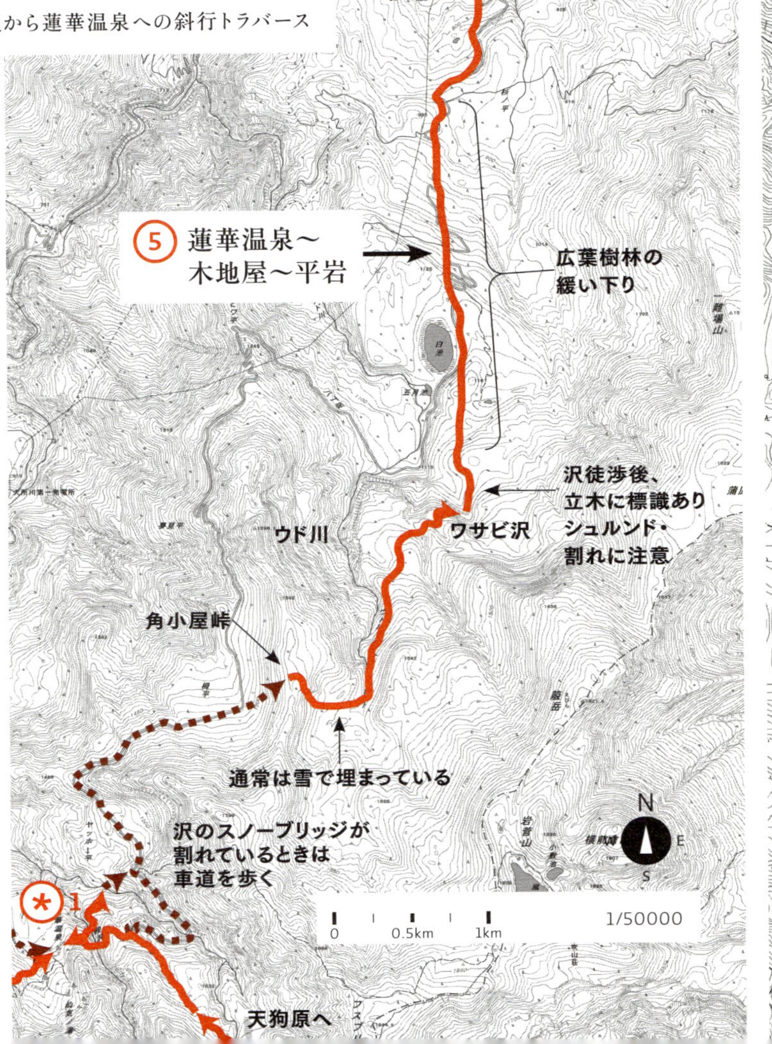

066

朝日岳・雪倉岳

⑤ 蓮華温泉～木地屋～平岩

グレード ★☆☆

下山に利用するルート

乗鞍沢、弥兵衛沢のスノーブリッジの状況に応じて、下降ルートが変わる。乗鞍沢の橋手前から左岸側を滑降して、乗鞍沢、弥兵衛沢を渡るか、林道沿いに角小屋峠に向かう。ヤッホー平に着いたのち、林道伝いにトラバースする。角小屋峠下降時に数十メートル右にトラバースすると無立木斜面が現れる。斜面を滑降し、ウド川の右岸側をトラバース。小さな緩斜面を上下してワサビ沢。雪が割れているときは慎重に渡る。徒渉直後の立木に標識がある。さらに滑降後、八丁坂で林道と出合う。この先、白池を経て木地屋《きじや》まで林道を滑降。白池を過ぎるあたりからはかなり平坦。木地屋から大所までは、旧道をめざして雪を拾えば滑降が可能な場合が多い。JR大糸線平岩駅の時刻は事前にチェックしておくこと。

なお、下山ルートとして振子沢～天狗原～栂池、白馬大池～船越の頭～金山沢～八方もある。

● 参考タイム／蓮華温泉(30分)弥兵衛沢左俣(40分)ヤッホー平上(1時間)角小屋峠(2時間半)木地屋(1時間)大所(40分)平岩

⑥ 蓮華温泉～瀬戸川～雪倉岳往復

グレード ★★☆

2泊3日の定番コース

蓮華温泉から瀬戸川徒渉までは、いったん兵馬の平に降りて滝見尾根に登り返すか、キャンプ場の脇を等高線どおりにトラバースするかの2通りある。後者の場合は小さな沢をまたぐが、体力をそれほど使わなくてよい。カモシカ展望台の上部から瀬戸川のスノーブリッジを渡る(雪の状態を蓮華温泉で確認すること)。徒渉後、沢を登り詰めて右手側の隣の沢に移る。このとき、積雪状況によっては草付の小さな斜面を下ることがある。そしてしばらく沢を登り斜め右側を登ると、やがて大きな斜面が見えてくる。そのまま、頂上へ向かう。下降時は、そのまま降りるか、少し左手側の東斜面、さらに北斜面をとることができる。瀬戸川のスノーブリッジが崩落していることもあるので、その場合には上下流の別のスノーブリッジを探す。

● 参考タイム／蓮華温泉(1時間30分)瀬戸川徒渉点(5時間)雪倉岳(2時間)瀬戸川徒渉点(1時間20分)蓮華温泉

⑦ 雪倉岳東斜面ルート

グレード ★★☆

⑥より滑降重視

東斜面コースは、雪倉の池に向かう広い尾根を滑る。緩やかなところから右側の雪倉の滝に続く沢に下りる。1936m峰からの尾根を下り、右の滝の沢へ下るとよい。瀬戸川の渡渉点に達したあとは、⑥と同様。

● 参考タイム／雪倉岳(2時間)瀬戸川徒渉点(1時間20分)蓮華温泉

⑧ 雪倉岳北斜面ルート

グレード ★★★

雪倉岳を堪能する

北斜面コースは、主稜線下のカール状の斜面を滑り、途中から左側にトラバースして、2350m付近からさらに左の第二の斜面を滑る。上部は急斜面なので、慎重に。赤男《あかおとこ》山の手前2050m付近の鞍部から北東方向の斜面を滑り、白高地沢左俣に向かう。白高地沢左右俣合流点から蓮華温泉までは⑨に合流する。

● 参考タイム／雪倉岳(20分)赤男山2050mコル(2時間30分)瀬戸川徒渉(2時間)蓮華温泉

⑨ 蓮華温泉～白高地沢～朝日岳往復

グレード ★★★

体力、天候の見極めを！

蓮華温泉から弥兵衛沢右俣に相当する支沢上流部を横断し、北西方向に10m程度トラバース気味に登る。さらに進んで兵馬の平に向かう。兵馬の平を西に横切り、滝見尾根を登ったあとに、林間の急斜面を下る(雪の状態では登り下りともにスキーを担ぐ)。下りきったところが瀬戸川である。積雪期の橋のメンテナンス状況は不明なので、スノーブリッジを想定しておく。渡ったあと、1507m峰からの尾根に取り付く。1507m峰へ続く尾根に登れば、白高地沢の先に朝日岳が見える。地図上のひょうたん池の左上方をトラバースしながら進み、右から入ってくる支沢に下りたのち、白高地沢に出る。白高地沢右俣は、右の五輪尾根側が急であり、デブリに注意。左寄りに進むほうがよい。台地状に沢が開けたところから、さらに次の台地が続く。この台地から正面の長栂《ながつが》山と朝日岳の鞍部をめざして左側から回り込む。朝日岳直下で、スキーを置いてアイゼンで山頂まで。帰路は朝日岳からの往路を戻る。前述のとおり瀬戸川右岸の斜面は、スキーを担いで登る。そのあとは、兵馬の平から蓮華温泉へ戻る。

● 参考タイム／蓮華温泉(1時間)兵馬の平(40分)瀬戸川(5時間)朝日岳(2時間30分)瀬戸川(2時間)蓮華温泉

木地屋へ
1/30000
0
0.5km
1km
N
S
W
E
角小屋峠
角小屋峠へ
大所川第一発電所
⑤ 蓮華温泉～
木地屋～平岩
蓮華温泉
白馬岳蓮華温泉ロッジ
(3/下～営業)
② 振り子沢～
中ノ沢～蓮華温泉
③ 白馬乗鞍岳～
天狗の庭～蓮華温泉
中ノ沢
フスブリ山
天狗原へ
白馬大池へ
④ 白馬乗鞍岳～
船越の頭～
瀬戸川左俣源頭～
蓮華温泉
瀬戸川左俣
瀬戸川右俣
船越の頭へ
両俣合流点
真正面に雪倉岳
滑降ルート確認
台地へ登り返す
隣の沢に移動
1396m
⑦ 雪倉岳東面コース
雪倉岳
雪倉の池
雪倉の滝
＊3
徒渉点
糸魚川市
⑥ 蓮華温泉～
瀬戸川～
雪倉岳往復
カモシカ展望台
滝見尾根
兵馬ノ平
弥兵衛沢右俣
＊2
着雪状況によりスキーを担ぐ
1507m峰
⑧ 雪倉岳北面コース
⑨ 朝日岳往復
白高地沢右俣
白高地沢左俣
白高地沢
2050mのコル
急斜面！慎重に
赤男山
朝日岳
朝日岳・長栂山の鞍部をめざす
長栂山
五輪山
五輪高原
白馬連山高山植物帯
第二の台地
(白高地／八兵衛平)
広めの沢を
詰める
第一の台地
雪質によりスキー
残置／アイゼン登高

瀬戸川徒渉点から滝見尾根を見る

067

日帰り

白馬乗鞍からのワンデイツアー。
日本三大崩れのひとつ
稗《ひえ》田《だ》山崩れを滑る

● 適期／1月下旬～3月下旬

白《はく》馬《ば》乗《のり》鞍《くら》岳周辺

白馬乗鞍岳周辺のエリアは栂池高原スキー―場からのアプローチがよく、厳冬期、残雪期問わず人気が高い。鵯《ひよどり》尾根や天狗原から親沢への滑降ポイントは多岐にわたり、自由にラインを組むことができる。ピストンからワンウェイまで、入山者のレベル、天候などコンディションに応じて対応ができるのも魅力のひとつ。

データ

● アプローチ

栂池高原スキー場へは上信越道長野ICから白馬長野有料道路経由で約60分、または長野道安曇野ICから国道148号経由で約90分。シーズン中はJR大糸線白馬駅から定期バスが、新幹線長野駅から直通バスが運行されている。

● アドバイス

通称「裏ヒヨ」と呼ばれる北斜面のエリアは、人気が高い反面、雪崩のリスクも高いので、安全のマージンをしっかりとって臨んでもらいたい。紹介するワンウェイルートは下山場所に車を一台デポするのが楽。駅へ下山の場合は電車とバスの利用が必要となる。あらかじめ電車の時刻などを確認しておこう。栂池のゴンドラはチケット販売からゴンドラ待ちまで混雑するので、想定したタイムスケジュールを組みたい。

大崩落を望む

大崩落を滑る

① 稗田大崩落へ

グレード ★★★

小谷村スティープライン

一日かかるロングルートのため、朝一番のゴンドラに乗り込みたい。栂の森からの登りはドロップポイントによって分けるとよい。天狗原からドロップを考えるなら、林道をショートカット気味に沢を詰め成城大学小屋経由のルートが早い。鵯尾根からのドロップの場合、リフトまたはゲレンデから林道を進み、早大小屋付近から尾根に登るとよい。親沢への滑降は北～東斜面で標高もそれなりにあることから、快適な滑降となる。斜度が緩くなる標高1450m付近で切り上げる。1638mPの崩れ斜面が北側に見えるので目印にするとよい。

尾根地形に乗り越し斜度が緩くなったら赤倉山方面へ。樹林帯を抜けると、それまでからは想像できないみごとな崩落斜面が出てくる。滑降のポイントは複数ある。大きな木など確保できるポイントは多いので、雪質チェックはじっくり行なえる。パウダー時期は急斜面に吸い込まれるように気持ちのよいパウダーランとなる。基本、沢の中心へ落としていく。所々狭い箇所に注意して金谷橋へ。左岸からトラバースして橋を渡る。橋を渡ったあとは斜度の緩い林道下り。厳冬期は太い板のほうが下りやすい。中土《なかつち》駅への分岐から中土駅までは平らから登り箇所もあり、シール装着のほうが楽。案外時間がかかる。車の場合は浦川を渡る橋付近に置いておくと撤収が楽だ。タクシーを呼ぶことも可能である。

● 参考タイム／栂池(1時間)鵯尾根(2時間)大崩落(3時間)中土駅

② 若栗の頭へ

グレード ★★★

厳冬期おすすめライン

前半の滑降は①と同じ。尾根を登りトラバース気味に進むと眼前に1598mPの若栗の頭が見え、尾根が走っている。一見、標高を落としながら尾根に取り付けそうだが、ヤブが濃いので我慢してトラバースしたほうが効率がよい。若栗の頭からのエントリーは多様にあり、ノートラックを狙っていきたいところ。黒川沢への北から東へのラインは斜度があり、事故も多く油断できない。黒川沢の下りは、沢の中央部は穴が開いている箇所が多いため、左岸側を進むとよい。砂防ダムをくぐると林道経由で白馬乗鞍スキー場へ。

● 参考タイム／栂池(1時間)鵯尾根(2時間)若栗の頭(1時間)白馬乗鞍スキー場

 文／阿部弘志

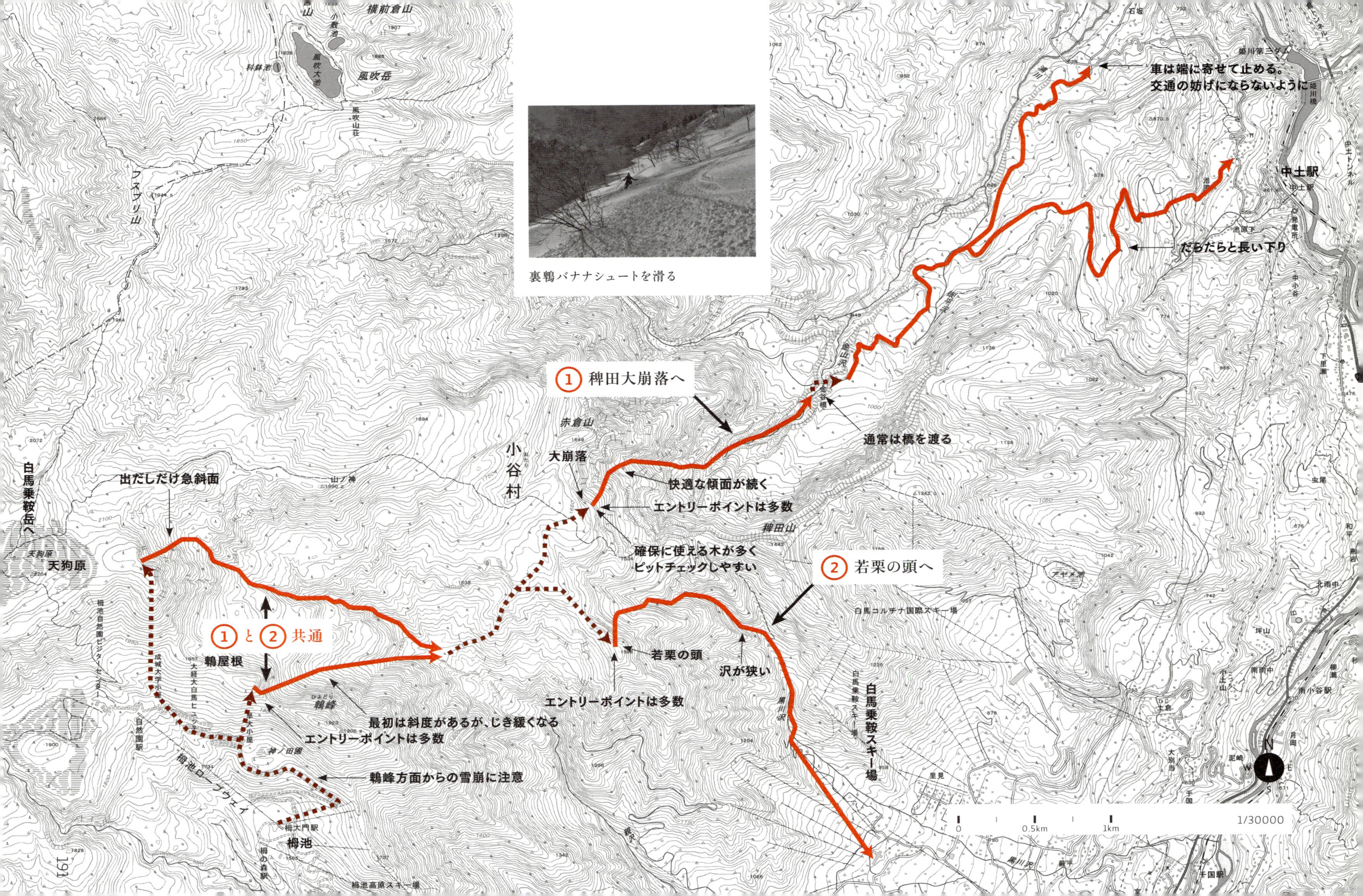

裏鵯バナナシュートを滑る

068

日帰り

厳冬期の粉雪滑降と展望を楽しめる里山ツアーコース

● 適期／1月中旬～3月初旬

蒲《がま》原《ばら》山

蒲原山は、新潟と長野の県境、北アルプス北部の連山と頸城《くびき》の山々の間に位置する非常に地味な山だが、白馬乗鞍方面から紙すき山牧場へのクラシックルートの通過点として昔からよく知られている。標高は低いものの豪雪地帯に位置するため、厳冬期の早い時期から、蓮華温泉へのツアーコースの基点として知られる木地屋より、この山のすぐ北に位置する一難場山を併せ、静かな里山スキーツアーを楽しむことができる。

データ

● アプローチ

長野道安曇野ICより白馬を経て国道148号を糸魚川方面、平岩より県道505号で木地屋。または、北陸道糸魚川ICから国道148号を白馬方面、平岩より県道505号で木地屋。

● アドバイス

木地屋での駐車は地元の方々に迷惑をかけないよう注意。北小谷の湯川からの往復ルートも人気がある。近くの赤禿山も山之坊からのスキーハイクを楽しめる。

無木立斜面を滑る

一難場山から蒲原山への登り

木地屋から蒲原山往復

グレード ★★☆

景色を楽しみながら静かな里山をスキーハイク

木地屋から、林道を絡ませながら杉ノ平まで登り、木地屋川をスノーブリッジで対岸に渡る。上部に見える無木立斜面の右側の尾根に取り付き、一難場山から北に向かって延びる稜線をめざして登っていく。下部は灌木が多いが、次第に樹間が広くなっていき、最後の急斜面を少し登ると平らな尾根に飛び出す。背後の明星山と日本海を望みながら、平らな尾根を一難場山まで進み、さらになだらかな疎林斜面を登ると蒲原山の北端に出る。天候がよければ、北アルプス北部、頸城の山々などすばらしい展望を楽しむことができる。

蒲原山の北東面と北西面にはブナの疎林が広がっており、降雪後は快適な粉雪滑降が楽しめる。一難場山からは、登路の尾根を外れて北西面に入ると、ブナの疎林が広がっている。斜度が緩むところまで滑り降り、ここから尾根の北側に回り込むと無木立の斜面の頭に出る。この無木立の斜面を明星山を正面に滑ったあとは、登路を木地屋まで下る。

また、蒲原山北端の北西面を杉ノ平に向かってそのまま滑り下ると、下部は少しヤブがうるさいが、杉ノ平までの静かなスキーハイクを楽しめる。

● 参考タイム／木地屋（3～4時間）蒲原山（2～3時間）木地屋

 文／堀 晴彦

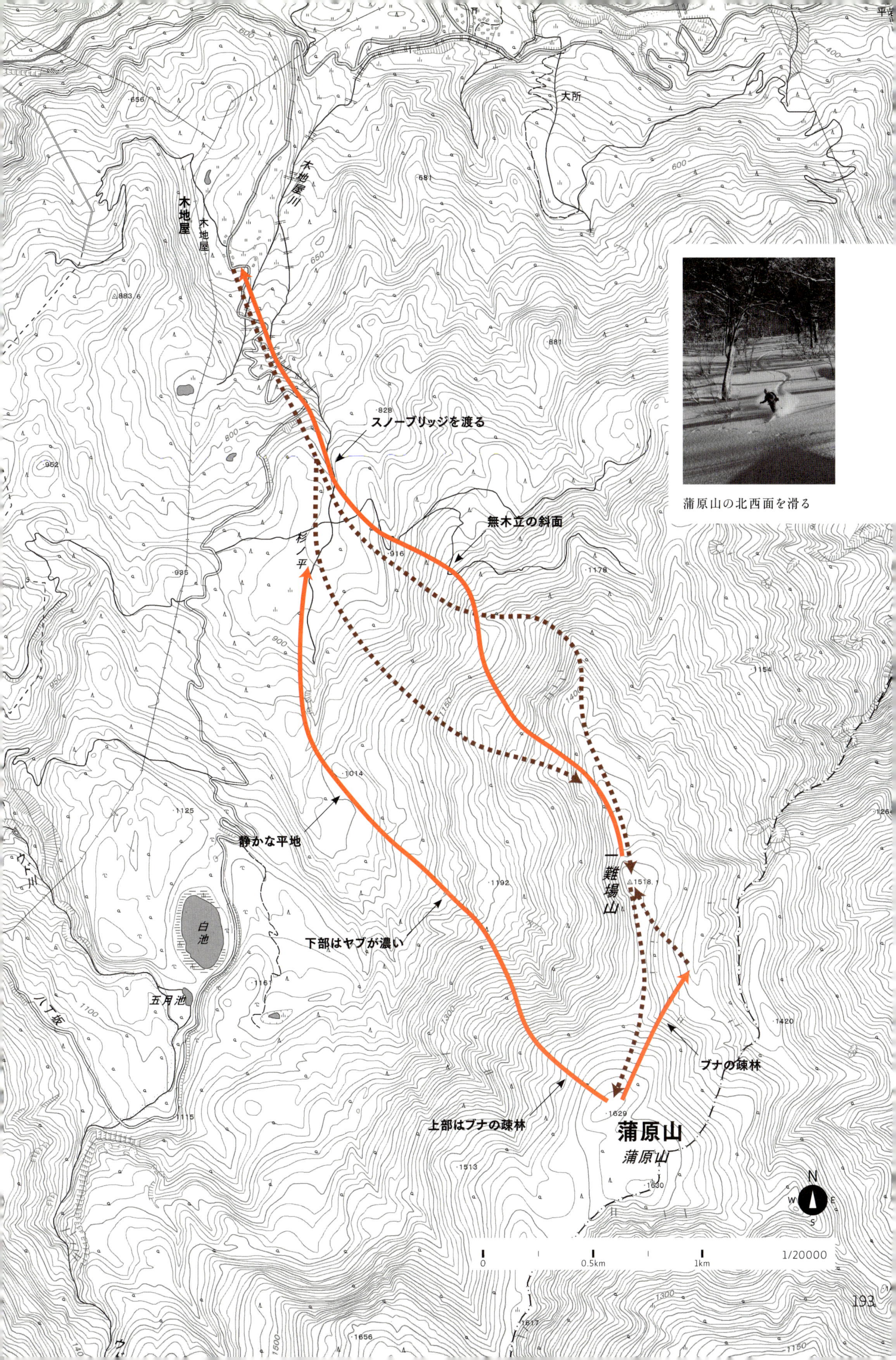

大所
木地屋
木地屋
木地屋川
656
681
△883.6
881
828
スノーブリッジを渡る
952
無木立の斜面
杉ノ平
916
935
1178
1154
1014
1125
静かな平地
1192
一難場山
△1518.1
白池
下部はヤブが濃い
五月池
八丁坂
1420
ブナの疎林
1629
上部はブナの疎林
蒲原山
蒲原山
1513
1630
1115
1617
1656
N
W
E
S
0
0.5km
1km
1/20000

蒲原山の北西面を滑る

069

日帰り

山頂からの急斜面と白馬沢の開放感が魅力

● 適期／3月中旬～5月初旬

小《こ》蓮《れん》華《げ》山

小蓮華山南面滑降ルート

直登ルンゼ上部を振り返る

小蓮華山は白馬岳の北東に位置し、日本海からの季節風がまともに当たるため、厳冬期はなかなか近づけない。しかし3月中旬以降の好天は狙い目で、このころから隣の金山沢あたりも滑降対象となり、ワンランク上をめざすスキーヤーにとって魅力的な山である。春にはロープウェイも使えるので、以前に比べるとアプローチが楽になった。

データ

● アプローチ

栂池高原スキー場へは上信越道長野ICから白馬長野有料道路経由で約60分、または長野道安曇野ICから国道148号経由で約90分。シーズン中はJR大糸線白馬駅から定期バスが、新幹線長野駅から直通バスが運行されている。

● アドバイス

いずれのルートも急斜面なので雪崩には注意が必要。時期が遅くなると下部のデブリが多い。ロープウェイは例年ゴールデンウィークまでの運行なので、以降は猿倉から白馬岳経由の周回ルートとなる。体力的にはきつくなるが、滑降ルートの中間部から上を確認できるメリットがある。ほかでは三国境寄りの稜線から白馬沢右俣があり、こちらは広くて快適。

① 小蓮華山 直登ルンゼ

グレード ★★★

急斜面の連続するルンゼ滑降

栂池ロープウェイから自然園を横断し、稜線上の2612m（船越の頭）をめざして登る。稜線からは左側の雪庇に注意しながら小蓮華山に登る。ここからは白馬岳の雄姿が望め、日本海も近い。直登ルンゼは山頂から南側のルンゼなのでわかりやすい。上部はやや広いが、いきなりの急斜面で、ここを過ぎると顕著なルンゼとなり、急斜面が続く。やがて二つに分かれるポイントは右側を滑る。しばらくすると斜度も緩み、広い白馬沢に出る。その後、大雪渓に合流したら猿倉をめざす。除雪の進み具合次第だが、4月中旬なら猿倉からすぐに車道歩きとなる。

● 参考タイム／栂池ロープウェイ（3時間30分時間）小蓮華山（1時間30分）猿倉（1時間）二股

② 小蓮華山南面

グレード ★★★

広く快適な上部から急峻なルンゼにつながるレアなルート

登りは①参照。山頂から船越の頭方面へ稜線を少し滑り、南面へ滑降開始。ここは小蓮華沢へのルートとの間に位置し、滑り出しは小蓮華沢上部より急で、斜度はあるものの広くて快適。少し狭くなってきたら、右にルートをとれば斜度も緩む。すぐに右から沢が合流して左にルートをとるとルンゼ状の急斜面となる。ここをクリアすると斜面は広くなり、小蓮華沢に合流。やがて白馬沢、大雪渓を経由して猿倉、二股へ。

● 参考タイム／小蓮華山（1時間30分）猿倉（1時間）二股

 文／吉田 豊

小蓮華山
小蓮華山
船越の頭
南側の雪庇に注意
上部は広く快適
上部は急斜面
雪崩注意
右に入る
① 小蓮華山直登ルンゼ
② 小蓮華山南面
小蓮華沢
広い斜面
白馬沢
金山沢
白馬村
白馬尻小屋
(7/上～営業、期間外解体)
白馬尻荘
白馬尻小屋
砂防工事専用道路
猿倉
猿倉荘
村営猿倉荘
(GW、5/下～営業、期間外閉鎖)
二股へ
長走沢
大雪渓
岩室
三国境
白馬連山高山植物帯
栂池自然園ビジターセンター
成城大学小屋
大経大白馬ヒュッテ
自然園駅
栂池ロープウェイ
栂池口
雁股池
N
0
0.5km
1km
1/20000

小蓮華南面をのぞく

070

日帰り

田植え開始の
象徴となる代掻き馬。
由来といわれる雪形を滑る

● 適期／4月下旬～5月下旬

白《しろ》馬《うま》岳

日本最大の白馬大雪渓を有する白馬岳は、スティープなラインの宝庫で、中・上級者を飽きさせない急斜面から中斜面まで多様な滑降ラインを描くことができる。天気のいい日は遠くの山々までの絶景が約束される。滑る前に景色を楽しむといいだろう。

データ

● アプローチ

長野道安曇野ICから白馬村へ。二股を経由して林道を進み、猿倉まで入る。猿倉に大きい駐車場がある。北陸道糸魚川ICからは国道148号経由で白馬村へ。

● アドバイス

猿倉までの林道は例年4月下旬まで除雪されない。除雪前に入山する場合、二股からのアプローチとなり長いアルバイトが必要になる。夜明け前など、早めのスタートを心掛けたい。林道開通後は入山者が一気に増えるので、滑降の際には登山者の存在にも注意を払うこと。

① 白馬岳往復

グレード ★★☆

充実のワンデイルート

猿倉荘をスタートし、鑓温泉分岐を経て林道を進む。長走《ながしり》沢を渡り、林道から大雪渓へ。気温上昇時は左右からの落石に注意が必要だ。基本的に沢の中心を進む。見た目よりも斜度があり、途中からはシール登高もできなくはないが、効率が悪い。アイゼン登高のほうが楽だろう。風が強い日は稜線まで詰めず、直接白馬山荘に登ったほうがいい。山頂を往復するときは、板は山荘に置いていってもいい。滑降時は、登ってくる登山者に注意しながら下る。大雪渓へ入ると左側ほど斜度がある。見た目より斜度があって板が走るので、気持ちいい大斜面滑降を楽しめるはずだ。

● 参考タイム／猿倉（5時間）白馬岳（2時間）猿倉

② 白馬２号雪渓

グレード ★★★

クラシカルな急斜面滑降

以前より雪庇の発達が小さめになったことと用具と技術の進化により、滑降者は増加傾向にある。核心部はエントリーから30m程度。エントリー部は松沢レリーフの正面。レリーフからは、エントリー部の全容を見ることができるので、ドロップポイントの選定を慎重に行ないたい。核心を抜けたら幅も広く快適な急斜面が堪能できる。下部のノドは雪の量次第で滝が出るところもあるので、右手の小尾根を乗り越し、沢へ落とすルートが楽だ。

● 参考タイム／猿倉（5時間）白馬岳（2時間）猿倉

雪渓上部から杓子方面

③ 白馬沢左俣

グレード ★★★

山名の由来を滑る

白馬岳屈指の急斜面滑降を楽しむことができる。白馬岳の由来でもある代掻き馬の雪形の一部を滑る。白馬岳山頂を500mほど北に進み、崖が切れた先からエントリーが可能となる。エントリーから斜度が急なため、雪が硬いときはおすすめしない。核心部となる2550m付近は積雪次第で滝が出るため、ロープや下降器を携行したほうがいい。右俣合流まで急斜面滑降を楽しめる。

● 参考タイム／猿倉（5時間）白馬岳（10分）左俣（2時間）猿倉

④ 白馬沢右俣

グレード ★★★

人気のスティープライン

白馬岳山頂から三国境を経由して尾根を下る。斜度が緩くなったところからトラバース気味にエントリーとなる。上部から幅が広く快適な斜面がずっと続く。ザラメの時期であれば気持ちよく滑降できるが、南面にあたるため雪が腐るのが早いので、ドロップする時間がポイント。下部で小蓮華直登ルンゼと合流すれば斜度も落ち着き、大雪渓へと合流する。

● 参考タイム／猿倉（5時間）白馬岳（1時間）右俣（2時間）猿倉

文／阿部弘志

朝日町
長池
旭岳
黒部市
白馬村
白馬村
小蓮華山
高山植物帯
トラバース
広いエントリー部
三国境
④ 白馬沢右俣
エントリーポイントを探る
出だしから急斜面の連続
エントリー部は
雪庇が発達しやすい
小蓮華直登ルンゼと合流
白馬山荘
(4/下～営業、
期間外閉鎖)
① 白馬岳往復
白馬岳
白馬岳
白馬山荘
頂上宿舎
雪の量によって滝が出る
③ 白馬沢左俣
② 白馬2号雪渓
時期が遅いと滝が出る。
右岸の小尾根を乗り越す
大雪渓
大雪渓
合流点
登山者注意
岩室
白馬沢
金山沢
白馬尻荘
白馬尻小屋
村営白馬岳頂上宿舎
(6/中～営業)
滑走路を登ってくる登山者に注意
白馬尻小屋
(7/上～営業、期間外解体)
林道を行く
砂防工事専用道路
長走沢《ながしり》
猿倉荘
村営猿倉荘
(GW、5/下～営業、期間外閉鎖)
猿倉
北股
中山沢
鑓温泉へ
0
0.5km
1km
1/20000

白馬2号雪渓上部を滑る

白馬沢左俣を滑る

071

ベースキャンプ

大斜面も貸切。
人が訪れることはまれな、
未知の谷を滑りまくる

● 適期／4月中旬～5月初旬

旭《あさひ》岳（柳《やなぎ》又《また》谷《たに》源頭）

白馬岳をはじめとする後立山連峰は、山岳スキーのメッカとして知られているが、後立山主脈に隣接する旭岳周辺（黒部川右岸の山々）は、スキー向きの谷の宝庫でもある。このエリアは訪れる人もとんどなく、静寂のなか、貸切状態の大斜面での滑降が楽しめる。

ベースキャンプとなるナル谷乗越へは、一日がかりの行程となる。二股から猿倉を経て大雪渓を登り、にぎやかな白馬山荘直下でスキーを履く。旭岳とのコルから広大な柳又谷（旭岳カール）を滑り、雪倉岳へのコースと分かれてクラガリ峡入口の広い沢の出合へ降りる。ここまで来ると、もう人影もない。小休止して危険地帯の通過に備えよう。

レンゲ谷の狭い部分は短いが、雪が割れていると通過は困難だ。クラガリ峡通過の際、レンゲ谷出合から滑降可能か確かめておく必要がある。通過できない場合は、旭岳北面を滑り、柳又谷源流部に合流してベースキャンプ1（BC1）に戻る。

クラガリ峡を少し行くとレンゲ谷との出合。レンゲ谷の様子を見ながら1679mのコブをめざして滑降し、デブリを登ってナル谷乗越へ①。ここの安全な場所にBC1を設け、周辺の谷を滑りまくる。

● 参考タイム／二股（2時間）猿倉（7時間）白馬岳の肩（2時間30分）ナル谷乗越

データ

● アプローチ

上信越道長野ICから60分、長野道安曇野ICから90分、北陸道糸魚川ICから100分で二股へ。

● アドバイス

残雪の多い年がチャンス。近年、雪積量は多い傾向にあるが、雪解けも早いようだ。雪が切れていると、とんでもないアルバイトを要すことがある。積雪量に応じてコース設定をすることだ。

三国境手前から旭岳

西ノ谷・東谷

グレード ★★★

広大な谷から
レンゲ谷を滑る

⑨→②→③

BC1から猫又山経由で清水岳に登り、山頂から清水平へひと滑りすると、広大な西ノ谷源頭だ。朝から日が当たるので、適度に緩んだ雪は快適そのもの。どこからでも滑ることができる。

東谷との合流地点まで降りたら東谷を登り、旭岳を往復する。その後、レンゲ谷を滑りクラガリ峡経由でBC1に戻る。

白馬山荘から東谷、西ノ谷を滑るのもいいが、早朝、東谷はアイスバーンになることが多い。清水谷はよく滑られている。

● 参考タイム／BC1（2時間）猫又山（1時間30分）清水岳（45分）東谷出合（2時間30分）旭岳（1時間）クラガリ峡出合（1時間）BC1

オレントメン谷・
猫又山北方 2113m 峰北面

グレード ★★★

広大な源頭から
猫又山北面を滑る

⑨→④→⑤→⑩

猫又山北面の広大な源頭からオレントメン谷上部を滑り、猫又山北方2113m峰へ登り返す。朝日岳が大きく見えて魅力的だ。北の谷へ滑り込むと、みるみる開けていって広い一枚バーンとなる。朝日岳を望みながらの快適滑降である。中ノ廊下に出合い、雪を拾って小ナル谷出合へ。小ナル谷を詰めてBC1に戻る。残雪が少ないと中ノ廊下の通過は徒渉となるので注意が必要。

● 参考タイム／BC1（2時間）猫又山（50分）オレントメン谷出合（1時間30分）2113m峰（1時間15分）中ノ廊下（1時間30分）BC1

オレントメン谷中部

猫又谷・オレントメン谷・カシ薙深層谷・タンバラ谷

グレード ★★☆

猫又山の未知の谷を滑る

⑨→⑥→④→⑦→⑧→⑨

猫又山から未知の谷を滑ったのち、猫又山に登り返して大ナル谷を豪快に滑ってBC1に戻る。周辺の山々を眺めながらの滑降はとても気持ちいい。

● 参考タイム／ BC1（2時間）猫又山〈往復3時間〉猫又谷〈往復4時間〉オレントメン谷〈往復4時間30分〉カシ薙深層谷〈往復6時間〉タンバラ谷（6時間）猫又山（45分）猫又山（4分） BC1

BC2から朝日岳・雪倉岳

グレード ★★☆

水谷のダイナミックな滑降

⑩→⑫→⑪→⑫→⑬

BC1から小ナル谷を滑り、赤男谷を登ってゼンマイ池近くの平らにベース（BC2）を移動する。BC2から朝日岳に登り、水谷のコルまたは朝日小屋前から広くなだらかな水谷源頭を滑る。オープンでとても気持ちいい所だ。猫又山北面やアルプス山々の展望がいい谷はすぐに急斜面になり、柳又谷へ落ちていく。程よいところで朝日岳に登り返し、BC2へ戻る。白高地沢や雪倉岳を滑るのも楽しい。

● 参考タイム／ BC1（15分）赤男谷出合（2時間15分） BC2（4時間）朝日岳（1時間） BC2
BC2（2時間45分）朝日岳（1時間）朝日小屋（30分）水谷1500m（3時間45分） BC2
BC2（2時間45分）朝日岳（1時間）白高地沢1600m（3時間）雪倉岳（1時間） BC2

朝日岳から白高地沢への滑降

BC1からC3～C4を経て日本海へ

グレード ★★★

初雪山の大滑降で終わる日本海へのルート

⑩→⑫→⑭→⑮→⑯

栂海新道を日本海まで歩いた人であれば、誰もがスキーを使って日本海まで滑りたいと思うに違いない。しかしサワガニ山から親不知までは狭い尾根のアップダウンが続き、スキーを使えるところが限られる。それを考えると、初雪山から大平に降りるか、白鳥山から上路に降りるルートをとることになる。上路からのほうが日本海までは近いが、大平からでも1時間は変わらない。犬ヶ岳から白鳥山まで歩くことを考えたら、初雪山から日本海まで通したほうが近い。

BC1から朝日岳を経由して長栂山に登り、C3を設営後、小滝川東俣沢を往復。予想以上に雪が続くはずだ。

C3からは広大な尾根をサワガニ山をめざす。サワガニ山からはヤセ尾根になり、雪が切れる。

北又谷源流部の雪渓が上部まで延びる犬ヶ岳手前から雪渓末端をめざす。しかし猛烈なヤブに阻まれる。わずか十数メートルの距離だが、スキーなどが引っ掛かり、なかなか進まない。雪渓末端からすぐに広い斜面になり、北又谷に降りる。初雪山からの谷を進み、ゴルジュも難なく通過。沢から右手の尾根を行くと初雪山に至る。少し南の最高地点にC4を張る。長栂山のC3から日本海まで一日で抜けるのも可能だが、東俣沢を往復し、初雪山の東面をひと滑りして、初雪山から夕日を眺めて最終日を名残惜しむ。最後に初雪山の広い北面を滑り、雪が切れたら登山道、林道を歩いて日本海に至る。最寄りの駅は市振《いちぶり》駅だが、境鉱泉で汗を流し、越中宮崎駅に出てもいい。

猿倉へ戻る場合は、BC1またはBC2から雪倉岳、三国境を経て、白馬沢を滑り猿倉へ。小蓮華山まで登り金山沢を滑ってもいい。⑩⑭⑮または蓮華温泉に降りるコースも魅力的である。

● 参考タイム／ BC1（5時間）朝日岳（1時間30分）長栂山（2時間）小滝川東俣沢（2時間50分） C3
C3（45分）黒岩山（3時間45分）犬ヶ岳手前（30分）北又谷出合（6時間30分）初雪山（C4）
C4（1時間45分）林道（1時間15分）大平（50分）国道8号

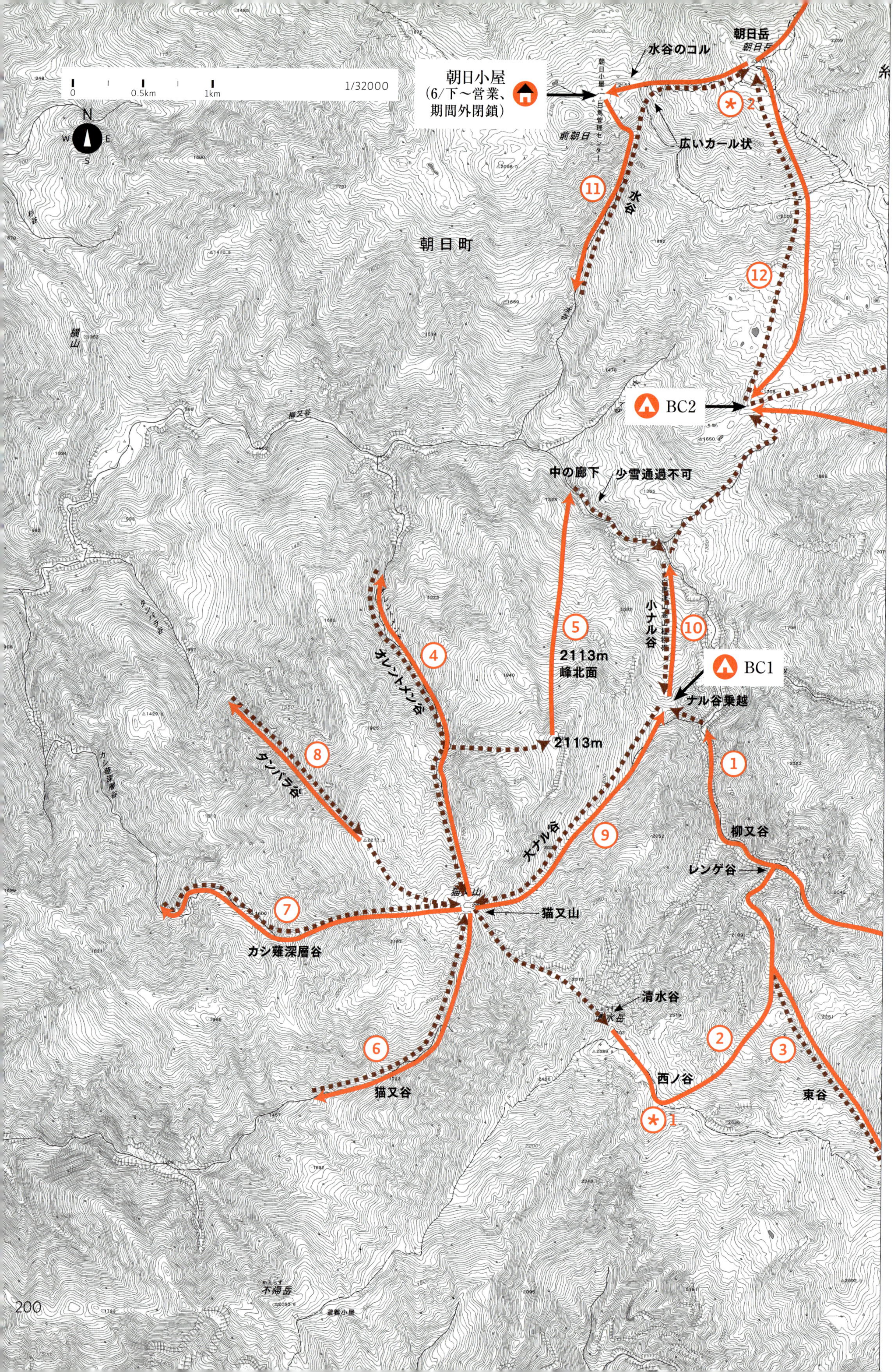

0
0.5km
1km
1/32000
N
S
W
E
朝日小屋
(6/下～営業、
期間外閉鎖)
水谷のコル
朝日岳
広いカール状
前朝日
朝日町
水谷
BC2
中の廊下
少雪通過不可
小ナル谷
BC1
ナル谷乗越
2113m
峰北面
2113m
オレンジメン谷
タンバラ谷
柳又谷
レンゲ谷
大ナル谷
猫又山
カシ薙深層谷
清水谷
西ノ谷
東谷
猫又谷
不帰岳《かえらず》
避難小屋
1
2
3
4
5
6
7
8
9
10
11
12
*1
*2

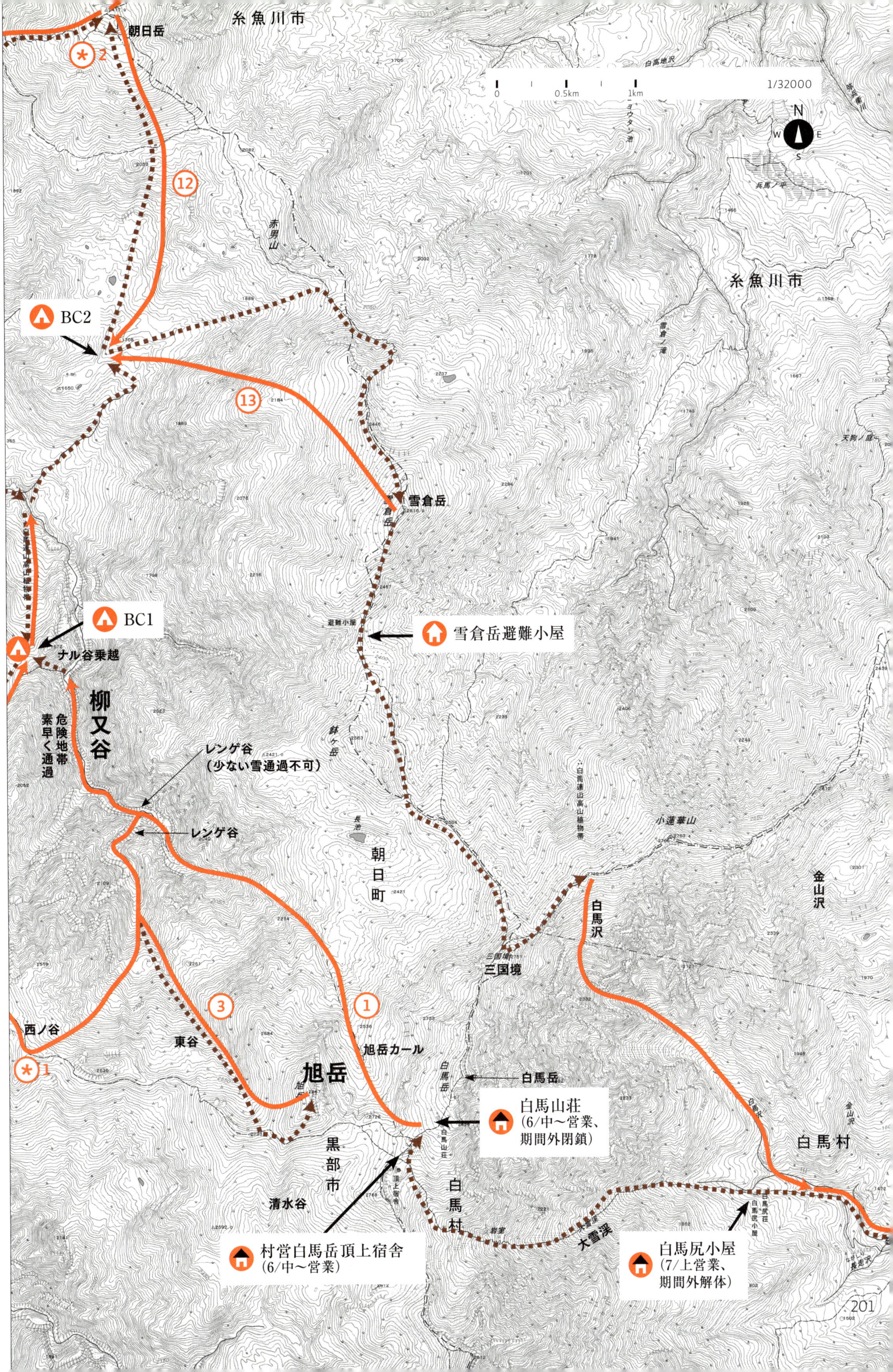

糸魚川市
朝日岳
＊2
0
0.5km
1km
1/32000
N
W
E
S
12
赤男山
糸魚川市
BC2
13
雪倉岳
雪倉岳避難小屋
避難小屋
BC1
ナル谷乗越
柳又谷
危険地帯
素早く通過
レンゲ谷
（少ない雪通過不可）
レンゲ谷
鉢ヶ岳
長池
朝日町
小蓮華山
白馬沢
金山沢
三国境
3
1
西ノ谷
東谷
＊1
旭岳
旭岳カール
白馬岳
白馬山荘
（6/中～営業、
期間外閉鎖）
黒部市
白馬村
白馬村
清水谷
大雪渓
村営白馬岳頂上宿舎
（6/中～営業）
白馬尻小屋
（7/上営業、
期間外解体）

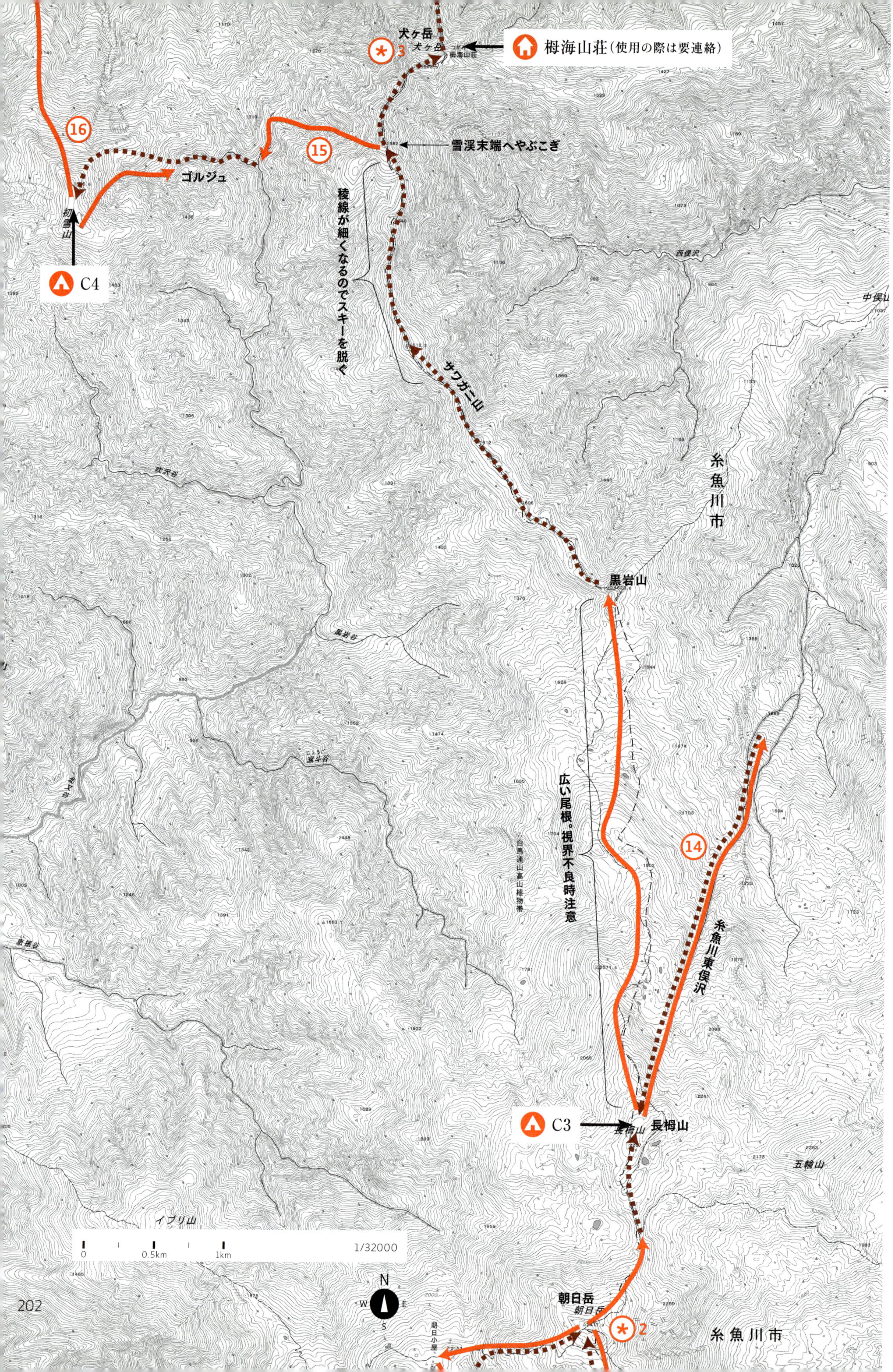
犬ヶ岳
3
栂海山荘（使用の際は要連絡）
雪渓末端へやぶこぎ
15
16
ゴルジュ
初雪山
C4
稜線が細くなるのでスキーを脱ぐ
サワガー山
糸魚川市
黒岩山
広い尾根。視界不良時注意
14
糸魚川東俣沢
C3
長栂山
五輪山
イブリ山
0
0.5km
1km
1/32000
N
W
E
S
朝日岳
2
糸魚川市

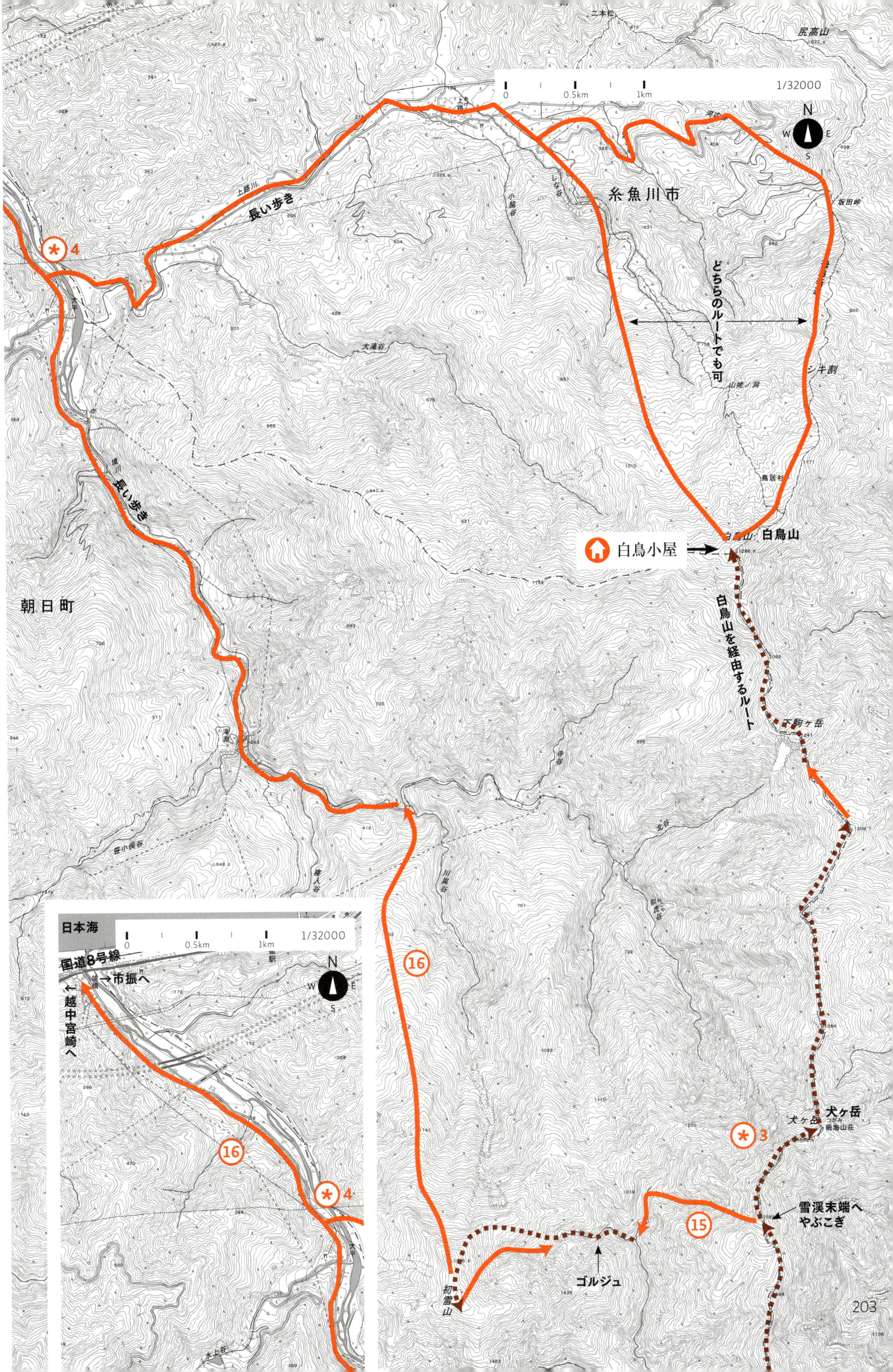

0
0.5km
1km
1/32000
N
W
E
S
尻高山
糸魚川市
長い歩き
＊4
どちらのルートでも可
シキ割
白鳥小屋
白鳥山
白鳥山を経由するルート
下駒ヶ岳
朝日町
長い歩き
16
犬ヶ岳
＊3
雪渓末端へ
やぶこぎ
15
ゴルジュ
初雪山
日本海
0
0.5km
1km
1/32000
国道8号線
←市振へ
←越中宮崎へ
N
W
E
S
16
＊4

072

スキーツアー

白馬三山を組み合わせて
多様なルートが満喫。
鑓温泉ステイもいい

● 適期／3～5月

白《はく》馬《ば》鑓《やり》ヶ岳・杓《しゃく》子《し》岳

杓子岳長走沢

白馬岳、杓子岳、白馬鑓ヶ岳の白馬三山は、西面の黒部側が緩やかなのに対し、信州側は断崖となって切れ落ちている典型的な非対称山稜である。それぞれのピークに深く急に突き上げる沢筋には、スキーアルピニズムを満足させるルートがいくつかある。このエリアの山スキーのベストシーズンは、雪の落ち着く5月中旬。計画の中心はなんといっても白馬鑓温泉の存在である。途中で摘んだ山菜を肴に温泉で一杯やれば、忘れ難い山スキーツアーとなろう。

データ

● アプローチ

長野道安曇野ICから白馬村へ。二股を経由して林道を進み猿倉まで入る。猿倉に大きい駐車場がある。例年4月中旬までは猿倉までの除雪が終わっておらず、二股が起点となるため、往復で各1時間ほど行程が長くなる。

● アドバイス

この周辺では中央ルンゼをはじめ、さまざまなルートが滑降可能なので、力量や雪面の状況に応じて選択したい。また、大雪渓を登りに活用して白馬鑓ヶ岳をめざすこともできる。

① 鑓温泉ステイで鑓沢と杓子沢

グレード ★★☆

初日：鑓沢を滑る

猿倉から猿倉台地を経由して小日向のコルに出る。シールを外して湯ノ入沢へ滑り込み、鑓温泉に向けて登る。温泉で汗を流すのはじっと我慢し、空身で鑓ヶ岳を往復してこよう。鑓ヶ岳からの滑降は急でやや片斜面だが、今日の疲れが吹飛ぶ満足感を得られるだろう。

● 参考タイム／猿倉（4時間）鑓温泉（3時間）鑓ヶ岳（1時間）鑓温泉

二日目：杓子沢を滑る

翌日は鑓ヶ岳に登り返し、できれば頂上から40度近い斜面をアルペンムード漂う杓子沢にシュプールを残そう。途中で双子尾根を樺平まで登り返し、長走沢を猿倉荘まで目指す。

● 参考タイム／鑓温泉（3時間）鑓ヶ岳（1時間）樺平（1時間）猿倉

② 杓子岳ジャンクションピークから長走沢

グレード ★★☆

標高差1100mを一気に滑る

前日に猿倉台地にベースキャンプを張る。翌朝、猿倉台地から樺平まで沢沿いにシールで登る。樺平の手前は急なので、無理せずに板を担いでもいい。樺平からは板を担ぎ、ピッケルを使いながら双子尾根の雪稜を登る。一部ナイフエッジ状の部分もあるので、アルパインクライミングと考えて慎重に行動すること。ジャンクションピークからは杓子沢の斜面が見え、思わず滑り降りたくなるかもしれない。雪質によっては杓子尾根との合流地点まで下りてドロップイン。出だしは緊張するが、標高差1100mを一気に滑り降りることができる。

● 参考タイム／猿倉台地BC（2時間30分）樺平（2時間）ジャンクションピーク（40分）猿倉BC

杓子沢

文／北原浩平

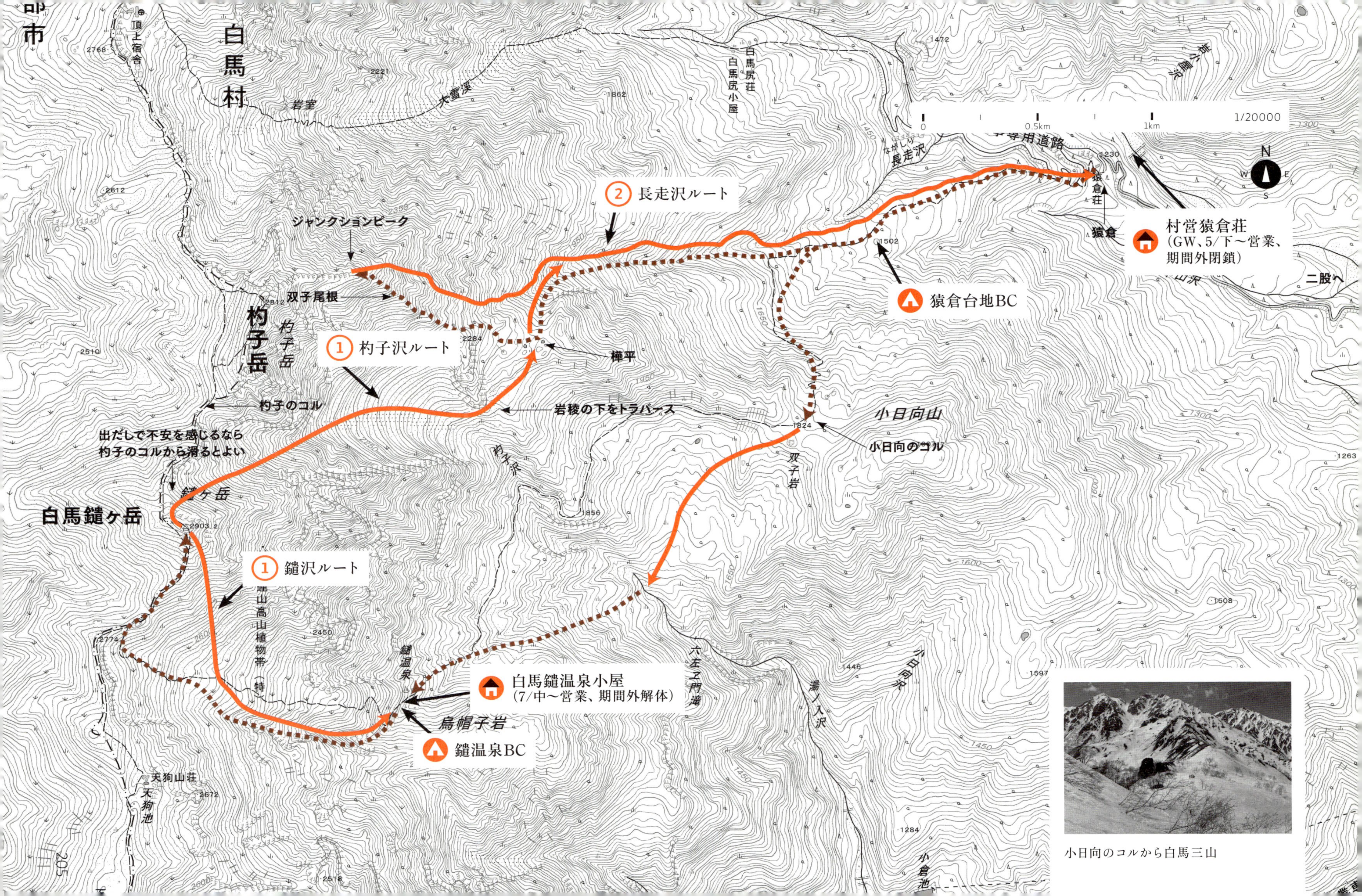
白馬村
白馬鑓ヶ岳
杓子岳
①杓子沢ルート
②長走沢ルート
①鑓沢ルート
ジャンクションピーク
双子尾根
杓子のコル
出だしで不安を感じるなら
杓子のコルから滑るとよい
椈平
岩稜の下をトラバース
小日向山
小日向のコル
猿倉台地BC
村営猿倉荘
（GW、5/下〜営業、
期間外閉鎖）
猿倉
二股へ
白馬鑓温泉小屋
（7/中〜営業、期間外解体）
烏帽子岩
鑓温泉BC
天狗山荘
頂上宿舎
白馬尻荘
白馬尻小屋
1/20000
小日向のコルから白馬三山

073

日帰り

北ア前衛の展望の山。
厳冬期に白馬三山の絶景と
粉雪滑降を楽しむ

● 適期／2月初旬〜3月初旬

小《お》日《び》向《なた》山

小日向山は、白馬三山の杓子岳から延びる双子尾根の末端近くにある、2000m足らずの地味な山。白馬鑓ヶ岳から猿倉に下る際の通過点である「小日向のコル」として知る人は多い。しかし、小日向山そのものは、白馬三山をはじめとする名峰と白馬八方尾根などのスキー場に囲まれており、山スキーの対象として着目されにくい。いわば存在感が薄く目立たない山ではあるが、厳冬期には北アルプス前衛の展望の山として、その真価を発揮する。

山頂への尾根を登る

データ

● アプローチ

長野道安曇野ICまたは上信越道長野ICから国道148号で白馬へ。県道322号で二股まで。

● アドバイス

二股には八方尾根方面から滑って来る人のデポ車も多い。駐車は交通の妨げにならないよう注意。沢筋にルートをとる場合は慎重な判断を。

小日向山の北面を滑る

二股より小日向山往復

グレード ★★☆

静かなブナ林から絶景の山頂を踏み、深雪を滑降

小日向山へのルートの起点は、双子尾根の末端、松川の二股となる。厳冬期でもこの二股までは除雪が入っており、週末は八方尾根から滑り降りてくるスキーヤーのデポ車が並ぶこともある。この二股から松川は南股入と北股入に分かれ、それぞれに沿って林道が走っている。できるだけ二股に近いところから小日向山に向かう尾根を登りたいところだが、二股付近は傾斜がきつく尾根に取り付きにくい。遠回りにはなるが、南股入沿いの林道のトレースを使って進み、袖ガラ沢と小倉池の間あたりから尾根をめざして斜面に取り付く。

少し登ると若干傾斜が落ち着いてくる。八方尾根の景色を楽しみながら再び急斜面を登っていき、1597mあたりで平坦な尾根に出る。尾根沿いに小日向沢を回り込み、山頂直下の無木立斜面を登るにつれ、丸い山頂の向こうに白馬鑓ヶ岳と杓子岳が目の前に迫ってくる。山頂からの展望はいうに及ばず、特に白馬三山の展望は圧巻だ。

山頂からの滑降ルートは、天候・雪の状態・メンバーの技量次第。北面から猿倉台地に滑り込むラインはもちろん、北東から東面にかけての急斜面もおもしろい。登ってきた南面も滑降向きの斜面が広がっているので滑りたくなるところだが、山頂からの展望がよい日は、南面の雪質は期待できないだろう。

北面から東面を滑り降りた場合は、北股入沿いの林道に降り立つ。林道にスキーヤーもしくは重機のトレースがついていれば、歩かずに二股まで戻ることができる。

● 参考タイム／二股（4〜5時間）小日向山（2〜3時間）二股

 文／堀 晴彦

白馬村
金山沢
村営猿倉荘
(GW、5/下～営業、期間外閉鎖)
砂防工事専用道路
長走《ながしり》沢
岩小屋沢
猿倉荘
北股入
中山沢
西俣
小日向山
小日向山
北股入林道を二股まで
北面から北東面はどこでも滑ることができる
※いずれも安易に沢筋に入らないこと
無立木の斜面
山頂からの展望がよい
双子岩
奥ノ滝ノ沢
平坦な尾根に出る
1597m
小日向沢
湯ノ入沢
滝ノ沢
林道にトレースあり
二股
袖ガラ沢
急斜面で取り付きにくい
小倉池
発電事業専用道路
南股入
白馬村
0
0.5km
1km
1/20000

山頂からの白馬鑓ヶ岳と杓子岳

074

日帰り

上部の急峻なルンゼ滑降から
広い唐松沢への
人気急上昇ルート

● 適期／3月初旬〜4月下旬

唐《から》松《まつ》岳

唐松沢上部

白馬岳のシーズンが、猿倉までの車道が開通するゴールデンウィーク以降であるのに対して、唐松岳周辺は下部の沢が割れる4月末ぐらいまでがシーズンとなる。白馬八方尾根スキー場から唐松岳までは、冬の北アルプスのなかでは比較的短時間で登れることから人気の山だ。特に不帰Ⅲ峰周辺は、以前なら山スキーヤーはまれであったが、最近は4月以降の好天の週末は、その姿を見ることが多くなった。

データ

● アプローチ

長野道安曇野ICから北アルプスパノラマロード、国道148号線経由で白馬八方尾根スキー場まで1時間強。最上部の八方池山荘が登山口となる。下山する二股からスキー場への戻りは車を一台デポしておくと便利だ。

● アドバイス

いずれのルートも上部は急なルンゼとなっており、雪崩には細心の注意が必要。コンディションが悪い場合は八方尾根往復が賢明。唐松沢下部に懸かる南滝は、雪の多い年には通過が可能だが、正面の尾根から高巻いたほうが安心（登り5分）。また、不帰Ⅲ峰以外では唐松沢本谷も急斜面の滑降となる。その他、無名沢も斜度があり楽しく、唐松沢へ下部で合流。

① 不帰Ⅲ峰 D ルンゼ

グレード ★★★

広い急斜面のルンゼ

八方尾根スキー場からほぼ夏道どおりに登り唐松岳へ。ここからアイゼンとピッケルで不帰Ⅲ峰の鞍部へ下る。ここがDルンゼの滑降ポイント。滑り出しの急斜面は雪質次第で難易度が異なる。2300m付近でA、B、C、D各ルンゼが合流する。ここを通過すると唐松沢の広くすばらしいロケーションの斜面となり、やがて右から無名沢が合流して左にカーブするが、この先は南滝なので正面の尾根を乗っ越して滝の下に降りる。その後のデブリを過ぎ、湯ノ入沢を越えれば奥二股で、あとは林道を滑り雪が切れたら二股までの歩きとなる。

● 参考タイム／八方池山荘（3時間30分）唐松岳（30分）エントリーポイント（3時間）二股

② 不帰Ⅲ峰 C ルンゼ

グレード ★★★

狭く急峻なルンゼ滑降

エントリーはDルンゼの少し先で稜線の東側。斜度があり幅も狭いので雪崩れた場合に逃げ場がない。滑降前には充分なチェックが必要。滑りだしてすぐに急斜面となり、ルンゼの出口まで一直線に続く。その後はルンゼ合流点で広くなる。

● 参考タイム／Dルンゼ（5分）エントリーポイント（3時間）二股

③ 不帰Ⅲ A ルンゼ

グレード ★★★

明るく広いルンゼ

エントリーポイントは不帰Ⅱ峰との鞍部。ほかのルンゼに比べて斜度は比較的緩いが、日当たりのよい東斜面なので、早い時期からデブリなどで斜面が荒れやすい。ルートは広く、上部から合流点まで確認できるのでデブリを避けながら滑る。

● 参考タイム／Dルンゼ（20分）エントリーポイント（3時間）二股

不帰Ⅲ峰ルンゼ合流ポイント

 文／吉田 豊

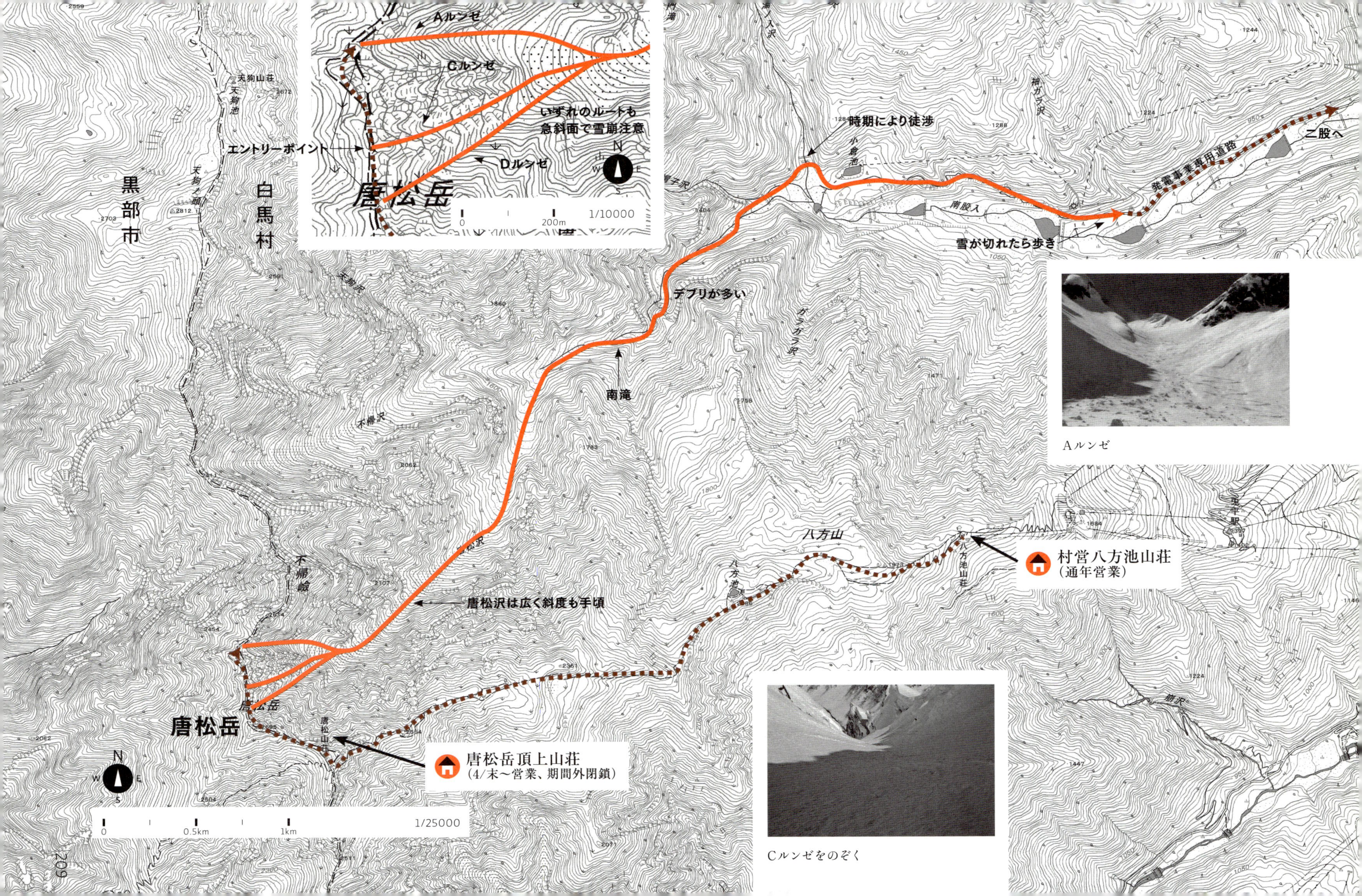

Aルンゼ

Cルンゼをのぞく

075

日帰り

後立山連峰の雄峰。エクストリーム的ルンゼ滑降を堪能する

● 適期／4月上旬～5月上旬

五《ご》龍《りゅう》岳

後立山連峰の中央に位置する五龍岳は、そのゴツゴツした風貌から最近まで山スキーの対象とは見られていなかった。しかし近年のエクストリームスキーブームによって、東面の各ルンゼはそうとう滑られている模様である。ここでは東面の代表的なAルンゼとBルンゼ、それに北面の餓鬼谷右俣源頭の滑降を紹介しよう。

遠見尾根のリフトで標高1650mまで上がれるので、2～3月でも行ける可能性はあるが、3000m級の山であり、雪崩をはじめとしてさまざまな危険がある。やはり雪が安定し、日も長くなる4月上旬から遠見尾根のリフトが営業しているゴールデンウィークまでがスキー滑降の適期となろう。

データ

● アプローチ

長野道安曇野ICまたは上信越道長野ICからいずれも約1時間で白馬五竜スキー場またはHakuba47ウインタースポーツパークへ。

● アドバイス

五竜、47のどちらのスキー場からでも地蔵の頭直下までリフトを使えるが、帰りに白岳沢を滑り、平川林道からタクシーを呼ぶなら、47に戻るほうが料金は安くなる。東面ルンゼを滑るなら、遠見尾根上部にベースを置いて日帰り装備で滑るのがいい。リフト終点から西遠見山手前の幕営好適地まで約3時間半である。下山も、雪が少ない年やゴールデンウィークごろは遠見尾根を下ったほうが無難であろう。登りもあるがスキーを外すほどではなく、スキー場まで1時間40分ほどだ。

① Aルンゼ

グレード ★★★

東面でいちばん目立つルンゼ

白岳の南面を五竜山荘に向かってトラバースする箇所は雪崩に注意。五竜山荘でアイゼンを履く。稜線の少し富山側を登り、G0の頭（2658m）は北側を巻いてAルンゼのコルに出る。最初は2mほどの雪壁になっており、後ろ向きに下る。降りたところは三方を囲まれ、風もなく穏やかなので、落ち着いて準備をしよう。Aルンゼの滑降は、思ったより傾斜が緩く、雪もボソボソで雪崩の心配はないが、快適とはいえない。標高差700m弱滑り、シラタケ沢の傾斜が緩くなったところから西遠見山手前のベースキャンプ（BC）に登り返す。

● 参考タイム／BC（1時間40分）五竜山荘（50分）Aルンゼのコル（20分）シラタケ沢（40分）BC

② Bルンゼ

グレード ★★★

頂上からダイレクトに滑る

Aルンゼのコルから上部は風で雪が飛ばされているところもあり、アイゼンを引っ掛けないよう注意。G2の頭と頂上の間がBルンゼのコルであるが、Bルンゼは頂上から滑り込むこともできる。頂上からの滑降は、傾斜は急だが意外に雪は軟らかい。Bルンゼの本流と合流すると、若干傾斜が落ちホッとするが、デブリが沢を埋めていて苦労する。シラタケ沢の1800m付近まで滑り、ベースに戻る。

● 参考タイム／Aルンゼのコル（1時間20分）頂上（1時間20分）シラタケ沢（2時間）BC

③ 白岳沢

グレード ★★★

スリリングな下山ルート

BCから北東に滑り込むが、最初は傾斜がきつく緊張する。標高1500m付近から沢は広くなるが、デブリで荒れている。標高1250m付近のゴルジュは遅い時期だと通過できなくなる。八方沢出合付近では橋が外されており、2回の徒渉となる。平川林道に入っても、デブリで荒れているところはスキーを外す。標高1000m付近で雪がなくなるが、間もなく携帯が通じタクシーが呼べる。

● 参考タイム／BC（2時間半）林道

④ 餓鬼谷右俣

グレード ★★★

北面の急峻なバーンを滑る

地図上では東面より緩そうであるが、北面なのでよりシビアな滑降となる。餓鬼谷左俣をシールで唐松岳頂上山荘まで登り、唐松沢につなげれば充実した山行になるだろう。

● 参考タイム／頂上（1時間）餓鬼谷二俣（3時間）唐松岳頂上山荘

遠見尾根から見る五龍岳

076

日帰り

北アルプスで最も美しい双耳峰。
平家の伝説も残る
シシ岳、ツル岳を望む

● 適期／4月中旬〜5月下旬

鹿《か》島《しま》槍《やり》ヶ岳

他を寄せ付けない急峻な風貌を見せる鹿島槍ヶ岳。北峰、南峰からなる双耳峰はいずれも急斜面で、北壁直下のカクネ里には、平家の落ち武者伝説も残る。入山口からの行程が長く、ワンデイで行程を収めるには、相当な体力と技術を要する。しかし、稜線からの風景は疲れを忘れさせてくれるほどすばらしく、そのあとには充実の急斜面滑降が待っている。

データ

● アプローチ

長野道安曇野ICから国道147号、国道148号などを経由して大谷原へ。鹿島槍スキー場への道を右折せずに直進した道の先にわずかな駐車スペースがある。

● アドバイス

アプローチが長く、雪崩危険エリアの通過に時間もかかるため、日が長くなる春以降の、天候と積雪が安定している日を狙って行きたい。ワンデイの場合、入山は扇沢か大谷原のどちらかになる。いずれにしてもかなりのロングルートになるので、夜明け前からの行動が基本だ。日々の体力強化に努め、万全の態勢で臨みたい。登攀要素が強いので、経験の足りない人は入山しないこと。

赤岩尾根を行く

① 大谷原から西沢往復

グレード ★★★

充実の超ロングルート

林道を進み、大冷沢に架かる橋を渡って進路を西へ。林道を1時間ほどで西沢の出合に到着する。沢を渡り、北股本谷側ではなく西沢方面に進むと斜度が増してくる。雪崩地形のため、スピーディに通過したい。天気のいい日は気温上昇による湿雪雪崩の危険が高くなるので、気温上昇前にある程度進んでおく必要がある。西沢は状況次第で快適に稜線直下付近まで登ることができる。コンディションが悪いときは、高千穂平への南斜面を登る。

赤岩尾根に出れば、鹿島槍ヶ岳の圧倒的な山容が目に飛び込んでくる。尾根から急斜面の連続で、アイゼン登高となる。尾根を挟んで南面と北面で雪質が違う。稜線直下は北にトラバースするか、稜線に直登することになる。雪面の状況によって判断しよう。稜線に乗ってしまえば斜度も緩み、快適に移動できる。冷池山荘を経て布引山、鹿島槍ヶ岳南峰へと続く稜線をたどっていくが、東側は雪庇が発達しやすいので注意したい。

滑降はコヤウラ沢の源頭部を滑り、布引山に登り返して稜線をトラバースし、冷乗越へ。西沢はエントリーこそ斜度があるものの斜面は広く、快適な滑降を楽しめる。

● 参考タイム／大谷原（1時間）西沢出合（6時間）鹿島槍ヶ岳（2時間）西沢出合（30分）大谷原

② 南峰から北股本谷へ

グレード ★★★

取付が核心な急斜面

山頂までの登りは前項と同じ。南峰からのクライムダウンは斜度もあり、かなり厄介だ。山頂から裏側に回り込み、ザイルで確保しながら確実なステップで下りるが、斜面が硬いときが多く、容易に立ち入らないこと。テラス状の地形に乗り、東面をのぞくと北股本谷の全容が見える。核心部を抜けるまで平均的に急斜面が続くが、幅は広く、比較的滑りやすい斜面が続く。核心を抜けると傾斜が一気に緩くなって快適に滑れるが、複数ある堰堤には注意したい。

● 参考タイム／大谷原（1時間）西沢出合（6時間）鹿島槍ヶ岳（30分）北股本谷出合い（1時間）西沢出合（30分）大谷原

③ 稜線から布引沢へ

グレード ★★★

急斜面が続く東面滑降

基本的に東面は雪庇が張り出しているので、エントリー部を探すには注意が必要ザイルで確保するのが望ましい。20mほどのノドの通過はあるが、素直な地形のため迷うことはない。

● 参考タイム／大谷原（1時間）西沢出合（6時間）鹿島槍ヶ岳（2時間）西沢出合（30分）大谷原

 文／阿部弘志

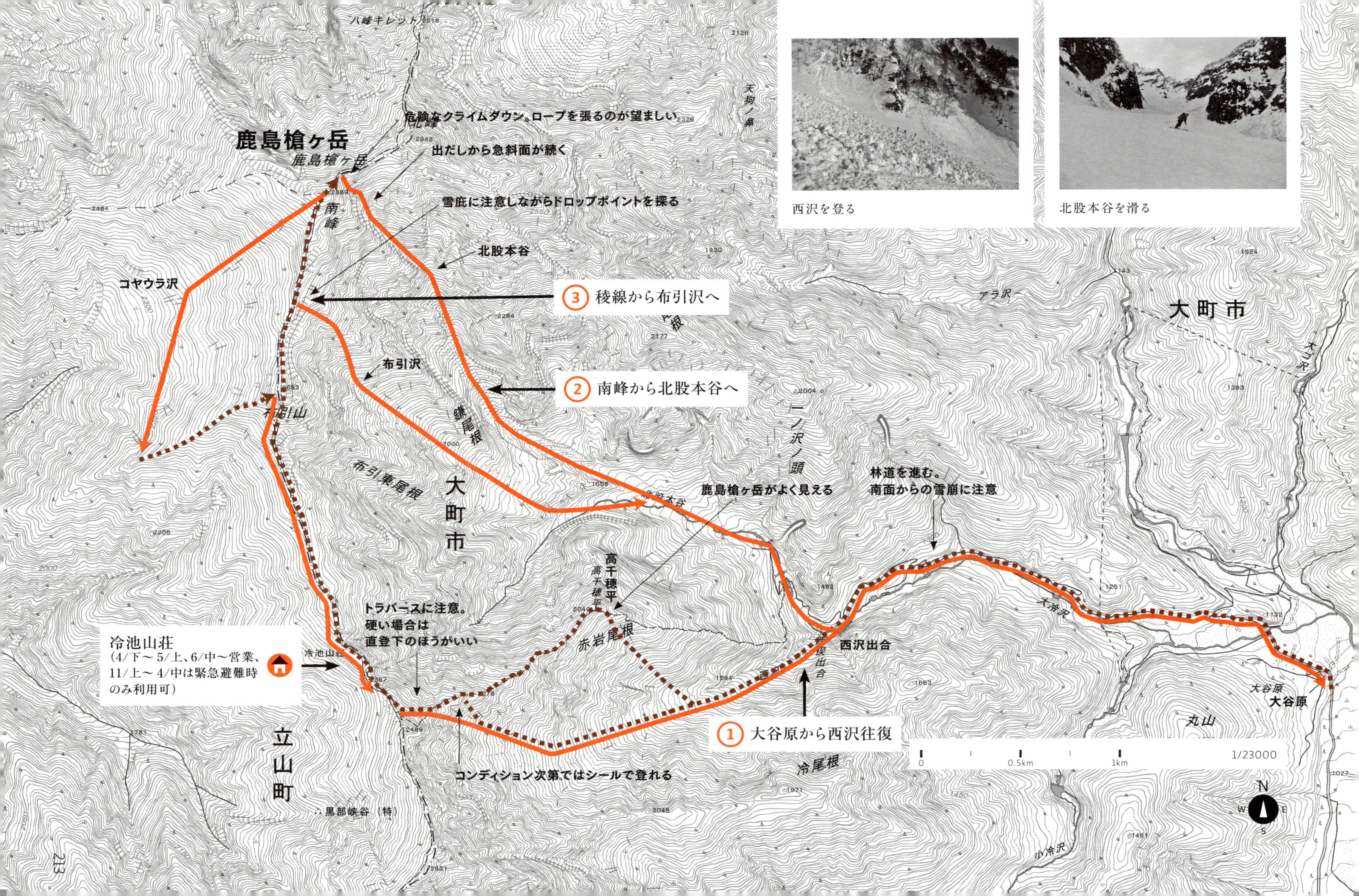
鹿島槍ヶ岳
鹿島槍ヶ岳
南峰
北峰
八峰キレット
天狗ノ鼻
危険なクライムダウン。ロープを張るのが望ましい
出だしから急斜面が続く
雪庇に注意しながらドロップポイントを探る
北股本谷
コヤウラ沢
③ 稜線から布引沢へ
② 南峰から北股本谷へ
布引沢
布引山
鎌尾根
布引東尾根
大町市
アラ沢
大町市
一ノ沢ノ頭
鹿島槍ヶ岳がよく見える
林道を進む。
南面からの雪崩に注意
高千穂平
高千穂平
赤岩尾根
トラバースに注意。
硬い場合は
直登下のほうがいい
冷池山荘
冷池山荘
(4/下～5/上、6/中～営業、
11/上～4/中は緊急避難時
のみ利用可)
西沢出合
西沢出合
大谷沢
大谷原
大谷原
丸山
① 大谷原から西沢往復
冷尾根
コンディション次第ではシールで登れる
立山町
黒部峡谷（特）
小冷沢
0
0.5km
1km
1/23000
N
W
E
S

西沢を登る

北股本谷を滑る

077

日帰り

大町市街に
向かっての滑降。
広い扇沢源頭が印象的

● 適期／4月中旬〜5月中旬

爺《じい》ヶ岳

奥小沢

爺ヶ岳からの滑降斜面

爺ヶ岳は大町方面から見ると真っ白な白沢源頭部が印象的で、スキーで滑ったらいかにも快適そうな山である。周辺にはそれ以外にも何本かのルートがある。ゴールデンウィークには種池山荘も営業し、南尾根からの登山者は多くなるが、反対側の針ノ木岳方面のにぎわいとは違い、山スキーヤーは比較的少ない。

データ

● アプローチ

立山黒部アルペンルート扇沢ターミナル手前、爺ヶ岳登山口のある扇沢橋が起点となる。扇沢橋までは長野道安曇野ICから北アルプスパノラマロード、国道148号経由で50分。

● アドバイス

立山黒部アルペンルートが開通するとシーズンの開幕。爺ヶ岳から直接扇沢に滑り込む場合は、時期により途中の滝が出ている可能性があるので、登りのときに二俣付近から確認しておくとよい。滝が出ている場合は手前から左右どちらかへルートをとる。または登りルートを戻り、種池周辺から扇沢へ滑降するのも快適。奥小沢は扇沢の途中からほぼ全景が見えるので、登りの際に確認可能。

① 白沢・扇沢

グレード ★★☆

源頭と爺ヶ岳から扇沢。爺ヶ岳周辺の広い斜面が印象的

扇沢橋から50mほどターミナル方向に登った作業道から取り付く。右に扇沢を見ながら作業道を登り、堰堤を何基か越えて雪がつながったら扇沢に下り、シールで登る。やがて地図上1729mの二俣到着。左に200mほど登り、アイゼンで右の尾根に取り付く。斜度が緩くなると種池山荘付近に出て、ここから爺ヶ岳までは緩やかに登る。

山頂からのファーストステージは白沢源頭。大町市街に向かっての滑りは、すこぶる快適。どこまで滑るかは体力次第で、南尾根を登り返す。セカンドステージは扇沢へ向かっての滑降。まずは山頂から、とにかく広い斜面を滑る。徐々に狭くなり斜度が増してくる。滝を通過すれば扇沢の雪渓で、後は往路を戻る。

● 参考タイム／扇沢橋（5時間）爺ヶ岳〈白沢源頭往復1時間〉爺ヶ岳（1時間30分）扇沢橋

② 奥小沢

グレード ★★★

岩小屋沢岳稜線からの急斜面

種池山荘までは①を参照。稜線を岩小屋沢岳方面に向かう。登り返して稜線が緩やかになったあたりがエントリーポイント。雪庇の弱点から滑降開始。上部は急斜面なので慎重に滑る。中間部以降は雪の付き具合を見て、ルートを選びながら滑る。本流まで滑ると斜度は緩むがデブリ帯の場合が多い。ここを通過すれば扇沢に合流し、ひと安心。あとは扇沢橋に戻る。

● 参考タイム／種池山荘（45分）岩小屋沢岳稜線（1時間30分）扇沢橋

文／吉田 豊

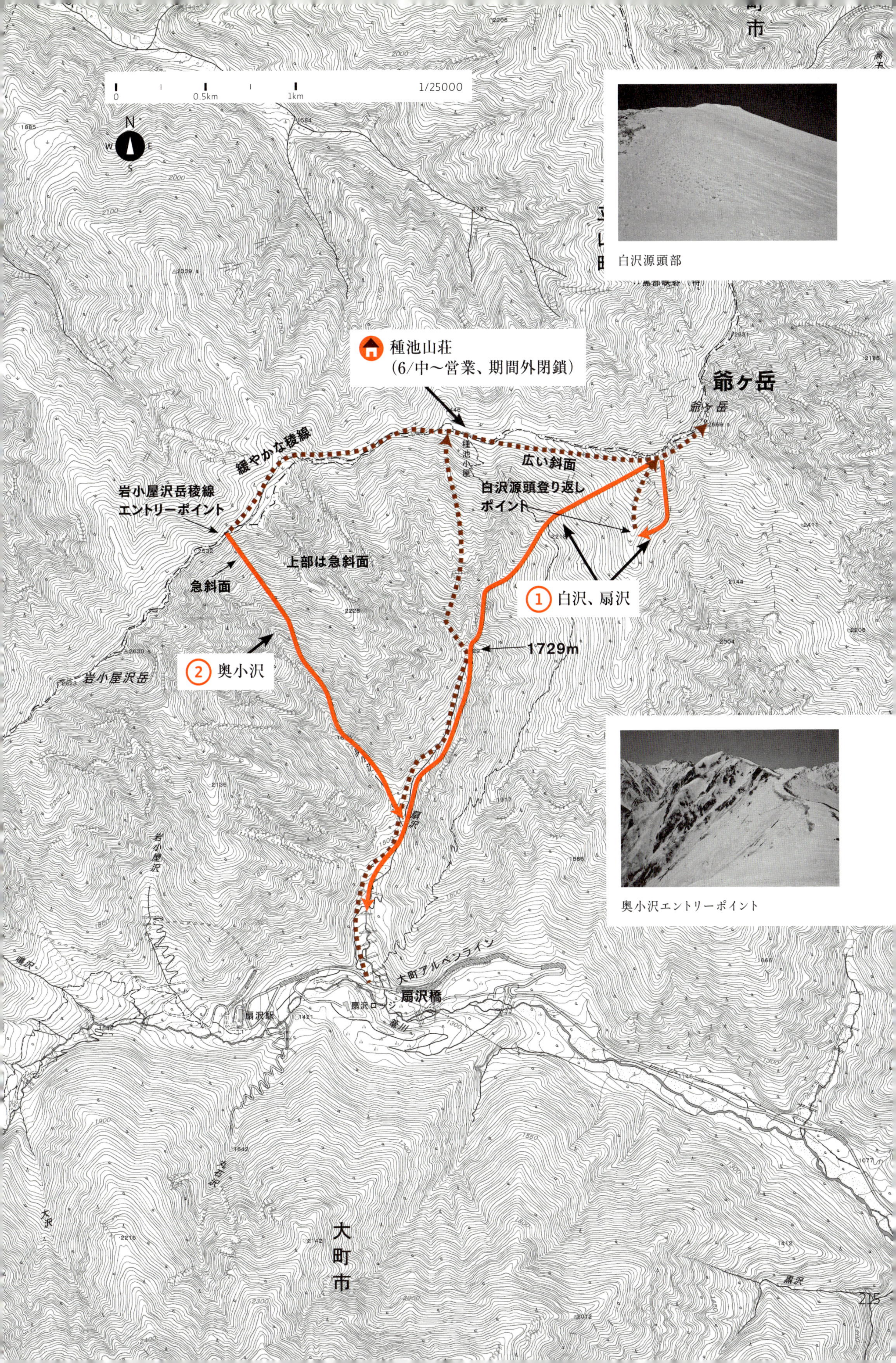

白沢源頭部

奥小沢エントリーポイント

078

日帰り

交通の便がよく
アプローチも短い
滑り応えのある雪渓

● 適期／4月中旬〜6月上旬

針《はり》ノ木《き》岳

立山黒部アルペンルート大町側入口の扇沢から比較的短時間で山頂に着ける針ノ木岳。滑降ルートは、針ノ木峠からの針ノ木雪渓と南面の針ノ木谷、針ノ木岳山頂からのマヤクボ沢、スバリ岳稜線からマヤクボ沢を経由しての針ノ木雪渓など。針ノ木雪渓の隣には蓮華大沢もあり、扇沢をベースにいろいろなプランを組める。下山後は、大町温泉郷で汗を流すのも楽しみのひとつだ。

データ

● アプローチ

長野道安曇野ICから国道147号、大町アルペンライン（県道45号線）を経て扇沢へ。北陸道糸魚川ICからは国道148号経由で。有料駐車場の下には無料の市営駐車場もある。

● アドバイス

標高が3000m近い針ノ木岳では、5月下旬でも雪が降ることもある。稜線に近い急斜面では雪崩が発生するので、注意が必要だ。針ノ木雪渓に取り付くには、扇沢の駐車場から歩道とトロリー車道をたどって最初の堰堤を過ぎ、左手の河原の作業用道路に入って1550mの堰堤をめざすのが近道だ。

マヤクボ沢上部のカールを滑る

① 針ノ木雪渓

グレード ★★★

アルペンムードを満喫

扇沢から作業用道路に入り、本谷の右岸を進んで堰堤を越すと、1500mで大沢との出合となる。ここで蓮華大沢の全容が見えてくる。針ノ木雪渓は1800mを過ぎると幅が狭くなってきて、両側からのデブリで荒れていることも多い。2100mあたりから再び谷は広がり、南方向に曲がっていく。2250m地点から右斜面をたどればマヤクボ沢へのルートとなるが、南にまっすぐ雪渓を登り詰めて針ノ木峠をめざす。峠には立派な針ノ木小屋が建っているが、営業は7月からだ。針ノ木雪渓のみの滑走なら、スキーを峠にデポし、雪の付いた稜線をたどって山頂を往復してこよう。

峠からの滑走は気持ちいいスロープで始まる。正面には爺ヶ岳と鹿島槍ヶ岳を見て、左に岩山のスバリ岳や赤沢岳、右に蓮華岳側の切り立った山肌を眺めながらの、アルペン的でダイナミックなスキーが楽しめる。登ってきたルートを滑り降り、最後にスキーを沢で洗って終了となる。

● 参考タイム／扇沢（1時間）大沢小屋（3.5時間）針ノ木峠（1時間）針ノ木岳山頂（1時間）針ノ木峠（1時間）扇沢

② 針ノ木谷

グレード ★★★

人の少ない静かなコース

針ノ木峠までは前項参照。針ノ木谷の出だしは多少斜度があるが、少し滑ると傾斜が落ちて広いオープンバーンになる。谷は2000mあたりで狭まり、沢が割れてくる。幕営でなければ峠まで登り返して扇沢に戻るので、そのための体力を温存しておくことも忘れずに。

● 参考タイム／針ノ木峠（20分）2200m付近（1時間30分）針ノ木峠

③ マヤクボ沢

グレード ★★★

広いカールの大斜面

扇沢から2250mのマヤクボ沢出合までは①を参照。出合から右手のマヤクボ沢に入る。沢というより広い斜面のよう。2540mあたりでカール底の平坦な場所に出る。ここは休憩にはもってこいの場所だ。針ノ木岳の山頂へは、峠側の肩2770m地点か、スバリ岳側のマヤクボのコル2680mから向かう。雪の状態によっては針ノ木岳頂上からのスキー滑降も可能だが、直下は岩が出ているので、岩を避けて峠のほうに寄ってから入る。マヤクボ沢のカールの斜面を思いのままに滑り、針ノ木雪渓と合流する。

● 参考タイム／扇沢（3時間）マヤクボ沢出合（2時間）針ノ木岳（1時間）扇沢

文／平岡耕一郎

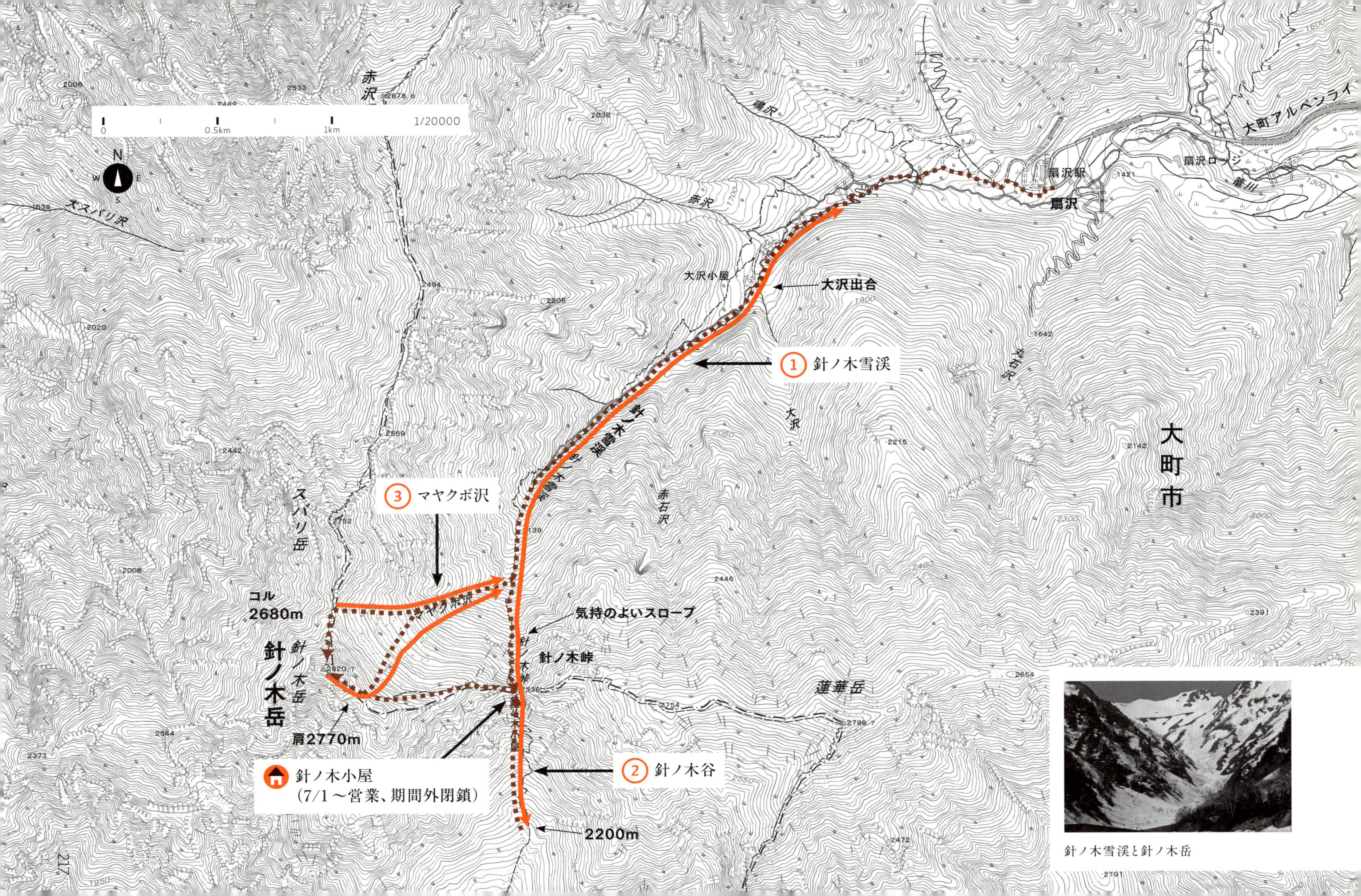

1/20000
0
0.5km
1km
赤沢
大町アルペンライン
扇沢駅
扇沢ロッジ
扇沢
籠川
鳴沢
大沢小屋
大沢出合
① 針ノ木雪渓
大沢
大町市
針ノ木雪渓
赤石沢
スバリ沢
スバリ岳
③ マヤクボ沢
マヤクボ沢
コル
2680m
針ノ木岳
肩2770m
気持のよいスロープ
針ノ木峠
蓮華岳
針ノ木小屋
(7/1～営業、期間外閉鎖)
② 針ノ木谷
2200m

針ノ木雪渓と針ノ木岳

079

スキーツアー

ザラ峠を越える。
佐々成政が挑んだ
スーパークラシックルート

● 適期／3月中～下旬 ● グレード／★★★

黒《くろ》部《べ》横《おう》断《だん》

扇沢～蓮華岳～黒部湖～立山

佐々成正が400年以上前に挑んだルート。岳人の憧れ・黒部横断を、スキーの機動力を用いて爽やかに駆け抜ける。厳冬期は人を寄せ付けない黒部湖も、3月の安定した天気なら立ち入ることができる。通常1泊2日、のんびり行くなら2泊3日。なかにはワンデイというアスリートも。オープン前の扇沢のゲートを暗いうちから歩き出し、針ノ木雪渓を登る。ノーマルルートは針ノ木峠から針ノ木谷を行くが、ここでは蓮華岳の南西面を滑るバリエーションルートを紹介する。雪解け水が冷たい平ノ渡の徒渉と、凍って立ち枯れた木が並ぶ黒部湖をシールで渡るのが山行のハイライト。泊まりの荷物が重く、なかなか稜線が近づかないザラ峠。ここからの滑降は、鷲岳側壁の岩稜帯が印象的だ。湯川谷には途中、左から温泉が流れ込む。堰堤や橋の様子を見て、常願寺川の左岸右岸を適当に判断しながら滑る。立山駅が見えたときの感動はひとしおだろう。幕営地は日程に合わせて臨機応変に。

データ

● アプローチ

入下山口が異なるので公共交通機関を利用する。東京からは冬季のみ運行している大町温泉郷行き深夜バス利用が便利。大町温泉郷からはタクシーで日向山ゲートへ。

● アドバイス

大量降雪直後の針ノ木谷は雪崩要注意。天候や雪の状況の見極めが大事。大雨などで平ノ渡が増水している場合は渡れない。また雪不足で中ノ谷ゴルジュが雪で埋まっていない場合は高巻きで苦労する。黒部横断初挑戦であれば、1日目に針ノ木峠から針ノ木谷を滑降するノーマルルートがおすすめだ。

黒部湖を徒渉後、凍った湖をシールで歩く

1日目

針ノ木峠のその先へ

扇沢手前の日向山ゲートをスタート。除雪済みの道路をしばらく歩き、適当な所からシールで進む。針ノ木雪渓では雪崩に注意。針ノ木峠は槍・穂高連峰、裏銀座の山々の眺めがみごと。ノーマルルート（針ノ木峠～針ノ木谷）はここから滑降する。蓮華岳まではそのまま稜線を進み、山頂もしくは手前の適当な所から滑降。針ノ木谷出合1870mで幕営（黒部湖畔でも可）。

● 参考タイム／日向山ゲート（7時間）針ノ木峠（2時間）蓮華岳（1時間）針ノ木谷出合幕営

2日目

遠いザラ峠と、沢割れ後のルートファインディング

沢が出ているところがあるので注意しながら進む。黒部湖では、状況にもよるが、川幅10m、膝程度の徒渉があり、板を担いで渡る。雨後の増水に注意。渡ったらシールを付け、凍って雪の積もった黒部湖を進む。中ノ谷は最初は急なゴルジュだが、しばらく登ると徐々に緩くなり谷は開けてくる（場所によって幕営可）が、雪付きが悪い、もしくは、雪解けの早い年は取り付くのに苦労することもある。見えてからが遠いザラ峠、稜線は雪が少ないので、少し下ってからの滑降になる。左手に見える鷲岳の岩稜帯が印象的。途中左手から温泉が流れ込む。徐々に沢が割れ始め堰堤が出てくるので、左岸右岸を適当に判断しながら滑る。1334m付近で幕営。

● 参考タイム／幕営地（1時間）黒部湖（1時間半）中ノ谷（4時間）ザラ峠（2時間）1334m付近幕営地

3日目

堰堤・橋・トンネル多数、ルートファインディングが肝

湯川谷は堰堤が多数あるので、橋や先の状況などを見ながら川の右岸左岸を判断して滑る。トロッコや道路、橋や堰堤など人工物がたくさんあり人臭さを感じるが、どこまで行ってもこの時期は無人で、ひっそり静まり返っている。立山駅が見えたときは胸に熱いものが込み上げてくる、感動の良ルート。

● 参考タイム／幕営地（5時間）立山駅

岩稜帯が印象的な鷲岳と湯川谷

文／松岡祥子

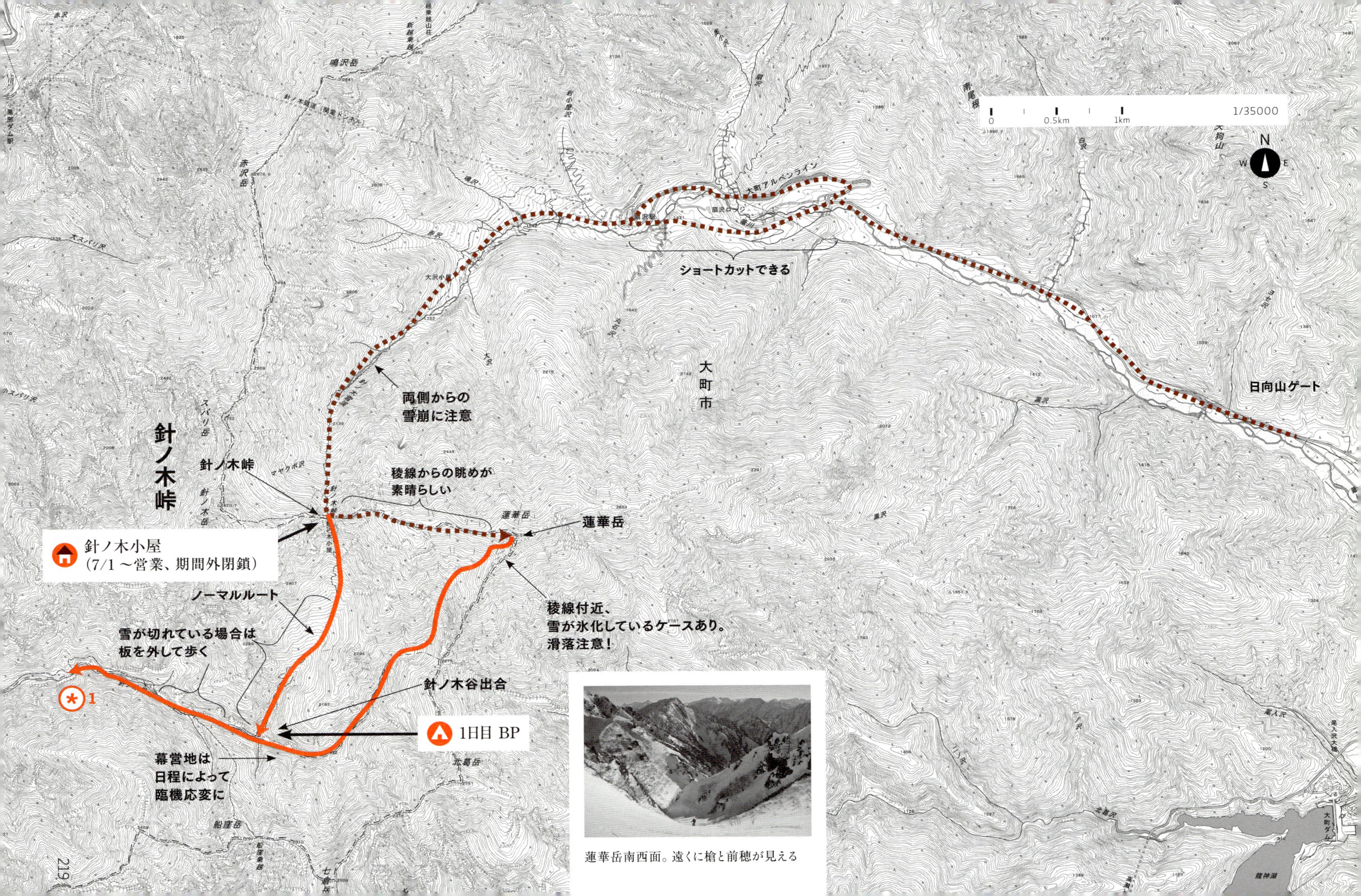

蓮華岳南西面。遠くに槍と前穂が見える

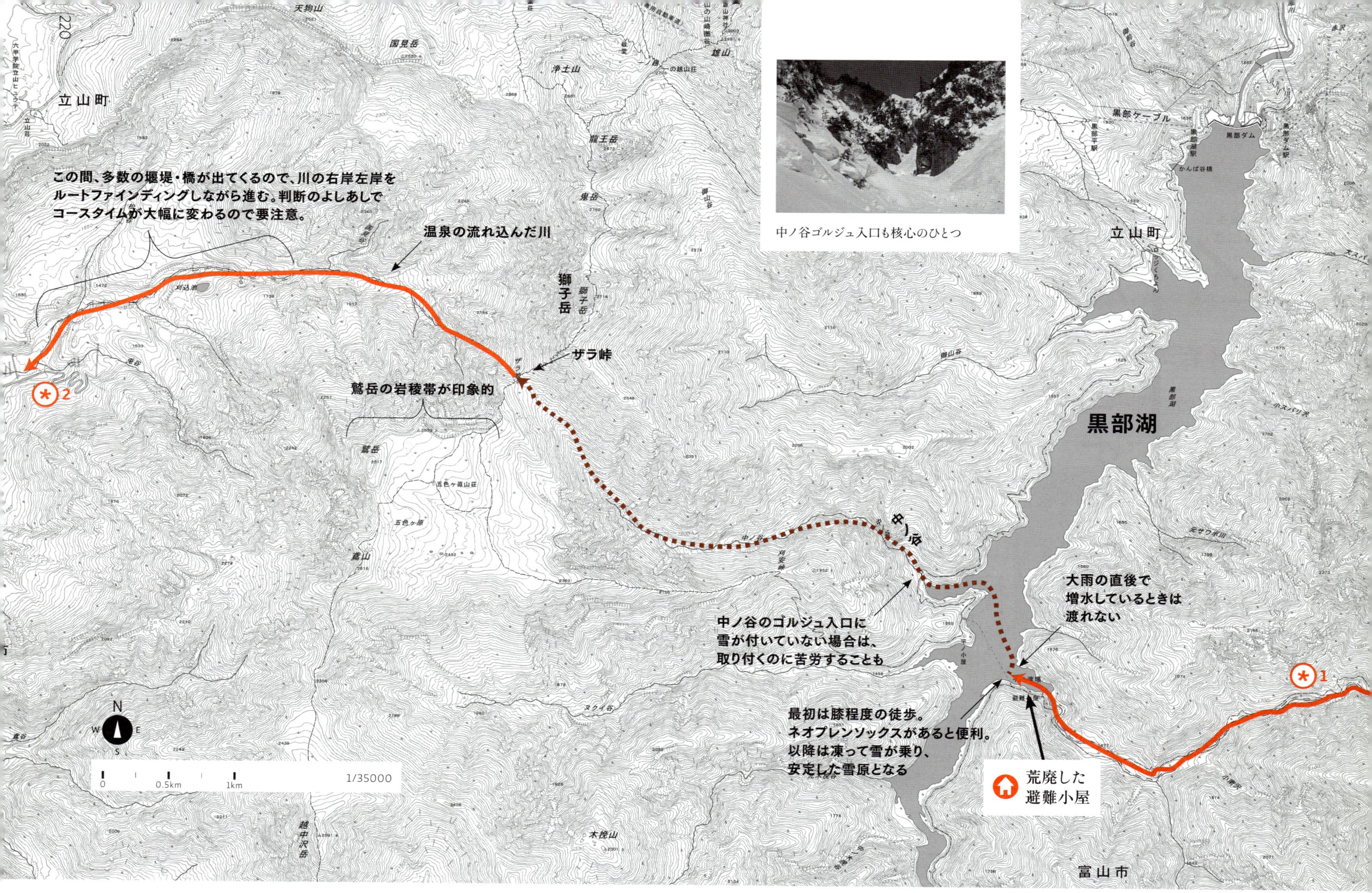
立山町
この間、多数の堰堤・橋が出てくるので、川の右岸左岸をルートファインディングしながら進む。判断のよしあしでコースタイムが大幅に変わるので要注意。
温泉の流れ込んだ川
獅子岳
ザラ峠
鷲岳の岩稜帯が印象的
中ノ谷
中ノ谷のゴルジュ入口に雪が付いていない場合は、取り付くのに苦労することも
黒部湖
立山町
黒部ケーブル
黒部ダム
大雨の直後で増水しているときは渡れない
最初は膝程度の徒歩。ネオプレンソックスがあると便利。以降は凍って雪が乗り、安定した雪原となる
荒廃した避難小屋
富山市
1/35000
0
0.5km
1km
N
*1
*2
浄土山
国見岳
天狗山
龍王岳
鷲岳
木挽山
越中沢岳

中ノ谷ゴルジュ入口も核心のひとつ

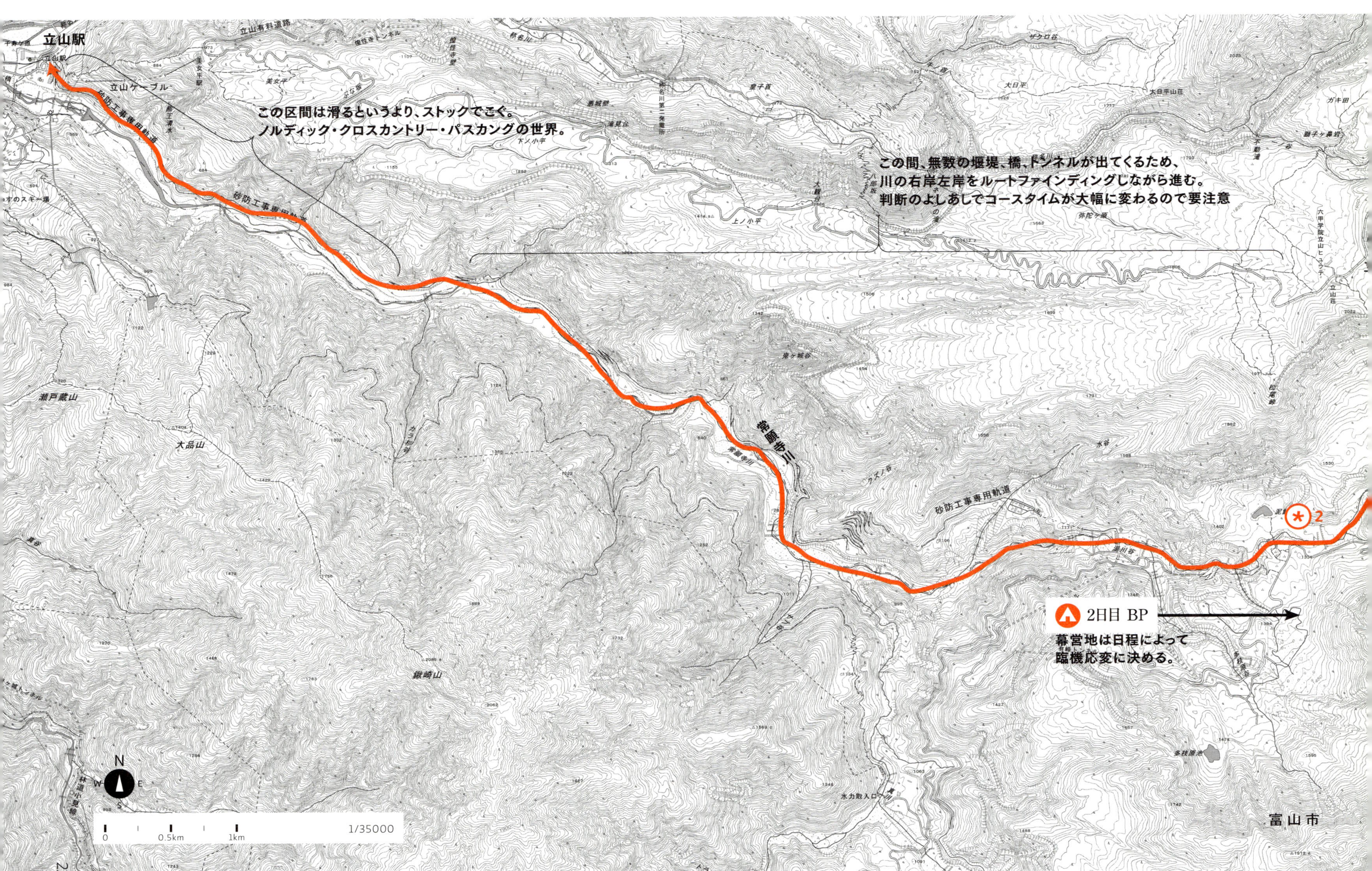
立山駅
この区間は滑るというより、ストックでこぐ。
ノルディック・クロスカントリー・バスカングの世界。
この間、無数の堰堤、橋、トンネルが出てくるため、
川の右岸左岸をルートファインディングしながら進む。
判断のよしあしでコースタイムが大幅に変わるので要注意
常願寺川
砂防工事専用軌道
2日目 BP
幕営地は日程によって
臨機応変に決める。
2
瀬戸蔵山
大品山
鍬崎山
富山市
0
0.5km
1km
1/35000
N

080

日帰り

剱岳の眺望が
すばらしい
残雪期の急斜面

● 適期／5上旬～6月上旬

毛《け》勝《がち》山

毛勝山ボーサマ谷を見上げる

毛勝山直登ルンゼ

剱岳の北側に位置する毛勝山は、残雪豊富な富山県の山である。北陸新幹線が開業したことで、東京方面からの列車での移動が格段に楽になった。以前はよく滑られた東又谷は、三階棚滝付近で徒渉や高巻きがあるため、滑降ルートとしておすすめできず、ここでは阿《あ》部《ぶ》木《き》谷ルートを紹介する。山頂からは立山・劔、後立山連峰が一望でき、特に剱岳の眺望は圧巻。時間があれば東又谷を500m滑り降りて登り返すのもよい。

データ

● アプローチ

北陸道魚津ICから片貝方面へ南下。県道132号の片貝第四発電所を過ぎるたところにゲートがある。5月下旬は片見山荘まで入れる。

● アドバイス

残雪は豊富だが、早い時期はデブリが多く、雪崩の危険も高い。

阿部木谷ルート

グレード ★★☆

残雪期の名ルート

片貝第四発電所を過ぎたゲートからスタート。片貝山荘から右の阿部木谷に入り、右岸側の林道をたどっていく。最終堰堤を右から越し、板菱を通り、デブリ跡を登って大明神沢の二俣へ。ここまでは滑降できることが多いが、大明神山からの土石流で板菱まで埋め尽くされた年もあった。

ナワタケ谷の三俣からは斜度が強くなり、落石も多くなるので、注意してボーサマのコルまで登る。コルではブッシュの向こう側へ出て、緩い稜線を進んで山頂に到着する。

雪が緩んでいれば、エントリーは狭いが直登ルンゼを滑るのもいい。コルまで戻ったら、シュルンドや石に注意して、登ってきた急斜面を滑る。登山者にも人気のルートなので注意が必要だ。板菱まで滑り降りたら、往路と同じく長い林道を歩いてゲートへ戻る。

● 参考タイム／片貝第四発電所（1時間林道）片貝山荘（2時間）大明神沢出合（4時間）ボーサマのコル（30分）山頂（1時間）大明神沢出合（1時間）片貝山荘（1時間）発電所

文／宮崎正英

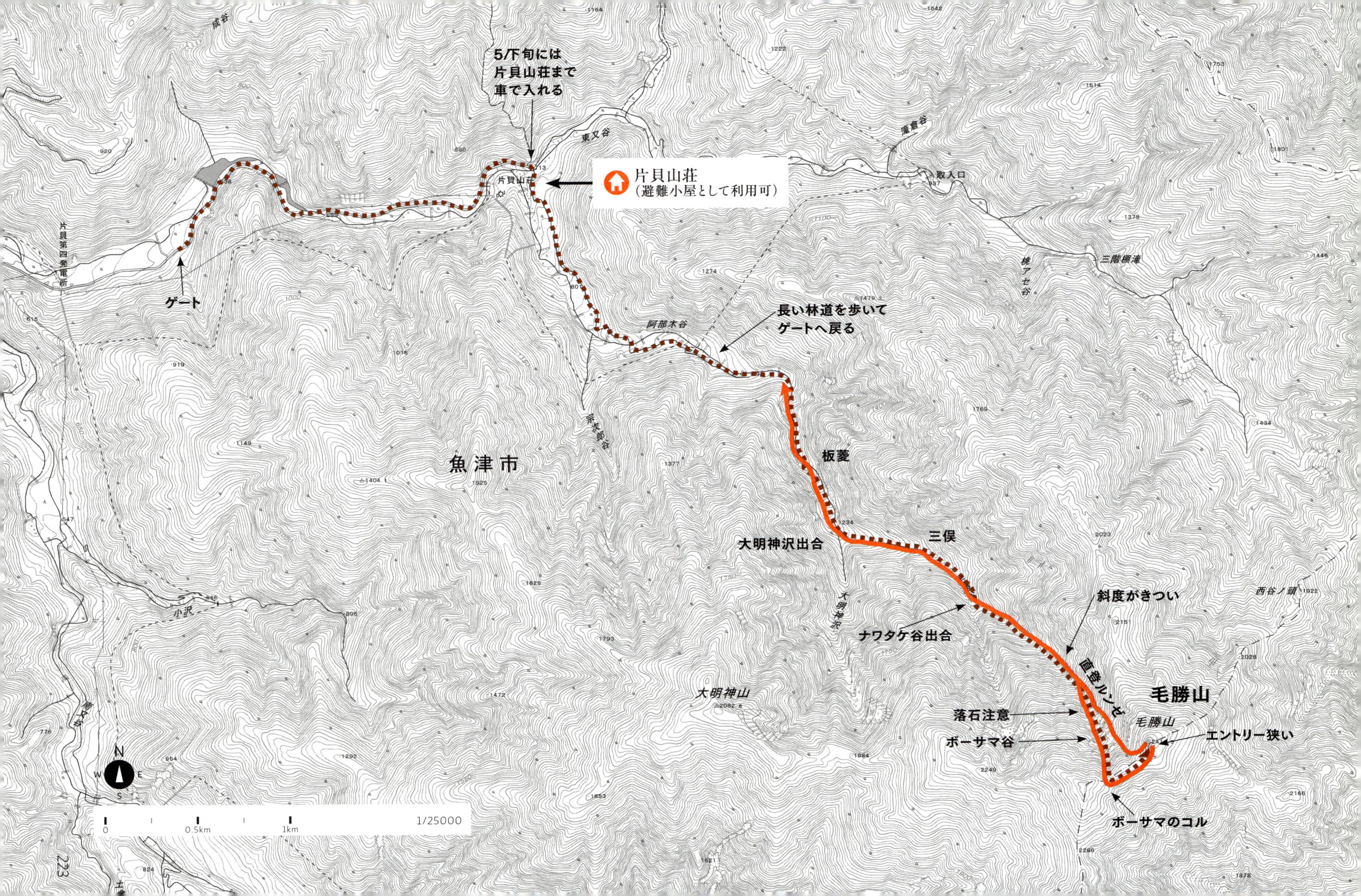
5/下旬には
片貝山荘まで
車で入れる
片貝山荘
(避難小屋として利用可)
ゲート
長い林道を歩いて
ゲートへ戻る
魚津市
板菱
三俣
大明神沢出合
ナワタケ谷出合
斜度がきつい
直登ルンゼ
毛勝山
落石注意
ボーサマ谷
エントリー狭い
ボーサマのコル
大明神山
東又谷
阿部木谷
取入口
三階棚滝
小沢
1/25000
0
0.5km
1km

081

スキーツアー

雪と岩の殿堂・剱岳。
RSSA同人により初滑降された
スティープクラシックに挑戦する

● 適期／4月中旬～5月中旬

剱《つるぎ》岳

雪と岩の殿堂・剱岳。その威風堂々たる山容を取り巻くアルペン的で急峻な斜面には、近年RSSA同人により挑戦的なスティープラインが数多く刻まれた。そのなかでも1999年5月に加藤雅昭氏により初滑降された山頂から平蔵谷へ一直線に落ちるダイレクトルンゼ（大脱走ルンゼ）は、今や剱岳のスティープスタンダードになっている。本ガイドではこのルートを取り上げるが、滑落事故もたびたび起きているので、決して容易な滑降ルートではないということを肝に銘じ、条件を見極めてチャレンジしてほしい。

データ

● アプローチ

長野道安曇野ICから国道147号、県道45号経由で扇沢へ。立山黒部アルペンルートを利用して室堂まで。富山方面からは、北陸道流杉スマートICもしくは立山ICから県道6号経由で立山駅まで行き、立山黒部アルペンルートを使って室堂へ。扇沢・立山両駅に駐車場あり。

● アドバイス

体力・技術力ともに充分な滑り手は、室堂周辺の宿泊所からのワンデイも可能だが、剱御前小舎に前泊するほうが余裕をもってトライできるので、おすすめである。

剱岳インディアンクーロワールを登る

大脱走ルンゼ

グレード ★★★

インディアンクーロワールからダイレクトルンゼ滑走

初日は剱御前小舎泊まりなので、室堂をゆっくり発てばいい。雷鳥沢から新室堂乗越経由で小屋に入り、翌日滑るダイレクトルンゼを双眼鏡などで偵察しておこう。時間があれば、別山へ登って北面の急斜面を滑っておきたい。核心部のノドの雪の状態も含め、ダイレクトルンゼの状況がよくわかる。登り返しでの剱沢周辺の雪の状態のチェックも抜け目なく行なおう。

翌朝は遅くても5時には宿を後にする。剱沢は放射冷却でハードバーンのことが多いが、滑降するにつれて雪は緩んでくる。上部がカチカチの場合は、無理せずアイゼンで下降する慎重さも必要だ。平蔵谷出合からシール登高を行なう。雪質が硬い場合はクトー装着か板を担ぐ。側壁からの雪崩、落石に注意しながら平蔵谷を登る。3ピッチも登ればめざすダイレクトルンゼの入口が見えてくる。右手に見える天狗の鼻のような岩峰が印象的だ。斜度が急になる手前でアイゼン、ピッケルに替える。ルートは右手の通称インディアンクーロワールにとるが、中間部は傾斜がきつく、雪も硬いことが多いので慎重に。ここで苦戦するようでは剱岳に登る資格はない。

源次郎尾根のコルで小休止。ここからが登りの核心だ。目の前の急斜面を、岩を回り込むように登り、急な雪壁を越えて上部はリッジ沿いに進む。リッジは北壁側が切れ落ちているので要注意。条件次第ではロープを使うこともあるが、スタンディングアックスビレイを確実にマスターしている必要がある。最後の急斜面を登りきれば剱岳山頂である。

眼下に富山湾も望める三六〇度の大展望を満喫したら、滑降に移る。登ってきたリッジ沿いに50mほど滑降してから右手の大斜面に入る。高度感があり、急斜面に慣れていないと腰が引けるかもしれない。最上部での滑落は致命的なので慎重に対応しよう。ダイレクトルンゼに入れば滑降スペースは充分にあり、雪質も安定してくるのでコンディションのいい斜面を選んで滑ろう。急斜面滑降の醍醐味を思う存分味わうことができる。11時ごろになれば上部の雪も緩んでくるはずだ。

雪質は、その年の状態によりパウダーからザラメ、ハードバーンと変化に富む。登りながら雪質の把握に努めたい。条件がよければ、下部にある核心（45度を超えるノド部直下）にもクラックはなく、ダイナミックに平蔵谷へ飛び出せる。あとは、いい雪を選びながら平蔵谷を快適にクルージング。その後、時間が早ければ室堂からアルペンルートで下山できる。

● 参考タイム／剱御前小舎（1時間）平蔵谷出合（5時間）インディアンクロワールのコル（1時間30分）剱岳（1時間30分）平蔵谷出合（3時間）剱御前小舎（2時間）室堂

 文／三浦大介

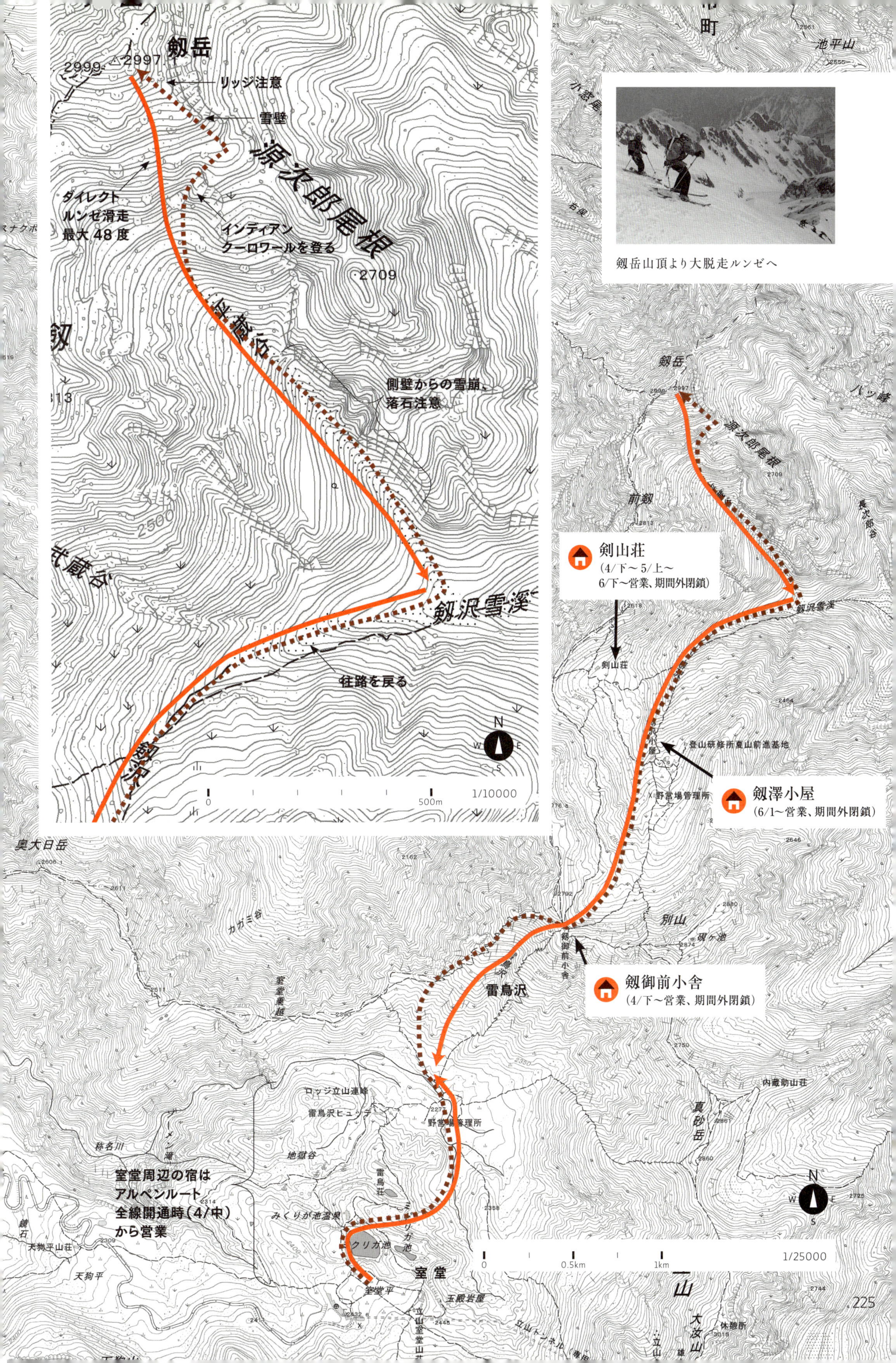

剱岳山頂より大脱走ルンゼへ

082

日帰り

言わずと知れた山岳滑降の聖地。日常を忘れる景色のなかで滑りを堪能する

● 適期／11月中～下旬、4月上旬～6月上旬

立《たて》山《やま》

本州屈指の豪雪地帯で、早い時期から降雪があり、昔から山スキーのメッカとして有名である。晩秋の初滑りから初夏に至るまで楽しめるが、立山黒部アルペンルートが閉鎖される12月から4月上旬までは、限られたエキスパートしか近付くことができない。

滑降エリアは、室堂から浄土山、国見岳、天狗山、弥陀ヶ原にかけての斜面や雷鳥沢、真砂岳大走りや真砂沢、雄山谷、御前谷、山崎カール、さらに龍王岳、鬼岳、奥大日岳カガミ谷など、レベルに合わせてさまざまな斜面を選ぶことができる。アルペンムードに包まれた急峻な斜面から穏やかな斜面まで、変化に富んだ滑りが楽しめる。平年並みの積雪量があれば、5月でも御山谷、東一ノ越・タンボ平経由で黒部ダム付近まで滑走可能。

データ

● アプローチ

長野道安曇野ICから国道147号、県道45号経由で扇沢へ。立山黒部アルペンルートを利用して室堂まで。富山方面からは、北陸道流杉スマートICもしくは立山ICから県道6号経由で立山駅まで行き、立山黒部アルペンルートを使って室堂へ。扇沢・立山両駅に駐車場あり。

● アドバイス

いくつかの斜面で雪崩による死亡事故が起きているので、事前の情報収集や現場での判断が重要。アルペンルートは時期によってダイヤが変わるので、事前に運行時間を確認すること。

富士ノ折立北西ルンゼより大日岳、奥大日岳

① 富士ノ折立北西ルンゼ

グレード ★★☆

展望がすばらしいルンゼ滑降

室堂から雄山経由で富士ノ折立へ。北西に延びるルンゼめざして滑り出す。ルンゼのなかからは、室堂・雷鳥平・奥大日の眺めがすばらしい。11月は石が出ていることもあり要注意。

● 参考タイム／室堂(1時間)一ノ越(1時間)雄山(30分)富士ノ折立(30分)雷鳥平

② 雄山南峰(サルマタのピーク)東面ルンゼ

グレード ★★☆

近年初滑走された斬新なルート

雄山山頂より稜線上を南峰ピークへ。南東向きのルンゼに滑り込み、黒部湖を見ながらタンボ平まで。爽快な景色・滑りを味わえる。雪の付いた春のみ滑走可能。

● 参考タイム／雄山(15分)南峰ピーク(30分)タンボ平

③ 龍王岳北面ルンゼ

グレード ★★☆

シーズン初めの度胸試し

室堂から祓堂を通り、登山道経由で龍王岳山頂へ。北面にふたつのルンゼがあるので好きなほうを滑り、そのまま御山谷まで。

● 参考タイム／室堂(2時間30分)龍王岳(20分)御山谷

④ 奥大日岳東面

グレード ★★★

ひときわ目を引く斜面。条件を当てるのが難しい

室堂乗越から稜線を奥大日岳2611mピーク手前まで。11月は雪庇は小さいが雪質が難しく、春は雪の状態はいいが巨大雪庇で近付けないなど、条件を当てるのが難しいルート。登り返しは2390mピークのコルへ。

● 参考タイム／雷鳥平(2時間半) 2611mピーク手前(20分)カガミ谷(1時間) 2390mピーク横コル(1時間30分)室堂

奥大日岳東面の滑走

文／松岡祥子

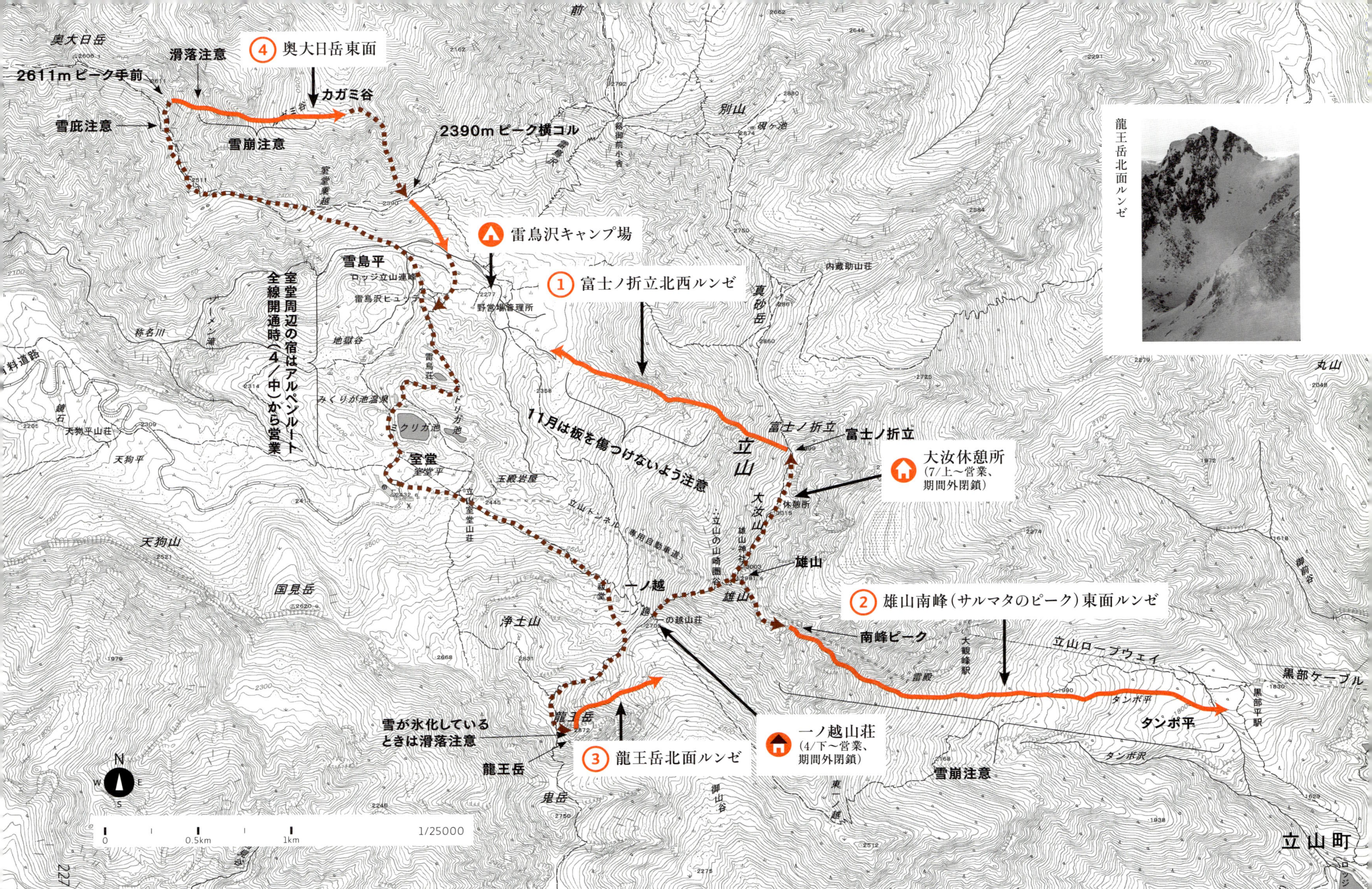

奥大日岳
2611mピーク手前
滑落注意
雪庇注意
④ 奥大日岳東面
カガミ谷
雪崩注意
2390mピーク横コル
雷鳥沢キャンプ場
雷鳥平
① 富士ノ折立北西ルンゼ
室堂周辺の宿はアルペンルート全線開通時（4／中）から営業
11月は板を傷つけないよう注意
立山
富士ノ折立
大汝休憩所
(7/上～営業、期間外閉鎖)
大汝山
雄山
一ノ越
室堂
ミクリガ池
浄土山
国見岳
天狗山
別山
真砂岳
② 雄山南峰（サルマタのピーク）東面ルンゼ
南峰ピーク
立山ロープウェイ
黒部ケーブル
タンボ平
雪崩注意
一ノ越山荘
(4/下～営業、期間外閉鎖)
③ 龍王岳北面ルンゼ
雪が氷化しているときは滑落注意
龍王岳
鬼岳
立山町
1/25000

龍王岳北面ルンゼ

083

長期縦走

槍ヶ岳から剱岳を結び100kmを超える
日本最長・最高の山スキールート。
槍ヶ岳から黒部源流へのパート1

● 適期／4月下旬～5月上旬 ● グレード／★★★

日本オートルートPart1（南部）

槍・穂高連峰と樅沢岳（手前）。槍ヶ岳の右の肩から落ちるルンゼが千丈沢

北アルプスの山々を長躯する日本版オートルートは、すべての山スキーヤーにとって憧れのルートであろう。このルートは、ヨーロッパ・オートルートにならって1980年ごろから名付けられたが、山小屋が完備されていない分、こちらのほうが大変かもしれない。1980年、RSSAの初期メンバーにより新穂高温泉から双六岳、薬師岳、室堂までの縦走が成されてから、これが定番コースとなり、その後も槍ヶ岳から剱岳、毛勝山への延長や数々のバリエーションが試みられている。ここでは、新穂高温泉から双六小屋を経ておおむね稜線をたどり、薬師岳を越えて立山に至るものをクラシックルートとして、槍ヶ岳から毛勝山まで主に谷をたどり、ほとんどシールと滑りでつないだものを新ルートとして紹介しよう。

データ

● アプローチ

クラシックルートの起点となる新穂高温泉へは、長野道松本ICから国道158号で中の湯から安房トンネル経由で。新ルートの起点・上高地へは、長野道松本ICから国道158号で沢渡まで入り、上高地行きのシャトルバスに乗り換える。

● アドバイス

標高の高い室堂からスタートして、最後は西鎌尾根から槍ヶ岳に登る南下ルートをとる人も多いが、薬師岳を越えるまではほとんど滑れるところがないことや、西鎌尾根を半日スキーを担いで登ることを考えると、山スキールートとは言い難くなる。やはり北上ルートのほうが有利である。1990年代から2006年までは、ゴールデンウィークに双六小屋が営業していたので、クラシックルートなら小屋泊まりでも可能だったが、その後営業しなくなったので、どうしても幕営の装備が必要となる。しかし、営業している小屋はできるだけ利用して、食料の軽量化を図ったほうが賢明だろう。両ルートとも長丁場であるので、日程には充分な余裕をもってほしい。クラシックルートなら1日、新ルートは2～3日の予備日がほしい。新ルートは8日間のコースとして紹介したが、天候悪化やコースミスなどで予定どおりいかない可能性が高い、と考えておいたほうがいい。

 文／牧野総治郎

クラシックルート

新穂高温泉から双六小屋に入り、黒部五郎岳、薬師岳の名峰を越え、室堂に至る縦走コース

1日目

新穂高温泉から双六小屋

スキーを担いで新穂高温泉を出発、蒲田川左俣林道をたどっていく。雪の多い年は笠新道の分岐あたりからスキーを履けるだろう。ワサビ平小屋の先で左側からのデブリが山になっており、越すのに苦労する。左俣谷と分かれ、大ノマ乗越に続く沢に入ると視界が開ける。標高1900m付近で鏡平に上がる沢を右に分ける。鏡平から夏道沿いに双六小屋へ行くこともできるが、登り下りやトラバースが多く、おもしろくない。大ノマ乗越に登って反対側の沢を双六谷まで滑り、双六谷を小屋まで登ったほうがスキーを生かせる。

●参考タイム／新穂高温泉(2時間)ワサビ平小屋(4時間)大ノマ乗越(2時間)双六小屋

2日目

双六小屋から太郎平小屋

小屋から120mほど登り、双六岳と丸山(2854m)のコルをめざしてトラバースする。早朝で雪が硬いときは、アイゼンを履いたほうが安心だ。三俣蓮華岳から西に方向を変え、待望の滑降。2661mピークまでは稜線がやや狭いが、黒部五郎小舎の上は大斜面となり、痛快な滑降ができる。黒部五郎岳へは、カールのなかを登っても、左手の主稜線を登ってもいい。カールを登ったときは、詰めすぎると急斜面になるので、適当な所から左手の稜線に上がる。

頂上からは稜線の右側、ウマ沢の源頭を滑るのが楽しい。ウマ沢をどこまでも滑っていきたくなるところをグッとこらえて、2578mピークへ登る。ここも北面に大斜面が広がっており、天気や体力が許せば何本か遊んでいきたいところだ。起伏の多い稜線をたどり、北ノ俣岳でシールを外す。太郎平小屋までは緩い斜面だが、視界のないときは迷いやすいので慎重に。

● 参考タイム／双六小屋（2時間30分）三俣蓮華岳（2時間40分）黒部五郎岳（3時間）北ノ俣岳（1時間10分）太郎平小屋

サブルート

❶ 三俣蓮華岳あるいは黒部五郎岳から黒部川に滑り込み、薬師沢から太郎平小屋に登り返す。雪の少ない年は不適。

❷ 赤木岳から薬師沢左俣を滑り、中俣を小屋まで登る。

❸ 双六小屋周辺のルート
オートルート走破は重荷との戦いになるので、途中の小屋やテントをベースに、周辺を軽装で滑るのも楽しい。

- ❸-1 樅沢／小屋からすぐ滑り込んでもいいが、樅沢岳の頂上から滑れば充実した滑降になる。
- ❸-2 丸山沢／小屋から少しトラバース気味に登り、樅沢との中間尾根を越えてから滑り込む。この尾根から丸山沢に2110mで合流する沢を滑ってもいい。両方とも黒部源流から戻ってくるときの登路に使える（地図にカタカナのモミ沢と漢字の樅沢が表記されているが、樅沢岳に突き上げるのが樅沢と考えられ、丸山と双六岳のコルに出る沢は丸山沢と呼ぶことにする）。
- ❸-3 蓮華谷右俣／丸山と双六岳のコルから真西に滑り込む。蓮華谷本流まで標高差660mの豪快な滑降だ。
- ❸-4 三俣蓮華岳／黒部五郎小屋へのルートのほかに、頂上から北北西、北東、南東面にいいラインがある。
- ❸-5 弥助沢／2095mで丸山沢から北に分かれ、三俣山荘のコルに出る沢。コル直下の急斜面をシールで登りきれれば立派なものである。黒部源流への往復に使われる。
- ❸-6 双六岳／頂上から南東に双六谷左俣を滑る。双六南峰との間のカール状の大斜面を、本谷まで標高差500mの滑降を堪能する。南東面なので、できるだけ早い時間に滑りたい。

槍～毛勝新ルート

日本オートルートを延長し、槍ヶ岳から毛勝山まで、登りも下りもスキーを使う

1日目

上高地から槍沢

上高地から横尾までは担ぎとなる。横尾の先からスキーを付ける。初日にがんばって槍ヶ岳山荘まで入れればあとが楽になるが、翌日早い時間には千丈沢を滑ることができないので、槍沢ロッヂ泊かババ平あたりで幕営としてもいいだろう。

● 参考タイム／上高地（3時間30分）横尾（2時間）槍沢ロッヂ

2日目

槍沢から千丈沢滑降

千丈沢の源頭は北面で雪が硬く、緊張した滑りとなる。急なルンゼを抜けると大斜面となり、最高の滑りを堪能できる。振り返れば、槍の北鎌尾根がヨーロッパアルプスのような迫力でそびえ立っている。硫黄尾根上部に突き上げる沢との合流点2090mに幕営する。

● 参考タイム／槍沢ロッヂ（6時間）槍ヶ岳山荘（45分）千丈沢2090m

サブルート

❹ 1日目は岳沢、奥明神沢から前穂高に登り、吊尾根のコルから涸沢へ。2日目、横尾右俣から横尾尾根のコルを越えて槍沢に入る。初日の消耗が激しく、槍ヶ岳山荘到着が遅れると千丈沢滑降が危険になる。

❺ 2日目に槍から飛騨沢を滑り槍平へ。翌日、奥丸山に登り、北面の沢を滑って蒲田川左俣谷に出たのち、大ノマ乗越からクラシックルートにつなげる。

3日目

硫黄尾根を越え黒部源流

西北西に向かう沢に入り、硫黄尾根に上がる。尾根を少し登ると、テントも張れる雪原がある。その先は硫黄沢左俣の上部をトラバースするが、雪が硬く緊張する。樅沢岳東峰からは樅沢に滑り込む。湯俣川から弥助沢を登り、三俣山荘のコルに出る。黒部源流の2380m台地までひと滑り。ここをベースにして周囲の山を滑りまくれば最高である。

● 参考タイム／千丈沢（4時間）樅沢岳（15分）湯俣川（2時間30分）三俣山荘（5分）黒部源流

サブルート

❻ 黒部源流周辺ルート
黒部川本流と三俣山荘のコルからくる沢の合流点の上、岬状に突き出た台地が2380m台地。雪崩の心配もなく、実に気持ちのいい場所である。

- ❻-1 鷲羽岳／西面の尾根から頂上へ。南東へ鷲羽池をめざして滑り、池を横断してさらに一段下のカールをひと滑り。東面のカールも快適である。いずれも登り返しになるので、楽しさに任せて滑りすぎないように。
- ❻-2 水晶岳／岩苔乗越まではシールでまっすぐ登っていける。2841mピークの北を巻き、稜線を歩く。水晶小屋から先は次第に尾根が痩せてくるので、早めにアイゼンを付けたほうがいい。南峰と北峰の間に突き上げている東面中央ルンゼを滑ったが、大きい縦溝ができていて苦労した。ひとつ南側のカールのほうが快適そうだ。
- ❻-3 祖父岳／岩苔乗越へ向かう途中から左に方向を変え、2770mピークと祖父岳の間のコルに出る。頂上からまず一本北面のカールを滑る。登り返して南面のプラットホームのような緩斜面を末端まで滑り、最後は眼下のベースキャンプめざして40度近い急斜面に飛び込む。
- ❻-4 赤牛岳／岩苔乗越から岩苔小谷を飛ばし、2150m付近から右に沢を離れてトラバースすると、高天原山荘に出る。温泉沢をシール登高して左俣に入り、最後は主稜線を少し歩いて頂上へ。赤牛沢右俣を2000mまで滑り、山裾をシールでトラバースして高天原にもどるが、登り下りが多く苦労する。さらにベースキャンプまでもどるのはかなり厳しい。登った温泉沢を滑るのが正解だろう。

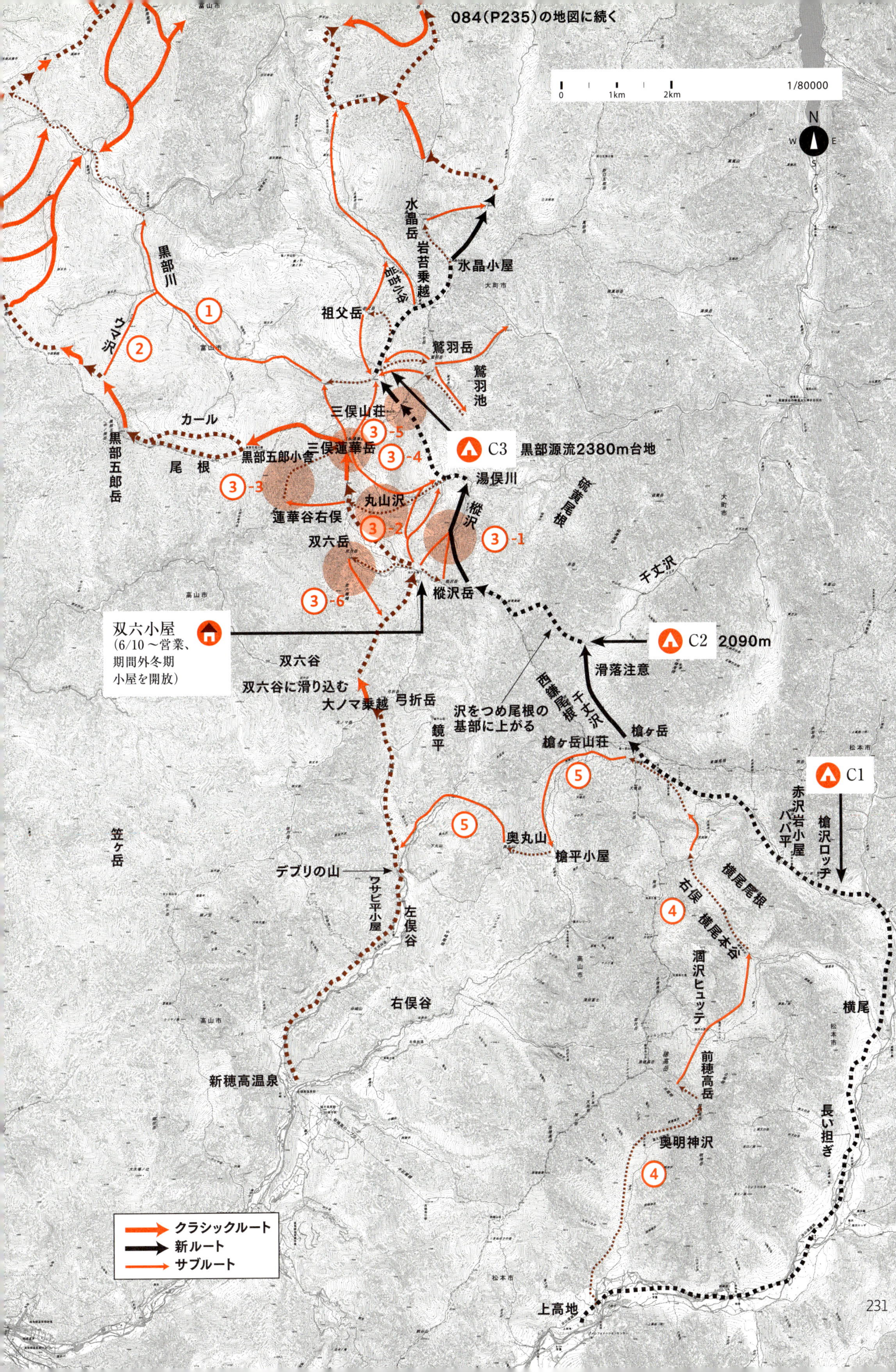

084（P235）の地図に続く
0
1km
2km
1/80000
N
W
E
S
水晶岳
岩苔乗越
水晶小屋
岩苔小谷
祖父岳
鷲羽岳
鷲羽池
黒部川
①
ウマ沢
②
三俣山荘
③-5
C3
黒部源流2380m台地
三俣蓮華岳
③-4
黒部五郎小舎
カール
尾根
黒部五郎岳
③-3
湯俣川
硫黄尾根
丸山沢
蓮華谷右俣
③-2
樅沢
③-1
双六岳
樅沢岳
③-6
千丈沢
双六小屋
（6/10～営業、
期間外冬期
小屋を開放）
C2
2090m
双六谷
西鎌尾根
千丈沢
滑落注意
双六谷に滑り込む
大ノマ乗越
弓折岳
沢をつめ尾根の
基部に上がる
鏡平
槍ヶ岳山荘
槍ヶ岳
C1
赤沢岩小屋
ババ平
槍沢ロッヂ
⑤
⑤
奥丸山
槍平小屋
デブリの山
ワサビ平小屋
左俣谷
笠ヶ岳
横尾尾根
右俣
④
横尾本谷
涸沢ヒュッテ
右俣谷
横尾
前穂高岳
新穂高温泉
長い担ぎ
奥明神沢
④
上高地
クラシックルート
新ルート
サブルート

084

長期縦走

槍ヶ岳から剱岳を結び100kmを超える日本最長・最高の山スキールート。黒部源流から立山へのパート2

● 適期／4月下旬〜5月上旬 ● グレード／★★★

日本オートルートPart 2（中央部）

水晶岳（右）と赤牛岳（中央）。手前が祖父岳、奥に剱・立山連峰

日本オートルートの中央部には、クラシックルートでは薬師越え、新ルートでは黒部川横断という難関が控えている。ザックは若干軽くなり、体も山慣れしてくるころだが、奥深い山域であり、ケガでもしたらどうしようもないので、慎重に歩を進めよう。

クラシックルート

3日目

太郎平からスゴ乗越

五色ヶ原山荘が営業していれば、早立ちをして五色ヶ原まで行くことも考えられるが、最近はゴールデンウィークに営業していないようなので、途中でテント泊となる。薬師峠まで少し下り、薬師岳への長い登りに取りかかる。余裕があれば、避難小屋に荷物を置いて中央カールをひと滑りしよう。頂上から金作谷カールを滑るのも痛快だが、先が長いのであまり滑りすぎないように。北薬師から縦走路中、最大の下りが始まる。上部はウインドクラストしているが、途中から快適なザラメ雪となる。間山の頂上は地肌が出ているが、左右どちらからでも巻ける。

スゴ乗越小屋はほとんど雪に埋まっている。スゴ乗越から小ピークを越え、2150mの最低鞍部に幕営する。

● 参考タイム／太郎平小屋（3時間50分）薬師岳（2時間）スゴ乗越小屋（1時間）最低鞍部 ＊カール滑降は含まず

 文／牧野総治郎

4日目

越中沢岳から一ノ越

越中沢《えっちゅうざわ》岳の登りではシールは使えず、スキーを担いで黙々と登る。頂上から2356mのコルまでは傾斜の緩い大斜面で、大回りターンで飛ばすのが快適だ。鳶《とんび》山はシールで登るが、雪が段々になっていたり、地面が出ていたりで苦労する。越中沢岳の登りよりこちらのほうがよっぽど苦しい。鳶山でスキーを履けば、ザラ峠までひと息で滑っていけそうだが、五色ヶ原は意外に起伏があって消耗する。

ザラ峠から獅子岳へは夏道を登るが、中途半端に雪が残り歩きにくい。獅子岳から龍王岳の間もみな苦労しているところだ。鬼岳まで進んでから御山谷へ降り、一ノ越に登り返す人が多いが、獅子岳からすぐ御山谷に滑り込むほうが、面倒な雪稜のトラバースをしないで済むのですっきりしている。標高差400mの滑降だが、午後の東斜面では雪質は期待できない。これまでの疲れもあり、滑りを楽しむ余裕はないだろう。疲れた体に鞭打って、御山谷を400mシールで登り、一の越山荘に転がり込む。

● 参考タイム／最低鞍部(3時間40分)越中沢岳(2時間15分)鳶山(1時間)ザラ峠(2時間20分)獅子岳(10分)御山谷2300m(1時間30分)一ノ越

サブルート

7 打保から北ノ俣岳

太郎平小屋をベースに周辺を滑るときの入下山コース。最近はゴールデンウィークに有峰林道が通れず、折立に入れないので、岐阜県側の神岡町から県道484号で和佐府へ向かうが、ゴールデンウィークは飛越トンネルのだいぶ手前から歩き出すことになる。年によって、またゴールデンウィークの前半と後半とでも、車を置ける場所が違ってくる。飛越トンネルの脇から寺地山に続く尾根に上がり、長い尾根をひたすら歩く。寺地山を越え、北ノ俣避難小屋に出ると、北ノ俣岳の西斜面が大きく広がっている。帰りの滑りを楽しみにして斜面を登りきり、頂上の少し北側の主稜線に出る。

● 参考タイム／飛越トンネル(6時間)北ノ俣岳

084 オートルートPart 2（中央部）

❽ 太郎平小屋周辺ルート

❽-1 薬師岳周辺／頂上の東側には顕著なカールが3つある。金作谷カールと中央カールは主稜線から入れるのでよく滑られているが、いちばん南の南東カールはあまり滑られてないようだ。ふたつのカールを滑ってから、主稜線を薬師峠に戻るのが定番だろう。鳶谷源頭もスキー向きの斜面だ。東南尾根から薬師沢右俣に滑り込むのもおもしろい。

❽-2 北ノ俣岳周辺／頂上の西から北西にかけて、スキー向きの斜面が広がっている。黒部五郎岳まで足を延ばしてウマ沢を滑るのいいだろう。

この周辺は、時間と体力の許すかぎり、いくらでも滑りまくることができる。

槍〜毛勝新ルート

4日目

黒部源流から立山へ

水晶小屋まではPart1を参照。この日の行程はかなりハードなので、黒部源流で遊ばないなら、前日に東沢谷まで進んでおいたほうがいいだろう。

水晶小屋は開放されているが、雪が吹き込んで扉が開かないこともあり、あてにしないほうがいい。小屋から北東の東沢谷に滑り込む。2250mでシールを付け、温泉沢の頭をめざす（東沢谷を2000mまで滑り、三ツ岳〜二ノ沢〜烏帽子岳〜船窪沢〜針ノ木峠〜扇沢とつなげた同人の記録もあるが、烏帽子岳と船窪乗越の間が稜線歩きとなり、苦労したようである）。カールの大斜面を登りきると2830mで稜線に出るが、西側斜面は稜線直下に雪がなく、温泉沢の頭北峰（2880m）までもうひと登りしてから温泉沢右俣に滑り込む。北斜面で上部はやや硬いが、爽快な滑降だ。

温泉沢の二俣から左俣を登り返し、2803mピークで再び主稜線に出て、東側に張り出した雪面をたどって赤牛岳に登頂。大展望を楽しんだら、口元ノタル沢の滑降だ。2050m付近から左の尾根に上がり、トラバース気味に2465mピーク南のコルを目指す。コルから西面の沢を滑るが、上部は針葉樹がうるさい。1970mで右から出合う沢に入り、薬師見平を目指す。狭い沢を抜け出した薬師見平はすばらしいところで、その名のとおり薬師岳の眺めに圧倒される。

● 参考タイム／黒部源流（2時間）水晶小屋（20分）東沢谷2250m（3時間）温泉沢の頭北峰（3時間30分）赤牛岳（3時間）2465mピーク南のコル（1時間30分）薬師見平

5日目

薬師見平から五色ヶ原

朝焼けに燃える薬師岳の姿を目に焼き付けたら、いよいよ本ルートのハイライト、黒部川横断だ。中ノタル沢右岸の尾根から地図上の大きな中州をめざす。少なくなった雪をなんとかつないで河原に出たら、徒渉の準備だ。スノーブリッジがあれば問題はないが、最近の積雪状況では期待しないほうがいい。午前中なら水深はわりと浅く、膝下くらいだろう。薄手のフェルト足袋か、滑りにくいサンダルがあれば心強い。五色ヶ原山荘が営業していれば、靴を濡らしても小屋で乾かせるが、最近は営業していないようなので、徒渉用の履物を用意していくほうがいいだろう。

廊下沢の下部は傾斜が緩く、なかなか標高が稼げない。ようやく登り着いた越中沢岳東尾根のコル2360mから振り返ると、赤牛岳が南側から見るのとは別の山のようにそびえ立っている。コルからヌクイ谷までは痛快な一枚バーンだ。1900mまで滑り込み、五色ヶ原めざして登り返すが、傾斜がきつく、疲れた体にはつらい。2400mで傾斜は緩くなるが、微妙な起伏があり、なかなか五色ヶ原山荘が見えてこないので不安になるところだ。幸運にも山荘が営業していれば、ゆっくり休むことができる。

● 参考タイム／薬師見平（1時間30分）黒部川横断（3時間）越中沢岳東尾根（2時間40分）五色ヶ原山荘

6日目

五色ヶ原から劔沢二股

一般的にはザラ峠からスキーを担いで夏道をたどるところだが、新ルートのコンセプトは、登りも下りもできるだけスキーを使うことだ。そこでザラ峠の南西2300m地点まで滑り、そこから雪の付いた斜面を獅子岳の肩2600mまでシールで登る。肩からは鬼岳への稜線には目もくれず、御山谷に向かって滑り込む。1930mで御山谷に合流。一ノ越まで登りは長いが、傾斜は緩いのでひたすらがんばろう。

立山三山はパスして雷鳥沢から別山乗越を越え、劔沢に滑り込む。急に人臭くなるが、劔御前小屋で食料と酒を補給できるのはありがたい。劔沢を快適に飛ばし、二股で幕とする。ゴールデンウィークなら通常、流れは出ていないだろう。

● 参考タイム／五色ヶ原（2時間）獅子岳の肩（15分）御山谷（2時間40分）一ノ越（2時間40分）別山乗越（1時間）二股

サブルート

❾ 御山谷から立山東面の谷をつなぎ劔沢へ

御山谷2600m付近から右の雄山南東尾根のコル2800mに登り、御前谷を1900mまで滑降。あとは富士ノ折立東尾根2210mのコル〜内蔵助谷滑降〜ハシゴ谷乗越〜劔沢とつなげる。本ルートより200mほど余計に登ることになるが、一段と充実したルートになるだろう（未踏査）。

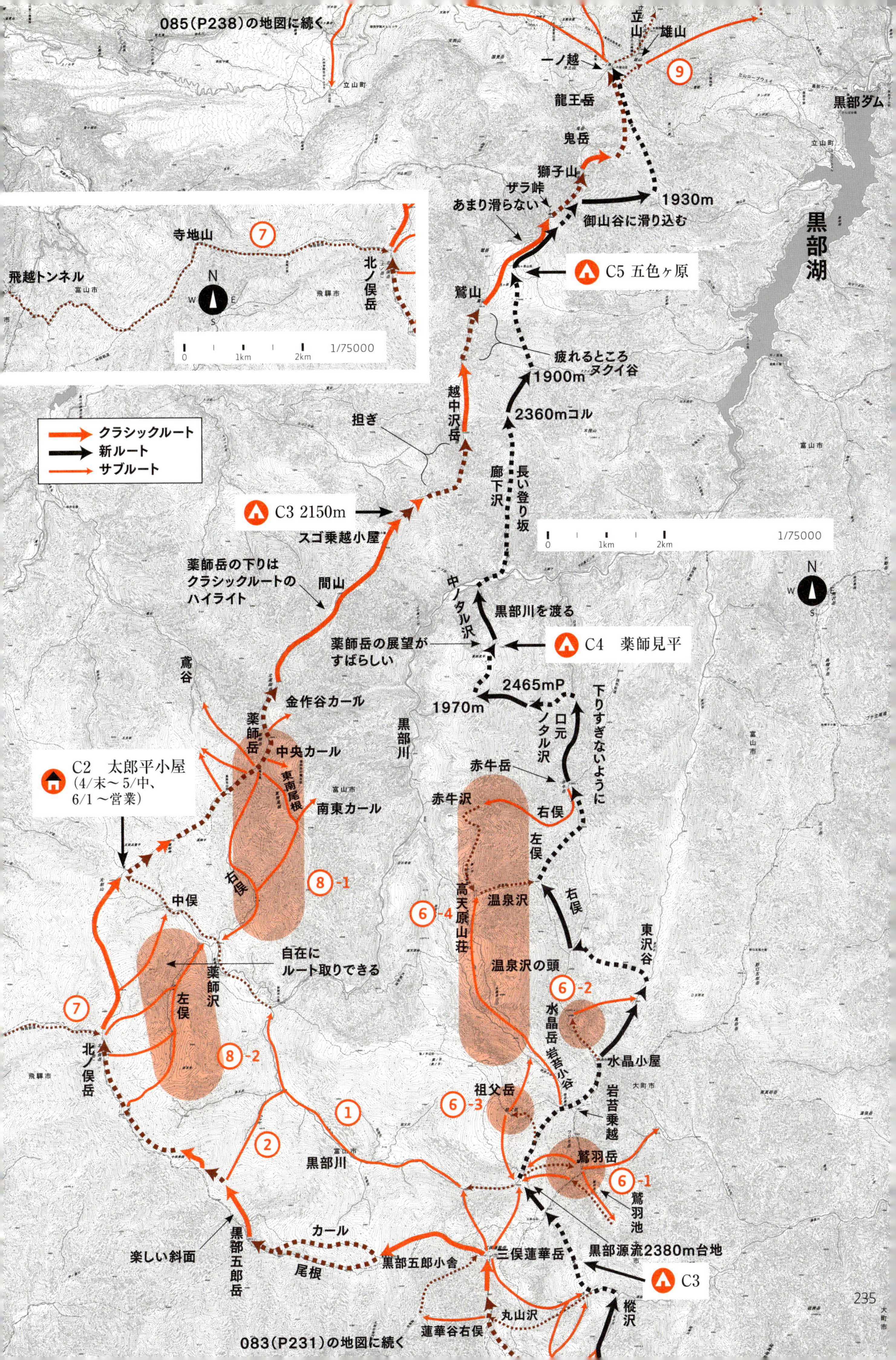

085(P238)の地図に続く
立山
雄山
一ノ越
9
龍王岳
黒部ダム
鬼岳
獅子岳
ザラ峠
あまり滑らない
1930m
御山谷に滑り込む
黒部湖
C5 五色ヶ原
寺地山
7
飛越トンネル
北ノ俣岳
N
W
E
S
0
1km
2km
1/75000
鷲山
疲れるところ
ヌクイ谷
1900m
2360mコル
越中沢岳
担ぎ
クラシックルート
新ルート
サブルート
廊下沢
長い登り坂
C3 2150m
スゴ乗越小屋
薬師岳の下りは
クラシックルートの
ハイライト
間山
中ノタル沢
黒部川を渡る
薬師岳の展望が
すばらしい
C4 薬師見平
鳶谷
2465mP
1970m
金作谷カール
口元ノタル沢
下りすぎないように
薬師岳
中央カール
黒部川
C2 太郎平小屋
(4/末～5/中、
6/1～営業)
東南尾根
南東カール
赤牛岳
赤牛沢
右俣
左俣
8 -1
右俣
中俣
高天原山荘
温泉沢
6 -4
右俣
東沢谷
自在に
ルート取りできる
薬師沢
温泉沢の頭
左俣
6 -2
7
水晶岳
北ノ俣岳
8 -2
岩苔小谷
水晶小屋
祖父岳
6 -3
岩苔乗越
1
2
黒部川
鷲羽岳
6 -1
鷲羽池
カール
楽しい斜面
黒部五郎岳
黒部五郎小舎
尾根
三俣蓮華岳
黒部源流2380m台地
C3
丸山沢
蓮華谷右俣
桜沢
083(P231)の地図に続く

085

長期縦走

槍ヶ岳から劔岳を結び100kmを超える
日本最長・最高の山スキールート。
劔・立山から毛勝山へのパート3

● 適期／4月下旬〜5月上旬 ● グレード／★★★

日本オートルートPart 3（北部）

赤谷山から見る猫又山

日本オートルートも終盤を迎えた。一ノ越からはさまざまなルートがとれるが、詳しくは劔岳、立山の項を参照していただきたい。

クラシックルート

5日目

一ノ越から馬場島

時間的・体力的に余裕がなければ室堂ターミナルで終了としてもいいが、それでは最終日があっけなくて物足りないだろう。もうひとがんばりして、馬場島まで足を延ばそう。

一ノ越からシュプールで荒れた斜面を雷鳥沢キャンプ場までひと滑り。シールを貼って劔御前と奥大日岳を結ぶ尾根に登る。奥大日岳に登らないなら、室堂乗越よりひとつ東側の2375mのコルから滑るのがいいだろう。奥大日岳往復は細かい登り下りが多く、苦労のわりには楽しめない。

立山川源頭部は北斜面なので雪質がよく、フィナーレを飾るにふさわしい滑降が楽しめる。毛勝谷を合わせると斜面は堆積物で黒く汚れ、何回かスキーを外すことになるが、雪の多い年なら馬場島《ばんばじま》荘の近くまで滑れるだろう。馬場島からはタクシーで上市に出る。

● 参考タイム／一ノ越（1時間30分）2375mのコル（2時間）馬場島

サブルート

⑩ 室堂から弥陀ヶ原
だらだらした緩斜面で、滑ってもあまりおもしろくはない。バス道路に落ちないように注意。最後に称名川一ノ谷に降りて登り返すところが疲れる。

⑪ 立山から真砂沢
一ノ越からは担ぎとなる。富士ノ折立から内蔵助カールまでは黒部側を滑ることができる。真砂沢は、雪質がよければすばらしい滑降が楽しめる。劔沢を登り返してクラシックルートに戻るか、そのまま滑って新ルートに繋いでもよい。

 文／牧野総治郎

槍～毛勝新ルート

7日目

剱北方稜線から折尾谷

北股に入り、池の平小屋をめざす。小屋から北側の小黒部谷に滑り込む。傾斜は急だが、快適な500mの滑降だ。小黒部谷を滑り続けて、中谷から毛勝に登れれば楽なのだが、ゴールデンウィークでは流れが出ていて不可能だ。そのためスキー向きとはいえない剱岳北方稜線をたどらざるを得ない。大窓に向かう谷をシールとクトーで登る。1750mから右に分かれるルンゼに入る。こちらのほうが白ハゲをパスできるので、悪い稜線を長く歩かないですむのだ。

しかし、なんとかシールで登り着いた2340mのコルからもまだ悪場は続いている。雪のないガレ場を、しばらくスキーを担いで登り下りし、雪が出てきてからも急傾斜をバックステップで下ったりするなど、本ルートのなかでもいちばん緊張するところだ。赤ハゲを過ぎると稜線は穏やかになり、シールを使う。テントを張れる場所も数カ所ある。

赤谷山から待望の滑降だが、視界の悪いときなどは右側の小黒部谷の支流に引き込まれないように注意しよう。折尾谷1450mにテントを張る。時間があれば空身で折尾谷を滑るのも楽しい。

● 参考タイム／二股(2時間20分)池の平小屋(4時間30分) 2340mのコル(2時間30分)赤谷山(20分)折尾谷1450m地点

サブルート

⑫ 小窓雪渓から西仙人谷を滑降、東仙人谷を登り、北方稜線の2245mのコルへ。標高差は本ルートより200mほど多くなるが、剱岳北方稜線の嫌な歩きがパスできるので時間的には早いと思う。スキーも有効に使える。(小窓から先は未踏査)

8日目

猫又山から毛勝山

オートルートもいよいよ最終日。折尾谷右俣から猫又山をめざす。クトーを効かせてシールで登る。1950mに踊り場のようなキャンプ適地がある。最後は大斜面となって猫又山頂上へ。

毛勝山へは頂上からすぐ中谷へ滑り込み、1448mから登り返すのがすっきりしているが、毛勝まで1000m近い登りはいかにも厳しい。そこで釜谷山とのコルから少し登った所からひとつ上流の谷に入り、1720mまで滑ることにする。

釜谷山とのコルへの稜線は、雪庇が段状に発達していて滑りにくい。尾根の右側をトラバースできるが、高度を下げすぎないように注意。コルからめざす沢へ滑り込もうとすると、手前の沢とを分ける尾根が越えられないので、釜谷山へ20mほど登ってからスタートする。

豪快な滑降を味わったあとは、毛勝山まで最後の登りである。1720mから毛勝山南東尾根の2166mピークとの間に出る谷をシール登高。猫又山からは壁のように見えた斜面も、いざ登ってみるとそれほどの傾斜でもない。登り着いた毛勝山の山頂から剱岳を振り返れば、感激もひとしおだろう。

西峰との間にあるコブの手前から毛勝谷に滑り込む。上部500mは快適な滑降。1900m付近からはデブリで荒れていることが多く、慎重に滑ろう。片貝山荘の手前で雪が切れ、長かったオートルートも終了である。林道を30分ほど歩いたところに駐車場があり、タクシーを呼んで魚津に出る。

● 参考タイム／折尾谷(4時間)猫又山(1時間)中谷1720m (2時間30分)毛勝山(1時間30分)片貝山荘(30分)東俣谷555m

白ハゲの稜線

毛勝山・中谷に残るシュプール

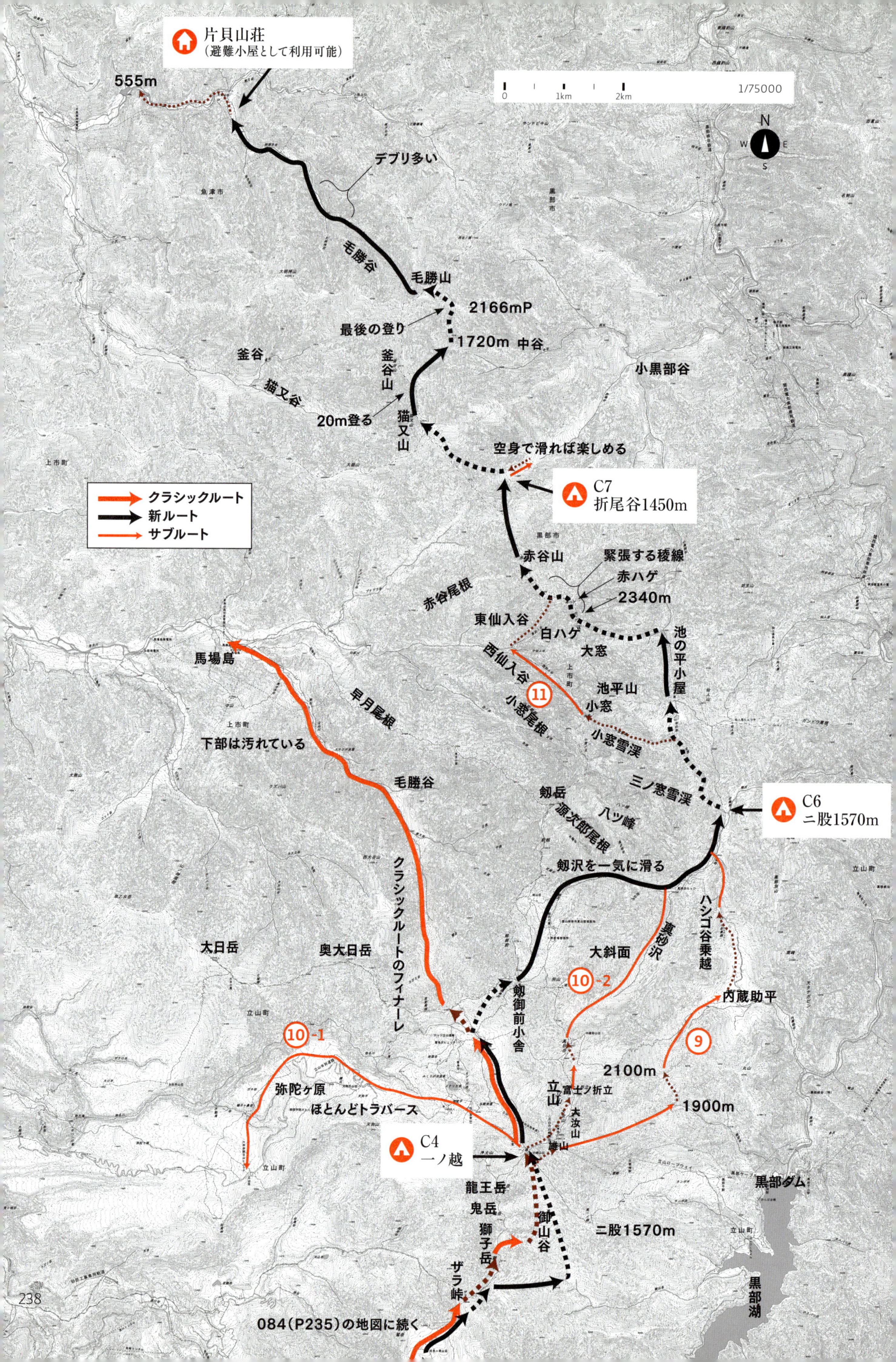

片貝山荘
（避難小屋として利用可能）
555m
0
1km
2km
1/75000
N
W
E
S
デブリ多い
毛勝谷
毛勝山
2166mP
最後の登り
1720m 中谷
釜谷
釜谷山
猫又谷
20m登る
猫又山
小黒部谷
空身で滑れば楽しめる
C7
折尾谷1450m
クラシックルート
新ルート
サブルート
赤谷山
緊張する稜線
赤ハゲ
2340m
赤谷尾根
東仙人谷
白ハゲ
大窓
池の平小屋
西仙人谷
11
池平山
小窓
馬場島
早月尾根
小窓尾根
小窓雪渓
下部は汚れている
毛勝谷
三ノ窓雪渓
C6
二股1570m
剱岳
八ツ峰
源次郎尾根
剱沢を一気に滑る
クラシックルートのフィナーレ
ハシゴ谷乗越
真砂沢
大日岳
奥大日岳
大斜面
10-2
剱御前小舎
内蔵助平
10-1
9
弥陀ヶ原
ほとんどトラバース
立山
富士ノ折立
大汝山
雄山
2100m
1900m
C4
一ノ越
龍王岳
鬼岳
獅子岳
御山谷
ザラ峠
二股1570m
黒部ダム
黒部湖
084（P235）の地図に続く

083~085 日本オートルート Part 1～3

黒部川を渡る

さらなる延長やバリエーションの可能性

日本オートルートとして、新穂高温泉から室堂のクラシックルートと、槍から毛勝までの新ルートを紹介した。クラシックルートと新ルートは前半、中盤、後半で互いに組み合わせることも可能だ。

このふたつのルートが背骨にあたるとすれば、肋骨にあたる横断ルートとして扇沢～立山の黒部横断が最近盛んになっている。しかし、そのほかの横断ルートとなるとあまり話を聞かない。ゴールデンウィークだとアプローチも下山もスキーを担ぐ距離が長くなったり、途中の沢が割れていて通過できなくなったりすることも多くなる。そこでもっと早い時期ならどうかと考えてみるが、小屋がまったく使えないので荷物が一段と重くなり、登りラッセルもキツいので、数段厳しい山行となるだろう。縦断ルートにしても、ゴールデンウィークの前ならもっと北に延長することも可能だが、同様に小屋が使えないので困難なものとなる。

体力、技術、気力のそろった若い人に新しいルート、新しい季節に挑戦してもらいたい。

なお、南下ルートはスキー向きでないと書いたが、新ルートならそれほどではないだろう。しかし、毛勝谷、剱沢、千丈沢と、1000mを超える登りが3本あるのがつらいところだ。

クラシックルートなら、五色ヶ原～スゴ乗越間をヌクイ谷～越中沢岳～スゴ二の谷とつなげれば、スキーを有効に活用できるだろう。

086

日帰り

飛騨の名峰から
槍・穂高連峰を見ながらの
滑降

● 適期／4月下旬〜5月中旬

笠《かさ》ヶ岳

笠ヶ岳は北アルプス北部から見ると、その名のとおり笠の形をしているが、穂高方面からは、穴毛谷を正面に迫力ある姿が望める。その笠ヶ岳から抜戸岳の稜線を起点として穴毛谷に至る斜面には複数の滑降ルートが存在。いずれも1400m以上の標高差があり、迫力ある滑りが楽しめる。

データ

● アプローチ

長野道松本ICから国道158号、安房トンネル経由で新穂高温泉まで約1時間。

● アドバイス

穴毛谷は雪崩の巣であり、入山は雪の落ち着く4月下旬以降がおすすめ。また、穴毛谷の取付は水量が多いと徒渉を強いられることもある。六ノ沢支流はルンゼ状になっておりクラックに注意。その他のルートとして最も一般的なのが、抜戸岳稜線から杓子平、ザイテンタールを経由して穴毛谷へと滑るコースで、往復ほぼ同じルートなので状況を確認しながら登ることができ、安心度が高い。特に稜線直下の杓子平は広くて快適。それ以外では笠ヶ岳からの四ノ沢。こちらは急斜面のルンゼとなっておりエクストリーム色が強い。

播隆平から振り返る

六ノ沢支流エントリーポイント

笠ヶ岳から六ノ沢支流

グレード ★★★

笠ヶ岳山頂から播隆平、六ノ沢支流、ザイテンタールと豪快な滑降が楽しめる

新穂高温泉を早朝に出発。左俣林道から左の作業道に入り、堤を越えて穴毛谷に取り付く。登っていくと三ノ沢、四ノ沢が合流し、五ノ沢出合からルートは右にカーブして斜度も急になる。やがて迫力ある穴毛大滝を左に見ながら登り、ザイテンタールの途中から左の七ノ沢に入る。ここを詰めて稜線に出れば、笠ヶ岳までほぼ夏道どおりに登る。

山頂からは特に槍・穂高連峰がすばらしく、穂高岳を正面に見ながらの滑降となる。山頂から広い播隆平への滑りはロケーション、スケールとも申し分ない。途中から左へトラバース気味に滑り、尾根上の2550m付近をめざす。六ノ沢支流は尾根から六ノ沢の本流に向かってのルンゼ状の斜面で、ここは40度を超える斜度でこのルートの核心部。慎重に滑る。その後、六ノ沢本流を滑ってゆくと大滝の真上となり、左側に少し登ると七ノ沢下部の登りルートに合流する。その後は穴毛大滝を右に見ながら滑り、雪渓下部をめざす。

● 参考タイム／新穂高温泉（7時間30分）笠ヶ岳（2時間）新穂高温泉

笠ヶ岳山荘
(6/末～営業、期間外冬期小屋開放)
2550m
播隆平
六ノ沢支流
七ノ沢
ザイテンタール
笠ヶ岳
六ノ沢本流を滑っていくと大滝の真上に出る。左側に少し登ると七ノ沢下部の登りルートに合流する。
登り、滑降とも笠ヶ岳山頂から槍・穂高の眺めがすばらしい
緑ノ笠
抜戸岳
抜戸岩
杓子平
奥抜戸沢
中崎山
高山市
新穂高温泉駅
新穂高温泉
鍋平高原駅
白樺平駅
新穂高ロープウェイ
0
0.5km
1km
1/25000

穴毛大滝

087

スキーツアー

日本アルプスの名峰・
槍ヶ岳の沢を
豪快に滑る

● 適期／4月下旬～6月初旬

槍《やり》ヶ岳

穂先が天を突く形が美しい槍ヶ岳は、槍沢、飛騨沢、千丈沢、天井沢など、スキーヤー垂涎の広く長い沢を従える。4月末から開く槍沢ロッヂ、槍ヶ岳山荘などの山小屋をベースにすると、残雪期には絶好のスキーフィールドになる。大喰岳山頂から南東カールや西面の大喰沢などを滑るルートもあり、標高差の大きい滑降が楽しめる。上高地から槍沢ロッヂまで約5時間、槍の肩までは健脚でも丸一日の行程だが、その後に滑り応えのあるご褒美がある。新穂高温泉からも同様の苦労が必要で、途中の槍平の冬季小屋かテントに一泊するため、より重装備となる。上高地側にも新穂高温泉側にも温泉が多く、下山後の楽しみもある。

データ

● アプローチ

上高地へは、長野道松本ICから国道158号で沢渡まで入り、上高地行きのシャトルバスに乗り換える。新穂高温泉へは、長野道松本ICから国道158号で中の湯から安房トンネル経由で。北陸道富山ICからは国道41号、国道471号を経由する。沢渡と新穂高温泉にそれぞれ大きな駐車場あり。

● アドバイス

新穂高温泉からのルートは、白出沢出合から先は山道になる。北穂高岳西面からの雪崩、デブリ越え、沢の雪割れなどリスクも多く、アプローチは上高地ルートよりハードである。また、飛騨沢は西面に位置しており、遅くなってから日が当たるようになるため、クラストに対応する装備と技術も必要になってくる。

① 槍沢

グレード ★★☆

高度差1250mの大滑降

上高地から梓川沿いの道をひたすら歩いていく。ゴールデンウィーク以降は槍沢ロッヂがベースになる。ロッヂからはシールでババ平、大曲を経て槍ヶ岳の肩をめざす。2860m殺生ヒュッテを過ぎ、最後の急斜面を詰めて槍ヶ岳山荘着。槍の穂先の登攀はここでは割愛する。槍ヶ岳山荘3080mから槍沢ロッヂ1830mへの高度差1250mの大滑降は、槍ヶ岳を背に、正面に常念岳を望む最高のロケーション。豪快な滑降が楽しめる。

● 参考タイム／上高地（5時間30分）槍沢ロッヂ（1時間）大曲（4時間）槍ヶ岳山荘（1時間）槍沢ロッヂ（5時間）上高地

② 飛騨沢

グレード ★★☆

飛騨乗越から豪快に槍平へ

新穂高温泉から穂高平小屋まで雪はほとんどないが、やがて雪が出てきてスキーが使えるようになる。白出沢を過ぎると山道になり、ブドウ谷やチビ谷からデブリが出ていることもある。滝谷から先、沢筋を進む場合は雪割れに注意。槍平からは沢沿いに登り、2500mあたりで飛騨沢の全容が見えてくる。通常は飛騨乗越をめざすが、西鎌尾根に上がることもできる。滑降開始を飛騨乗越3010mにすると、槍平小屋1990mまでの大滑降は斜度、長さともに槍沢に劣らない。槍平からの下山ルートは、デブリ越えや沢の雪割れなどがあり、気が抜けない。

● 参考タイム／新穂高温泉（5時間）槍平（4時間）飛騨乗越（1時間）槍平（3時間）新穂高温泉

③ 千丈沢

グレード ★★☆

広く斜度も程よい斜面を思いのままに

人気コースの槍沢、飛騨沢に比べ、千丈沢はスキーヤーも少なく静かな滑降が楽しめる。槍ヶ岳山荘泊まりなら飛騨沢乗越から飛騨沢を滑り、西鎌尾根に出て千丈沢乗越2740mから入るのが一般的である。広い斜面を2000m付近まで滑れる。帰りの時間に余裕があれば、小槍基部への斜面を登って滑るのもいい。登り返しは千丈乗越をめざして西鎌尾根を登り、槍ヶ岳山荘へ。または飛騨沢を滑って槍平に出る。

● 参考タイム／飛騨乗越（1時間）千丈沢乗越（30分） 2000m付近（2時間）千丈沢乗越（1時間30分）槍ヶ岳山荘

槍沢を滑る

文／平岡耕一郎

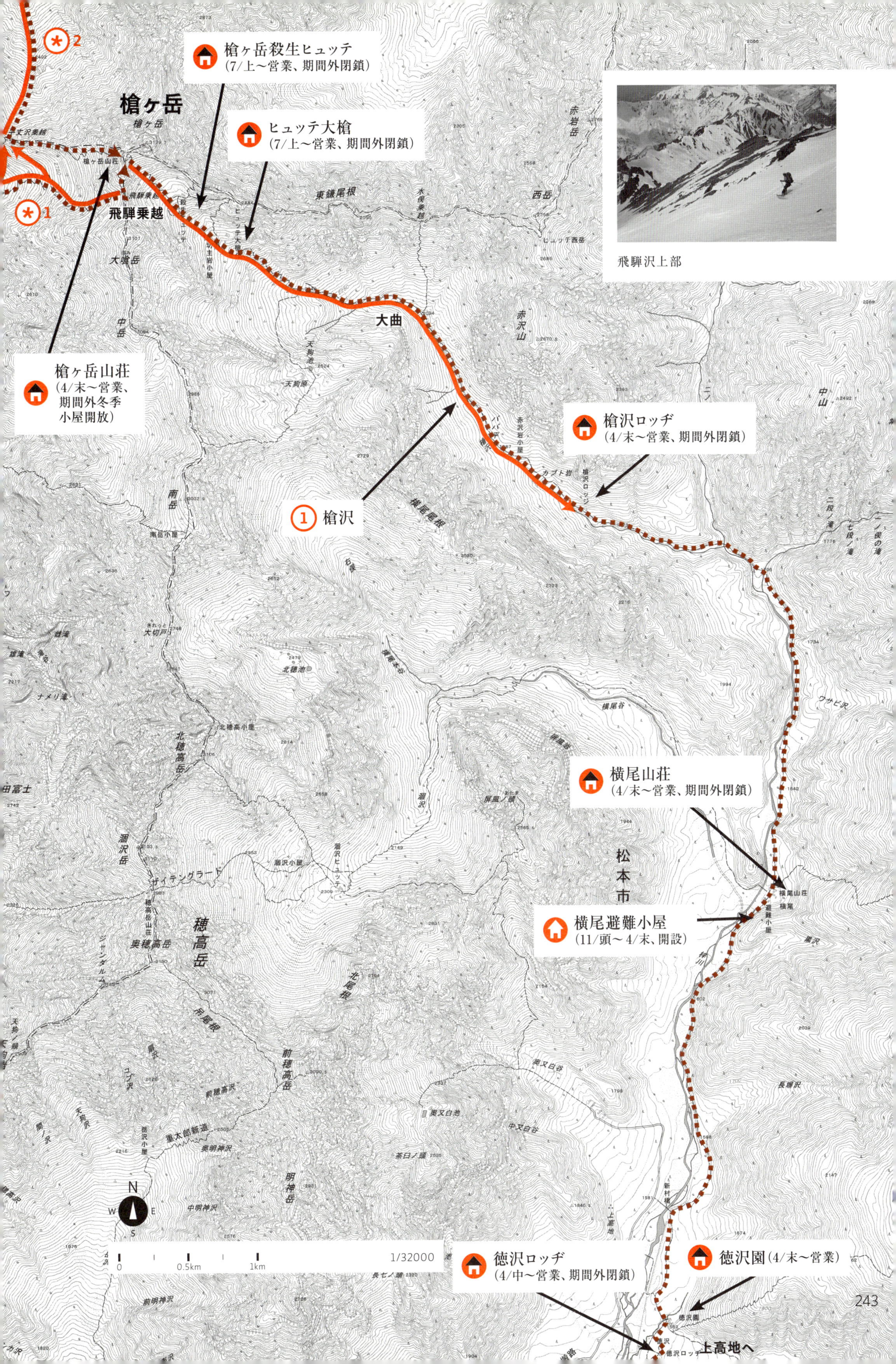

槍ヶ岳
槍ヶ岳殺生ヒュッテ
(7/上～営業、期間外閉鎖)
ヒュッテ大槍
(7/上～営業、期間外閉鎖)
飛騨乗越
大曲
槍ヶ岳山荘
(4/末～営業、
期間外冬季
小屋開放)
槍沢ロッヂ
(4/末～営業、期間外閉鎖)
① 槍沢
横尾山荘
(4/末～営業、期間外閉鎖)
松本市
横尾避難小屋
(11/頭～4/末、開設)
穂高岳
徳沢ロッヂ
(4/中～営業、期間外閉鎖)
徳沢園(4/末～営業)
上高地へ
1/32000
0
0.5km
1km

飛騨沢上部

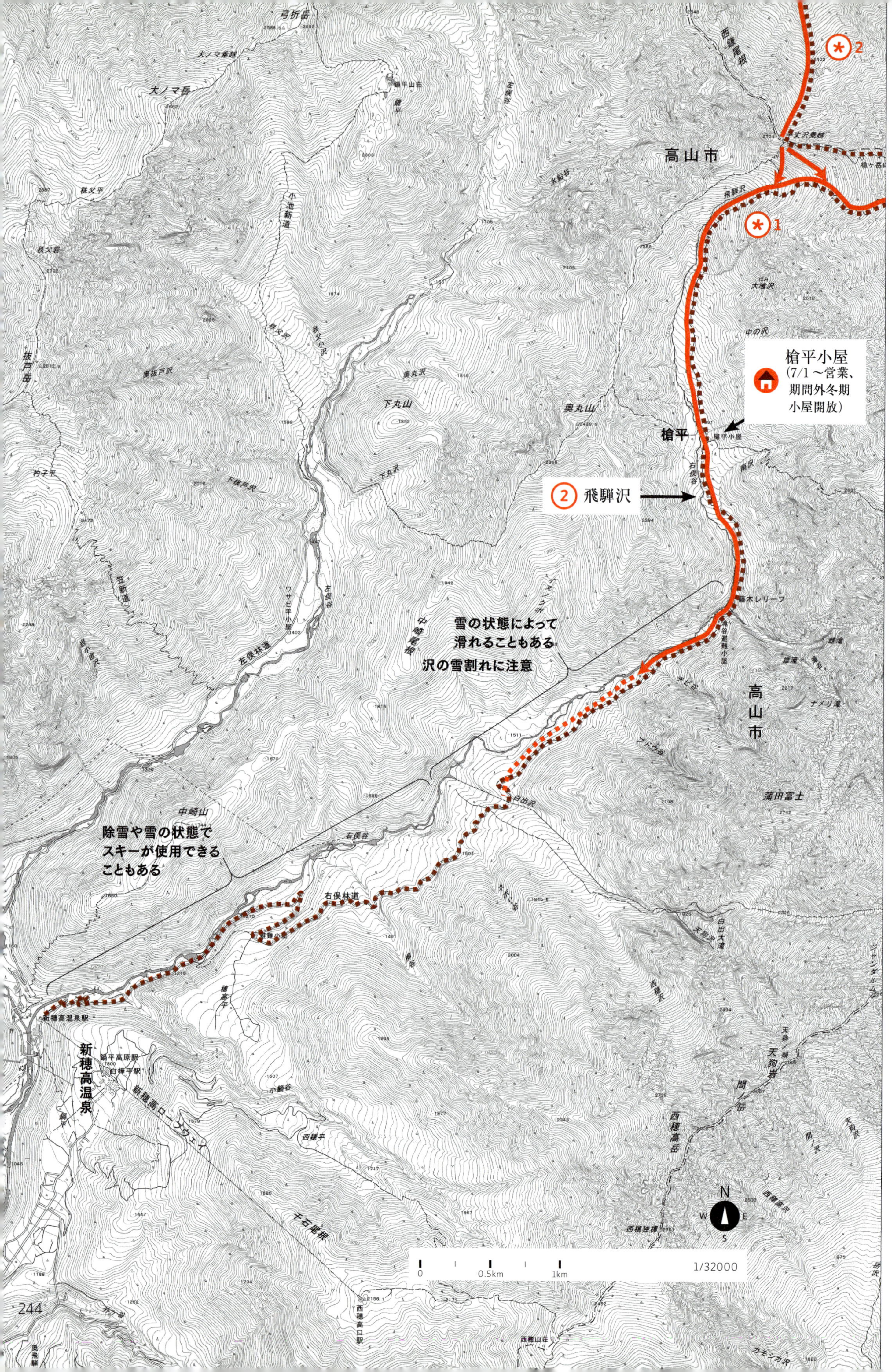

槍平小屋
(7/1～営業、
期間外冬期
小屋開放)
槍平
② 飛騨沢
雪の状態によって
滑れることもある
沢の雪割れに注意
除雪や雪の状態で
スキーが使用できる
こともある
高山市
高山市
新穂高温泉
新穂高ロープウェイ
右俣林道
左俣林道
奥丸山
中崎山
蒲田富士
西穂高岳
弓折岳
大ノマ岳
抜戸岳
0
0.5km
1km
1/32000

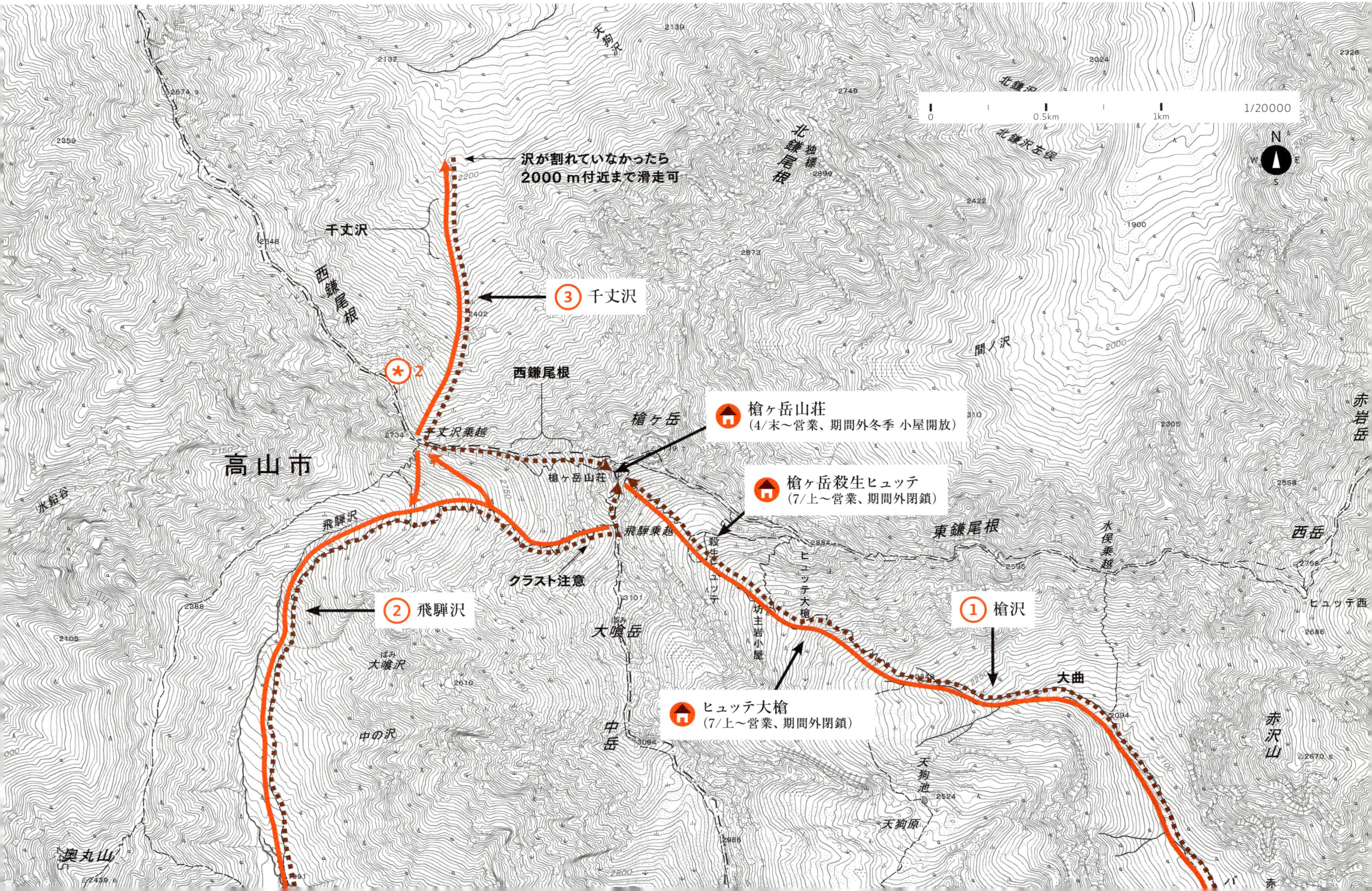
1/20000
0
0.5km
1km
沢が割れていなかったら
2000 m付近まで滑走可
千丈沢
③ 千丈沢
西鎌尾根
北鎌尾根
北鎌独標
北鎌沢
北鎌沢左俣
天狗沢
間ノ沢
槍ヶ岳
槍ヶ岳山荘
(4/末～営業、期間外冬季 小屋開放)
槍ヶ岳殺生ヒュッテ
(7/上～営業、期間外閉鎖)
東鎌尾根
水俣乗越
西岳
赤岩岳
赤沢山
千丈沢乗越
高山市
水鉛谷
飛騨沢
飛騨乗越
クラスト注意
② 飛騨沢
大喰岳
大喰沢
中の沢
中岳
① 槍沢
大曲
ヒュッテ大槍
(7/上～営業、期間外閉鎖)
坊主岩小屋
天狗池
天狗原
奥丸山

088

日帰り／スキーツアー

日本のスキーアルピニズム発祥の地、穂高連峰の急斜面滑降を堪能する

● 適期／3月下旬～5月中旬

穂《ほ》高《たか》岳

奥穂直登ルンゼとザイテングラード

日本の近代アルピニズムが始まった穂高岳は、日本のスキーアルピニズム発祥の地でもある。黎明期のスキー登山においては大島亮吉の奥穂高岳スキー初登頂があり、また滑降系では、60年代から70年代にかけての三浦雄一郎の奥穂直登ルンゼの滑降、植木毅の北穂滝谷C沢左俣、次田経雄の奥穂扇沢と続いた、3つのすばらしいスティープディセントがある。さらに80年代には奥原宰の前穂奥又白C沢、90年代後半からは大橋真の奥穂1ルンゼ、RSSAの三浦大介らの吊尾根から涸沢ダイレクト、吉田豊の奥穂2ルンゼなど、スティープ系の滑降が今日まで継続されている。本ガイドでは奥穂、前穂、西穂の古典的なスティープラインのガイドを記す。

データ

● アプローチ

長野道松本ICから国道158号経由で沢渡へ。シャトルバスに乗り換えて上高地まで。新穂高温泉へは、国道158号で中の湯から安房トンネル経由で。沢渡と新穂高温泉にそれぞれ大きな駐車場あり。

● アドバイス

スティープスキーのメッカであり、各ルートの雪の量と状態の把握が重要。

① 奥穂高岳直登ルンゼ、第一ルンゼ

グレード ★★★

奥穂を代表するクラッシックスティープ

通常、滑降適期は山小屋がオープンする4月下旬からになろう。上高地からと新穂高温泉からの2とおりのアプローチがある。上高地からは横尾経由で本谷に入り、本谷橋周辺からスキー登高ができる。涸沢で宿を確保したら、雪質チェックで周辺を滑降する。

新穂高温泉からは白出沢のアプロ

文／三浦大介

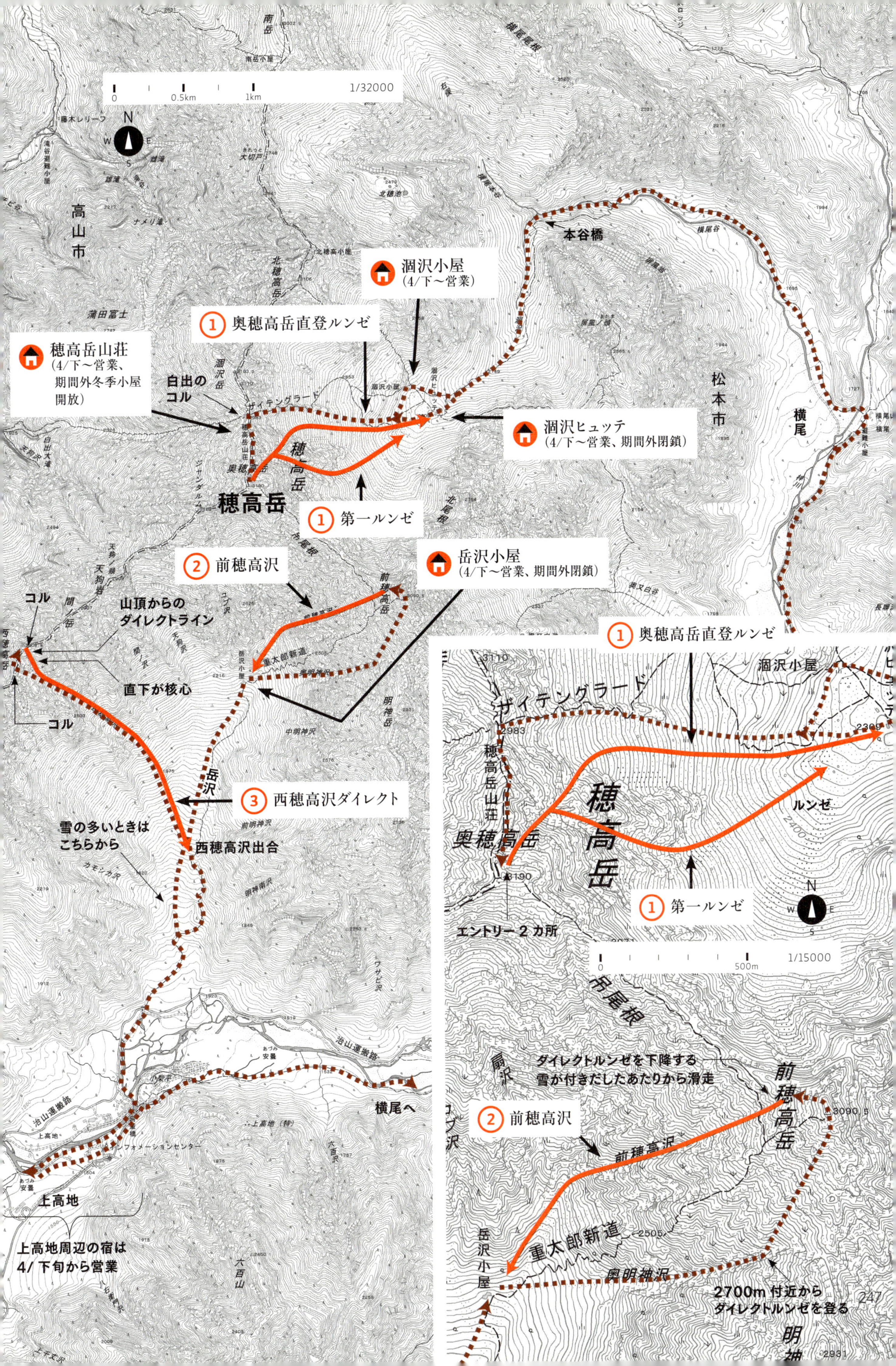

1/32000
0.5km
1km
高山市
松本市
本谷橋
横尾
涸沢小屋
(4/下～営業)
① 奥穂高岳直登ルンゼ
穂高岳山荘
(4/下～営業、
期間外冬季小屋
開放)
白出の
コル
ザイテングラード
涸沢ヒュッテ
(4/下～営業、期間外閉鎖)
穂高岳
奥穂高岳
① 第一ルンゼ
② 前穂高沢
岳沢小屋
(4/下～営業、期間外閉鎖)
前穂高岳
重太郎新道
コル
山頂からの
ダイレクトライン
直下が核心
コル
岳沢
③ 西穂高沢ダイレクト
雪の多いときは
こちらから
西穂高沢出合
横尾へ
上高地
上高地周辺の宿は
4/ 下旬から営業
1/15000
500m
① 奥穂高岳直登ルンゼ
涸沢小屋
ザイテングラード
2983
穂高岳山荘
奥穂高岳
3190
穂高岳
ルンゼ
① 第一ルンゼ
エントリー 2 カ所
吊尾根
扇沢
ダイレクトルンゼを下降する
雪が付きだしたあたりから滑走
前穂高岳
3090.5
② 前穂高沢
前穂高沢
重太郎新道
2505
岳沢小屋
奥明神沢
2700m 付近から
ダイレクトルンゼを登る
明神

088

ーチとなる(地図は割愛)。ほぼ登山道沿いのルートだが、大滝の巻きにやや労力がいる。白出沢の上部は板を担ぐ。落石に要注意だ。穂高岳山荘に泊まることも考えられるが、雪質を見るために初日は涸沢まで滑降するのがいいだろう。

2日目はザイテングラードを白出のコルに向かって登る。コルから奥穂高岳へは、アイゼンとピッケルを駆使したミックスのリッジになる。ゴールデンウィークならトレースはあるが、アイシーなことも多いので慎重に登ろう。滑降は雪が緩む11時以降がいいので、急ぐ必要はない。

山頂から直登ルンゼへのドロップポイントは2ヶ所ある、前穂高岳方面に吊尾根をほんの少し進んだところから左へトラバース気味に入り込む方法と、祠手前から直接入るラインである。どちらも45度を超える出だしが最初の核心だ。最上部は風の影響を強く受けハードバーンのことが多いので、雪質のチェックを欠かさずに行おう。最上部を横滑りかジャンプターンでクリアすれば、ルンゼ内は比較的幅広の40度程度の一定の傾斜で落ちている。雪質がよければ、快適な連続ターンでルンゼ滑降を満喫できる。

中間部から右に落ちるラインが第一ルンゼ。こちらのほうが本谷よりやや幅広で滑りやすい。ルンゼを飛び出すと、下部は涸沢カールのボトムに向かって広大なスロープとなる。直登ルンゼはその先で少し狭まり、傾斜もやや増して核心のノドにさしかかる。ここを小回りで慎重にこなすと視界が急に開け、小豆沢に合流する。ノド部は、新雪直後ではスラフマネジメントが必要である。

●参考タイム／上高地(6時間)涸沢(3時間)白出のコル(2時間)奥穂高岳山頂(1時間)涸沢(5時間)上高地
新穂高温泉(8時間)穂高岳山荘(30分)涸沢(3時間)白出のコル(2時間)奥穂高岳山頂(1時間)涸沢(8時間)新穂高温泉

② 前穂高沢

グレード ★★★

柱状節理が印象的なロングスティープ

アプローチを岳沢にとるため、やはり雪が落ち着く3月下旬以降が対象になろう。通常は上高地線が開通する4月下旬からが適期だ。上高地から岳沢小屋に至る登山道を進む。雪が多い年であれば、20分程度登った小沢を横切るあたりから、谷に沿って樹林帯をシール登高できる。岳沢小屋まで3ピッチ。通常はそこから残雪期の一般ルートである奥明神沢ダイレクトルートを前穂高岳山頂まで登る。奥明神沢の途中までシール登高し、ゴルジュの急斜面からアイゼン・ピッケルとなる。標高2700m付近から左のダイレクトルートに入っていくが、入口が狭いのでよく見極めよう。幅広のルンゼ状の急斜面を登って山頂へ至る。

山頂から吊尾根を奥穂高岳方面に少し進み、やや急な岩交じりのトレインを岳沢側へ下降すれば、前穂高沢源頭部へ至る。ここがドロップポイント。雪面は広く斜度も適度なので、自由なラインどりで滑降できる。中間部の最大斜度は45度。左手に柱状節理の側壁が見えてくるとラインは右へ屈曲し、さらに左へ曲がれば岳沢は目前である。合流点最後の落ち込みをクリアすれば、小屋はすぐそこだ。

●参考タイム／上高地(3時間)岳沢ヒュッテ(3時間)前穂高岳(1時間)ドロップポイント(1時間)岳沢小屋(2時間)上高地

③ 西穂高沢ダイレクト

グレード ★★★

穂高の侮れないスティープ入門

以前は新穂高岳ロープウェー利用でアプローチが短縮できたが、現在は滑走ギアの持ち込みが禁止となり、冬季の西穂稜線からの岳沢滑降のハードルはずいぶん高くなってしまった。筆者は厳冬期にワンデイで上高地側からのアプローチで西穂山荘を経由し、西穂独標から岳沢への初滑降を実践しているが、雪が落ち着いてくる3月なら西穂高岳西尾根アプローチ、それ以降は直接西穂高沢を詰め上がるのがいい。その場合は、コルから山頂まで稜線をたどり、山頂からダイレクトに西穂高沢のバリエーションルンゼを滑降する。山頂直下のセクションが核心部。高度感のあるドロップシーケンス。下部に岩があるので、右方向へギルランデ気味に滑降してクリアする。あとはルンゼを滑降し、開けた西穂高沢本流へ合流すれば、岳沢ボトムが見える。雪質がよければ、絶景の岳沢アルペンで爽快な滑降が楽しめよう。

●参考タイム／上高地(2時間)西穂高沢出合(3時間)コル(30分)西穂高岳(1時間)岳沢(1時間半)上高地

前穂高沢

西穂高沢ダイレクト

089

日帰り／スキーツアー

端正な三角形をしたよく目立つ山。展望は日本屈指のすばらしさ。多彩な滑降が楽しめる

● 適期／4月下旬～5月中旬

常《じょう》念《ねん》岳

標高2857mの常念岳は、北アルプス南部に位置する端正な三角形の山。唐沢岳から霞沢岳に至る常念山脈の盟主であり、その優美な姿が岳人を魅了する。積雪が多いエリアではないが、沢筋を中心にいくつかの滑降コースがあって、多彩な滑降が楽しめる、眺めていい山、登っていい山、滑っていい山である。

データ

● アプローチ

長野道安曇野ICから16kmで、一ノ沢ルート登山口のヒエ平。林道終点1.2km手前に駐車場がある。一ノ沢への林道開通は4月下旬になるので、そのあとが一般的なシーズンとなる。その前は別荘地上のゲートから歩くか、三股方面の「ほりでーゆ～四季の郷」のゲートから南東尾根を経て山頂をめざす。

● アドバイス

山スキーの適期は2～5月ごろ。ヒエ平への林道開通前は行動時間が長くスペシャリスト向け。開通後は常念小屋の営業も始まるので、一般向けとなる。ヒエ平から山頂まで日帰り可能。常念小屋に泊まれば、山頂からいくつかのコースを滑降できる。朝夕の雄大な景色も一見の価値あり。

常念沢上部

① 一ノ沢往復コース

グレード ★★☆

ヒエ平からの日帰りコース

駐車場から車道を20分ほどたどってヒエ平へ。ここには登山相談所、トイレ、水場、計画書ポストがある。ヒエ平からしばらくは登山道を歩き、笠原沢出合付近から雪渓になる。登高は一ノ沢に沿って常念乗越まで詰め上げる。乗越には常念小屋があり、夏道か残雪をたどって常念岳山頂へ向かう。山頂からは槍・穂高連峰の眺めがすばらしい、日本屈指の山岳展望を堪能しよう。

山頂からの滑降コースは各方向に取れるが、日帰りの場合は北東斜面の一ノ沢左俣を滑って往路を戻る。上部はけっこう急斜面だが、幅が広いので楽しい滑降となる。

● 参考タイム／ヒエ平登山口（4～5時間）常念乗越（1時間30分）常念岳（30分）笠原沢出合（2時間）ヒエ平登山口

② 一ノ俣谷源流コース

グレード ★★☆

雄大な景色を楽しみながら広大な斜面を滑る

常念岳北西面を滑るコース。山頂からしばらくは気持ちのいい広い斜面だが、徐々に沢が狭まって小さなゴルジュ状になる。狭くて急な所もあるが、そこを抜ければ小さな樹林がまばらな斜面に出る。やがて一ノ俣谷に出たら滑降は終了。乗越に向かって登り返せば常念小屋の裏に出る。

● 参考タイム／常念岳（30分）一ノ俣谷（1時間）常念乗越

③ 常念沢～前常念岳～一ノ俣コース

グレード ★★★

常念沢の急斜面滑走を楽しむ

常念沢上部と前常念岳を連続滑降する欲張りコース。常念沢のドロップポイントは2カ所。山頂からダイレクトに入る斜面はかなり急だが、東面のため雪が緩みやすい。前常念岳との尾根の分岐からは雪庇がなく入りやすい。常念沢上部は広い急斜面だ。ゴルジュの入口付近の標高2400mあたりから左岸を前常念岳への尾根に登り返すが、かなりの急斜面で、残雪をつないでいくルートファインディングも要求される。前常念岳は山頂から北面のカール状斜面を滑る。笠原沢出合まで直線状の沢で滑りやすい。一ノ沢に出たら残雪を拾いながら滑り、雪がなくなったら登山道を歩いてヒエ平登山口へと下る。

● 参考タイム／常念岳（15分）常念沢2400m（2時間）前常念岳（30分）笠原沢出合（2時間）ヒエ平登山口

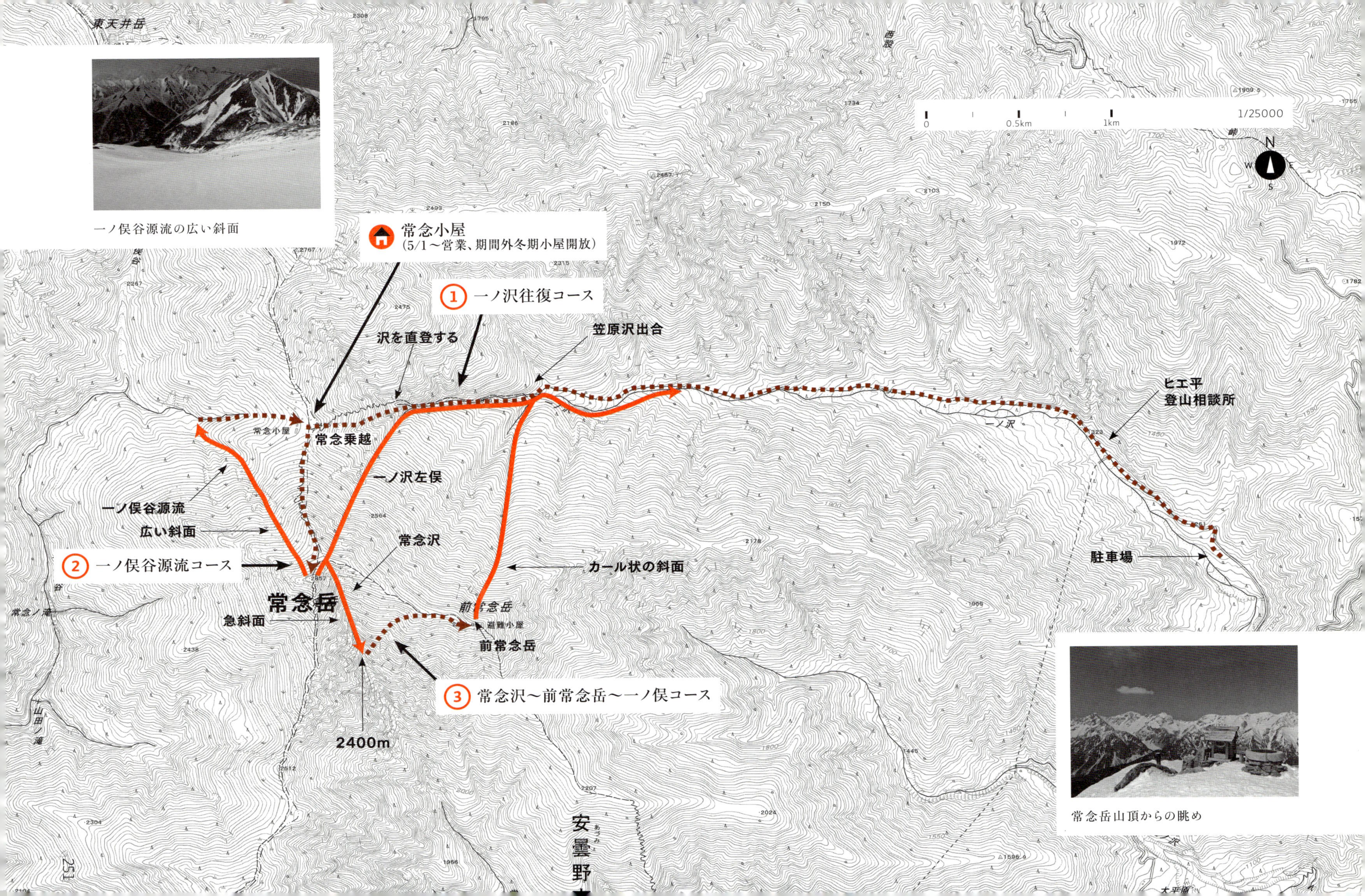

一ノ俣谷源流の広い斜面

常念岳山頂からの眺め

090

日帰り

槍・穂高の展望台へ。
針葉樹に覆われた静かな山で
豪快な沢滑降を

● 適期／2月下旬～4月下旬

蝶《ちょう》ヶ岳

蝶ヶ岳は北アルプス・常念山脈の稜線上、常念岳の南に位置する山で、無雪期は槍ヶ岳・穂高岳の絶好の展望台として知られている。隣の常念岳とともにスキーの対象とはされにくく、特に麓から望む蝶ヶ岳は、平らな稜線と針葉樹に覆われている地味な存在のためか、訪れるスキーヤーはまれである。しかし、南岸低気圧が多い年は早い時期から豊富な積雪に恵まれ、針葉樹に囲まれた静かな山スキールートでありながら、東面の蝶沢上部には豪快な滑降ルートが連なっている。現在は蝶ヶ岳ヒュッテの南東にある2677m地点が山頂と認識されており、この山頂直下から順に蝶沢中俣、蝶沢右俣、蝶槍沢が主な滑降ルートとなる。この山へのアプローチは烏山林道終点の三股。アプローチが比較的容易であることから、積雪次第では厳冬期に日帰りで滑るチャンスもあるだろう。

データ

● アプローチ

長野道安曇野ICから県道492号経由で烏山林道終点の三股へ。

● アドバイス

烏山林道は冬期通行止めとなっているため、通常は林道ゲートから三股まで林道歩きとなる。

蝶沢上部から中間部へ

三股より蝶ヶ岳往復

グレード ★★☆

槍・穂高の展望台から針葉樹に囲まれた沢を豪快に滑降

三股の登山口から本沢左岸沿いの夏道を少し行き、力水で吊橋を渡ってさらに夏道沿いに進む。積雪が少ない場合は夏道をそのまま進むことになるが、積雪が多ければ途中から沢地形をシール登高できる。しかし、豆打平まではときどき濃い針葉樹林に行く手を阻まれながら、急斜面との格闘となる。豆打平に着いても息つく暇もなく、稜線への本格的な登りが始まる。針葉樹林のつらい急斜面から夏道が横断する狭い沢にルートをとり、急斜面を小刻みなジグザグ登高を繰り返して稜線をめざす。急な斜面を登りきると、この山域の特徴のひとつでもある二重稜線を呈した稜線に出る。そのまま稜線を進むと蝶ヶ岳の山頂。山頂から北西に延びる主稜線上を少し下れば蝶ヶ岳ヒュッテがある。天候がいいときは、このあたりからの槍・穂高の展望がすばらしい。

山頂からダイレクトに蝶沢を滑る場合は、蝶沢中俣を滑ることになる。山頂直下にはこの山名の由来である蝶の雪形があり、木立のない大斜面となっている。大斜面より沢状の地形を滑っていくと沢幅は狭まり、針葉樹に囲まれた急な沢となる。豆打平に出たら夏道に向かってトラバースし、往路または夏道に戻るのが無難だが、積雪が多ければ蝶沢をさらに滑り、夏道の尾根が沢に接近するあたりで強引に登路の夏道に復帰することもできる。いずれの場合も、下部は往路の夏道を三股まで下る。

● 参考タイム／三股（5～6時間）蝶ヶ岳（2～3時間）三股

蝶沢下部へ

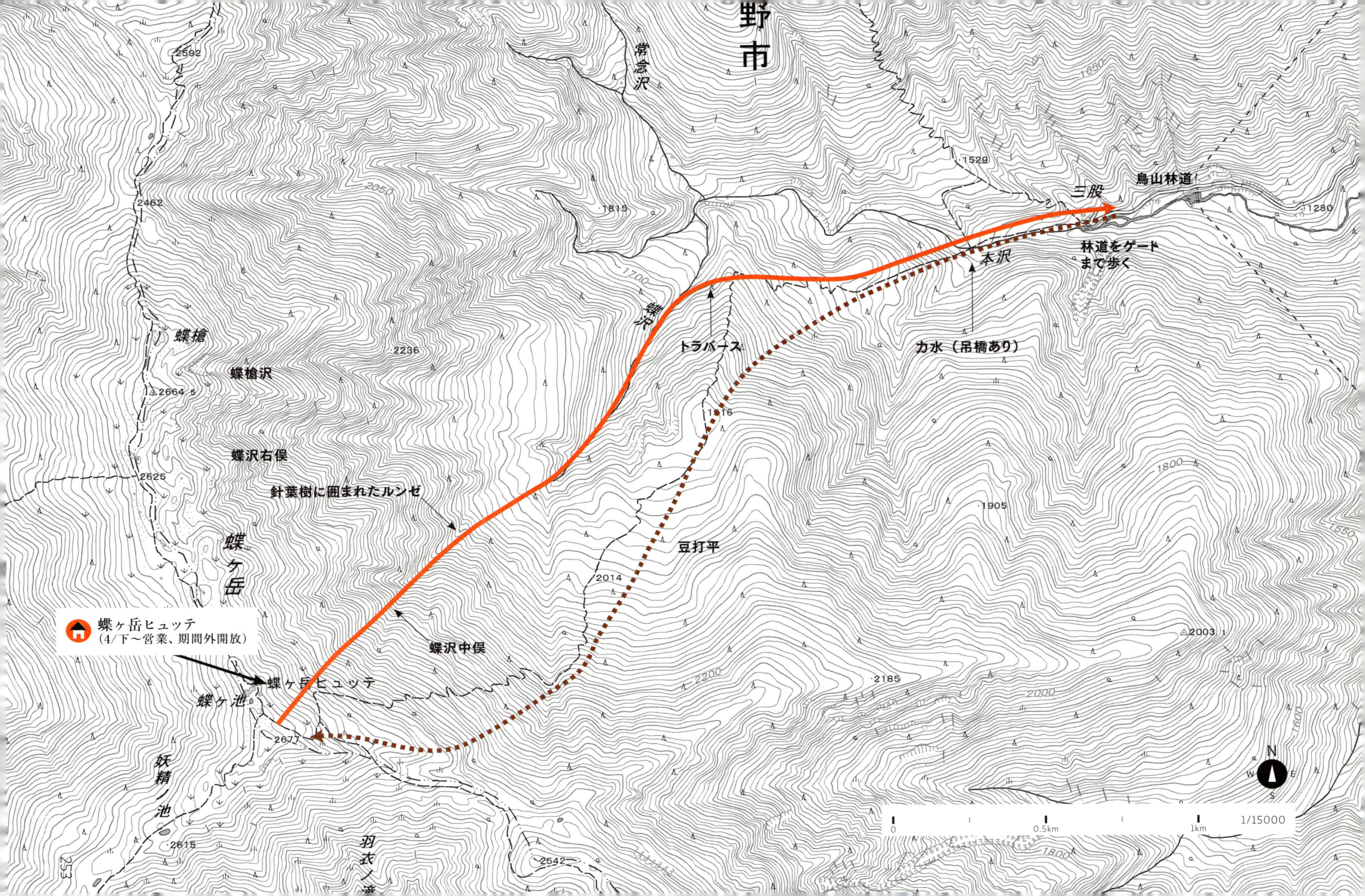
野
市
常念沢
鳥山林道
三股
1280
林道をゲートまで歩く
本沢
力水（吊橋あり）
1529
1815
1700
蝶沢
トラバース
1916
1905
1800
豆打平
2014
2185
2003
2200
2000
2050
2236
2592
2462
蝶槍
蝶槍沢
2664.5
蝶沢右俣
2625
針葉樹に囲まれたルンゼ
蝶ヶ岳
蝶沢中俣
蝶ヶ岳ヒュッテ
（4/下〜営業、期間外開放）
蝶ヶ岳ヒュッテ
蝶ヶ池
2677
妖精池
2615
羽衣ノ滝
2642
0
0.5km
1km
1/15000

091

日帰り

焼岳の知られざる東面スティープ。パウダー期ならではのアプローチで独特の掘り込み地形を滑る

● 適期／2月上旬〜3月下旬

焼《やけ》岳

焼岳中堀沢滑降

近年、北ア南部の代表的なパウダーエリアとして知られるようになった中の湯・平湯エリアの活火山、焼岳。その北峰(2393m)東面には、溶岩流でできた深い掘り込みにパウダーがたっぷりたまった、すばらしいスティープシュートがいくつか存在する。ここでは、南尾根から下堀沢を横断する、厳冬期ならではのアプローチによって新しく開拓された中堀沢コースをガイドする。厳冬期、下堀沢の次に挑戦したいラインだ。

データ

● アプローチ

長野道松本ICから国道158号経由で沢渡を経て中の湯温泉へ。

● アドバイス

パウダー狙いゆえ、雪質の把握が最重要となる。滑降前後には中の湯温泉旅館にぜひ宿泊を。宿泊すれば、滑降後は釜トンネル出口から車で迎えてくれる。

中堀沢

グレード ★★★

知られざる東面のルート

中の湯温泉旅館の裏手からシール登高を開始する。斜面を登り、林道に出てフェンスの切れ目を乗り越し、トラバースして南尾根末端の沢地形に入る。ここから南尾根を忠実に登り、焼岳の見える台地へ。この先の急斜面は雪崩に注意して登ろう。このあたりで、めざす中堀沢の上部が観察できる。

さらに尾根を登るとコルに出る。この先の焼岳への最後の斜面は雪面が硬いこともあるので、その場合はアイゼン登高に切り替える。右手の下堀沢側の雪庇に注意しながら、露岩のあるあたりの雪庇の切れ目まで登っていこう。

ここからスキーを装着し、小さなルンゼ状地形から下堀沢へドロップする。スラフ処理をしながら雪質をチェックし、下堀沢最上部の平坦な地点をめざし、左にギルランデ気味に大トラバースして下堀沢へ出る。ここからアイゼンを装着し、北峰の最東端ピークをめざして岩交じりの急斜面を登る。稜線に出ると、反対の南東面側にパウダーをたっぷりまとった急峻なルンゼが俯瞰できよう。これが目標の中堀沢である。ノール地形で核心部の様子はわからないが、はるか下方に見えるボトムの高度感がすばらしい。

源頭部はやや広めのコル状になっていてエントリーしやすい。ここでしっかりピットチェックをしよう。大岩が格好のビレイポイントを提供してくれる。1ピッチ目は雪質チェックのやさしいターンからダイナミックなターンへとつなぎ、左手の岩陰まで。2ピッチ目が核心だ。飛び込むような感覚で連続ターンを決め、やや幅広のボトルネックへと吸い込まれていく。斜度は最大47度。ここはスラフマネジメントが楽しめる。抜け出た左サイドでピッチを切る。3ピッチ目はボトム台地までのオープンバーンのロングラン。パフパフの雪質の広大なスロープをミドルターンで一気に飛ばし、ボトムの台地に滑り込んで標高差400mのスティープセクションが終わる。

ここからは左手の「堀り込み」を梓川に向かって快適に継続滑降する。あとは適当な所で梓川を渡り(通常はスノーブリッジがある)、釜トンネルを経て下山する。

● 参考タイム／中の湯(6時間)中堀沢ドロップポイント(1時間30分)梓川(1時間)釜トンネル出口

文／三浦大介

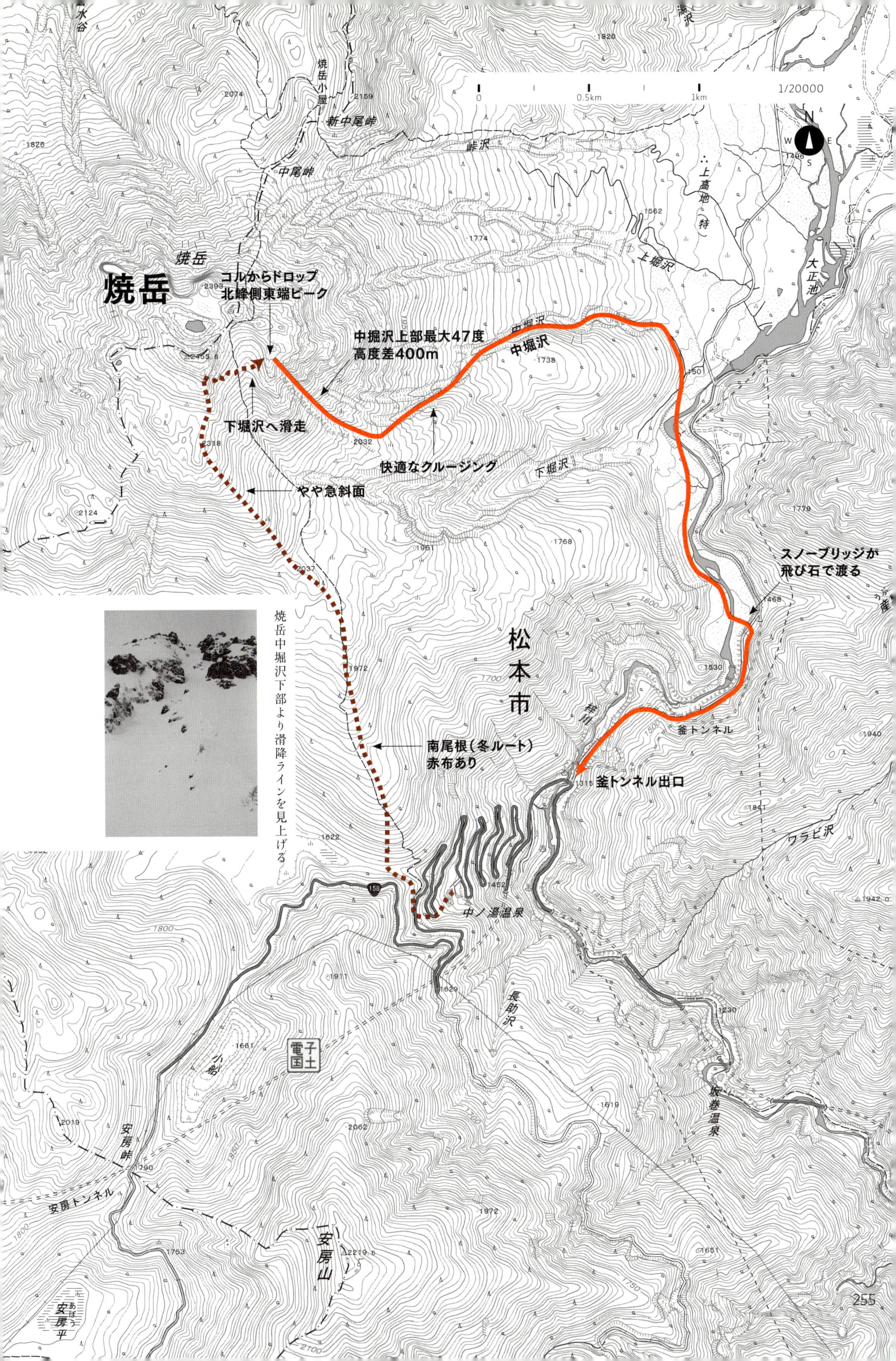

焼岳中堀沢下部より滑降ラインを見上げる

092

日帰り

長野県と岐阜県にまたがる山々。
長野県側はスキー場からアクセス。
下山後の温泉が楽しみ

● 適期／12月下旬〜4月中旬

乗《のり》鞍《くら》岳

乗鞍岳は、北アルプスの南端、長野県と岐阜県にまたがる山々の総称で、最高峰の剣ヶ峰の標高が3026mである。山頂近くまで達する車道があるが、12月から5月は雪のため閉鎖されており、山スキーの起点は、長野県側はMt.乗鞍スノーリゾート(旧乗鞍高原温泉スキー場)、岐阜県側は野麦などの集落になる。本書では、長野県側のルートを紹介する。

昨今は厳冬期でも多くのスキーヤーが入山する、北アルプスのなかでは比較的手頃な山であるが、標高2400mより上は森林限界の上で、厳冬期に山頂に立てる条件は限られる。スキー場の周辺には日帰りで入浴できる温泉がいくつかあり、下山後の楽しみになっている。

データ

● アプローチ

長野道松本ICから国道158号で高山方面に進み、前川渡から乗鞍高原に向かう。車はスキー場の駐車場に止められる。スキー場がオープンしている間は、リフトを2本乗り継いでスキー場のトップに出て、ここから歩き始める。

● アドバイス

山頂からの滑走を期待するなら、天気の見極めが重要。冬型の気圧配置下では、スキー場が晴れていても、山は吹雪である確率が高い。位ヶ原一帯は、広くて方向を見失いやすいので悪天時には注意が必要。春になると条件はよくなり、山頂に達する確率が上がる。それでも硬雪での滑落には注意が必要である。
アルピコ交通が4月下旬から運行する乗鞍岳春山バス(乗鞍高原観光センター〜位ヶ原山荘〜大雪渓・肩の小屋口)を利用する場合は、入山計画書を提出し、滑走可能範囲を順守すること。詳しくは下記アドレスを参照。
https://www.alpico.co.jp/access/kamikochi/haruyama/

① 剣ヶ峰

グレード ★★☆

最高峰からの滑降

スキー場トップから歩き始め、しばらく切り開きのなかを進む。出だしの急斜面を越えるとしばらく緩斜面が続く。位ヶ原の先は無木立の大斜面で、高天ヶ原と剣ヶ峰の鞍部をめざす。鞍部を越え、岐阜県側に回り込んで山頂に立つ。鞍部から先は雪付きが悪く、山頂直下は急斜面なので、途中から板を担ぐほうがいい。山頂からは位ヶ原に向けて滑り降りる。斜度がなくなる地点まで滑ったら、トラバースして登ったルートに合流する。

● 参考タイム／スキー場(4時間)剣ヶ峰(1時間30分)スキー場

② 富士見岳

グレード ★★☆

冷泉小屋方向の樹林帯を降りる

剣ヶ峰と同じルートを進み、位ヶ原に出てからは、西寄りに摩利支岳、富士見岳の稜線をめざす。剣ヶ峰に登るラインに比べれば斜度が緩く、クトーがあれば厳冬期でも登れる可能性が高い。稜線からの滑りは、位ヶ原山荘に向けて広いボウル状の斜面を滑る。条件がよければ、この斜面は粉雪である。位ヶ原山荘から先は、車道に沿って滑ってスキー場に戻る。つづら折りの部分は適当にショートカットもできる。

● 参考タイム／スキー場(4時間)富士見岳(1時間30分)スキー場

③ 高天ヶ原

グレード ★★☆

前川林道経由でゲレンデへ戻る

剣ヶ峰と同じルートを進み、鞍部から高天ヶ原2829mに登り、広い運動場のような山頂を南端まで進む。山頂の縁から滑り出し地点までは、雪付きが悪ければ板を担ぐ。滑る前に高天ヶ原尾根を確認し、その左側を進むように大斜面を滑るといい。ガンガラ沢(前川本谷)に滑り込み、適当なところで尾根に登り、あとは樹林を降りて林道に出る。林道沿いに進めばスキー場に戻ることができる。ルートは樹林帯の雪がなくなる前の4月下旬までが適期である。

なお、本ルートの滝周辺では遭難事故が発生している。充分に注意すること。

● 参考タイム／スキー場(4時間)高天ヶ原(1時間30分)林道(1時間)スキー場

御嶽をバックに高天ヶ原を滑る

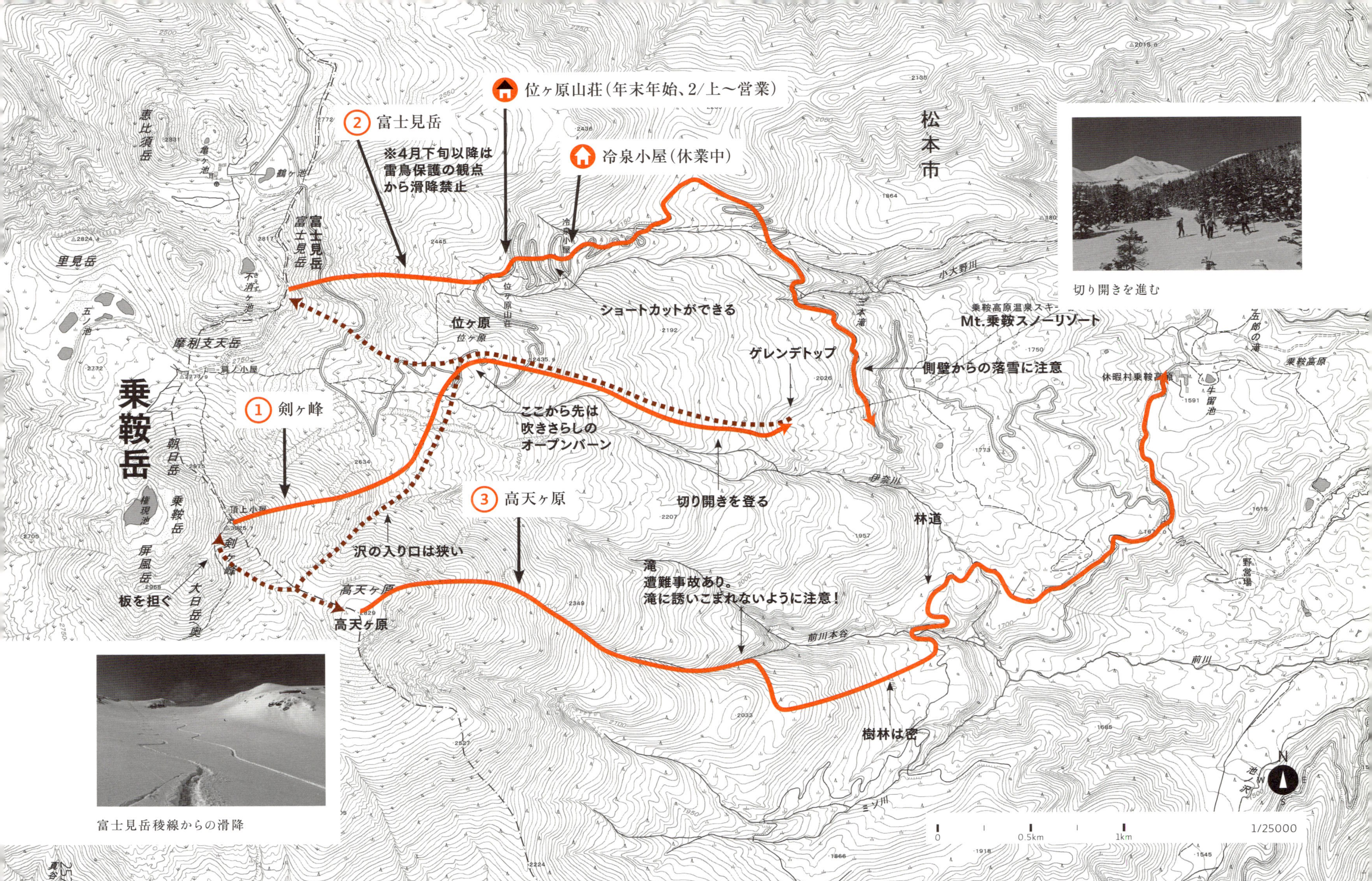

切り開きを進む

富士見岳稜線からの滑降

Backcountry
Skiing
100
Mountains

RSSA

Chapter

7

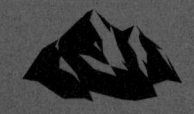

西日本

093

日帰り

平湯温泉から
日帰り可能な
樹林帯のパウダースノー

● 適期／1月初旬～4月中旬

四《よ》ツ岳・猫《ねこ》岳・金《かな》山《やま》岩

四ツ岳、猫岳、金山岩は乗鞍岳の北部稜線にあり、平湯温泉から日帰りで標高差1000m以上の滑りを楽しめることから、最近は中・上級者向きの山スキーサイトとして人気を集めている。標高が高いので雪質はよく、12月から4月までがシーズン。1～3月には中腹の樹林帯でパウダースノーが味わえる。森林限界以上では風が強く、クラストしていることが多いので、頂上まで行く場合にはアイゼンが必携である。頂上付近は無立木で、周囲の山々の眺望がすばらしい。

降雪直後は森林限界以上で雪崩の危険性があるため、森林限界までの行動としたほうがいい。この地域の山スキーサイトとしては、ほかに十石山、輝《てらし》山、安《あ》房《ほう》山などがある。

データ

● アプローチ

長野道松本ICあるいは中部縦貫道高山ICから国道158号で平湯に向かう。いずれの場合でもICから約1時間。平湯温泉周辺には駐車場がいくつかある。

● アドバイス

天候と雪質が安定する3～4月は頂上まで往復することが可能。しかし厳冬期はラッセルが厳しい。森林限界までの行動は可能だが、好条件でないかぎり頂上まで行くのは難しい。下山後は平湯温泉がおすすめ。

四ツ岳山頂から右手の谷筋を滑る

① 四ツ岳

グレード ★★★

標高差1400m以上の樹林帯のなかのロングルート

道路沿いの平湯キャンプ場からスタートし、大滝川の左岸から細尾根を上がる。1504m地点を過ぎて急斜面を上がり、平らになった所から少し下って大滝川右俣の沢を渡る。スノーブリッジが渡れるときはいいが、徒渉には注意が必要である。ここを過ぎたあとは、四ツ岳に続く北面の樹林帯の尾根筋を上がる。厳冬期はラッセルが厳しい。森林限界を過ぎて進むと四ツ岳の頂上が見えてくる。左手の谷筋に沿って左からまいて上がり、頂上に達する。稜線付近はクラストしていることが多い。山頂からの展望はすばらしい。下りは往路を忠実にたどって滑り降りる。樹林帯のなかのパウダーランは快適である。

● 参考タイム／平湯（6時間）四ツ岳（2時間）平湯

② 猫岳

グレード ★★☆

乗鞍スカイライン脇でパウダーラン

平湯トンネルの西側出口の久手川橋からスタート。左岸を少し行き、右側の牧場のある広い尾根筋に上がる。緩い傾斜の快適な登りを続けると、夫婦松の広い平坦な地点に達する。ここから乗鞍スカイラインが続いているが、ショートカットして樹林帯を上がる。スカイラインを出た2280m付近から、緩斜面をスカイライン沿いに上がる。右にカーブする所で猫岳と大崩《おおくえ》山の鞍部に上がり、稜線上わずかな距離で山頂に達する。頂上からの眺望はすばらしい。下りは登りのルートをたどる。稜線上はクラストしていることが多いが、鞍部から下の樹林帯のなかは快適なツリーランとなる。

● 参考タイム／久手川橋（5時間）猫岳（2.時間）久手川橋

③ 金山岩

グレード ★★☆

スキー場のリフトを利用する樹林帯のコース

平湯温泉スキー場のトップから尾根伝いを上がる。2カ所ほどアップダウンがあるが、ほぼ同じ斜度の針葉樹林帯が続く。針葉樹からダケカンバ帯を経て、無立木の稜線上に達する。ここから上はクラストしていることが多いのでアイゼンに履き替え、スキーをデポして頂上に上がる。下りは登りの尾根筋をたどって滑り降りる。あるいは北側に延びる右手の尾根をたどってからワサビ谷に滑り降り、除雪されていない国道経由で平湯へ戻る。

● 参考タイム／平湯温泉スキー場トップ（3時間）金山岩（2時間）平湯

文／澤井宏明

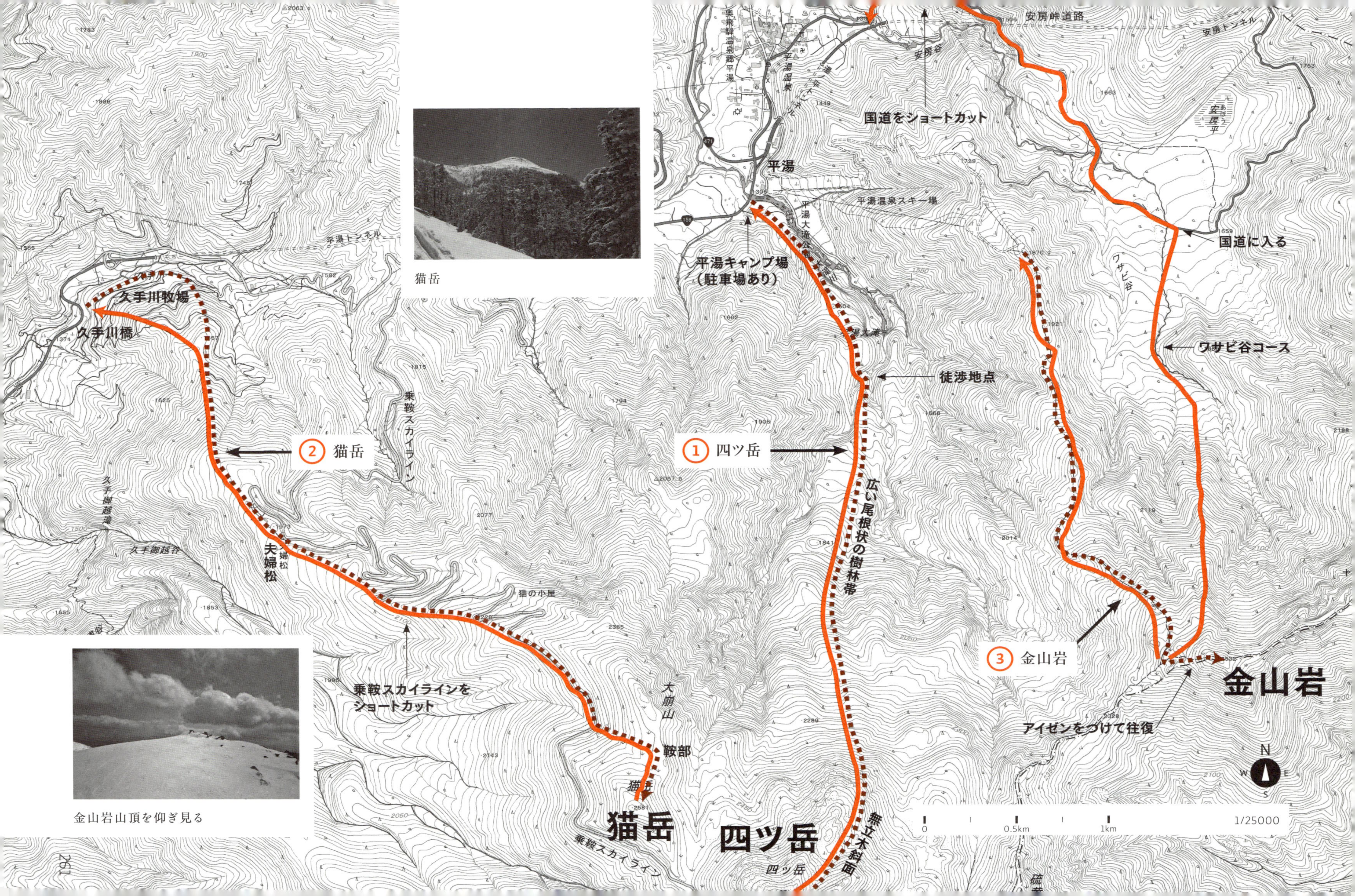

猫岳

金山岩山頂を仰ぎ見る

094

日帰り

奥美濃の
人気パウダースポットを
満喫する

● 適期／1月中旬～3月下旬

野《の》谷《だに》荘《しょう》司《じ》山

野谷荘司山は世界遺産にも登録された合掌造り集落の白川郷の西に位置する。東海北陸道が開通してからは、遠方からのアクセスもよくなった。白山スーパー林道の岐阜県側出発点になる馬狩は除雪作業が行なわれており、入山者が多い。ここを起点に北側の三方岩《さんぼういわ》岳に登るルートもある。ルートは大窪から尾根沿いに鶴平新道を登り、白谷の左俣を滑るのが一般的である。降雪量が多く山頂まで届かないときは、尾根途中から東谷や白谷に滑ることもできる。白谷左俣の滑り出しは広くて気持ちのいい斜面である。山頂は樹林もあり休憩するのに最適。天気がよければ白山の東面や鳩谷ダムなどが望める。

データ

● アプローチ

東海北陸道白川郷ICを降りて白山スーパー林道を西に進み、馬狩まで入る。

● アドバイス

鶴平新道は稜線でクラストしていることも多く、アイゼンは必携。パウダー狙いの入山者が多く、雪崩事故も報告されているため、慎重に行動したい。白谷の源頭部は雪庇が発達しているので要注意。山頂を踏めなければ、東谷を滑って馬狩に戻るといい。

赤頭山手前

白谷左股

① 白谷左俣ルート

グレード ★★☆

奥美濃の人気ルート

馬狩からスーパー林道沿いに進み、左の尾根に取り付いて鶴平新道を登る。雪が安定している春は、白谷のなかを進んでもいいだろう。山頂からの滑降は、1740mのジャンクションピークから尾根を少し下りたところから入る。雪の状態を見て雪庇の弱点があれば、ジャンクションピークからダイレクトに白谷に飛び込んでもいい。滑り出しは広い斜面で、ここがいちばん楽しめる。標高1300m前後から谷が狭まりノド状となる。このあたりは両側からデブリに覆われることが多い。三方岩岳からの谷と合流したら、右岸を滑ってスーパー林道に出て、馬狩まで戻る。

● 参考タイム／馬狩（2時間）1380m（2時間）赤頭山（30分）山頂（1時間30分）馬狩

② 東谷ルート

グレード ★☆☆

ブナ林のショートルート

鶴平新道を登り1350m前後からエントリーする。ブナ林に囲まれたパウダーが期待できる、すばらしい谷だ。大窪まで気持ちよく滑れば、馬狩まで林道を帰る。

● 参考タイム／馬狩（2時間）1350m（1時間）馬狩

 文／宮崎正英

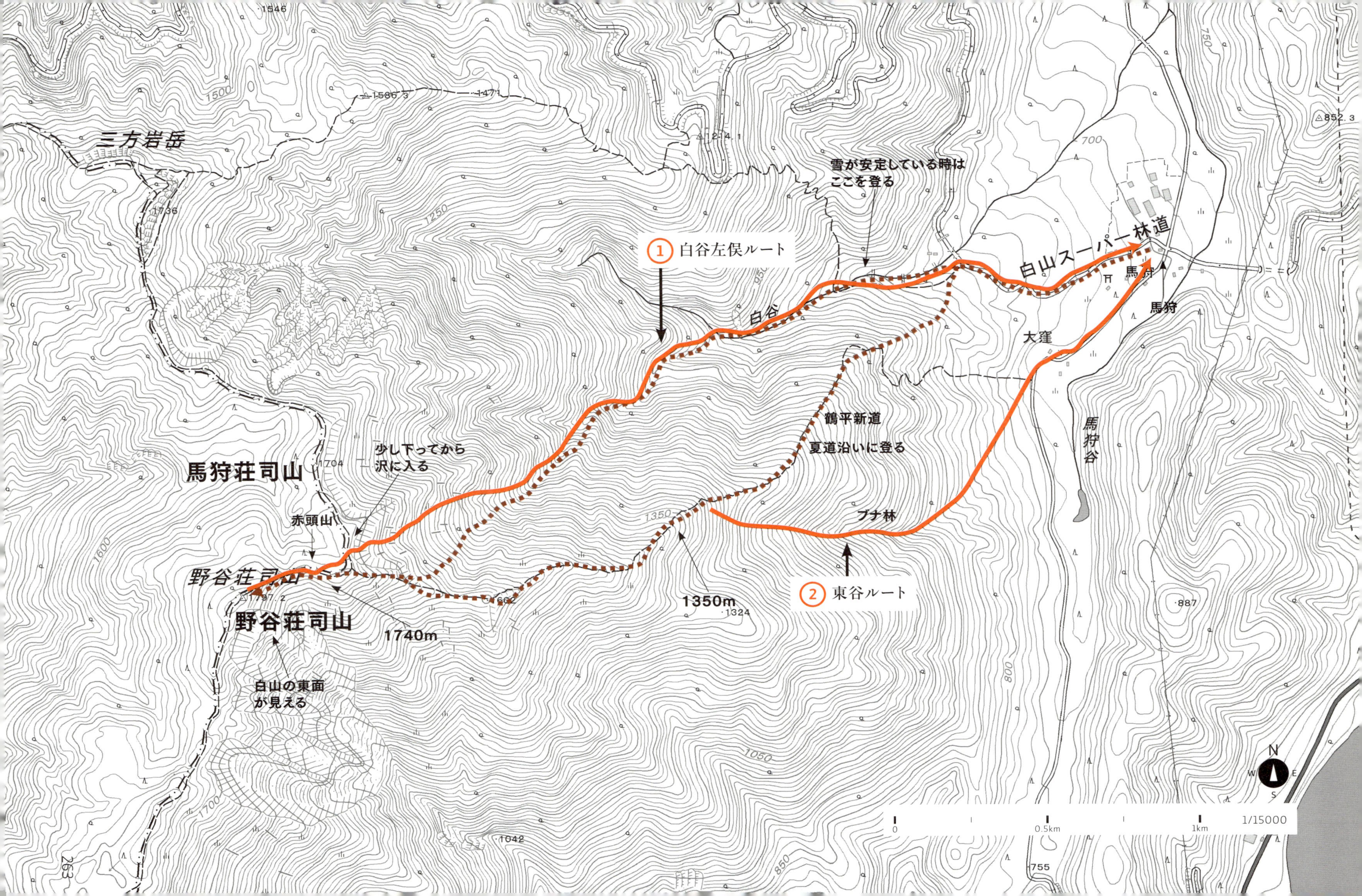

三方岩岳
①白谷左俣ルート
雪が安定している時は
ここを登る
白山スーパー林道
馬狩
大窪
馬狩谷
白谷
鶴平新道
夏道沿いに登る
ブナ林
②東谷ルート
1350m
1740m
馬狩荘司山
少し下ってから
沢に入る
赤頭山
野谷荘司山
野谷荘司山
白山の東面
が見える
1/15000
0
0.5km
1km
N

095

日帰り

越前の名峰にして
深田百名山のひとつ。
ブナ林のパウダーが楽しめる

● 適期／2月〜3月中旬

荒《あら》島《しま》岳

深田久弥の日本百名山のひとつとして知られる荒島岳は、別名大野富士とも呼ばれ、福井県大野盆地からその端正な姿を望むことができる。山容はおおむねなだらかだが、一部に急斜面もあり、山スキーの基本が試される。ブナの原生林パウダーを楽しむのもいいが、低山にしては意外に大きな斜面も備えており、ちょっとスリリングな滑降も楽しめる。

入山は、旧カドハラスキー場からが一般的だが、毛尻尾根（北東尾根）を登るのもいい。

データ

● アプローチ

北陸道福井ICから国道158号を約40分で旧カドハラスキー場。さらに約5分で仏御前の滝下部。

● アドバイス

近年、山麓の積雪量が減少しているようで、橋架谷を滑る場合は要注意。近隣のスキー場の積雪情報を参考にするといいだろう。

荒島岳北斜面

① シャクナゲ平ルート

グレード ★★★

運がよければ
ブナ林パウダーを楽しめる

カドハラスキー場跡地から入山する。しばらくは急斜面で、やがて勾配が緩やかになるあたりが標高1015mの深谷ノ頭。周囲をブナの原生林に包まれた緩やかな斜面を登ると1204mのシャクナゲ平で、ここで主稜線に出る。荒島岳本峰への登りは、左に少し下ってから始まるが、シャクナゲ平を巻くことも可能だ。橋架谷右俣源頭はさほど急斜面ではない。
鞍部からの登高は、高度が増すとともに山容に迫力が増してくる。この登りは一部ヤセ尾根もあるので注意が必要だ。不安ならアイゼンを付けよう。程なくして頂上に到達する。

滑降は往路を戻る。ヤセ尾根部分は、雪の付き方がよくないときや初心者がいる場合、無理せずに板を外したい。シャクナゲ平からは、降雪直後であれば、少し左の緩やかな白谷源頭部がおもしろい。ブナ林パウダーを満喫できるかもしれない。その場合、あまり降りすぎないようにして尾根筋に戻ろう。やがて旧スキー場に出て終了となる。

● 参考タイム／旧カドハラスキー場（2時間30分）シャクナゲ平（1時間30分）荒島岳（2時間30分）旧カドハラスキー場

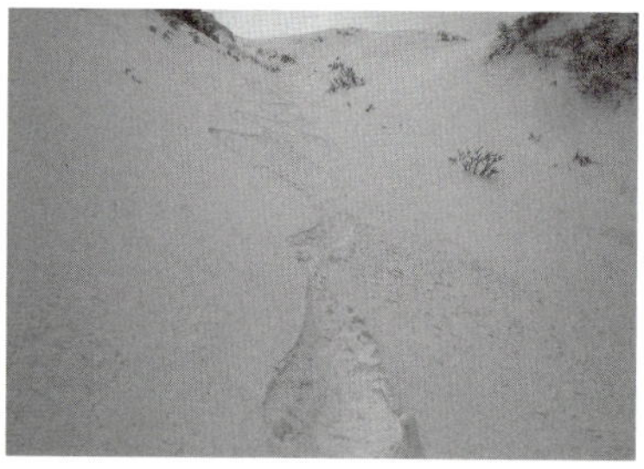

橋架谷左俣

② 橋架谷ルート

グレード ★★★

広大な斜面の大滑降

仏御前の滝下部から毛尻尾根（北東尾根）に取り付く。樹林帯の急斜面を登るとやがて疎林となり、展望も開ける。1410mのジャンクションピークは小ナベと呼ばれている。ここから主稜線をたどり、程なくしてピークに到達する。

荒島岳北東斜面へは、雪の状態を判断してエントリーしたい。頂上からの広大な斜面は感動もあるが、場合によって小ナベからのエントリー、あるいは来た道を戻る勇気も必要だ。この斜面は橋架谷左俣へと続いていく。谷はやがて右俣と合流する。右俣は流れが出ていることが多いようだ。V字谷をさらに降りると谷が割れてくるので、520mあたりで右側の尾根に登ろう。うまくルートをとれば、板を外さずに巻くことができる。登りのトレースが見えたら、少し下って国道に出る。

● 参考タイム／仏御前の滝下部（5時間）小ナベ（1時間）荒島岳（2時間）仏御前の滝下部

旧カドハラスキー場
勝原スキー場
急斜面
西勝原
東勝原
勝原駅
西勝原第三発電所
西勝原第二発電所
馬返トンネル
打波川
仏原ダム
琴洞橋
① シャクナゲ平ルート
② 橋架谷ルート
尾根に戻る
白谷左俣
深谷ノ頭
ブナの森
橋架谷右俣
小荒島岳
シャクナゲ平
橋架谷左俣
佐開尾根（北東尾根）
仏御前の滝
荒島トンネル
越美北線
ここから滑っても楽しめる
ヤセ尾根
板を外す方がよい時もある
荒島岳
1410mJP
小ナベ
雪の状態で先を行くか判断
荒島谷川
九頭竜川
0
0.5km
1km
1/20000

大野盆地から荒島岳

096

日帰り／スキーツアー

アプローチに自転車を使って北方稜線を縦走

● 適期／4月中旬～5月上旬

白《はく》山《さん》

日本三霊山のひとつとして広く知られる白山。特に東面から見る双耳峰の御前峰《ごぜんが》と剣ヶ峰が美しい。日本海に近く日本有数の豪雪地帯に位置するため、山スキーヤーにも人気のエリアとなっている。ただし積雪期はアプローチ道路のゲートが閉まっているので、日帰りで山頂を狙うのは距離があって厳しい。そこでアプローチに自転車を使った西と東のルートに加え、室堂宿泊の北方稜線ルートを紹介する。このほか、南の別山周辺にもいいルートが数多くある。

データ

● アプローチ

東面:東海北陸道荘川ICから国道156号を北上して平瀬へ。または東海北陸道白川郷ICから国道156号を南下して平瀬へ。大白川橋から自転車で林道に入る。
西面:北陸道福井北JCから中部縦貫道永平寺ICを出て、国道416号線、国道157号線、県道33号線経由で市ノ瀬へ。

● アドバイス

平瀬から大白川ダム(白水湖)までの林道は、例年ならゴールデンウィーク直前から除雪が完了していることが多く、自転車で大白川ダムまで入り、ここからスキーを使うのがいい。4月の早い時期は除雪が完了しておらず、自転車を使えなかった報告もある。ゲートが開くのは5月下旬～6月初旬なので、山スキーには遅い。白峰から別当出合までの林道は、ゴールデンウィーク中はまだ市ノ瀬ゲートが閉まっている。別当出合に入れるのは例年5月下旬。時期が早いと別当出合の吊橋の敷板が外されているので、注意して渡ろう。

白山東面

① 白山東面台地

グレード ★★☆

東面台地を大滑降

大白川橋から自転車で13.2kmを白水湖まで進む。ひとつ目の橋を渡った崖状の場所からスタート。最初は緩やかなブナ林の台地を進み、1900mから転法輪谷に下り谷からつめるルートと、そのまま台地を剣ヶ峰のコルに登り上げてから登るルートがある。滑走は、雪が緩んでいれば山頂からダイレクトに入れることもある。台地ルートは往路をたどる。転法輪谷は1900mで台地に戻るほうがいい。

● 参考タイム／大白川橋(自転車2時間)大白川ダム(2時間) 1900m台地(2時間30分)コル(30分)御前峰(1時間30分)大白川ダム(自転車40分)大白川橋

② 万才谷

グレード ★☆☆

散歩気分の手頃な谷

日帰りなら市ノ瀬ゲートから別当出合までは自転車がよいだろう。砂防新道を夏道通しに登っていく。時期によって異なるが、1800mあたりからスキーが使える。甚之助避難小屋からは、黒ボコ岩経由またはエコーラインのいずれのルートでも弥陀ヶ原に上がれる。黒ボコ岩直下や南竜道の巻き道は、時期によっては雪が切れていることもある。弥陀ヶ原から室堂を経て御前峰へ。景色を楽しんだら頂上からスキー滑走だ。

雪をつないで室堂、弥陀ヶ原を南南東に進み、万才谷に入る。谷は

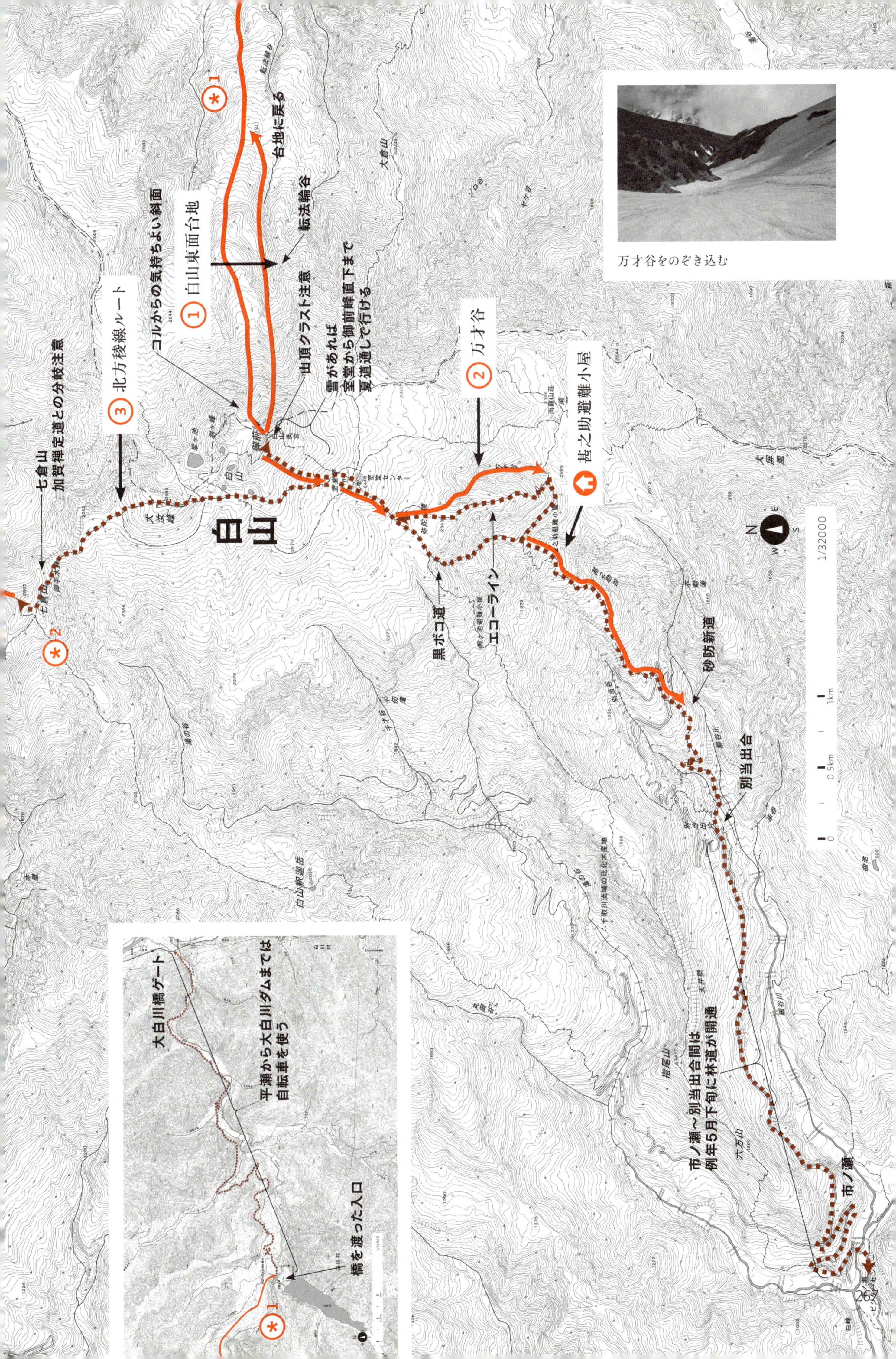

① 白山東面台地
コルからの気持ちよい斜面
台地に戻る
転法輪谷
山頂クラスト注意
雪があれば室堂から御前峰直下まで夏道通しで行ける
② 万才谷
③ 北方稜線ルート
七倉山
加賀禅定道との分岐注意
甚之助避難小屋
白山
エコーライン
黒ボコ道
砂防新道
別当出合
市ノ瀬～別当出合間は例年5月下旬に林道が開通
市ノ瀬
大倉山
六万山
指尾山
1/32000
0
0.5km
1km
大白川橋ゲート
平瀬から大白川ダムまでは自転車を使う
橋を渡った入口

万才谷をのぞき込む

096

白山

楽々新道

2300mから始まるが、右俣、左俣のどちらを滑っても2200mで合流し、2100mあたりで南竜道の巻き道を合わせる。巻き道を西に進み、甚之助避難小屋が見えたら小屋をめがけて滑り込む。小屋から徐々に木々が濃くなってうるさくなる。往路をたどって別当出合に戻る。

● 参考タイム／市ノ瀬（自転車2時間）別当出合（4時間）甚之助避難小屋（2時間）室堂（40分）御前峰（1時間）甚之助避難小屋（1時間30分）別当出合（自転車1時間）市ノ瀬

③ 北方稜線ルート

グレード ★★☆

室堂泊のロングルート

東面または西面からアプローチして室堂に泊まり、白山御前峰の北に位置する七倉山から真北に延びる楽々新道を滑る。七倉山からは登りがほとんどなくスキーには有利である。

室堂までは前項参照。室堂冬季小屋を出発して大汝峰をめざす。大汝峰の途中まではスキーが使えるが、ハイマツや岩が出ていれば、アイゼンに切り替えて大汝峰を越えるほうが無難だ。七倉山の山頂部は広く、顕著なピークがない。楽々新道と加賀禅定道の分岐なので、間違わないように注意が必要だ。

ルートは七倉山2557mのピークから真北に降りていく。この箇所は斜度があり、クラストしていることもあるので用心したい。2350mのコルからは2415mのピークを巻いて2360mの平坦な尾根に出る。清浄ヶ原の尾根に入らないように北東に折れ、見返坂の尾根に入る。2260mコルから2270mコブを巻いて進路を北北西にとる。見返坂から小桜平への尾根は快適な滑りだが、尾根の東側には雪庇が出るので要注意。途中に薬師山への分岐があるが、意識して左手方向に尾根を進めば小桜平避難小屋に着く。小屋はかろうじて屋根が出ている。

1740mから1687mまでの尾根は狭く、右手側の雪庇に注意する。1687mから尾根は広くなり、快適な滑走となる。1350mで再び尾根は狭くなり、雑木がうるさくなるので、できるだけ高度を下げてから左手の林道に降りるか、忠実に夏道をたどって林道に出るのがいい。林道を進み、新岩間温泉を過ぎた尾根末端から導水管の急な階段を下り、発電所を経て白山一里野スキー場に出れば終了だ。導水管を下りずに、丸石谷へ回り込んでハライ谷へ出る道もあるが、林道は雪で潰れていることもあり、雪崩・落石の危険もあるので事前に状況を確認すること。白山一里野スキー場を起点に北尾根往復の場合は、小桜平避難小屋をベースにするといい。

● 参考タイム／室堂（2時間）七倉山（2時間）小桜平（2時間）新岩間温泉手前の林道（3時間）白山一里野スキー場

新岩間温泉
雪の状態によるが、
1200m付近まで
スキー可能
広く快適
3 北方稜線ルート
楽々新道
薬師山
小桜平避難小屋
小桜平
薬師山への
分岐注意
加賀禅定道
清浄ヶ原
尾根には入らない
巻く
クラスト注意
七倉山
口長倉
奥長倉
火の御子峰
1/32000
0
0.5km
1km
N
W
E
S
白山スーパー林道
発電所
こちらの林道は
雪の状況によっては
危険なこともある
導水管に沿って下りる

097

日帰り

北アルプスを
彷彿させる
奥美濃の岩峰

● 適期／3月中旬～4月下旬

三《さん》方《ぼう》崩《くずれ》山

大ノマ谷の中間地点の滑り

大ノマ谷のエントリー部より見下ろす

三方崩山は、白山北方稜線の東に位置する標高2059mの山。代表的な山スキーのルートは、大ノマ谷と弓ヶ洞谷の2本。このほか、山頂から奥三方岳を経て四ノ又谷を滑走するロングルートもある。大ノマ谷から見る右岸の岩壁は、北アルプス・剱岳の長次郎谷や三ノ窓谷を彷彿させる。名前の由来どおりデブリが多く、左岸の南向き斜面からの雪崩には充分注意したい。過去の記録によると、大ノマ谷の取付まで車で入れたらしいが、現在は大白川橋のゲートが閉まっているので、林道歩きが長い。

データ

● アプローチ

東海北陸道荘川ICから国道156号を北上して平瀬へ。あるいは東海北陸道白川郷ICから国道156号を南下して平瀬へ。

● アドバイス

大ノマ谷は南斜面が急傾斜で雪崩れやすいため、積雪に不安があるなら弓ヶ洞谷を詰め、コルに出てから稜線沿いに山頂をめざすほうがいい。稜線は雪庇が発達していることが多いので注意すること。厳冬期のパウダーを狙うなら、登りのルートは平瀬から夏道を使うことになるが、慎重な判断が必要だ。

① 大ノマ谷ルート

グレード ★★☆

一直線な急斜面

国道の大白川橋から、西に入る林道のゲートを抜けて進むが、林道からは谷全体は見えないので、大きな堰堤のある所から谷に入るほうがスムーズだ。最初は斜度が緩いが、次第に急になって、岩壁が近づくころに最大斜度になる。やがてカール状の地形になり、最後の急斜面を登り上げると稜線に出る。奥三方岳を見ながら山頂に向かおう。

滑走ルートは復路を下る。エントリーは、コルに戻った山頂寄りの所がいいだろう。途中から谷を末端まで見通せるようになり、豪快な滑降が楽しめる。気温が上がるときは、左岸からの雪崩に注意したい。

● 参考タイム／大白川橋（1時間）大ノマ谷末端（4時間）稜線（30分）山頂（1時間）林道（40分）大白川橋

② 弓ヶ洞谷ルート

グレード ★★☆

広大な斜面の大滑降

国道から弓ヶ洞の林道を詰める。標高1000m付近で谷が二俣になったら、右俣を登っていく。最初は狭いが、やがて広い斜面になる。1840mのコルに出たら、稜線沿いに山頂をめざす。山頂から1840mのコルに戻ってから、広い弓ヶ洞谷を滑ろう。

● 参考タイム／国道（1時間）林道終点（3時間）弓ヶ洞谷のコル（1時間）山頂（1時間）弓ヶ洞のコル（30分）林道（30分）国道

稜線から三方崩山ピーク

文／宮崎正英

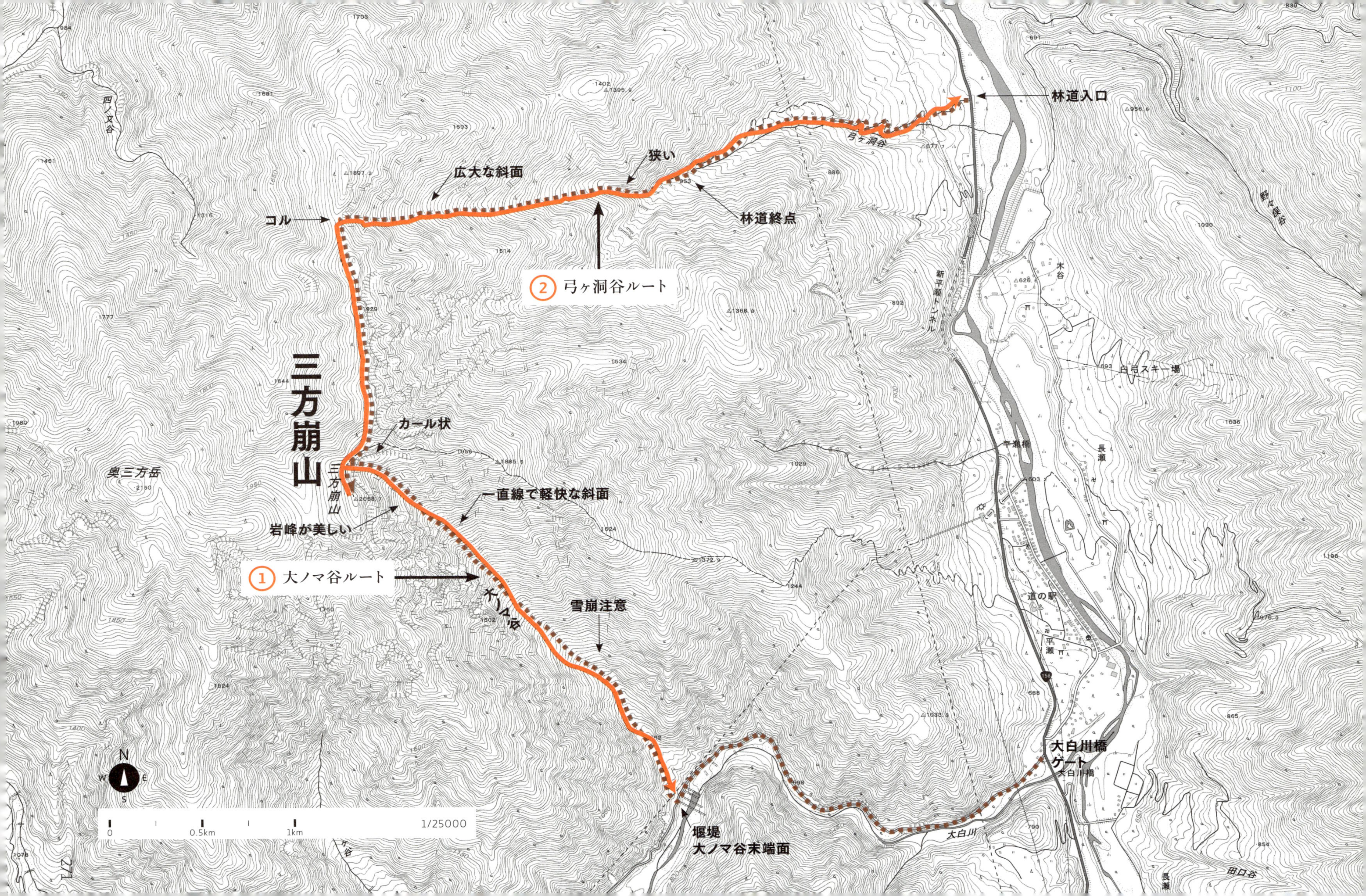
林道入口
狭い
広大な斜面
林道終点
コル
② 弓ヶ洞谷ルート
三方崩山
カール状
一直線で軽快な斜面
岩峰が美しい
① 大ノマ谷ルート
雪崩注意
大白川橋
ゲート
堰堤
大ノマ谷末端面
奥三方岳
道の駅
1/25000
0
0.5km
1km

098

日帰り

奥美濃の眺めが最高の山。
登山道はないがスキーなら
山頂に楽に行ける

● 適期／2月初旬～4月初旬

野《の》伏《ぶせ》ヶ岳

福井・岐阜県境、白山連峰の南部に位置する野伏ヶ岳は、奥美濃と呼ばれる山域に属し、積雪も比較的多い。ササで覆われたこの山には一般的な登山道はなく、無雪期の登頂は困難である。しかし積雪期にはスキーを効果的に使って山頂に立つことができ、三六〇度の景色と滑降が楽しめる。奥美濃の山のなかでも、標高差の約半分を林道が使える手軽さに加え、景色もいいので人気は高い。天幕なら途中の和田山牧場跡地をベースににしてもいい。スキーの機動力を生かせば、北の薙刀《なぎなた》山や南の小白山に足を延ばすこともできる。

データ

● アプローチ

東海北陸道白鳥ICから国道156号、県道314号経由で石徹白（いとしろ）上在所へ。白山中居（はくさんちゅうきょ）神社駐車場か、少し下がった石徹白川左岸の駐車場を利用する。

● アドバイス

山全体が背の高いササで覆われているため、雪の割れ目や空洞に落ちると脱出に難儀する。スノーモービルも上がってくるので、林道や雪原での衝突事故に要注意。

ダイレクト尾根を見下ろして

① ダイレクト尾根

グレード ★☆☆

疎林の尾根を豪快に滑る

白山中居神社からいったん下って石徹白川を渡り、林道に入る。林道はスギの植林地を登っていくので、適当にショートカットしながら進むといい。1090mで和田山牧場跡地に出る。ここで視界が開け、正面に野伏ヶ岳、右に薙刀山、背後に大日岳を望める。牧場跡地から林道を西北西に進み、雪で覆われた左手の池塘を回り込んで、1130mでダイレクト尾根の末端へ。この尾根を登り、1600mで北東尾根と合流すれば、あとひと息で1674mの山頂に着く。山頂は平らで広く、三六〇度のパノラマが楽しめる。

滑降は往路をたどるが、視界が悪いときは、1600mから派生する広い北東尾根に誤って入らないよう注意する。降りるに従って尾根は徐々に広がるが、樹木が少ない南東側の広い斜面を滑るのもいい。尾根末端から再び林道に出て、来た道を戻る。牧場跡の1090m地点から林道を滑れば、石徹白川の橋まで一気に降りられる。

● 参考タイム／白山中居神社（1時間30分）和田山牧場跡地（2時間30分）野伏ヶ岳（50分）和田山牧場跡地（30分）白山中居神社

ダイレクト尾根南東面を滑る

② 北東尾根

グレード ★☆☆

別山を正面に見る滑降

山頂まではダイレクト尾根を登るほうが効率がいいだろう。頂上から1600mで北東尾根に入る。比較的広く滑りやすい尾根だが、北面なので晴れていても雪が緩むのはダイレクト尾根より遅い。尾根末端まで滑るより少し高度を残し、1200mあたりで右へトラバースして、1100mで往路の池塘横の林道に出る。ここからは往路をたどり、和田山牧場跡地から駐車場に戻る。

● 参考タイム／白山中居神社（4時間）野伏ヶ岳（1時間30分）白山中居神社

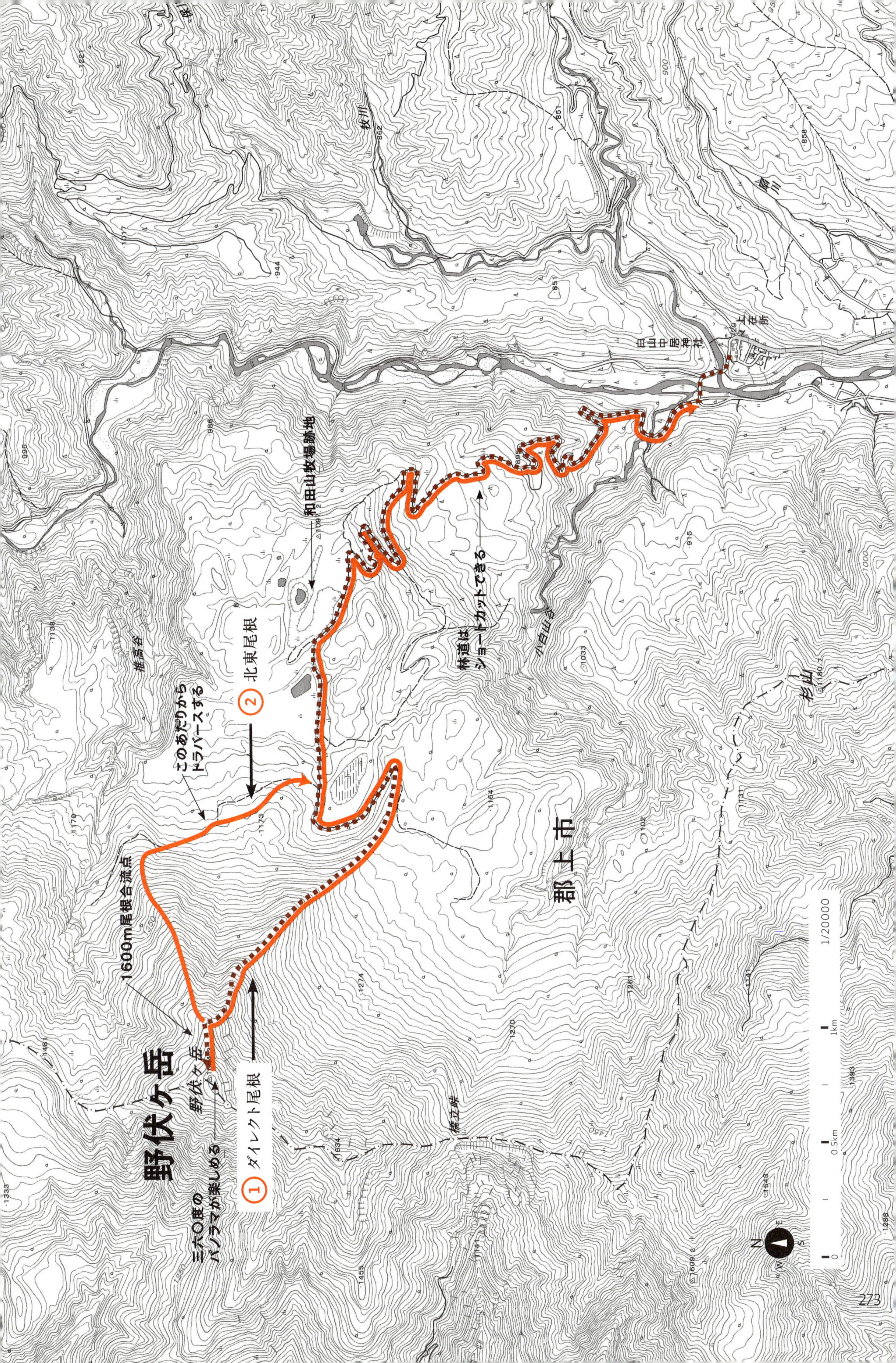
野伏ヶ岳
三六〇度のパノラマが楽しめる
① ダイレクト尾根
1600m尾根合流点
このあたりからトラバースする
② 北東尾根
和田山牧場跡地
林道はショートカットできる
白山中居神社
郡上市
1/20000
0
0.5km
1km

099

日帰り

スキー場からの
2本回し。
仙谷と大倉谷を滑る

● 適期／1月中旬～3月上旬

氷《ひょう》ノ山《せん》

氷ノ山は兵庫と鳥取の県境に位置する山陰の名峰である。県境の稜線はなだらかで、関西では珍しく、時期によってはモンスターを見ることができる。滑りを重視する山スキーヤーには少々物足りないかもしれないので、わかさ氷ノ山スキー場のリフトを使って西面の谷を2本滑るプランを紹介する。

データ

● アプローチ

中国道山崎ICから国道29号、国道482号経由でわかさ氷ノ山スキー場まで約1時間30分。

● アドバイス

スキー場のリフトを利用するため、樹氷スノーピアゲレンデ下のパトロールに登山届を提出すること。樹氷第3チャレンジリフトは、ゲレンデ整備ができていなくても、登山者と山スキーヤーはリフトに乗れることがある。県境稜線は広くなだらかなので、ガスが出たときはGPSで小まめに位置を確認したほうがいい。一本をわさび谷の滑走にするのもありだ。

氷ノ山のモンスター

氷ノ山県境尾根

仙谷&大倉谷ルート

グレード ★☆☆

短いルートで
ブナ林パウダーを狙う

樹氷スノーピアゲレンデのチャレンジリフトを降り、尾根を登る。ブナ林になると、やがて県境稜線に出る。ここから山頂まではアップダウンを交えて行く。山頂からはダイレクトに入るか、雪の状態が悪ければいったんコルまで下がってから仙谷へ入る。150mほど降りると谷は細くなる。左に曲がって谷沿いに進み、大倉谷と合流したのち左のスギ林に乗り上げて、イヌワシゲレンデに戻る。

2本目もチャレンジリフトから再び尾根を登り、1448mピークを越えたところから大倉谷に入る。入った直後は雪付きが悪いので、慎重にラインを見極めてエントリーすること。次第に谷は狭くなっていくが、右俣と合流するとまた広くなり、その後、仙谷に合流してイヌワシゲレンデに戻る。

● 参考タイム／樹氷第3チャレンジリフトトップ（1時間）三の丸（1時間）氷ノ山（1時間）わかさ氷ノ山スキー場（リフト30分）樹氷第3チャレンジリフトトップ（1時間30分） 1448mピーク（1時間）わかさ氷ノ山スキー場

氷ノ山大倉谷左俣

文／宮崎正英

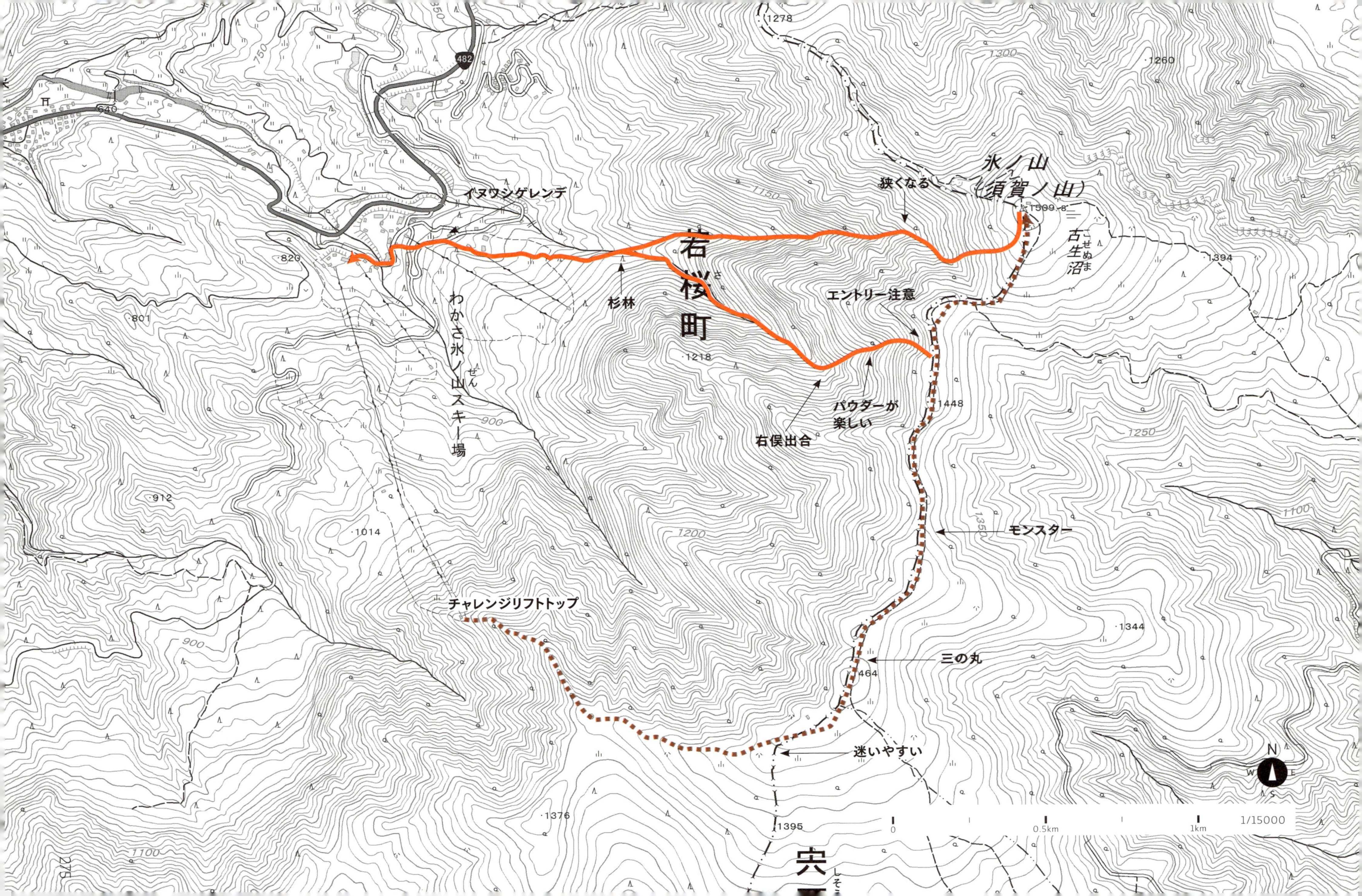

氷ノ山（須賀ノ山）
1509.8
古生沼《こせぬま》
狭くなる
エントリー注意
パウダーが楽しい
右俣出合
若桜《さ》町
杉林
イヌワシゲレンデ
わかさ氷ノ山《せん》スキー場
チャレンジリフトトップ
モンスター
三の丸
迷いやすい
宍
482
1448
1464
1394
1260
1278
1218
1344
1376
1395
1014
912
801
820
640
1/15000
0
0.5km
1km
N

100

日帰り

中国地方の最高峰。アルプス的な山容で積雪量が多くブナ林のパウダーも魅力

● 適期／1月中旬～4月中旬

大《だい》山《せん》

大山は弥山《みせん》、剣ヶ峰、三鈷《さんこ》峰などの総称で、伯耆大山、伯耆富士とも呼ばれる。鳥取県西部にそびえる中国地方の最高峰で、伝説の山あるいは古くから修験道の霊場としてよく知られている。日本海に面した独立峰のため、冬には寒気の影響を強く受けて大量の雪で覆われる。2000mに満たない山でありながら、白く輝くその姿は雄大で滑降意欲をそそる。最高峰の剣ヶ峰周辺はもろい地質で風化が激しく、弥山から1636m峰（天狗ヶ峰）間は立ち入り禁止になっているので注意が必要だ。

データ

● アプローチ

米子道米子ICまたは溝口ICからそれぞれ約30分で大山寺。奥大山スキー場へは米子道江府ICから30分程度。いずれの起点にも駐車場と公衆トイレあり。大山環状道路の奥大山スキー場～桝水高原間は冬期（12月～3月下旬）通行止めとなる。鳥取県日野総合事務所HPなどで確認を。

● アドバイス

別山沢、振子沢の滑降は雪が比較的安定する3月からがいい。

元谷小屋付近から大山北壁

① 別山沢コース

グレード ★★★

無立木の急斜面を豪快に滑る

大山寺付近または下山《しもやま》キャンプ場の駐車場に車を止め、キャンプ場近くの夏山登山道に入る。最初は石段を上り、一合目から山道となる。夏山登山道はシール登高向きでなく、ザックにスキーを付けたまま登る。稜線が開けて広大な斜面になれば、弥山山頂までもうひと登り。頂上小屋の裏手が山頂だ。天気がよければ剣ヶ峰の展望がすばらしい。悪天なら小屋でひと休みしよう。

弥山山頂から広い緩斜面を尾根まで滑った所からエントリーする。別山沢左俣の上部は広く気持ちいいが、次第に狭まり急傾斜となる。落石が多く、沢の合流点手前では雪面が口を開けていることがある。雪の状態が悪ければ右俣を先に滑り、様子を見て行者谷を横切って夏山登山道へシールで登り返し、再エントリーしたほうが無難だ。

滑降不可の場合は西側の谷を滑るといい。どこを滑ってもいいが、どこも上級者向きとなる。技量や雪質を考えてコースを決めよう。

● 参考タイム／登山口（2時間10分）弥山（20分）元谷小屋（2時間）エントリーポイント（2時間20分）大山寺

② 振子沢コース

グレード ★★☆

無立木の沢とブナ林のロングコース

大山環状道路が冬期通行止めとなる12月から3月下旬までは、奥大山スキー場からのアクセスとなる。開通後は鍵掛《かぎかけ》峠登山口からキリン峠にシールで登り、駒鳥避難小屋付近に滑り込む。再びシールを付けて右岸を登り、右俣の振子沢を行く。大きく回り込んだところから展望が開けて、天狗ヶ峰に一直線に突き上げる。緩斜面から急斜面に変わり、ジグを切って右の尾根経由で天狗ヶ峰に登る。剣ヶ峰などの展望がいい。

天狗ヶ峰から沢底への滑降は爽快そのものである。時間と体力に余裕があれば、登り返してエントリーポイントを変えてもう一度滑れば、満足度も最高だ。

駒鳥避難小屋まで滑り、キリン峠までの最後の登りにかかる。鳥越峠経由のほうが登下降は少ないが、少しでも快適に多く滑りたい人にはキリン峠経由がおすすめだ。鍵掛峠登山口まで滑ってツアー終了となる。

● 参考タイム／登山口（1時間50分）駒鳥避難小屋（1時間40分）天狗ヶ峰（2時間）駒鳥小屋（1時間50分）登山口

文／水澤和久

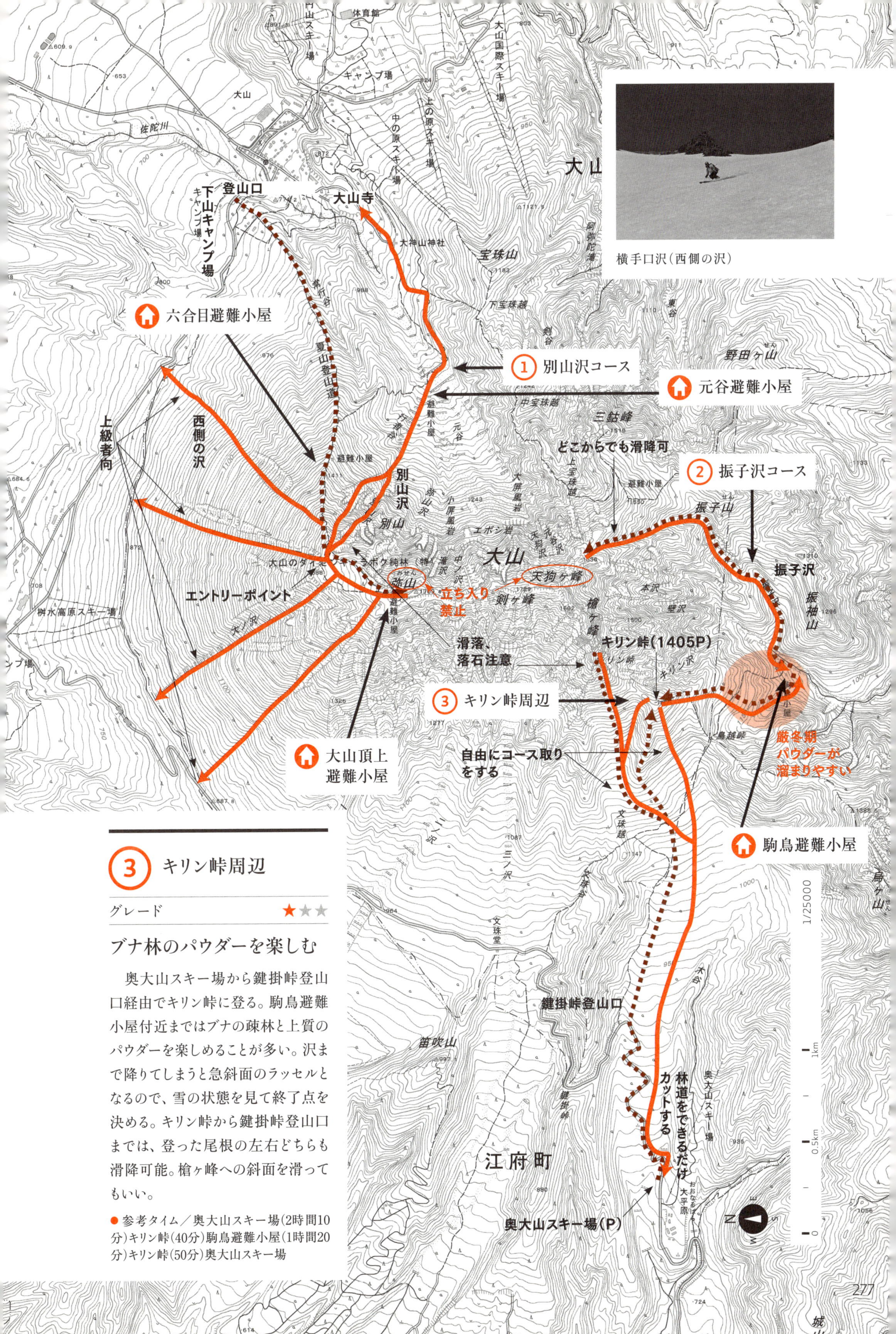

横手口沢（西側の沢）

③ キリン峠周辺

グレード ★☆☆

ブナ林のパウダーを楽しむ

奥大山スキー場から鍵掛峠登山口経由でキリン峠に登る。駒鳥避難小屋付近まではブナの疎林と上質のパウダーを楽しめることが多い。沢まで降りてしまうと急斜面のラッセルとなるので、雪の状態を見て終了点を決める。キリン峠から鍵掛峠登山口までは、登った尾根の左右どちらも滑降可能。槍ヶ峰への斜面を滑ってもいい。

● 参考タイム／奥大山スキー場（2時間10分）キリン峠（40分）駒鳥避難小屋（1時間20分）キリン峠（50分）奥大山スキー場

日本オートルート9泊10日×2 その2

その後は双六岳や黒部源流をベースにして周りの山を空身で滑るスタイルの山行を楽しんでいたが、また長期山行で新しいルートを開拓してみたい気持ちが湧き、2002年に穂高から劔岳まで繋ぐ計画で三浦氏と入山した。三浦氏は日程の都合で穂高岳でいったん下山し、私だけ北アルプスを縦断、室堂でまた合流するという変則的な計画だった。ただでさえ体力に勝る三浦氏に、重荷の私はまったくついていけず、前穂高岳の登りでバテバテになり、吊尾根からの滑降では超怖い思いをした。三浦氏と別れた後は、横尾右俣～槍沢～千丈沢～硫黄尾根と辿ったが、硫黄沢を下って湯俣川に出ようとしたら地熱が高いのかまったく雪がなく引き返し、時間切れで断念。蒲田川左俣谷から新穂高温泉に下山し、バスと電車で室堂に入った。

この時の失敗を踏まえ、2005年は単独で挑戦した。登りも下りも極力スキーを使い、頂上にはこだわらず、できるだけ直線に近いルートで上高地から毛勝山まで結ぶというコンセプトでコースを決めた。出だしで消耗しないように穂高岳の主稜線は避け、奥又白池～前穂北尾根最低鞍部～横尾右俣～槍沢というコースを考えた。しかしガスのためコースを間違え奥又白谷に深く入り込み、進退窮まって引き返した。結局、初日は横尾山荘のちょっと先までしか行けず情けなかった。千丈沢の大滑降は、3年前より早い時間に滑り込めたので、あまり緊張せず楽しめた。硫黄尾根は、前回は中山沢を登り、反対側を滑ったが今回はもっと上部の谷を登り、尾根のつけねを越え主稜線に出た。このコースどりは正解で樅沢岳までシールで登れ、東峰から樅沢の滑降も快適だった。

黒部源流で雲行きが怪しくなってきたが、水晶小屋に逃げ込めるだろうと先に進んだ。ところが、水晶小屋は吹き込んだ雪が中で固まっていて、どうしても入り口が開かず、暴風雨の中で近くにテントを張った。風でまともにテントが張れず吹き飛ばされそうで、ほとんど眠れない夜を過ごした。

翌日は前夜の疲れで東沢谷に滑り降りるだけで精いっぱいだった。5日目は快調だったが、赤牛岳の下りで滑りすぎてタイムをロスし、楽しみにしていた薬師見平まで進めなかった。黒部川の徒渉では靴下だけ脱いで兼用靴は履いて渡った。ストックはリングを抜いて支えにした。膝下まで濡れたが、インナーブーツは五色ヶ原山荘が営業していたので小屋で乾かすことができた。前回ザラ峠から夏道を登って苦労した獅子岳の登りでは少し南西の雪のついた斜面をシールで登り、肩からすぐに御山谷に滑り込む。670mの滑降と一ノ越への770mの登高だった。一ノ越からは雷鳥沢～剣沢と繋ぎ一気に距離を稼いだ。

8日目、毛勝山に繋げるのに劔岳北方稜線をどう処理するかが問題だ。以前大窓に上がって白ハゲに登れず断念した事があったので、1750mから右に分かれるルンゼを登り悪い稜線をパスしようと試みたが、登りついた所からもまだ悪場が続いていた。切れても文句の言えない腐った残置ロープを頼りにガレ場を降りたり、急な雪稜を後ろ向きで降りたり、やっとの思いで通過した。スキーを担いで下ったのはここだけである。赤谷山の手前で雨が降ってきた。水晶小屋で懲りているので今回は早めにテントを張った。翌日、なかなか雨もガスも上がらない。停滞したら毛勝山には時間切れで行けなくなる。しびれを切らして昼過ぎに小雨の中を出発したら、赤谷山で一気に晴れて感激した。折尾谷まで進む事ができ、なんとか完走が見えてきた。

10日目の最終日は晴れ。早朝の硬い斜面をなんとかシールで登り切り、猫又山から中谷を滑降。転んでザックのサイドに着けていたピッケルで頭を打ってしまったが、たいした事はなかった。最後の斜面を登り切り、毛勝山の頂上から越えてきた山々を振り返り感慨に浸る。毛勝谷を滑っていると地元の方に「どちらから」と聞かれ「上高地から」と答えるとびっくりされた。所属を聞かれ、RSSAと答えると「ひょっとして牧野さん？」と言われ今度はこっちがびっくりした。『ベルクシーロイファー』の読者の方だった。

こうして槍から毛勝までの新ルートは完成した。奇しくも9泊10日のロングルートを2回走破した事になる。初回は、

牧《まき》野《の》総《そう》治《じ》郎《ろう》

1954年東京生まれ。ムスターグ・アタ登頂と滑降、ヨーロッパ・オートルート単独走破、ガッシャーブルムI峰7700mからの滑降など海外高峰でのスキー登山記録をもつ。

オートルート最終日、剱岳をバックに
毛勝山にて

ただオートルートを延長したいがための不自然なコースどりもあり、また既存のコースが9割近くを占めていたが、2回目は直線的でスキーを生かしたほぼ完璧なラインが引けた。入山と下山日以外はほとんどスキーを担がなかった。また6割以上が今回のオリジナルなラインか、それまでに自分が開拓していたラインである。このような行動ができたのは、この間の山スキーの経験により未知の谷に滑り込む事に自信が持てるようになった事が大きい。

食料をどうしたのか聞かれるが、2回とも記録していなかったのでよく覚えていない。自分でもその後の長期山行の食料計画の参考にできないので困っている。そんなに厳しい軽量化をした覚えはない。適当に計画を立てて買い出しし、ザックに収まり切らない分は置いていく、そんな感じだったと思う。重いザックが毎日少しずつ軽くなっていくのが楽しみだった。最後には酒も食料も足りなくなりそうだったが、山行終盤の剱岳の山小屋で補給できるのがGWの北アルプスの良いところである。最近は軽量化と超早立ちで、3～4日分の行程を1日で駆け抜ける山行が流行っているようだが、亀の歩みでもこのような長期山行を2回も実行できた事を誇りとしたい。

スキーアルピニズム研究会

Research Society of Ski Alpinism

1973年に設立された山スキーを活動の主軸にした山岳同人。2015年現在、会員数50数人。会員は20代から70代までと幅広い。関東地区在住が中心だが、関西地区やその他の地方にもおり、北は北海道から西は中国地方までの日本のすべての山スキーフィールドを活動範囲とする。また、ヨーロッパアルプス、ヒマラヤ、南米など海外での山スキーの活動も行っている。

40年にわたり会員の活動を年に一度発行する会報『ベルクシーロイファー』にまとめてきた。同年報は全国の登山道具店に置いてもらい、会員外でも買えるようにしていた。現在は報告のスタイルを年報からインターネット上の会員個人のブログ、FACEBOOKなどに切り替え中。

編集担当会員
北原浩平
澤井宏明
田宮公成
牧野総治郎
松岡祥子
森野治美

会員執筆者、写真提供者
阿部弘志
荒巻健智
岡田光彦
桐浴邦夫
斉藤 篤
佐藤 徹
鷹觜健次
伊達佳美
田中和夫
平岡耕一郎
藤倉直次
堀 晴彦
三浦大介
宮崎正英
宮野尚志
水澤和久
村石 等
吉田 豊

会員外執筆者、写真提供者
青木聡子(富良野岳)
田中 勲(二王子岳)
中江明子(間ノ岳)
中川 宏(守門岳)
中村 弘(荒沢岳・灰ノ又山)
橋本龍平(鍋倉山)
堀米修平(仙丈ケ岳)
前田泰典(野谷庄司山)
松本 晃(羊蹄山)
宮本宏明(高松山)

ブックデザイン
尾崎行欧
野口なつは
粒木まり恵
(oigds)

DTP
BASE

編集
羽根田 治
五十嵐雅人(山と溪谷社)

地図製作
千秋社

校正
中井しのぶ

山スキー百山

2015年11月25日　初版第1刷発行
2023年10月25日　初版第5刷発行

著者　スキーアルピニズム研究会(RSSA)
発行人　川崎深雪
発行所　株式会社山と溪谷社
〒101-0051
東京都千代田区神田神保町1丁目105番地
https://www.yamakei.co.jp/
印刷・製本　大日本印刷株式会社

●乱丁・落丁、及び内容に関するお問合せ先　山と溪谷社自動応答サービス
TEL.03-6744-1900　受付時間／11:00-16:00(土日、祝日を除く)
メールもご利用ください。
【乱丁・落丁】service@yamakei.co.jp
【内容】info@yamakei.co.jp
●書店・取次様からのご注文先　山と溪谷社受注センター
TEL.048-458-3455　FAX.048-421-0513
●書店・取次様からのご注文以外のお問合せ先　eigyo@yamakei.co.jp

Printed in Japan
ISBN978-4-635-47006-3

●本書の地図の作成に当たっては、国土地理院長の承認を得て、同院発行の電子地形図25000を使用した。
(承認番号　平27情使、第479号)
●定価はカバーに表示しています。
落丁·乱丁本は送料小社負担にてお取り替えいたします。